Ulrike Eichinger

Zwischen Anpassung und Ausstieg

Perspektiven kritischer Sozialer Arbeit
Band 5

Herausgegeben von:

Roland Anhorn
Frank Bettinger
Henning Schmidt-Semisch
Johannes Stehr

In der Reihe erscheinen Beiträge, deren Anliegen es ist, eine Perspektive kritischer Sozialer Arbeit zu entwickeln bzw. einzunehmen. „Kritische Soziale Arbeit" ist als ein Projekt zu verstehen, in dem es darum geht, den Gegenstand und die Aufgaben Sozialer Arbeit eigenständig zu benennen und Soziale Arbeit in den gesellschaftspolitischen Kontext von sozialer Ungleichheit und sozialer Ausschließung zu stellen. In der theoretischen Ausrichtung wie auch im praktischen Handeln steht eine kritische Soziale Arbeit vor der Aufgabe, sich selbst in diesem Kontext zu begreifen und die eigenen Macht-, Herrschafts- und Ausschließungsanteile zu reflektieren. Die Beiträge in dieser Reihe orientieren sich an der Analyse und Kritik ordnungstheoretischer Entwürfe und ordnungspolitischer Problemlösungen – mit der Zielsetzung, unterdrückende, ausschließende und verdinglichende Diskurse und Praktiken gegen eine reflexive Soziale Arbeit auszutauschen, die sich der Widersprüche ihrer Praxis bewusst ist, diese benennt und nach Wegen sucht, innerhalb dieser Widersprüche das eigene Handeln auf die Ermöglichung einer autonomen Lebenspraxis der Subjekte zu orientieren.

Ulrike Eichinger

Zwischen Anpassung und Ausstieg

Perspektiven von Beschäftigten
im Kontext der Neuordnung
Sozialer Arbeit

VS VERLAG FÜR SOZIALWISSENSCHAFTEN

Bibliografische Information der Deutschen Nationalbibliothek
Die Deutsche Nationalbibliothek verzeichnet diese Publikation in der
Deutschen Nationalbibliografie; detaillierte bibliografische Daten sind im Internet über
<http://dnb.d-nb.de> abrufbar.

Dissertation der Freien Universität Berlin Fachbereich Erziehungswissenschaft und
Psychologie unterstützt durch ein Promotionsstipendium der Hans-Böckler-Stiftung.

1. Auflage 2009

Alle Rechte vorbehalten
© VS Verlag für Sozialwissenschaften | GWV Fachverlage GmbH, Wiesbaden 2009

Lektorat: Monika Mülhausen

VS Verlag für Sozialwissenschaften ist Teil der Fachverlagsgruppe
Springer Science+Business Media.
www.vs-verlag.de

Umschlaggestaltung: KünkelLopka Medienentwicklung, Heidelberg
Druck und buchbinderische Verarbeitung: Krips b.v., Meppel
Gedruckt auf säurefreiem und chlorfrei gebleichtem Papier
Printed in the Netherlands

ISBN 978-3-531-16473-1

Inhalt

1 Einführung

> „Wir müssen die ökonomischen Vorgänge, die sich wie Naturereig-
> nisse auf unsere Gehirne und unsere Seelen lagern, von unten her be-
> trachten und vom Schicksal der lebendigen Arbeitskraft, den
> Bedürfnis- und Interessensstrukturen lebendiger Menschen ausgehen."
> (Negt 2002: 136)

Seit Anfang der 1990er-Jahre verläuft die ‚Krisenbewältigung' der Sozialpolitik
in Deutschland (vgl. Leisering 2003) in einer Art und Weise, die nicht allein als
Abbau wohlfahrtsstaatlicher Leistungen zu begreifen ist, sondern eine qualitative
Restrukturierung des sozialstaatlichen Gefüges darstellt. Für die Soziale Arbeit
bedeutet die neoliberal inspirierte Reorganisation, die sich durch eine Ökonomisierung des Handlungsrahmens und eine programmatische Neuausrichtung der
Sozialpolitik im Rahmen eines ‚aktivierenden' Staats auszeichnet, einen paradigmatischen Wandel. Dieser Strukturwandel kann hinsichtlich seiner Bedeutung
für die Berufspraxis, so eine zentrale Annahme dieser Untersuchung, aber nicht
pauschal beurteilt werden, sondern es gilt seine spezifische Heterogenität und
Ambivalenz zu erfassen.

Vor dem Hintergrund des paradigmatischen Wandels stellt sich die Frage danach, worin der Beitrag einer sich als kritisch verstehenden Sozialen Arbeit bestehen kann. Diese Fragestellung weckt Interesse und wird in Büchern,
Fachzeitschriften und Arbeitskreisen[1] behandelt. Dort wird versucht, die verschiedenen historischen Theoriestränge systematisch zu diskutieren, sie ins Verhältnis miteinander zu setzen und nach Anknüpfungspunkten zu suchen für eine
kritische Wissenschafts- wie Berufspraxis der Sozialen Arbeit, die weiter bestehen und fortentwickelt werden sollen (vgl. u.a. Sünker 2000; Störch 2005; Redaktion Widersprüche 2006, 2006a).

Um dieses Vorhaben voranzutreiben, ist es notwendig, die Realisierungsbedingungen Sozialer Arbeit, mit denen sich potenzielle AkteurInnen auseinander
zu setzen haben, systematisch zu analysieren, um Gestaltungsspielräume, aber
auch Hürden für das Vorhaben einer kritischen Sozialen Arbeit erkennen zu
können. Diese Annahme ist zugleich der Ausgangspunkt dieser Untersuchung,
deren Gegenstand die aktuellen Realisierungsbedingungen aus der Perspektive
der Fachkräfte in der Berufspraxis der Sozialen Arbeit sind.

---

[1] Vgl. http://www.kritische-soziale-arbeit.info/ [04.12.07].

Meine Fragestellung entwickelte sich während meiner praktischen Tätigkeit als Berufsanfängerin im Feld der Sozialen Arbeit. Erklärte Strategie einer meiner Anstellungsträger war es, über ein neu eingeführtes, prospektiv angelegtes Finanzierungsmodell nicht nur meine Stelle rezufinanzieren, sondern zusätzlich Rücklagen zur Absicherung eines infolge des Strukturwandels erhöhten wirtschaftlichen Risikos zu bilden. Meine Versuche, die für mich damit verwobenen Konflikte zu diskutieren, endeten damit, dass meine Anliegen im Rahmen einer Supervisionssitzung als Ausdruck eines persönlichen Autoritätskonflikts interpretiert wurden, den ich in einer Psychotherapie und nicht mit dem Betriebsrat bearbeiten sollte. Meine fachlichen Ansprüche gegenüber dem restriktiven Finanzierungsmodell, der Absicherungsbedarf des Anstellungsträgers gegenüber meinen Interessen eines legal zu bewältigenden Arbeitspensums wurden somit nicht als Konflikt anerkannt. Irritiert suchte ich in Fachzeitschriften nach Beiträgen zu meinem unverstandenen und weiterhin in meiner Arbeitspraxis unbearbeiteten Problem. Wurde diese Praxisproblematik in den Artikeln überhaupt behandelt, dann war die Bearbeitung der Thematik in meinen Augen unbefriedigend. Der Strukturwandel als Rahmenbedingung der Sozialen Arbeit wurde darin nicht ausreichend bzw. nicht systematisch genug reflektiert, sodass die dort entwickelten möglichen professionellen Umgangsweisen mit den Neuanforderungen für mich analytisch zu unvermittelt blieben.

Es liegen bereits empirische Untersuchungen vor, die eine veränderte Arbeitssituation der Fachkräfte aufgrund der neuen Rahmenbedingungen feststellen. Sie erfassen Aspekte, durch die sich die Veränderungen in der Beschäftigungssituation objektiv realisieren können (z.B. flexibilisierte Arbeitsbedingungen). Jedoch lassen die vorliegenden Studien aus, was das für den Einzelnen subjektiv bedeuten kann bzw. wie die Fachkräfte selbst als AkteurInnen ihre Handlungszusammenhänge (mit-)gestalten. Vor diesem Hintergrund entschied ich mich dafür, diese Lücke selbst zu schließen. Die hohe Aktualität dieser Fassette des Wandels zeigt sich zwischenzeitlich in Debatten, die die Grenzen der Fachöffentlichkeit längst überschritten haben. Zu nennen ist hier z.B. die Frage nach der strukturellen Behinderung sowie der (Mit-)Verantwortung von JugendamtsmitarbeiterInnen im Zusammenhang der zahlreichen Fälle von Kindeswohlgefährdung.

Geleitet ist die Untersuchung von der Fragestellung: Wie bzw. auf welchen Ebenen konkretisiert sich der Strukturwandel Sozialer Arbeit für die Beschäftigten? Und welche Denk- und Handlungsweisen werden von ihnen angesichts der damit für sie verbundenen neuen Anforderungen genutzt oder neu entwickelt? Es ist zum einen mein Ziel, die neuen Anforderungen und Konfliktlinien zu beleuchten. Zum anderen möchte ich klären, welche Bewältigungsweisen von den Fachkräften aus welchen Gründen ausgewählt werden.

Die qualitativ-empirische Anlage der Arbeit soll eine Orientierung an der Schwerpunktsetzung durch InterviewpartnerInnen ermöglichen. Die Herangehensweise an den Gegenstand sowie der Aufbau der Untersuchung schließen sich an den subjektwissenschaftlichen Forschungsansatz an, der im folgenden Kapitel 2 skizziert wird und den theoretischen Rahmen dieser Arbeit bildet.

Kapitel 3 stellt den sozialstaatlichen Transformationsprozess dar. Die ausführliche Analyse dieser konkreten historischen Rahmenbedingung Sozialer Arbeit ist notwendig, um zu verdeutlichen, auf welchem Vorwissen und Forschungsstand ich meine empirische Untersuchung aufbauen konnte. Hierbei wird, ausgehend von der spezifischen Sozialstaatsentwicklung in Deutschland als einem der wesentlichen Hintergründe des Strukturwandels, auf die so genannte Krise dieses sozialstaatlichen Modells eingegangen. Im Anschluss daran analysiere ich relevante transnationale Entwicklungen im Kontext der Europäischen Union (EU) und der World Trade Organisation (WTO), die ebenso einen wesentlichen Entstehungszusammenhang des Strukturwandels darstellen. Sodann wird dargelegt, wodurch sich der sozialstaatliche Transformationsprozess als historisch-spezifische Rahmenbedingung der Sozialen Arbeit im nationalen Zusammenhang manifestiert hat. Dies wird anhand der Ökonomisierung des institutionellen und organisationalen Rahmens und der programmatischen Neuausrichtung der Sozialen Arbeit im aktivierenden Staat entfaltet. Daran schließen sich Ausführungen über die sozialarbeiterische Fachdebatte zum Transformationsprozess an, und ich arbeite Auffälligkeiten in Bezug auf den Gegenstand dieser Untersuchung heraus. Abgerundet wird dieses Kapitel durch eine Skizze der aktuellen Beschäftigungssituation auf der Basis bereits vorliegender empirischer wie historischer Studien anhand der Schwerpunkte Arbeitsmarkt und Beschäftigungsbedingungen, Arbeitsanforderungen und -belastung sowie Interessenvertretung der Beschäftigten.

Im Kapitel 4 wird die qualitative Forschungsmethodik dargestellt und die Auswahl der einzelnen methodischen Elemente begründet. Hier wird sowohl auf die Datenerhebung durch die Methode des problemzentrierten Interviews eingegangen als auch auf die Stichprobenauswahl, an die sich eine Stichprobenbeschreibung anschließt. Zudem werden die Datenaufbereitung sowie das Vorgehen bei der Datenauswertung durch eine qualitative Inhaltsanalyse und eine Idealtypenbildung vorgestellt. Zusätzlich wird auf die Bedeutung des MitforscherInnen-Konzepts eingegangen, das aus dem subjektwissenschaftlichen Forschungsansatz stammt.

Im darauf folgenden Kapitel 5 werden die Befunde der Untersuchung vorgestellt. Zunächst wird auf die Bedeutungskonstellationen eingegangen, die sich aufgrund der qualitativen Inhaltsanalyse für die Interviewten im Zusammenhang mit dem Strukturwandel als relevant herauskristallisierten. Dies umfasst die

Darlegung der spezifischen Anforderungen, Handlungsproblematiken und Umgangsformen der Interviewten. Darüber hinaus werden an wichtigen Stellen übergreifende Zusammenhänge herausgearbeitet und weiterführende Überlegungen formuliert. Sodann werden fünf übergreifende, idealtypische Begründungsmuster der Interviewten hinsichtlich möglicher Bewältigungsweisen dargestellt und reflektiert. Da sich im Zuge der Auswertung zeigte, dass die Ergebnisse für den betrieblichen Gesundheitsschutz nutzbar gemacht werden können, wird hierauf im Anschluss genauer eingegangen.

Die Schlussbetrachtung, konzentriert sich auf die wesentlichsten Ergebnisse, die im Zusammenhang mit der aufgeworfenen Fragestellung bzw. dem Erkenntnisinteresse stehen.

2 Theoretische Grundlage – subjektwissenschaftliche Praxisforschung

Wie in der Einführung dargelegt war Ausgangspunkt dieser Untersuchung ein Konflikt in der eigenen Berufspraxis, den ich mit Unterstützung des subjektwissenschaftlichen Ansatzes reflektieren und zu dieser nun vorliegenden Studie weiterentwickeln konnte. Dieser Vorlauf entspricht bereits dem Prozess einer subjektwissenschaftlichen Analyse, denn Ausgangspunkt ist immer

> „ein konkretes – hier: berufspraktisches Handlungsproblem (...). Es geht im Forschungsprozess der Praxisforschung um eine für den Praktiker zunächst unverfügbare Problematik und deren exemplarische Aufhebung, die hypothetisch überall da gilt, wo sich Praktiker in vergleichbarer Lage unter die thematisierten Prämissen-Gründe-Zusammenhänge subsumieren können." (Fahl & Markard 1993: 15)

Auf das was dies genauer heißt komme ich unten zurück, denn zunächst soll betont werden, dass der subjektwissenschaftliche Ansatz gerade deswegen für meine Fragestellung geeignet ist, da er den bereits benannten blinden Fleck (vgl. Kap. 1), *die Arbeitsbedingungen,* eine zentrale Stellung zuweist. Hier kann an dem Leitfaden für ein Praxisporträt (vgl. Markard & Holzkamp 1989) angeknüpft werden. Das Analyseinstrument dient dazu, die Anforderungen der Berufspraxis zu begreifen, indem „der Zusammenhang zwischen Arbeitsbedingungen und Handlungsmöglichkeiten und Befindlichkeiten" (ebd.: 7) berücksichtigt wird. Hierdurch sollen „die täglichen Probleme, Ängste, Enttäuschungen (...) auf ihre realen Ursachen und damit auch (...) im Hinblick auf deren Veränderbarkeit hin analysiert werden können" (ebd.). Ziel ist die „Verbesserung der eigenen Arbeits- und Lebensmöglichkeiten" als „intersubjektiver Prozess" (ebd.: 8).

Meine theoretische Grundlage sind somit Arbeiten, die im Kontext der *Kritischen Psychologie* (vgl. u.a. Holzkamp 1985); entstanden sind. Gegenstand ihrer so genannten *Wissenschaft vom Subjektstandpunkt* sind nicht die Individuen und ihre Denk- und Handlungsweisen, sondern

> „(...) die konkreten Lebensbedingungen in ihrer subjektiven Bedeutung, d.h. die gesellschaftliche Realität, wie sie von den Individuen in Abhängigkeit von ihrer spezifischen Situation und den ihnen zur Verfügung stehenden gesellschaftlichen Interpretationsangeboten sowie Handlungsmöglichkeiten wahrgenommen wird." (Osterkamp 2001: 8)

„So geht es hier also (...) nicht darum, die Menschen zum Problem zu machen, sondern die Probleme der Menschen aufzugreifen." (Holzkamp 1990: 9)

Die marxistisch fundierte Kritische Psychologie fasst in ihrem Subjektbegriff die so genannte *doppelte Möglichkeit*. Diese drückt einerseits die Bedingtheit der Individuen durch die gesellschaftlichen Verhältnisse und gleichzeitig deren Veränderbarkeit durch die Subjekte aus (vgl. Maiers 1996: 170ff.). Durch das historisch-empirische Rekonstruktionsverfahren (orientiert an dem logisch-historischen Verfahren von Marx) wird Subjektivität als *gesamtgesellschaftlich vermittelt* aufgefasst (vgl. Holzkamp 1983). Dies schlägt sich, so Markard (2000a), in zwei wesentlichen methodischen Aspekten nieder:

> „Gesellschaft ist dem Individuum nie in ihrer Totalität, sondern nur in ihren dem Individuum zugewandten Ausschnitten gegeben. Entsprechend sind einzelne Sachverhalte in ihrer Bedeutung nicht mehr allein aus sich selber heraus zu begreifen, sondern nur aus ihren Bezügen im Gesamt der arbeitsteiligen Reproduktion (...). Gesellschaftliche Bedingungen determinieren menschliches Handeln nicht, sondern sie sind als ,Bedeutungen' zu fassen, die für die Menschen Handlungsmöglichkeiten repräsentieren, zu denen sie sich verhalten können und müssen." (Ebd.: 4)

Der kategoriale Begriff *Handlungsfähigkeit* dient zur Analyse individueller Handlungsmöglichkeiten als gesamtgesellschaftlich vermittelte Verfügungsmöglichkeiten über *je meine* Lebensbedingungen. Die Kritische Psychologie unterscheidet zwischen *restriktiven Begründungsmustern* (z.B. Nutzung vorhandener Handlungsmöglichkeiten um Behinderungen und Bedrohungen zu überwinden), die hegemoniale Strukturen festigen und so genannten *verallgemeinerten Modi,* die auf die Erweiterung von Verfügungsmöglichkeiten zielen. Verallgemeinerte Begründungsmuster vergrößern zwar in dieser Konzeption potentiell die Handlungsmöglichkeiten, allerdings auch das Risiko des Scheiterns und damit die Zuspitzung von Problemlagen (vgl. Holzkamp 1985: 371ff.).

Der Fokus der vorliegenden Untersuchung liegt auf dem Praxiswissen was kritisch-psychologisch genauer als *gesellschaftlich subjektives Zusammenhangs- und Widerspruchswissen* (vgl. Holzkamp 1997: 370ff.; Fahl & Markard 1993: 13f.) gefasst wird. Es ist das „verallgemeinerte Resultat der Analyse problematischer beruflicher Konstellationen und deren Lösung" (Ulmann & Markard 2000: 223).

> „Mit den hierbei thematisierten Zusammenhängen und Widersprüchen ist gemeint: (1) gehört es zu den Bedingungen psychologischer Praxis, dass an die Praktiker von verschiedenen Seiten – Auftraggeber, Klienten, Institutionen – sehr widersprüchliche Anforderungen gestellt werden; (2) besteht die allgemeine, kurzschlüssige Erwartung an die Psychologie darin, dass die Praktiker psychisches Leiden unter Ausklammerung jener materieller Le-

bensverhältnisse kurieren oder beseitigen könnten, aus denen alleine es verständlich wird. Unter der Voraussetzung, dass den Praktikern nicht von vornherein Interessenlosigkeit o.ä. unterstellt wird, d.h. unter der Annahme, dass sie daran interessiert sind, die Interessen der ihnen - therapeutisch, beraterisch, pädagogisch, präventiv – Anvertrauten zu wahren, müssen sie also Erfahrungen machen, wie dieses Interesse mit ihren Handlungsbedingungen und -möglichkeiten kollidiert." (Fahl & Markard 1993: 14)

Dieser Handlungsrahmen, der auch für die Soziale Arbeit gilt kann jedoch prinzipiell reflektiert bzw. im Rahmen von Praxisforschung rekonstruiert werden.

Bedingungs- und Bedeutungsanalyse

Konkrete historische Bedingungen stellen Möglichkeits-, Anforderungs- und Realisierungsverhältnisse dar, die typische Bedeutungskonstellationen (Holzkamp 1985: 550f.) als Voraussetzungen für subjektives Handeln implizieren. Individuelles Handeln wird dabei, wie bereits erwähnt, von gesellschaftlichen Bedingungen nicht determiniert, sondern entsprechend der einzelfallspezifischen Zugewandtheit zu der gesellschaftlichen Wirklichkeit konkret in Handlungsmöglichkeiten bzw. -behinderungen entfaltet. Eine intersubjektive Verständigung über Bedingungen und ihre Bedeutung für *je mich* ist subjektwissenschaftlich zentral (Holzkamp 1985: 548; Projekt Subjektentwicklung in der frühen Kindheit 1984: 61).

„Der ‚Standpunkt des Subjekts' schließt also die Berücksichtigung objektiver Bedingungen keinesfalls aus, sondern ein: Ausgeschlossen ist damit lediglich die Verkürzung meines Realitätsbezugs auf meine ‚Beding*theit*' unter Absehung von meiner *Verfügungsmöglichkeit*." (Holzkamp 1985: 539)

Da es zwar zahlreiche, jedoch nicht unbegrenzt viele potenziell bedeutsame strukturelle Bedingungen gibt, sind theoretische Verallgemeinerungen bzw. historisch strukturelle Aussagen möglich, die sich, so Markard, darauf beziehen, „dass überall da, wo die je herausgearbeiteten Dimensionen zu finden sind, sich auch die entsprechenden Zusammenhänge ergeben" (Markard 1993: 36) können.

Da Bedingungs-Bedeutungs-Zusammenhänge in gesellschaftliche historische *Machtverhältnisse* eingebettet sind, gilt es, diese bei der Analyse von konkret erfahrbaren Handlungsmöglichkeiten sowie -behinderungen zu berücksichtigen (vgl. Holzkamp 1985: 374ff.).

„Die in den Fragestellungen und darin liegenden empirischen Verallgemeinerungen angesprochenen Lebensbedingungen (...) sind als *realhistorische Konkretisierungen forma-*

tions-, lage- und positionsspezifischer Verweisungen auf das darin liegende *'typische' Verhältnis von Handlungs-/Verfügungsmöglichkeiten und deren Einschränkung/Mystifizierung hin* zu analysieren." (Holzkamp1985: 552).

Begründungsanalyse

Für die Individuen bedeuten gesellschaftliche Strukturen Möglichkeitsräume, die von ihnen entsprechend ihren Interessen, Befindlichkeiten, persönlicher Ressourcen akzentuiert und realisiert werden. Die Akzentuierungen gelten als (Handlungs-)Prämissen, die im Zusammenhang mit den subjektiven Gründen zentraler Anhaltspunkt bei der Rekonstruktion subjektiver Begründungsmuster sind. Das Apriori der Kritischen Psychologie besagt, dass Menschen nicht bewusst gegen ihre eignen Lebensinteressen handeln. Folglich können Begründungsmuster auf ihre subjektive Funktionalität hin entschlüsselt werden (vgl. Holzkamp 1985: 353f.). Die subjektive Funktionalität wird im so genannten Begründungsdiskurs nachvollzogen: Warum denke, handle *je ich* vernünftigerweise angesichts meiner lage- u. positionsspezifischen Lebensbedingungen, Interessen und Befindlichkeiten, so wie ich es tue?

Die aktuellen kapitalistischen Bedingungen gestalten sich nach Auffassung der VertreterInnen dieses Ansatzes so, dass Subjekte ihre individuellen, kurzfristigen Interessen häufig auf Kosten anderer Subjekte befriedigen und dieser Umstand psychisch bewältigt werden muss. Es kann daher subjektiv funktional sein, Aspekte der Realität, wie zum Beispiel individuell nicht lösbare Widersprüche, zu verdrängen, zu vergessen, zu leugnen, um so individuelles Unvermögen, Ohnmacht, Ratlosigkeit zu bewältigen.

> „Die gewonnene Begrifflichkeit dient dazu, vorfindliche Formen der Handlungsfähigkeit/Befindlichkeit, so wie sie jeweils konkret in Erscheinung treten, *daraufhin durchdringbar zu machen*, wie sie unter den gegebenen gesellschaftlichen Lebensverhältnissen für das Individuum als subjektiv funktional erfahren werden können, insbesondere, welche gesellschaftlichen Widersprüche es sind, unter denen die eigene Beteiligung an der Unterdrückung, damit Stärkung der Instanzen, denen man selbst ausgeliefert ist, für das Subjekt zu einer realen Alternative der Sicherung seiner Handlungsfähigkeit/Lebensqualität werden können." (Holzkamp 1984: 32)

Der theoretische Ausgangspunkt kann somit wie folgt zusammengefasst werden: Für PraktikerInnen repräsentieren ihre Arbeitsbedingungen (gesamtgesellschaftlich vermittelte) Handlungsmöglichkeiten, die sie in spezifischen Kräfte-/Machtverhältnissen realisieren. Die Reflektion der Kräfte- bzw. Machtverhältnisse und die eigene Verwobenheit darin kann dabei helfen Begründungsmuster auf ihre Funktionalität hin zu durchdringen.

Heuristik

Bader (2005) stellte angesichts der aktuellen Entwicklungen im Bereich der Sozialen Arbeit die Frage: „Welche Position, welche Haltung haben die in diesem Bereich tätigen Menschen und was tun sie konkret im Rahmen ihrer entlohnten Arbeit (...)?" (ebd.: 192). Er kommt daraufhin zu dem Schluss, dass Professionelle, wollen sie kein Risiko eingehen, eine spezifische Professionalität leisten müssten. Diese präzisiert er in einem professionellen Bewältigungsszenario woran ich, wie unten weiter auszuführen ist, anknüpfen kann. Zunächst folgt eine Darstellung der verschieden Stadien dieses Bewältigungsszenarios (vgl. ebd.: 194f.).

Am Beginn stehe die Übernahme der gesellschaftlichen Anforderungen und deren Umsetzung in der jeweiligen alltäglichen Berufspraxis durch die Professionellen. Dies habe eine psychisch entlastende Funktion, da hierdurch keine individuelle Position entwickelt werden müsse und eine emotionale Einlassung durch die so genannte professionelle Distanz vermieden werden könne. Falls von Seiten der Professionellen Kritik geübt werde, dann an strukturellen (Arbeits-) Bedingungen, die sich vermittelt durch Staat, Träger und Institutionen in der Praxis mit dem Ergebnis zeigten, dass sie letztlich meist resigniert hingenommen würden. Dauerhaft sei das Heraushalten bzw. die Distanzierung für die Professionellen anstrengend und kaum zu leisten. Nahe liegend sei daher eine schrittweise Identifikation mit den Anforderungen und die Entwicklung einer „zweiten Identität". Diese zusätzliche, auf den beruflichen Bereich beschränkte Identität habe die Funktion eines „Schutzanzugs", der privat wieder abgelegt werden könne. Die strategische Unterdrückung der ursprünglichen Identität könne dazu führen, dass sie auf längere Sicht teilweise oder ganz verschwinde. Bader verweist darauf, dass andere AutorInnen dies unter dem Begriff des Burn-out-Syndroms verhandeln. Eine derartige Entwicklung könne schließlich zu einer anhaltenden Persönlichkeitsveränderung führen. Darunter versteht Bader das Einswerden mit den gesellschaftlichen Anforderungen. Bei nicht normkonformem Verhalten wiederum drohe zum Beispiel der Ausschluss aus der Einrichtung durch Kündigung.

Die in Baders Ausführungen aufscheinende Alternativlosigkeit ist meines Erachtens zu hinterfragen. Ich werde die Ergebnisse von Bader dennoch als Heuristik aufnehmen, die mich sensibilisieren soll für nahe liegende Bewältigungsformen. Mich interessieren jedoch vor allem die Gestaltungsspielräume zwischen den analytischen Polen von *Übernahme* und *Ausschluss* angesichts der aktuellen Nahelegungen und Zumutungen in der Berufspraxis.

3 Der sozialstaatliche Transformationsprozess und seine Bedeutung für die Soziale Arbeit

In diesem Kapitel werden zunächst die Hintergründe des Strukturwandels – die Entwicklung und Krise des deutschen Sozialstaats sowie der transnationale Kontext – beleuchtet. Anschließend findet sich eine Darstellung des neoliberal beseelten Umbaus des sozialstaatlichen Rahmens der Sozialen Arbeit. Daran schließen sich eine Reflexion der Fachdebatte zum Transformationsprozess sowie vertiefende Ausführungen zur Entwicklung der Beschäftigungssituation in diesem Arbeitsfeld angesichts der Veränderungen an.

3.1 Die Entwicklung des deutschen Sozialstaats und seine ‚Krise'

Der Begriff *Sozialstaat* wurde bereits Mitte des 19. Jahrhunderts von Lorenz von Stein verwendet (vgl. Ritter 1991: 11) und ist bezüglich seiner Definition, insbesondere in Abgrenzung zum Konzept des *Wohlfahrtsstaates*, umstritten (vgl. u.a. Kaufmann 1997: 21ff.). Galuske (2002: 80f.) verweist auf verschiedene Differenzierungsvarianten. So kann eine qualitative Unterscheidung zwischen den Begriffen Sozial- und Wohlfahrtsstaat veranschlagt werden. Demnach sei der Wohlfahrtsstaat eine entwickelte Form des Sozialstaats, welcher der Gesamtgesellschaft sozialen Schutz und soziale Rechte garantiere. Jedoch lasse sich mangels klarer Indikatoren bisher nicht festlegen, wann von einem Wohlfahrtsstaat gesprochen werden kann. Zumal erschwere der internationale Sprachgebrauch (Welfare State) zunehmend eine Differenzierung der Begriffe. Eine weitere Möglichkeit bestehe darin, den Begriff Sozialstaat als politisch-normative Kategorie und den des Wohlfahrtstaates als deskriptive Kategorie zu fassen. Im weiteren Verlauf meiner Darstellung werden beide Begriffe Verwendung finden: Sozialstaat eher in Bezug auf die nationalstaatliche Sozialpolitik, Wohlfahrtsstaat (bzw. Wohlfahrtsregime) dann, wenn es vor allem um Vergleiche sozialstaatlicher Arrangements geht.

> „Der Sozialstaat in einem engeren Sinne umfasst die soziale Sicherung und das Arbeitsrecht, in einem weiteren Sinne auch das Bildungswesen, die Wirtschafts- und Betriebsverfassung und die Arbeitsbeziehungen sowie die wachstums- und beschäftigungsbezogene Wirtschaftspolitik." (Leisering 2003: 172)

Der Sozialstaat bzw. das Wohlfahrtsregime dienen der kollektiven Absicherung sozialer Risiken. Je nach Wohlfahrtsregime existiert ein *Welfare-Mix*, der einzelne Wohlfahrtsproduzenten betont. Wohlfahrtsproduzenten sind der Staat, der Markt, aber auch zivilgesellschaftliche Assoziationen sowie die Familie (vgl. Seeleib-Kaiser 2001: 40ff.). Die Sozialpolitik gibt den rechtlichen und finanziellen Rahmen vor, durch den festgelegt wird, welche Rechte (Leistungsansprüche) und Pflichten (Eigenleistungen) die BürgerInnen haben. Soziale Rechte beinhalten Geldleistungen und Sachleistungen durch personenbezogene Dienstleistungen (vgl. Wendt 2003: 72). Es entwickelten und etablierten sich in den Industrieländern verschiedene sozialstaatliche Modelle. Esping-Andersen (1998) führt die unterschiedlichen Entwicklungen auf die Arten der Arbeiter-/Klassenmobilisierung und Regimeinstitutionalisierung zurück.[2]

Das 19. Jahrhundert ist gekennzeichnet durch den fundamentalen Wandel der Gesellschaftsformation vom Feudalismus zum Kapitalismus. Die Industrialisierung stellte die Politik vor die Aufgabe, eine Antwort auf die so genannte *soziale Frage*[3] zu finden, die zunehmend lauter aus den Reihen der ArbeiterInnenbewegung gestellt wurde. Es galt, Strategien zu entwickeln, die der neuen ökonomischen und sozialen Lage der lohnabhängigen Bevölkerung Rechnung trugen (vgl. Lenhardt & Offe 1983: 82f.; Döring 2004: 5ff.).

„Die Ursprünge des deutschen Sozialstaats liegen in dem Versuch der konservativen Eliten des deutschen Kaiserreichs, eine Antwort auf den Aufstieg der Arbeiterbewegung und das Anwachsen der Arbeiterschaft zu finden." (Nullmeier 2003: 181)

Reichskanzler Bismarck legte Ende des 19. Jahrhunderts den Grundstein für das erwerbsarbeitszentrierte (west-)deutsche Sozialstaatsmodell. Unter seiner Regierung wurde 1883 die Krankenversicherung, 1884 die Unfallversicherung und 1889 die Invaliditäts- und Altersversicherung eingeführt, die bis heute zentrale Säulen der Sozialgesetzgebung darstellen. Für alle LohnarbeiterInnen bestand

---

[2]   Das *korporatistische Wohlfahrtstaatsregime*, wie es sich in (West-)Deutschland, Österreich, Frankreich und Italien herausbildete, gewinnt sein Profil durch gesetzliche Sozialversicherungen, die angepasst sind an die Norm des Normalarbeitsverhältnisses, wenig privatisierte Sicherung, die so genannte Sozialpartnerschaft in der Arbeitswelt, und den Korporatismus zwischen Wohlfahrtspflege und Sozialpolitik (vgl. Esping-Andersen 1998: 44). An Esping-Andersens Ansatz, Wohlfahrtsregime zu kategorisieren, wird unter anderem kritisiert, dass sein Ansatz der unterschiedlichen Absicherung von Mann und Frau nicht ausreichend Rechnung trage (vgl. u.a. Walther 2003: 293; Galuske 2002: 88ff.).

[3]   Die *soziale Frage* ist für Castel:„(...) eine fundamentale Aporie, an der eine Gesellschaft das Rätsel ihrer Kohäsion erfährt und das Risiko ihrer Fraktur abzuwenden versucht. Sie stellt eine Herausforderung dar, welche die Fähigkeit einer Gesellschaft (...) auf die Probe bzw. die Frage stellt, als eine durch wechselseitige Abhängigkeitsbeziehungen verbundene Gesamtheit zu existieren" (Castel 2000: 17).

der Versicherungszwang, der mit einem Rechtsanspruch auf Unterstützung gekoppelt war. Dadurch sollte die Lage der Lohnabhängigen verbessert werden, nicht zuletzt auch, um die erstarkende ArbeiterInnenbewegung zu schwächen. Im Zuge eines sozialstaatlichen Differenzierungsprozesses wurden ergänzend zu der bismarckschen Sozialversicherung die Versorgung für BeamtInnen und Soldaten und das nachgeordnete Instrument der Fürsorge eingeführt (vgl. Döring 2004: 16ff.; Leisering 2003: 173). Das spezifische dieses *Differenzierungsprozesses* ist die Trennung von Arbeiter- und Armenpolitik. Die soziale Mindestsicherung der Fürsorge (Sozialhilfe) ist nämlich keine beitragsfinanzierte Versicherung, sondern eine durch Steuereinnahmen finanzierte Leistung sozialer Sicherung. Neben den Geldleistungen wurde eine zweite Interventionsform der Fürsorge, die der personenbezogenen sozialen Unterstützung, eingeführt. Diese Sachleistungen wurden von ArmenpflegerInnen erbracht (vgl. Sachße 1986: 31ff.).

Vor diesem Hintergrund entwickelte sich Ende des 19. bzw. Anfang des 20. Jahrhunderts die professionelle Soziale Berufsarbeit (vgl. Sachße 1986). Die Pionierinnen aus der bürgerlichen Frauenbewegung stammten aus dem gehobenen Mittelschichtmilieu. Sie verbanden die Sozialreformen mit ihren Emanzipationsbestrebungen als Ausweg „aus gesellschaftlicher Isolation". Ihr Ziel war die Verbesserung der „gesellschaftlichen Situation" durch ehrenamtliche Unterstützung seitens der Bürgerinnen für die Belange des Proletariats (vgl. Paulini 2001: 82). Sie konzipierten eine anspruchsvolle Ausbildung für die Soziale Arbeit. Zudem sprachen sie ausdrücklich von einem „Neigungsberuf" als ihrem weiblichen Beitrag zum „Volksganzen" bzw. zur „Versöhnung der Klassen" und nicht von einem Erwerbsberuf (vgl. Sachße 1986: 260). Bis 1914 gab es lediglich eine geringe Zahl von Erwerbstätigen in der Sozialen Arbeit. Zunehmend kamen allerdings Frauen aus dem kleinbürgerlichen Milieu hinzu, die sich aus Erwerbsnotwendigkeit und in der Hoffnung auf sozialen Aufstieg für die Soziale Arbeit interessierten (vgl. Sachße 1986: 296).

Während und nach dem Ersten Weltkrieg entwickelte sich die Armenpflege bzw. Kriegsfürsorge als Fürsorge für die Massen. Motor für die Sozialstaatsentwicklung sind die politischen „Auseinandersetzungen zwischen Arbeiterparteien und bürgerlich-liberalen bzw. bürgerlich-konservativen Parteien, zwischen Arbeitgebern und Gewerkschaften" (Nullmeier 2003: 181).

Während der Weimarer Republik fand ein Ausbau der ArbeitnehmerInnenrechte statt. 1927 wurde eine weitere zentrale Säule, die Arbeitslosenversicherung, eingeführt. Die paritätisch finanzierte Versicherungsform wurde jedoch von Großindustriellen aus dem Ruhrgebiet kritisiert (vgl. Butterwegge 2005: 263f.). Die gesteigerte Nachfrage nach professioneller Sozialer Arbeit setze sich parallel fort, und so etablierte sich die Soziale Arbeit bis zum Ende der Weimarer Republik als weiblicher Dienstleistungsberuf (vgl. Sachße 1986: 259f.). Der Bereich der Fürsorge wurde nun unter dem Begriff der Wohlfahrtspflege verhandelt.

Nach der Machtergreifung der Nationalsozialisten 1933 begann eine Neujustierung hin zur so genannten Volkswohlfahrtspflege, wobei die gesetzlichen Vorgaben aus der Weimarer Zeit übernommen wurden. Mit der Neuausrichtung hatten laut einer Rede Hitlers vom 6. Juli 1933

> „(...) die Fürsorgebehörden (...) jedoch die Pflicht, jetzt bereits im Rahmen des bestehenden Fürsorgerechts den nationalsozialistischen Grundsätzen Rechnung zu tragen. – Der Nationalsozialismus (...) steht auf dem Standpunkt, daß öffentliche Mittel für die Erhaltung der wertvollen Volksgenossen eingesetzt werden müssen, daß im übrigen die öffentliche Fürsorge auf das Allernotwendigste zu beschränken ist." (Zit. n. Scheuer 1982: 283)

Unterstützung erhielten somit nur diejenigen, die entsprechend der nationalsozialistischen Rassenideologie als Zielgruppe legitimiert waren (vgl. Butterwege 2005a: 266f.). Die in der bürgerlichen Frauenbewegung entwickelten Konstrukte „soziale Mütterlichkeit" und „Dienst am Volksganzen" waren Ideen, die in die nationalsozialistische Ideologie von den Fachkräften integriert werden konnten: Der Dienst am Volksganzen wurde zum Dienst an der Volksgemeinschaft (vgl. Sachße & Tennstedt 1992: 188). Gleichzeitig fanden auch in der Sozialen Arbeit „Säuberungsaktionen" bei den Fachkräften statt. Manche von ihnen emigrierten, tauchten unter oder wurden Opfer der nationalsozialistischen Vernichtungsmaschinerie (vgl. Paulini 2001: 403).

Nach dem Zweiten Weltkrieg wurde im Zuge der Gründung der BRD eine Sozialstaatsklausel in der deutschen Verfassung verankert (vgl. Grundgesetz [GG] Art. 20 Abs. 1 sowie GG Art. 28 Abs. 1). Das Sozialstaatsziel hat keinen strukturell ableitbaren Sozialrechtscharkater, sondern ist ein offenes Gebot, das jeweils in einem demokratischen Prozess vom Gesetzgeber konkretisiert und aktualisiert wird. Die Debatte darüber, wie der Verfassungsauftrag auszulegen ist, reichten in den 1950er-Jahren von der minimalen Variante eines gewährleistenden Rechtsstaats bis zu der Maximal-Variante, dem sozialistischen Umbau der Gesellschaft (vgl. Leisering 2003: 172). Es setzte sich ein Kompromiss durch, der den „Rechts- und Sozialstaat als gleichrangige, sich gegenseitig stützende und begrenzende Verfassungsprinzipien verstand" (ebd.). 1949 bestätigte das Ergebnis der Bundestagswahl die Leitidee der so genannten *Sozialen Marktwirtschaft*; ihre inhaltliche Ausgestaltung war zu diesem Zeitpunkt noch offen. Das Ziel, das nach Sozialgesetzbuch (SGB) I § 1 Abs. 1 erreicht werden soll, ist die Verwirklichung sozialer Gerechtigkeit und sozialer Sicherung sowie die Bereitstellung und die Gestaltung von Sozialleistungen und sozialer wie erzieherischer Hilfen.

Nach Leisering (2003: 172ff.) können in der Folge vier Phasen der westdeutschen Sozialstaatsentwicklung unterschieden werden. Die Phase der Konstituierung (1949–1966), die der Weiterentwicklung und Modernisierung (1966–1975), die Phase der Bedrängnis (1975–1995) und die der Krise des Sozialstaats ab 1995.

In der *Konstitutionsphase* des westdeutschen Sozialstaats unter der Regierung Adenauer lagen im Sinne einer strukturellen Sozialpolitik für den Wiederaufbau die Schwerpunkte auf der Abarbeitung der Kriegsfolgen, der Restruktion der Sozialversicherung und auf der Wirtschafts- und Wohnungspolitik. Zentral für den so genannten Sozialversicherungsstaat war die Konstitution bzw. die Modernisierung der drei sozialpolitischen Säulen: Versorgung, Sozialversicherung und Fürsorge[4]. Die sozialintegrative Sozialpolitik hatte die Erhaltung der personalen Infrastruktur für die kapitalistische Wirtschaft zum Ziel. Diese Sozialpolitik beinhalte zudem sozialpädagogische Maßnahmen für die aus dem Ordnungsmodell Herausgefallenen, denn alle BürgerInnen galten als potenzielle ArbeitnehmerInnen (vgl. Hollstein 1973: 188ff.). Ab 1955 gab es die Berufsbezeichnung SozialarbeiterIn[5] und ab 1967 SozialpädagogIn[6] (vgl. Erler 1997: 16f.).

Als kennzeichnend für das deutsche Sozialstaatsmodell gilt das Ziel der Lebensstandardsicherung, das die Mittelschicht in den Gesellschaftskompromiss einbindet. So wurden zum Beispiel 1957 die dynamische Anpassung der Renten an die Lohnentwicklung und eine solide Mindestsicherung in Form der Sozialhilfe eingeführt (vgl. Leisering 2003: 177).

„,Wirtschaftswunder' und Sozialstaatsausbau sowie die Gegenüberstellung westlicher Demokratien und sozialistischer Diktaturen schufen ein Klima, in dem die Konfliktintensität abnahm (...). Während einige Beobachter bereits eine nivellierte Mittelschichtsgesellschaft heraufkommen sahen, sprachen andere von der vollständigen Integration der Arbeiterklasse ins kapitalistische System und einer Stilllegung des Konflikts zwischen Arbeitern und Unternehmern durch den politisch im Sozialstaat institutionalisierten Klassenkompromiss." (Nullmeier 2003: 181)

Weiterhin gilt das korporatistische Arrangement zwischen dem Staat und den Sozialpartnern[7] als kennzeichnend für das deutsche Sozialstaatsmodell (vgl. ebd.:

---

[4]   Leistungen der Fürsorge, wie zum Beispiel Sozialhilfe, Wohngeld,, Kindergeld, Erziehungsgeld, werden nicht nach dem Versicherungsprinzip finanziert, sondern vorwiegend aus kommunalen Steuermitteln. Diese Transferleistungen gelten als „direkt lenkende, umverteilungswirksame Instrumente" (Sesselmeier 2003: 218).

[5]   Vormals FürsorgerIn bzw. WohlfahrtspflegerIn.

[6]   Vormals Jugendleiter.

[7]   Gewerkschaften und Arbeitgeberverbände.

182). Für die Soziale Arbeit errang der Korporatismus durch die charakteristische Verflechtung von Staat bzw. Sozialpolitik und den (mitunter konfessionellen) Verbänden der Wohlfahrtspflege fundamentale Bedeutung. Besonders relevant ist hierbei das Subsidiaritätsprinzip. Es gilt seit Ende der 1960er-Jahre bezüglich des Bundessozialhilfegesetzes (BSHG) und des damaligen Jugendwohlfahrtsgesetz (JWG), das freie Träger vor öffentlichen und privaten bevorzugte. Im Subsidiaritätsprinzip liegt die starke Position der Wohlfahrtsverbände in Deutschland begründet. Hierdurch sollte die Pluralität der Weltanschauungen seitens der Leistungserbringer und die staatliche Leistungserbringung auf das notwendige Maß bewirkt werden. Dies geschah durch eine Förderverpflichtung gegenüber den freien Trägern und ihrer Vorrangigkeit bei der Leistungserbringung. Die Förderung beinhaltete Personalkostenzuschüsse sowie Investitionsförderungen und räumte den freien Trägern Eigenverantwortlichkeit bei der Aufgabenausübung ein (vgl. Pabst 2000: 64ff.; Erler 1997: 77).

In der DDR wurden nicht wie im Westen die Auswirkungen des Marktes sozial abgefedert, sondern die Zentralverwaltungswirtschaft wurde unmittelbar auf soziale Ziele ausgerichtet. Dies geschah durch: „eine Arbeitsplatzgarantie, eine massive Subventionierung grundlegender Konsumgüter und durch Anbindung sozialer Leistungen an die Betriebszugehörigkeit" (Leisering 2003: 175). Die formalen Ziele brachen sich jedoch häufig an der Realität, was als ein Hauptwiderspruch des autoritären Wohlfahrtsstaats der DDR gilt. So war es zwar gelungen, Bildungschancen anzugleichen, jedoch war die Altersarmut durch die geringe Sozialleistungsquote[8] von 15% des Bruttoinlandprodukts verbreiteter als im Westen. Zwar habe das Sozialbudget, nimmt man weitere Subventionen hinzu, ein ähnliches Niveau wie im Westen[9] gehabt, nur habe es nicht die Wirtschaftskraft zum Ausgleich gegeben (vgl. Leisering 2003: 175). In der Frage der Erbringung Sozialer Arbeit wurde in der DDR die gesamtgesellschaftliche Verantwortung betont. Entsprechend wurde stärker als in der BRD auf ehrenamtliches Engagement gesetzt. Dennoch gab es auch ausgebildete Sozialfürsorger-

---

8   Die Sozialleistungsquote in Prozent drückt die Höhe der sozialpolitischen Ausgaben – gemessen am Bruttoinlandprodukt (BIP) eines Landes – aus.
9   Die Sozialleistungsquote in der BRD hat sich nach einem starken Anstieg ab Mitte der 1970er-Jahre bis heute bei ca. 30% des Bruttoinlandprodukts eingependelt (vgl. Bundesministerium für Arbeit und Soziales 2007: 6; Leisering 2003: 174; Döring 2004: 98). Die stabile Sozialleistungsquote gilt als Indikator für die relative Stabilität des Sozialsystems (vgl. Mazzucco 2004: 96).

Innen, wenn auch in einem wesentlich geringerem Umfang[10] als in der BRD (vgl. Seidenstücker 2001: 238ff.; Maser 2000: 36).[11]

Der sozialstaatliche Kompromiss im Westen Deutschlands überdauerte fast 30 Jahre; er wurde während der sozial-liberalen Regierungen unter Willy Brandt und Helmut Schmidt stetig zugunsten der ArbeitnehmerInnen wie auch der Nichterwerbstätigen und sozialer Randgruppen ausgebaut. Sozialpolitik war in dieser Phase Gesellschaftspolitik mit der Intention, die soziale Teilhabe breiter Bevölkerungsschichten zu verbessern bzw. ihre Lebensqualität zu steigern. Das leitende Gerechtigkeitsverständnis folgte dem Ideal der Verteilungsgerechtigkeit. Es wird angenommen, dass die Systemkonkurrenz zwischen der DDR und der BRD das sozialpolitische Profil Westdeutschlands wesentlich mit beeinflusste (vgl. Döring 2003: 215).

Nach der Öl- und Wirtschaftskrise 1973/74 wurde die Sozialpolitik unter fiskalischen Gesichtspunkten neu bewertet. Das geringe Wirtschaftswachstum und vor allem die sinkende Nachfrage nach Arbeitskräften führten zu steigender (Langzeit-)Arbeitslosigkeit, die insbesondere die Kommunen unter finanziellen Druck setzte. Obwohl der Sozialstaat durch große finanzielle Lasten in Bedrängnis geriet und der demografische Wandel zunehmend im Zusammenhang mit der Rentensicherheit thematisiert wurde, habe ein „familienpolitischer Aufbruch" (Leisering 2003: 174) stattgefunden. Hierzu gehören familienpolitische Maßnahmen wie Erziehungsurlaub/-geld sowie die Anrechnung von Erziehungszeiten bei der Rentenversicherung. Die sozialpolitischen Errungenschaften wurden von der Zivilgesellschaft zunehmend als selbstverständlich wahrgenommen, vor allem von den Bevölkerungsgruppen, die über wenige oder gar keine Besitzstände verfügten. Das Gleichheitsprinzip zeigte sich vor allem in der egalitären Anlage des Gesundheits- und Bildungssystems, wobei es dennoch nie gelang, soziale Selektionsmechanismen zu verhindern.

Die neokonservative Regierungswende 1982/83 setzte erste Kürzungen sozialstaatlicher Leistungen durch. Die christlich-liberale Regierung unter Bundeskanzler Helmut Kohl wagte jedoch keinen strukturellen Umbau des zunehmend in Bedrängnis geratenden sozialstaatlichen Gefüges – trotz soziostruktureller Veränderungen, wie der Entstandardisierung der Erwerbsverläufe, des demografischen Wandels und der zunehmenden Erwerbsneigung von Frauen, die im Erziehungs- und Pflegebereich den Sozialstaat stark entlastet hatten (vgl. Kauf-

---

[10] So habe es 1988 ca. 400 SozialfürsorgerInnen gegeben. Dieses Berufsbild sei im Vergleich zu anderen Fürsorgeberufen, wie dem der JugendfürsorgerInnen und der GesundheitsfürsorgerInnen, der Tätigkeit der SozialarbeiterInnen am ähnlichsten (vgl. Kleinschmidt 2005: 50f.).

[11] Nach der Deutschen Einigung wurde das westdeutsche Sozialsystem auf das ostdeutsche übertragen, sodass alle weiteren Angaben für Gesamtdeutschland gelten.

mann 1997). Dies wird unter anderem dem strukturkonservativen Druck aus dem sozialdemokratischen Lager bzw. dem Protest von Kirchen und Wohlfahrtsverbänden zugeschrieben. Auch die deutsche Einigung könne laut Leisering (2003: 174) als erneute Expansion des Sozialstaats interpretiert werden. So stieg nach der Übertragung des bundesrepublikanischen Modells auf die neuen Bundesländer auch dort der Bedarf an Fachkräften. Häufig wurden ehrenamtliche oder semiprofessionelle Kräfte auf der Basis von Arbeitsbeschaffungsmaßnahmen (ABM) eingestellt.[12]

> „Der klassische politische Sozialstaatskonsens hatte durch die Wiederherstellung der deutschen Einheit den Systemkonflikt als einen seiner stützenden Faktoren verloren. Auch die Angewiesenheit auf die Sozialstaatlichkeit für die Legitimation der Bundesrepublik war mit dem Wegfall der Teilstaatlichkeit entfallen." (Döring 2003: 217)

Für Deutschland werden folgende spezifische Herausforderungen für das soziale Sicherungssystem angenommen: die deutsche Einheit[13], die Sozialversicherung, die stark an die Arbeitsmarktentwicklung gekoppelt ist, das große Exportvolumen, der sehr plötzliche Geburtenrückgang und ein im europäischen Vergleich hoher Ausländeranteil (vgl. Leisering 2003: 178). Des Weiteren sei die berufsständische Differenzierung (BeamtInnen, LandwirtInnen, FreiberuflerInnen) innerhalb der Sozialsysteme zu berücksichtigen. In sozialpolitischen Diskussionen gehe es daher auch immer darum, welche Statusgruppe wie belastet wird. Diese berufsständischen Auseinandersetzungen ließen sich zum Beispiel an der Diskussion über eine BürgerInnenversicherung nachvollziehen. Verteilungsfragen drücken sich in Deutschland daher häufig als Einzelkonflikte und weniger als allgemeine gesellschaftliche Auseinandersetzungen aus (vgl. Nullmeier 2003: 181).

Zu Beginn der 1990er-Jahre zeichnete sich trotz der enormen Anpassungsfähigkeit des Sozialversicherungsprinzips eine *sozialstaatliche Krise* ab. Der Sozialstaat rückte unter anderem auch deswegen ins Interesse, weil er eine nicht zu unterschätzende „wirtschaftliche und normative Größe mit daran geknüpften Interessen und Ideen" (Leisering 2003: 175) ist. Der sozialstaatliche Grundkonflikt bestehe darin, dass

---

[12] 14% der Beschäftigten in den neuen Bundesländern verfügen heute über einen einschlägigen Berufsabschluss als SozialarbeiterIn bzw. SozialpädagogIn (vgl. Simon 2004: 9).

[13] Unter anderem Döring (2003: 215) kritisiert zu Recht, dass die „Hauptlast der sozialstaatlichen Integrationsleistungen – Leistungen für Arbeitslose, der Arbeitsmarktpolitik, Anhebung der Rentenleistungen" über die Sozialversicherungen und nicht gerechter über Steuern finanziert wurde.

„(...) der Sachzwang sich weder aus einer Krise der Produktivität der Arbeit ergibt noch aus einer Krise der Reichtumsproduktion. Sie resultiert einzig aus der Krise der Reichtumsverteilung und damit aus einer Krise der etablierten Antworten auf die ‚soziale Frage', die (mehr oder minder unbemerkt) zur Neuverhandlung ansteht, was weder ein ‚Naturphänomen' ist, noch notwendige Folge technologischer Entwicklungen, sondern das Ergebnis eines Prozesses politischer (Nicht-) Entscheidungen." (Galuske 2002: 222)

Die Krise des Sozialstaats ist nach Leisering (2003: 178) eine *politische Krise*, die auf legitimatorischer, fiskalischer und struktureller Ebene nachvollzogen werden kann.

Auf der *legitimatorischen Ebene* galt der gesellschaftliche Konsens in den 1990er-Jahren hinsichtlich der Verteilungsgerechtigkeit des alten wohlfahrtsstaatlichen Modells zunehmend als überholt. Soziale Gerechtigkeit wurde mit Gleichheit im Sinne von Gleichmacherei verbunden. Werte, wie persönliche Leistung, Erfolg, Eigenverantwortung, seien zu lange hinter universellem Sicherheitsstreben zurückgestellt worden (vgl. Schröder & Blair 1999; Schröder 2003: 25ff.; Butterwegge 2007a: 157f.). Außerdem geriet das verfassungsrechtlich legitimierte Sozialstaatsprinzip ins Zentrum der Auseinandersetzungen über die Zukunftsfähigkeit des Wettbewerbsstandorts Deutschland. Vor allem liberalökonomische Interessengruppen, wie Arbeitgeberverbände und die Freie Demokratische Partei (FDP), sahen sich in ihrer sozialstaatskritischen Haltung angesichts der verschärften globalen Standortkonkurrenz bestätigt (vgl. Butterwegge 2007a: 143ff.).

„Die Legitimationsbasis verlagert sich weiter von Gerechtigkeits- zu Marktüberlegungen. Nur was der Förderung der Weltmarkttauglichkeit dient, kann noch gerechtfertigt werden (...) Globalisierung legt in dieser Sicht einen produktivistischen Umbau des Sozialstaats nahe. Die auf dieser Sicht basierende Sozialpolitik (...) fördert damit eine Konfliktlinie, die die Sozialpolitik zwar immer begleitet hat, nun aber sehr deutlich hervortritt: die Gegenüberstellung von produktiven und unproduktiven Teilen der Bevölkerung." (Nullmeier 2003: 184)

Aber auch Sozialstaats-BefürworterInnen aus verschiedensten politischen Lagern beklagten die bürokratische Gängelung und Einschränkung der individuellen Freiheit durch den Staat. Die soziale Bewegung der 1970er-Jahre hatte bereits damit begonnen, Themen jenseits materieller Sicherheit, wie „Selbstbestimmung und Partizipation" (Nullmeier 2003: 182), in die politischen Auseinandersetzungen hineinzutragen. Aktuell schließen sich Teile der jüngeren Generation der Sozialstaatskritik an. Sie nehmen sich vor dem Hintergrund des demografischen Wandels, zunehmender Jugendarbeitslosigkeit und leerer öffentlichen Kassen als sozialstaatliche VerliererInnen wahr:

„Damit verbindet sich ein neuer Glaube an den Markt und die neue Leistungsfähigkeit privater Vorsorge. Dies ist nicht nur ‚neoliberale' Ideologie, sondern auch Ausdruck eines tiefer liegenden Wertewandels in Richtung Individualisierung und gesteigerter Autonomieansprüche unter den Bürgern und Bürgerinnen." (Leisering 2003: 178)

Da der neoliberalen Denkweise eine wesentliche Bedeutung bei der Infragestellung des sozialstaatlichen Arrangements zukommt (vgl. Butterwegge 2007a: 171f.), ist es notwendig, diese zumindest grob zu skizzieren. Die neoliberale (Wirtschafts-)Theorie entstand Ende der 1930er-Jahre und wurde im Wesentlichen von den Mitgliedern des *Colloque Walter Lippmann* und später der *Mont Pèlerin Society* entwickelt (vgl. Walpen 2004: 45ff.).[14] Ihre Theorie entstand vor dem Hintergrund, dass sich vor allem zwei politische Konzepte etabliert hatten. Zum einen das sozialistische und zum anderen das kommunistische, die beide, so die neoliberalen KritikerInnen, die Menschen knechteten (vgl. Candeias 2004: 77). Sie wiederum gehen davon aus, dass durch den freien Wettbewerb das wirkmächtigste ökonomische Wissen oder Verhaltensmuster selektiert würde. Das freie Individuum sei der Motor der allgemeinen Wohlfahrt. Es kalkuliere sein Handeln in Form von Kosten-Nutzen-Rechnungen – und so mehre es sein Privateigentum bzw. optimiere seine Leistung und lasse sie über den Markt den anderen zum Nutzen gereichen. Ungleichheit wird von ihnen nicht als etwas Bedauernswertes, sondern als etwas Notwendiges, als Anreiz für Leistungsbereitschaft verstanden (vgl. Candeias 2004: 334).

„Da der Markt quasi ein Geschicklichkeitsspiel ist, resultiert Armut aus der Rebellion gegen die heilsame Disziplin des Marktes. Ungleichheit ist damit das natürliche Ergebnis unterschiedlicher Fähigkeiten bzw. von Leistungen oder Uneinsichtigkeit. Staatliche Versuche, die Ungleichheit zu beheben, zeugen von der (...)" (Candeias 2004: 95) „(...) grundsätzlichen Unmoralität allen Egalitarismus." (Hayek 1977: 15)

Parallel kritisieren sie die Aktivitäten der Gewerkschaften und Sozialverbände, die sich für Kollektivinteressen einsetzten.[15] Sie trieben den Ausbau der Wohlfahrtsstaaten voran, ohne eine adäquate Gegenleistung auszuweisen. Die gesellschaftliche Entwicklung sowie das Wirtschaftswachstum würden hierdurch ge-

---

[14] Es gibt die verschiedensten neoliberalen Strömungen, auf die im Einzelnen nicht näher eingegangen wird (vgl. u.a. Schui & Blankenburg 2002; Candeias 2004: 75ff.; Walpen 2004: 62ff.; Bröckling 2007: 76ff.; Ptak 2007: 19ff.).

[15] Nicht zuletzt ist das *korporatistische Arrangement*, das heißt das sozialstaatliche Fundament, zwischen Staat, Gewerkschaften und den Arbeitgeberverbänden zwischenzeitlich zusätzlich brüchig geworden. Die Gewerkschaften verlieren immer mehr an Bindekraft gegenüber ihren Mitgliedern, und auch die Arbeitgeberverbände haben zunehmend Schwierigkeiten, bei ihren Mitgliedsunternehmen Verbandesinteressen gegen partikulare Unternehmensinteressen durchzusetzen (vgl. Nullmeier 2003: 182).

hemmt, da wohlfahrtsstaatliche Leistungen von Individuen maximal ausgenutzt würden und unwirtschaftliches Verhalten nicht sanktioniert werde. Da die Ressourcen der Allgemeinheit auf diese Weise nicht effizient eingesetzt werden könnten, führe dies zu Wohlfahrtsverlusten. Staatliches Handeln habe sich nach der neoliberalen Auffassung auf die Herstellung von Chancengerechtigkeit und auf die Unterstützung des Wettbewerbs zu konzentrieren. Investitionen in die Infrastruktur (z.B. Verkehr, Polizei) gelten daher auch als legitim (vgl. u.a. Bröckling 2007: 83).

Das neoliberale Konzept leugnet negative Folgen durch den Markt nicht, nur solle der Staat zunächst nicht ausgleichend eingreifen. Vielmehr sollten die Eigenverantwortlichkeit und die zivilgesellschaftlichen Organisationen (z.B. Vereine, Nachbarschaftshilfe, Familie etc.) mobilisiert und gefördert werden und dürften durch sozialpolitische Maßnahmen nicht gehemmt werden.

> „Kontinuierlich gestalteter Eingriff statt bloßer Enthaltsamkeit – der Staat des Neoliberalismus ist zugleich ein aktivistischer und ein aktivierender Staat." (Ebd.: 82) – „Sozialpolitik bedeutet hier Exklusionsvermeidung zum Zwecke einer aktiven Inklusion in die Wettbewerbsordnung." (Ebd.: 84)

Die öffentlichen Gelder, die dennoch für wohlfahrtsstaatliche Leistungen bereitgestellt werden, sollten möglichst effizient und effektiv investiert werden. Wohlfahrtsstaatliche (Organisations-)Kosten könnten zum Beispiel reduziert werden, indem staatliche Angebote privatisiert, also auf einem Markt, angeboten werden.

Die RepräsentantInnen dieser Denkweise agieren in den verschiedensten gesellschaftlichen Zusammenhängen und sind somit direkt an den Entwicklungsprozessen beteiligt (vgl. Plehwe, 2005). Ob sich die neoliberale Denkweise letztlich durchsetzen kann oder nicht, hängt von der Frage ab, ob es ihren VertreterInnen gelingen wird, mit ihr *Hegemonie*[16] in den jeweils konkreten Machtverhältnissen zu erringen. In Aushandlungsprozessen muss Hegemonie stetig konstituiert bzw. stabilisiert werden.

> „Die neoliberale Hegemonie ist nicht nur Hegemonie einer bestimmten Vorstellung von Welt, bestimmter gesellschaftlicher Gruppen innerhalb spezifischer Kompromissstrukturen, sondern die transnationale Hegemonie einer bestimmten Produktions- und Lebensweise, die alle Nationen und Regionen in jeweils unterschiedlicher Weise durchdringt. Dies ist ein krisenhafter Prozess, keine irgendwie geartete stabile Entwicklung, sondern ‚ununterbrochene Erschütterung aller gesellschaftlichen Zustände' (MEW 4: 465)." (Candeias 2004: 104)

---

[16] Konsensuale Kontrolle bzw. Hegemonie auszuüben, bedeutet zu erreichen, dass Individuen Ideologien freiwillig annehmen und ihr Handeln entsprechend ausrichten (vgl. Gramsci 1996: 1637 u. 1567 u. 1584).

Eine stabile Hegemonie kann sich nur dann ohne Anwendung repressiver Gewalt etablieren, wenn es die dominierende Gesellschaftsgruppe vermag, andere (Sub-) Kulturen in ihren gesellschaftlichen Kompromiss einzubinden. Analog dazu ermittelte Candeias (2004: 329ff.) unterschiedliche *politische Konjunkturen* in der Periode *des Neoliberalismus*.

Die *erste Phase* des Neoliberalismus sei vor allem von *Instabilitäten und Umwälzungen* gekennzeichnet, welche von konservativen Kräften forciert worden wären:

> „Es handelt sich in erster Linie um einen Prozess der Verschiebung von Kräfteverhältnissen, der Begrenzung der Macht kollektiver gesellschaftlicher Organisationen und der Freisetzung von Marktkräften. Er zielt auf eine Restauration/Revolution des gesamten Ensembles gesellschaftlicher Verhältnisse, hebt bislang nachgeordnete hervor, weißt bisher zentralen einen untergeordneten Platz zu." (Candeias 2004: 331)

Das hegemoniale Projekt der rechtskonservativen bzw. der konservativ-liberalen Regierungen, zum Beispiel unter Margaret Thatcher (1979–1990) und Ronald Reagan (1981–1989), sei gescheitert, da es ihnen nicht gelungen sei, die Interessen einer breiten gesellschaftlichen Basis zu bedienen. Zu offensichtlich ist die Dominanz der Kapitalinteressen gewesen bzw. zu schmal die legitimatorische Basis in der Zivilgesellschaft.

Die *zweite Phase* des Neoliberalismus beginne mit der Abwahl der konservativen Regierungen zugunsten sozialdemokratischer Parteien. Gerhard Schröder und Toni Blair traten zum Beispiel mit dem Kompromisskonzept der „neuen Mitte" an (vgl. Schröder & Blair, 1999). Die Funktion der Politik der neuen Mitte kann als *Transformismus* (vgl. Gramsci 1993: 966) bezeichnet werden, der von der Einverleibung oppositioneller Gruppen (z.B. den Grünen) in einen neuen herrschenden Block gekennzeichnet ist. Den Herausforderungen des globalen Wettbewerbs sollte mit „Innovationen, Produktivitätswachstum und Requalifizierung der Arbeitskraft (gegenüber konservativ-liberalen Versuchen der permanenten Kostenreduzierung und simplen Flexibilisierung von Löhnen und Arbeitsverhältnissen nach unten)" (Candeias 2004: 332) begegnet werden. Durch die verlangsamte Fortführung des neoliberalen Programms und eine sozialverträglichere Abfederung sollte die legitimatorische Basis verbreitert werden. Ungleichheit nimmt allerdings auch in dieser Phase des Neoliberalismus eine zentrale Stellung ein, was seinen theoretischen Grundlagen entspricht. Die fortschreitende Marginalisierung, sprich Ausgrenzung und Verarmung von gesellschaftlichen Gruppen in der sozialdemokratischen Phase des Neoliberalismus berge, so Candeias (2004: 354), jedoch ein politisches Konfliktpotenzial, das perspektivisch zur Instabilität der neoliberalen Hegemonie beitrage. Diese Konfliktlinie beschränke sich nicht auf die nationalstaatliche Ebene, sodass zunehmend nationale wie internationale Gesetze erlassen würden, welche der allgemeinen Sicherheit dienen sollten. Hierin zeigten sich die autoritären Züge des Neoliberalismus (ebd.: 360).

Die legitimatorische Ebene der Krise des Sozialstaats verlassend und auf die *fiskalische Ebene* Bezug nehmend, betont Roth (2003), dass es sich weniger um eine Krise des Sozialstaates, sondern um eine Krise der Sozialversicherung bzw. der Staatsfinanzen handele. Laut Döring (2003: 215) gingen die Steuereinnahmen aufgrund der hohen Arbeitslosigkeit, der schwächeren Lohndynamik und des demografischen Wandels zurück. Sinkende Sozialversicherungseinnahmen und eine Steuerreform führten bei gleichzeitig hohen Ausgaben zu einem öffentlichen Haushaltsdefizit.

Zusätzlich mussten infolge der veränderten gesellschaftlichen Problemlagen die Mittel für die soziale Sicherung neu verteilt werden. Einerseits blieb das Ausgabenniveau insgesamt zwar relativ stabil, andererseits stiegen jedoch die Ausgaben für die Sozialhilfe seit 1980 um das Doppelte. Das hat die Kommunen stark belastet und deutet auf eine wachsende relative Armut[17] hin (vgl. Leisering 2003: 177). Außerdem hat sich die politische Einschätzung durchgesetzt, dass sowohl die BürgerInnen als auch die Wirtschaft nicht über ein gewisses Maß hinaus mit Sozialstaatskosten belastet werden sollten. Leisering (2003: 178) findet das im Vergleich zu Schweden beispielsweise erstaunlich, das trotz einer höheren Sozialstaatsquote eine solide wirtschaftliche Entwicklung vorweisen kann.

Im Hinblick auf die Krise auf der *strukturellen Ebene* wird betont (vgl. Leisering 2003: 178; Döring 2004: 72ff.), dass sich nicht das wohlfahrtsstaatliche System allgemein als untauglich herausgestellt habe, sondern dass sich dessen soziostrukturelle Voraussetzungen verändert hätten. Daher wird die Krise des Sozialstaats mit seiner lohnarbeitszentrierten Konstruktion in Verbindung gebracht, was vor allem in Zeiten hoher Arbeitslosigkeit zur Instabilität beitrage. Ein weiteres kritisches Argument sei die entmündigende bürokratische Verwaltungsstruktur insgesamt. Sie sei zu uneffizient und bedinge die BürgerInnenunzufriedenheit und produziere unnötige Ausgaben. Einigkeit herrscht, so kann abschließend festgehalten werden, angesichts der Einschätzung, dass strukturelle Reformen zu spät angegangen worden sind, sodass sie schließlich unter dem Druck ungünstiger wirtschaftlicher Bedingungen vollzogen werden mussten.

---

[17] Von *relativer Armut* wird gesprochen, wenn das Einkommen einer Person geringer ist als die Hälfte des durchschnittlichen Pro-Kopf-Einkommens in dem jeweiligen Land (vgl. Döring 2004: 119f.).

3.2 Der globale bzw. transnationale Kontext des Transformationsprozesses

Die neoliberale Formation der Globalisierung gilt als die „versteckte Revolution" (Prisching 2004: 19) am Ende des 20. Jahrhunderts, die zu einer Verschiebung der Kräfteverhältnisse zwischen politischer Regulation und Markt geführt hat. In Anknüpfung an Altvater und Mahnkopf kommt die Globalisierung

> „(...) weniger in grenzüberschreitenden Waren- und Kapitalströmen als darin zum Ausdruck, daß die Parameter für wirtschaftliches Handeln an allen Orten des Globus auf globalen Märkten gebildet werden. *Globalisierung ist ein gesellschaftliches Verhältnis,* das in ökonomischen, technischen, kulturellen Prozessen am Ende des 20. Jahrhunderts strukturierend wirkt." (Altvater & Mahnkopf 1999: 38)

Für die Globalisierung gelten die immer stärker ausdifferenzierten transnationalen Beziehungen der *Nationalstaaten* als charakteristisch. Seit dem Westfälischen Frieden von 1648 kennzeichneten die folgenden Prinzipien die Kompetenzen der Nationalstaaten: *Souveränität* und *nationale Unverletzlichkeit,* die die Kontrolle über ein geographisches Gebiet beinhaltet, sowie die *internationale Gouvernanz,* die Nationalregierungen als internationale Akteure legitimiert:

> „Die ‚Deckungsgleichheit' der drei ‚Zugriffsbereiche' – wirtschaftlich steuerbare Einheit (Volkswirtschaft), politisch souveränes Gebilde (Staat) und kulturell homogene Gruppierung (Volk) – ist nicht mehr, wie zu Zeiten des Nationalstaates, gegeben (...) ‚Innenpolitik' wird ‚Außenpolitik'." (Prisching 2004: 23f.)

Candeias (2004: 285) verweist in diesem Zusammenhang auf den Widerspruch zwischen nationaler Souveränität und transnationaler Interdependenz. Nationale Souveränität sei von jeher durch internationale Beziehungen eingeschränkt gewesen, wobei nun von einer Transnationalisierung gesprochen werden könne:

> „Im Begriff der Transnationalität ist die widersprüchliche Artikulation staatlicher Verhältnisse auf unterschiedlichen räumlichen Ebenen enthalten." (Ebd.: 285f.)

Ein wesentliches Kennzeichen der Globalisierung ist der Bedeutungszuwachs des *internationalen Rechts*. Internationales Recht kann nicht mehr nur von Nationalstaaten beansprucht werden, sondern auch von Individuen, Gruppen und Organisationen. Internationales Recht regelt zunehmend politische, soziale, wirtschaftliche und ökologische Fragen im Rahmen internationaler und supranationaler Organisationen (vgl. Prisching 2004: 26).

BefürworterInnen aus dem neoliberalen Lager sehen in dem historischen Umbruch einen förderungswürdigen Prozess, der es erforderlich mache, dass sich die Nationalstaaten an einen globalen Standortwettbewerb anpassen. Aus dieser Interpretation leitet sich unter anderem der politische Handlungsauftrag ab, solche Versuche kritisch zu prüfen, die ‚geschützte Bereiche' (z.b. die öffentlichen sozialen Dienstleistungen) aufrechterhalten wollen. Hiermit könnte ein potenzieller Wohlstandsverlust einhergehen, da eine effektive Ressourcenallokation durch fehlende Wettbewerbsmechanismen behindert würde. KritikerInnen befürchten, dass angesichts des internationalen Wettbewerbs nicht Wohlstand für alle Gesellschaftsmitglieder, sondern vielmehr der Abbau sozialer Standards zu erwarten sei. Zusätzlich wird der Machtverlust nationalstaatlicher Politik zugunsten internationaler Konzerne gesehen, was eine Gefahr für die Demokratien in sich berge (vgl. Prisching 2004: 7ff.).

Auch wenn KritikerInnen wie BefürworterInnen der Globalisierung die Szenarien der jeweils anderen Seite zu relativieren suchen, ist es für die weitere Untersuchung wichtig festzuhalten, dass die *Kernthemen* der politischen Auseinandersetzung die *staatliche Steuerung im Allgemeinen* und die *wohlfahrtsstaatlichen Maßnahmen im Besonderen* sind. Letztlich wird somit auch über das staatliche Auftragsvolumen und die Auftragsinhalte von Sozialer Arbeit debattiert. Daher reicht es für eine Analyse der Entwicklung der Rahmenbedingungen Sozialer Arbeit nicht aus, sich auf die nationalstaatliche Ebene zu beschränken, sondern es müssen die transnationalen Zusammenhänge berücksichtigt werden. In der weiteren Betrachtung wird daher die Rolle der *Europäischen Union (EU)* und der *Welthandelsorganisation (WTO)* erläutert, die jeweils eine Schlüsselposition in den Aushandlungsprozessen unter anderem über das Ausmaß (national-)staatlicher Steuerung und wohlfahrtsstaatlicher Maßnahmen besetzen.

Bevor ich inhaltlich auf die dortigen Entwicklungen eingehe, werden die Begriffe *Marktversagen*, *Marktsektoren* und *Güterformen* erläutert, die zentral sind, wenn über die Frage der Markttauglichkeit sozialer Dienstleistungen auf nationaler, aber auch auf europäischer und globaler Ebene diskutiert wird. Als Legitimationsgrundlage für staatliches Handeln im Allgemeinen und sozialstaatliches Handeln im Besondern gilt das – von neoklassischen bis zu neoliberalen DenkerInnen meist nicht dementierte – mögliche Versagen des freien Marktes. Von einem funktionierenden Markt wird gesprochen, wenn die *unsichtbare Hand*, eine Metapher, die auf den Ökonom Adam Smith zurückgeht, in Form des Preises auf dem Markt das Angebot und die Nachfrage selbstständig reguliert.[18] Von

---

[18] „Nach der neoklassischen Vorstellung (…) setzt sich jeder Markt aus Anbietern und Nachfragern zusammen, die jeweils bei einem gegebenen Marktpreis rationale Entscheidungen treffen und so ihre jeweiligen Ziele bestmöglich zu erreichen suchen. Die Nachfrager wählen bei gegebenen Preisen jene Gütermengen, die sie am stärksten präferieren, das heißt,

Marktversagen wird hingegen gesprochen, wenn von der mangelnden Marktfähigkeit von Gütern oder Dienstleistungen ausgegangen wird. Marktversagen findet in der Regel seinen Ausdruck in einem nicht ausreichenden Angebot von gewinnorientierten Anbietern (vgl. Baßeler et al. 2002: 44ff.; Bieling & Deckwirth 2007: 11). Es gelten folgende Indikatoren für Marktversagen: Erstens kommt es zu Marktversagen, wenn sich ein *natürliches Monopol* bildet. Dies ist zum Beispiel dann der Fall, wenn ein Anbieter aufgrund seines vielfältigeren Ressourcenpools ein Dienstleistungspaket günstiger bereitstellen kann als mehrere Anbieter und Unternehmen daher auf ihren Marktzutritt verzichten, weil sie im Preiswettbewerb nicht mithalten könnten (vgl. Baßeler et al. 2002: 180). Auch bei so genannten *Kollektivgütern* oder *öffentlichen Gütern*, die gleichzeitig von vielen Personen (z.B. Straßenbeleuchtung, Bundesstraßen) genutzt werden, komme es grundsätzlich zu Marktversagen. Als dritter Indikator für Marktversagen gilt die *asymmetrische Information*, das heißt, es ist (für die NachfragerInnen) nicht möglich, in ausreichendem Maß Information zu erhalten, um eine rationale Güterabwägung zu treffen (vgl. ebd.: 26f. u. 44f.). Marktversagen kann als die Grundlage für Staatstätigkeit definiert werden. Das hat zur Folge, dass der Staat selbst als Anbieter auftritt oder ein Unternehmen oder eine Organisation mit der Bereitstellung einer Leistung beauftragt (vgl. Mazzucco 2004: 95).

Der Staat stellt somit zum einen *öffentliche Güter* (wie z.B. Rechtssicherheit, nationale Verteidigung, Bildung) und zum anderen auch soziale Dienstleistungen (z.B. Jugendzentren, Drogenberatungsstellen) zur Verfügung. Letztere lassen sich allgemein weder eindeutig als öffentliche Güter bezeichnen noch den privaten Gütern zuordnen. Leistungen, die zwischen der Privatwirtschaft (1. Sektor) und dem Staat (2. Sektor) angesiedelt sind, werden dem so genannten 3. Sektor zugeordnet, dessen Güter als *meritokratische* bezeichnet werden. Obwohl es sich bei meritokratischen Gütern zum Teil auch um marktfähige Güter handelt (z.B. im kulturellen Bereich), werden sie dennoch von der öffentlichen Hand bereitgestellt, da aus wirtschafts- oder sozialpolitischen Gründen die Güter zu nicht kostendeckenden Preisen an die BürgerInnen abgegeben werden sollen. Für meritokratische Güter und Dienstleistungen gelten folgende *Merkmale*: Sie sind durch das gesellschaftliche Interesse legitimiert, sie werden unabhängig von Konsumtrends angeboten und sie werden von Non-Profit-Unternehmen[19] erbracht (vgl. Engartner 2007: 93ff.; Trube & Wohlfahrt 2000: 26f.).

---

die ihnen höchste Befriedigung ihrer Bedürfnisse oder einen maximalen Nutzen stiften. Die Anbieter wählen jenes Angebotsvolumen, das ihren Gewinn maximiert." (Mazzucco 2004: 92)

[19]   Als Non-Profit-Unternehmen werden die Unternehmen bezeichnet, die nicht primär ein Wettbewerbsinteresse verfolgen oder staatliche Normen durchsetzen, sondern allgemeine Bedürfnisse befriedigen (vgl. Wendt 2003: 26). Alternativ gibt es den Begriffsvorschlag *Social-Profit-Sektor*: „Dieser Begriff signalisiert, dass Social-Profit-Betriebe – unter aus-

In der Vergangenheit wurde von der Marktunfähigkeit sozialer Dienstleistungen ausgegangen bzw. angenommen, dass es Mittel gibt, das Marktversagen zu beheben. Mittlerweile wird jedoch auch sozialen Dienstleistungen eine grundsätzliche Marktfähigkeit unterstellt. Man vermutet, dass bei der Aufhebung von Marktzutrittsbeschränkungen ausreichend gewinnorientierte Anbieter einen funktionierenden Markt etablieren können. Folglich wird für den 3. Sektor eine ökonomische Attraktivität angenommen (vgl. Ottnad et al. 2003: 26f.). Dennoch werden weiterhin zahlreiche Gründe angeführt, warum es im Bereich der Sozialen Arbeit keinen funktionierenden Markt geben kann.

Ein Argument ist, dass es *keine schlüssigen Tauschbeziehungen* gebe. Von einer schlüssigen Tauschbeziehung wird in der Wirtschaft dann gesprochen, wenn eine Leistung direkt mit einer Gegenleistung (Bezahlung) abgegolten wird (vgl. Wendt 2003: 22). Daher könnte ein sozialer Dienstleistungsmarkt nur dort entstehen, wo KundInnen 100% des Preises selbst bezahlen. Als Alternative hierzu wird die Einführung einer so genannten Subjektfinanzierung, zum Beispiel in Form eines Gutscheinsystems gesehen, bei der bewilligte Dienstleistungen selbstständig von den *NutzerInnen*[20] eingetauscht werden können. Einschränkend muss allerdings darauf hingewiesen werden, dass hierdurch nicht bereits von einem funktionierenden Markt gesprochen werden kann, auf dem die NutzerInnen als souveräne KonsumentInnen zu kategorisieren sind.[21]

---

drücklichem Verzicht auf betriebswirtschaftlichen Gewinn – einen nachhaltigen gesellschaftlich bzw. volkswirtschaftlich relevanten Profit bzw. Gewinn anstreben." (Popp 2004: 44)

[20] Im Folgenden wird weiterhin der Begriff *NutzerInnen* anstelle von *KundInnen* oder *KlientInnen* Verwendung finden. Der Konzeption nach wird im Begriff NutzerInnen die Subjektivität, also die aktive Rolle des Einzelnen im Dienstleistungsprozess betont (vgl. u.a. Schaarschuch 1999: 554; Oelerich & Schaarschuch 2005: 9ff.). Auch wenn es zu dieser Form der Subjektorientierung in der Sozialen Arbeit, sicherlich berechtigte Einwände und offene Fragen gibt, auf die ich hier nicht näher eingehen kann (vgl. Hirschfeld 2006: 7ff.; Kunstreich 2006: 242), zeichnet sich der Begriff dadurch aus, dass er weiter gehende emanzipatorische Überlegungen anzuregen vermag.

[21] Die Realisierung des Konsumerismus in Großbritannien leide zum Beispiel weniger an den Informationsdefiziten der NutzerInnen, die die Güterabwägung erschwert. Untersuchungen hätten vielmehr gezeigt, dass NutzerInnen weniger auf der Basis von Informationen, sondern aufgrund von „habits of the heart" entscheiden würden. Zudem müssten sie zum Teil ohnehin nicht freiwillig, sondern aus Not oder Zwang Leistungen in Anspruch nehmen. Außerdem mangele es dem Großteil der NutzerInnen an positiven KonsumentInnenerfahrungen, da sie häufig lediglich auf dem Niveau von Grundbedürfnissen konsumieren können. Daher entwickelten sie auch keine hohen Erwartungen an ihre KonsumentInnenrolle und nutzten sie entsprechend wenig (vgl. Harris 2004: 11ff.).

3.2.1   Die Bedeutung der Europäischen Union (EU)

Im Rahmen des skizzierten Globalisierungsprozesses ist der fortschreitende europäische Integrationsprozess eine zentrale Einflussgröße hinsichtlich des Strukturwandels Sozialer Arbeit. Dreh- und Angelpunkte der Diskussionen auf der EU-Ebene sind die *vier Grundfreiheiten* des europäischen Binnenmarktes – im Einzelnen der *freie Verkehr von Waren, Personen, Dienstleistungen und Kapital* (vgl. Art. 14 EGV[22]) – und die *Realisierung einheitlicher Wettbewerbsbedingungen*. Zwar stehen noch viele grundlegende Urteile des Europäischen Gerichtshofs (EuGH) aus, die klären werden, in welchem Umfang europäisches Binnenmarkt- und Wettbewerbsrecht zukünftig im sozialwirtschaftlichen Bereich Anwendung finden werden. Dennoch lässt sich meines Erachtens anhand des noch unabgeschlossenen wechselseitigen Prozesses deutlich zeigen, dass dieser praktische Relevanz für die Rahmenbedingungen Sozialer Arbeit im nationalen Kontext hat. Im Anschluss werde ich auf die Entwicklung der direkten Sozialpolitik der EU sowie auf indirekt wirkende Entscheidungen der EU-Gremien eingehen.

Die Europäische Integration war seit der Unterzeichung der Gründungsverträge 1957 von einer wirtschaftspolitischen Orientierung geleitet. Sozialpolitische Fragen blieben bis zum Vertrag von Maastricht (1992 unterzeichnet, seit 1993 in Kraft) ausschließlich in nationalstaatlicher Verantwortung (vgl. u.a. Schulte 2006a; Leibfried & Pierson 1995; Bauer 1993). Die EU-Sozialpolitik bewegt sich seither im Spannungsfeld zwischen der

> „(...) integrationspolitischen Vertiefung des neoliberalen Binnenmarktprojekts als Wirtschaftsblock im Rahmen von Globalisierung und gesellschaftlichen Desintegrationstendenzen, die teilweise durch das Integrationsprojekt selbst entstehen." (Schäfer 2000: 138)

Dieses Spannungsverhältnis ist konstitutiv für die charakteristische Verknüpfung von europäischer Sozial-, Wirtschafts- und Wettbewerbspolitik.

1972 wurde die Sozialpolitik zum ersten Mal auf einem europäischen Gipfeltreffen[23] explizit behandelt und dabei eine gewisse soziale Verantwortung der Europäischen Gemeinschaft (EG) anerkannt. Dennoch stellten die Fragen zur sozialen Sicherheit weiterhin ein Anhängsel der Wirtschaftspolitik dar. Gegenüber der Wirtschaftspolitik wurde dem Sozialschutz[24] eine dienende Funktion eingeräumt. Seit Mitte der 1990er-Jahre wurde hingegen die produktive Rolle der Sozialpolitik betont, und der Begriff des *Europäischen Sozialmodells* begann

---

[22] EGV steht für *Vertrag zur Gründung der Europäischen Gemeinschaften*. Wenn nicht anders vermerkt, beziehen sich die Artikel auf die konsolidierte Fassung vom 29.12.2006.

[23] Pariser Gipfel zum Ausbau einer „Sozialen Dimension" der Gemeinschaft.

[24] Zum sozialen Schutzsystem gehören unter anderem Sicherungsmaßnahmen bei Krankheit, Invalidität, Alter, Behinderung und Arbeitslosigkeit.

sich als Gegenmodell zum marktgesteuerten US-Sozialmodell zu etablieren (vgl. Schulte 2006a: 25; Leibfried 2006: 525; Herrmann 2004: 14).

Im Maastrichtvertrag wurde erstmals die Sozialpolitik ausdrücklich als Aufgabe der EU in Form des so genannten Sozialprotokolls aufgenommen (vgl. Leibfried 2006: 525). Sozialpolitik wurde nun als produktiver Faktor für die wirtschaftliche Integration Europas interpretiert, wodurch der Sozialschutz zum Wettbewerbsfaktor deklariert und in dem Maß anerkannt wurde, in dem er dem Wettbewerb nützt. Sozialpolitik erhielt die Funktion einer *flankierenden Maßnahme* zur Wachstumsförderung der europäischen Wirtschaft (vgl. Europäische Kommission 2004: 21; Herrmann 2004: 14). Der Maastrichtvertrag forcierte im Übrigen vor allem den weiteren Ausbau des europäischen Binnenmarkts zur Steigerung internationaler Wettbewerbsfähigkeit und Währungsstabilität. Aufgrund dieses Anliegens wurden die so genannten *Konvergenzkriterien* verabschiedet (vgl. Bieling & Deckwirth 2007: 18f.). Das Kriterium „öffentliche Haushaltslage ohne übermäßiges Defizit" (Art. 121 EVG [Nizza]) wurde für die nationale Sozialpolitik relevant, da die einzelnen Mitgliedsländer seither verstärkt zur Haushaltsdisziplin aufgerufen sind. Die Haushaltsdisziplin betrifft alle Gebietskörperschaften des öffentlichen Rechts in Deutschland und damit Bund, Länder und Kommunen. Hierin besteht die Gefahr, dass durch die haushaltskonsolidierenden Maßnahmen ein ökonomischer Druck entsteht, der zu einem europäischen Wettbewerb zulasten der Sozialstandards führen kann. Der Maastrichtvertrag steht nicht nur als ein Meilenstein der Sozialpolitik in der Geschichte der EU, sondern auch für einen zentralen europäischen Impuls, der den nationalen Strukturwandel Sozialer Arbeit mit seiner Finanzpolitik nachhaltig beeinflusst. Leibfried (2006: 523) betont hierzu ergänzend, dass die Konvergenzkriterien zwar einen mittelbaren Druck auf die Wohlfahrtsstaaten ausüben. Aber „die Konvergenzkriterien an sich *verlangen* keine Haushaltskürzungen – Steuererhöhungen wären auch denkbar –, aber sie stärken die Position derer, die solche Kürzungen anstreben" (ebd.: 529).

Die sozialpolitischen Intentionen des Maastrichtvertrags wurden 1997 im Rahmen des Amsterdamer Vertrags überarbeitet bzw. in Form des Sozialabkommens in den Artikeln 136ff. EGV formal aufgenommen; er ist seit 1999 in Kraft. Seither gilt, dass die EU gemeinsam mit den einzelnen Mitgliedsstaaten für die Sozialpolitik zuständig ist (vgl. Schulte 2001: 7ff.).

Neben der Förderung des Sozialschutzes stand nun auch dessen Modernisierung auf der europäischen Agenda (vgl. Schulte 2001: 11 u. 14, Europäische Kommission, 1999).[25] Dieser Vorstoß steht im Zusammenhang mit der steigen-

---

[25] Steidle und Markowski (2006: 12) haben in ihrer Untersuchung zusammengetragen, welche unterschiedlichen Aspekte seither sowohl von der Europäischen Kommission als auch

den Zahl der so genannten *working poor*[26] – ein Phänomen, das von den EU-Gremien mit Blick auf den sozialen Zusammenhalt als wachsendes Problem eingestuft wurde. Zudem sollten die bestehenden wohlfahrtsstaatlichen Maßnahmen in ihrer Bedeutung für die Beschäftigungsentwicklung geprüft werden (vgl. Mazzucco 2004: 74). Ein zentrales Instrument ist hierbei die *Methode der Offenen Koordinierung (OMK)*,[27] die „den Mitgliedsstaaten eine Hilfe bei der schrittweisen Entwicklung ihrer eigenen Politiken sein soll" (Europäische Kommission 2004: 28).

Im Vertrag von Nizza (2000 beschlossen, in Kraft seit 2003) wurde der Gedanke des Sozialschutzes ausdrücklich verankert sowie die Kompetenz der Mitgliedsstaaten unterstrichen, die Grundprinzipien ihres jeweiligen Systems der sozialen Sicherheit primär selbst zu bestimmen. Die EU behält sich jedoch eine koordinierende Funktion vor (vgl. Art. 140 EGV). Der Rat, die Kommission und das Parlament proklamierten in Nizza ergänzend eine Textfassung über die sozialen Grundrechte in der EU. Diese *Charta der Grundrechte* legt in den Artikeln 34–36 unter anderem das Recht auf freien Zugang zu Leistungen der sozialen Sicherheit, der sozialen Dienste, der Gesundheitsvorsorge sowie zu den Diensten von allgemeinem wirtschaftlichen Interesse (vgl. unten) fest. Die Charta der Grundrechte wird ab Mitte 2009 mit Ausnahmeregelungen für Großbritannien und Polen rechtsverbindlich, ohne die Kompetenzen der Union zu erweitern, falls bis dahin wie geplant der Reformvertrag von Lissabon[28] auch in allen Mitgliedstaaten ratifiziert wurde.

Ebenfalls 2000 hatte der Europäische Rat die so genannte *Lissabon-Strategie* beschlossen, die auf 10 Jahre angelegt wurde und zu einem wettbewerbs- und zukunftsfähigen Europa beitragen soll. Die Lissabon-Strategie soll Wirtschafts-, Beschäftigungs- und Sozialpolitik miteinander verzahnen und aufeinander abstimmen. Die Ziele *Verbesserung der Wettbewerbsfähigkeit, Vollbeschäftigung*

---

vom Europäischen Parlament unter dem Begriff „Modernisierung des Sozialschutzes" subsumiert worden sind.

[26] Der Begriff bezeichnet jene ArbeitnehmerInnen, die zwar einen oder mehre Jobs haben, mit ihrem Einkommen aber nur kaum oder gar nicht über die Armutsgrenzen kommen.

[27] Die OMK beinhaltet unter anderem, dass der Europäische Rat verabschiedete Leitlinien an nationale politische AkteurInnen zurückleitet. Daraufhin findet auf der nationalen Ebene ein breiter Beratungsprozess darüber statt, in welcher Form die Ziele unter Berücksichtigung der lokalen Spezifika erreicht werden können. Ergebnis- und Erfahrungsberichte werden wiederum an die Europäische Kommission für weitergehende Modifizierungen auf europäischer Ebene weitergeleitet (vgl. Hermann 2006: 288ff.; Europäische Kommission 2004a: 28f.; DV 2003: 1f.).

[28] Offiziell: Vertrag von Lissabon zur Änderung des Vertrags über die EU und des Vertrags zur Gründung der EG, unterzeichnet in Lissabon am 13. Dezember 2007. Die Rechtsverbindlichkeit der Charta der Grundrechte wird in Artikel 6 im Vertrag von Lissabon festgeschrieben.

und *Förderung der sozialen Integration* standen im Zentrum der europäischen Agenda (vgl. Europäischer Rat, 2000). Einer der zentralen Kritikpunkte an der Strategie ist der im Zuge der Abstimmung von Wirtschaftspolitik und Beschäftigungsstrategien verengte Blick auf zentrale Themen, wie Armutsbekämpfung und soziale Ausgrenzung, aus einer rein wirtschafts- und arbeitsmarktpolitischen Perspektive. Diese Einschränkung entspricht seit der ernüchternden Zwischenbilanz des Jahres 2005 bezüglich der Erfolge der Lissabon-Strategie mehr denn je der Realität. So wurde im Zuge der Erneuerung der Lissabon-Strategie den Themen Wirtschaftswachstum und Beschäftigung Priorität eingeräumt und ergänzend eine neue sozialpolitische Agenda beschlossen (vgl. Europäische Kommission 2005: 7; Deutscher Verein für öffentliche und private Fürsorge[29] 2003: 2).

Neben der expliziten Behandlung sozialpolitischer Fragen in den EU-Gremien ist diese transnationale Ebene in weiteren Zusammenhängen für die sozialen Dienstleistungen bedeutend. Das Anliegen der Europäischen Kommission besteht im Wirtschaftsbereich des 3. Sektors (vgl. Kap. 3.3.1) – der marktgängige sowie nichtmarktgängige Dienstleistungen beinhaltet – darin, die europäischen Wettbewerbsregeln anzuwenden (vgl. Lange 2001: 359). Dies wurde in der Vergangenheit auch unter der Überschrift der Zukunft der *Èconomie Sociale*[30] diskutiert:

„Werden die deutschen Wohlfahrtsverbände unter dem Begriff der Èconomie sociale gefasst, wie es der Kommission vorschwebt, dann steht der Anwendung des Gemeinschaftsrechts einschließlich der Niederlassungs- und Dienstleistungsfreiheit und damit der An-

---

[29] Da in Deutschland die personenbezogenen sozialen Dienstleistungen kein eigenständiger Zweig sind und nicht zentralstaatlich gesteuert werden, gibt es zum einen die zersplitterten ministeriellen Zuständigkeiten – von Bundesgesundheitsministierium, Bundesministerium für Familien, Senioren, Frauen und Jugend, Bundesministerium für Arbeit und Soziales - und damit kein spezifisches „Sprachrohr" für Stellungnahmen. Da zum anderen auch der Föderalismus und das Subsidiaritätsprinzip die Vielfältigkeit der deutschen öffentlichen und freien Wohlfahrtspflege charakterisieren, wird im weiteren Verlauf jeweils Bezug genommen auf das „Sprachrohr" Deutscher Verein für öffentliche und private Fürsorge (DV), da diesem die Rolle der zentralen Beratungs- und Austauschinstanz zugesprochen wird (vgl. Hansen 2003: 396).

[30] Der Begriff Èconomie Sociale stammt aus der frühsozialistischen Phase des 19. Jahrhunderts in Frankreich. 1970 wurde er dort im Sinne eines solidarischen, assoziativen Wirtschaftens neu belebt. Das Modell der Èconomie Sociale umfasst Genossenschaften, Gegenseitigkeitsgesellschaften und Vereine sowie Stiftungen, die sich der Vertretung – der in der Regel wirtschaftlichen Interessen – ihrer Mitglieder verschrieben haben. Die meisten deutschen gemeinnützigen Körperschaften könnten aufgrund ihrer Organisationsform, nicht aber wegen ihrer Zielsetzung, dem Modell einer europaweiten Èconomie Sociale zugeordnet werden. Auf europäischer Ebene wurde der Begriff Mitte der 1980er-Jahre aufgegriffen und in Bezug auf Beschäftigungspotenziale, soziale Eingliederung und lokale Wirtschaftsentwicklung diskutiert (vgl. Wendt 2003: 15; Schäfer 2000: 168f.).

wendung des Wettbewerbsrechts einschließlich des Beihilfenverbots grundsätzlich nicht mehr viel im Wege." (Schäfer 2000: 166)

1989 gab die Europäische Kommission unter dem Titel „Die Unternehmen der Èconomie Sociale und die Schaffung des europäischen Marktes ohne Grenzen" (vgl. Europäische Kommission, 1989) eine erste unverbindliche Positionsbestimmung heraus. In dieser Mitteilung wird das Konzept der Èconomie Sociale favorisiert und auch Wohlfahrtsverbände (bzw. soziale Unternehmen) wurden implizit unter dem wirtschaftlichen Unternehmensbegriff zusammengefasst (vgl. Lange, 2001). Die deutschen Wohlfahrtsverbände leisteten daraufhin engagierten Widerstand, weil sie befürchteten, dass die europäische Konkurrenz auf den deutschen Markt drängen könnte. Dies würde ihre zentrale Stellung, die ihnen das Subsidiaritätsprinzip (vgl. Kap. 3.3.1) im deutschen Wohlfahrtssystem einräumt, schwächen. Unter anderem ihr Widerstand war so wirkungsvoll, dass die Europäische Kommission keine ihrer darauf folgenden Initiativen zur Übertragung von Wettbewerbsregeln auf eine Èconomie Sociale zur Verabschiedung führen konnte (vgl. Lange 2001: 359).[31] Im Vertrag von Maastricht wurde 1992 vielmehr auf Druck Deutschlands das Subsidiaritätsprinzip im Vorfeld der Abstimmung verhandelt und dessen Bedeutung im Interesse der Wohlfahrtsverbände wiederholt festgeschrieben (vgl. Art. B EUV und Art. 3b EGV [Maastricht]) und 1997 in Amsterdam (vgl. Art. 2 EUV und Art. 5 EGV [Amsterdam]) erneut bestätigt. Die deutschen Wohlfahrtsverbände bringen sich seither verstärkt als Sozialpartner in den so genannten sozialen Dialog auf europäischer Ebene ein (vgl. Lange 2001: 360). Dies erscheint auch überaus nachvollziehbar, da allein durch die Festschreibung des Subsidiaritätsprinzips noch längst nicht die Zukunft der sozialen Dienstleistungen in der EU geklärt ist.

Die Auseinandersetzung um den gesamten Bereich der *Daseinsvorsorge*[32] in Europa ab 1996 kann aus der Perspektive des sozialen Dienstleistungsbereichs

---

[31] „Da in Frankreich anders als in Deutschland wesentliche Wirtschaftszweige die Organisationsform von Genossenschaften, Versicherungsvereinen auf Gegenseitigkeit und Vereinen [z.B. im Bereich Versicherungswesen, Lebensmittelhandel oder Wohnungsbau] gewählt haben und somit als erwerbszweckfrei eingestuft werden, haben sie nach Art. 58 II EGV (...) Probleme, europaweit im Rahmen der Niederlassungs- und Dienstleistungsfreiheit tätig sein zu können, wie etwa vergleichbare deutsche Unternehmen, die allerdings als Aktiengesellschaft organisiert sind und daher die Grundfreiheiten der Gemeinschaftsverträge für sich nutzen können." (Schäfer 2000: 169f.)

[32] Der Begriff der Daseinsvorsorge geht ursprünglich auf den konservativen Staatsrechtler Ernst Forsthoff (1938) zurück. Er fasst Daseinsvorsorge als „Diejenigen Veranstaltungen, welcher zur Befriedigung des Appropriationsbedürfnisses getroffen werden" (ebd.: 6) und grenzt sie vom Begriff der soziale Fürsorge ab (ebd.: 5). „Jedenfalls wird sich die Daseinsvorsorge als ein eigenständiger Begriff neben der Fürsorge behaupten müssen. (...) Es muß wohl beachtet werden, daß die Daseinsvorsorge zwar die Fürsorge in sich schließt, aber nicht in ihr aufgeht." (Ebd.: 47)

im Zuge einer forcierten europäischen Wettbewerbspolitik zur Vollendung des Binnenmarkts mittels Marktmechanismen (vgl. Europäische Kommission, 1996b) auch als *Wiedervorlage der Intention ihrer Ökonomisierung* bewertet werden. So definiert die Europäische Kommission (1996, 2000, 2001) zunächst

> „Leistungen der Daseinsvorsorge (oder gemeinwohlorientierte Leistungen) [als] marktbezogene oder nichtmarktbezogene Tätigkeiten, die im Interesse der Allgemeinheit erbracht und daher von den Behörden mit spezifischen Gemeinwohlverpflichtungen verknüpft werden." (Europäische Kommission 1996: 3)

und betrachtet sie als wichtige Säule im Wertekanon europäischer Politik,

> „(...) die die Grundwerte der Demokratie - Menschenrechte und Rechtsstaatlichkeit - mit den Prinzipien der Marktwirtschaft, der Solidarität und des Zusammenhalts verbinden. Zu diesen Werten gehört auch der gleichberechtigte Zugang der Bürger zu Universaldiensten sowie zu Versorgungs- und Dienstleistungen, die der solidarischen Daseinsvorsorge dienen". (Europäische Kommission 1996a: 90)

Dabei geht die Europäische Kommission davon aus, dass "die Marktkräfte (...) eine bessere Ressourcenallokation und eine effizientere Leistungserbringung [ermöglichen], was sich für den Verbraucher in höherer Qualität und günstigeren Preisen niederschlägt" (Europäische Kommission 1996: 3), auch wenn sie sich

> „(...) durchaus der Tatsache bewusst [ist], dass diese Marktmechanismen mitunter an ihre Grenzen stoßen: sie bewirken unter Umständen, dass ein Teil der Bevölkerung von den damit verbundenen Vorteilen ausgeschlossen bleibt und die Festigung des sozialen und territorialen Zusammenhalts behindert wird. Der Staat muss dann dafür sorgen, dass dem Gemeinwohl Rechung getragen wird." (Ebd.: 3)[33]

Die erwähnten Mitteilungen der Kommission von 1996 und 2000 lösten bei den deutschen Wohlfahrtsverbänden erneut eine große Debatte darüber aus, ob ihre Leistungen den wirtschaftlichen Dienstleistungen der Daseinsvorsorge zugerechnet würden oder nicht (vgl. Lange 2001: 361). Die Frage, ob eine Dienstleistung als wirtschaftliche oder nicht wirtschaftliche Tätigkeit der Daseinsvorsorge einzustufen ist, galt als entscheidendes Kriterium dafür, ob europäisches Wettbewerbs- und Beihilfenrecht (vgl. Art. 87–89 EGV) Anwendung finden muss. Wohlfahrtverbände meinten bisher, dass es ohne einen freien Markt auch keinen Wettbewerb gebe, und somit ihre Aktivitäten auch nicht wirtschaftlicher Natur seien.

---

[33] Zum Beispiel Großbritannien und Schweden, haben zwischenzeitlich die Erfahrung gemacht, dass ihre eingeführten Marktprinzipien im Sozial- und Gesundheitswesen zu teuer und zu uneffektiv waren. Sie wurde daher modifiziert bzw. zurückgenommen, so dass hier eine „Re-Regulierung" eingesetzt hätte (vgl. Schäfer 2000: 157).

Die Europäische Union richtete 1997 mit dem Vertrag von Amsterdam ihre Aufmerksamkeit verstärkt auf derartige *Dienstleistungen von allgemeinem Interesse.*[34] Durch ein *Grünbuch zu den Dienstleistungen von allgemeinem Interesse* (vgl. Europäische Kommission, 2003a) sollten die bestehenden rechtlichen wie begrifflichen Unklarheiten beseitigt werden. Es ist die Absicht der Europäischen Kommission, eine *kontrollierte Liberalisierung*[35] dieses Dienstleistungssektors zu bewirken, das heißt die „schrittweise Öffnung des Marktes, flankiert von Maßnahmen zum Schutz des Gemeinwohls" (ebd.: 4). Hierbei soll das so genannte *Universaldienstkonzept* beachtet werden, das „den Zugang aller zu einer qualitativ definierten Dienstleistung (...) zu einem erschwinglichen Preis, unabhängig von der wirtschaftlichen, sozialen oder geografischen Lage" (Europäische Kommission 2003b: 2) gewährleisten soll. Es wird deutlich, dass von einer kontrollierten Liberalisierung alle Tätigkeiten (wirtschaftliche und nicht wirtschaftliche) betroffen sind – unabhängig davon, ob sie auf einem funktionierenden Markt oder auf einem vorgelagerten Markt[36] erbracht werden.[37]

---

[34]   Als synonyme Umschreibungen für gemeinwohlorientierte Leitungen wird im europäischen Kontext entweder von *Daseinsvorsorge* oder *Dienstleistungen von allgemeinem Interesse* gesprochen: „Der Begriff ‚*Dienstleistungen von allgemeinem Interesse*' ist im Vertrag selbst nicht enthalten. In der Gemeinschaftspraxis wurde er aus dem im Vertrag verwendeten Begriff ‚Dienstleistungen von allgemeinem wirtschaftlichen Interesse' abgeleitet. Sein Bedeutungsspektrum reicht weiter als der Begriff ‚Dienstleistungen von allgemeinem wirtschaftlichen Interesse', da er sich sowohl auf die marktbezogenen als auch die nichtmarktbezogenen Dienstleistungen bezieht, die von staatlichen Stellen im Interesse der Allgemeinheit erbracht und von ihnen daher mit spezifischen Gemeinwohlverpflichtungen verknüpft werden." (Europäische Kommission 2003: 7f.)
„Der Begriff ‚*Dienstleistungen von allgemeinem wirtschaftlichen Interesse*' bzw. ‚*Dienste von allgemeinem wirtschaftlichen Interesse*' wird in Artikel 16 und Artikel 86 Absatz 2 des Vertrags verwendet. Er ist weder im Vertrag noch in abgeleitetem Recht näher bestimmt. In der Gemeinschaftspraxis [der EU] herrscht jedoch weit gehende Übereinstimmung dahingehend, dass er sich auf wirtschaftliche Tätigkeiten bezieht, die von den Mitgliedstaaten oder der Gemeinschaft mit besonderen Gemeinwohlverpflichtungen verbunden werden und für die das Kriterium gilt, dass sie im Interesse der Allgemeinheit erbracht werden." (Ebd.: 8)

[35]   *Liberalisierung* ist der politische Prozess, der sich mit den Zutrittsmöglichkeiten oder -bedingungen für einen Markt befasst. Dies ist zum Beispiel der Fall, wenn bisher eine soziale Dienstleistung ausschließlich von öffentlichen Trägern erbracht werden durfte und nun der Markt für gemeinnützige oder private Anbieter geöffnet wird. Einem Liberalisierungsprozess folgt in der Praxis häufig eine Privatisierung (vgl. Fußnote 38 und 61) öffentlicher Einrichtungen (vgl. Bieling & Deckwirth 2007: 13).

[36]   Der so genannte vorgelagerte Markt wird auch als *Quasi-Markt* bezeichnet. Der Begriff Quasi-Markt wurde im Zusammenhang mit dem neuen Steuerungsmodell in Großbritannien entwickelt und „bezeichnet ein Arrangement offenen Austausches, in dem Leistungsträger die Möglichkeit erhalten, mit konkurrierenden Leistungsanbietern Verträge über die Erbringung von Dienstleistungen auszuhandeln. Ein Quasi-Markt ist politisch mit gesetzlichen Rahmenbedingungen und anderen Vorgaben reguliert; er soll den Wettbewerb über Preis und Qualität der Leistungen ermöglichen. Die Marktöffnung führt, wenn für die

Der DV (2003) begrüßt in seiner Stellungnahme zum Grünbuch, dass Kommunen weiterhin selbst darüber entscheiden können, welche Dienstleistungen von allgemeinem Interesse privatisiert[38] werden sollen. Andererseits fordert der DV dazu auf, einen marktwirtschaftlich funktionalen Unternehmensbegriff[39] im Bereich sozialer Dienstleistungen zu hinterfragen, da er solche Ziele, wie die gesamtgesellschaftliche Solidarität, nur unzureichend umfassen könne. Weiterhin kritisiert er mit Blick auf die Unterscheidung von wirtschaftlichen und nicht wirtschaftlichen Tätigkeiten die zahlreichen Rechtsunsicherheiten. Es müsse in Rechnung gestellt werden, dass soziale Dienstleistungen im Vergleich zu anderen ,Dienstleistungen im allgemeinen Interesse' besonders seien. Ihre Sonderstellung ergebe sich zum Beispiel aus der Beziehungsdimension, die zentral bei personennahen sozialen Dienstleistungen sei. Die NutzerInnen seien von einem Pflegedienst stärker abhängig als von einem Telefonanbieter. Sie hielten daher Wettbewerbseinschränkungen für sinnvoll, wenn eine „Bedarfsnotwendigkeit von allgemeinem wirtschaftlichen Interesse" (DV 2003: 3f.) bestehe.

Dienstleistungen Standards vorgegeben sind, zu einem Wettbewerb über Qualität. Er schließt unter den Anbietern bei vergleichbarer Qualität einen Wettbewerb über den Preis nicht aus" (Wendt 2003: 24).

Harris (2004: 12) verweist darauf, dass auf dem britischen Quasi-Markt die NutzerInnen in der Rolle der KonsumentInnen nicht mehr Souveränität erhalten hätten, da durch Abschlüsse von „Sammelverträgen" für Nutzergruppen ein „Wettbewerb um den Markt statt im Markt" etabliert wurde. Das Konzept *Wettbewerb um den Markt* bezieht sich darauf, dass eine öffentliche Ausschreibung zum des Angebots einer Dienstleistung stattfindet, wodurch monopolistische Komplettdienstleistungen aufgebrochen werden sollen (vgl Becker 2005: 15).

[37] Die zentralen Punkte des Grünbuchs finden sich im nachfolgenden Zitat in gebündelter Form: „Was die Unterscheidung zwischen Leistungen wirtschaftlichen Charakters und Leistungen nichtwirtschaftlichen Charakters angeht, so gilt jede Tätigkeit, die darin besteht, Güter oder Dienstleistungen auf einem bestimmten Markt anzubieten, als wirtschaftliche Tätigkeit. Wirtschaftliche und nichtwirtschaftliche Dienstleistungen können demnach in ein und demselben Sektor nebeneinander bestehen und mitunter sogar von ein und derselben Einrichtung erbracht werden. Hinzu kommt, dass es vielleicht keinen Markt für die Erbringung bestimmter Dienstleistungen von allgemeinem Interesse geben mag, aber dennoch ein vorgelagerter Markt existieren kann, auf dem Unternehmen mit staatlichen Stellen Verträge über die Erbringung solcher Leistungen schließen. Auf solchen vorgelagerten Märkten finden die für den Binnenmarkt, den Wettbewerb und die staatlichen Beihilfen geltenden Regeln Anwendung." (Europäische Kommission 2003a: 17)

[38] *Privatisierung* allgemein betrifft die Eigentumsverhältnisse, die Rechtsform von Einrichtungen oder den Umfang staatlicher Leistungen von öffentlichen Gebietskörperschaften (Bund, Länder und Kommunen) (vgl. Mazzucco 2004: 110).

[39] Unter dem *funktionellen* Unternehmensbegriff wird verstanden: „Dem gemäß ist ,Unternehmen' jede eine wirtschaftliche Tätigkeit ausübende Einheit, unabhängig von ihrer Rechtsform und der Art ihrer Finanzierung. Dieser Unternehmensbegriff erfasst natürliche und juristische Personen sowie auch sonstige nichtrechtsfähige Personenvereinbarungen, soweit sie eine wirtschaftliche Tätigkeit ausüben." (Schulte 2001: 17)

2004 legte die Europäische Kommission nach einem öffentlichen Konsultationsverfahren im Anschluss an das Grünbuch ein *Weißbuch* (vgl. Europäische Kommission, 2004) vor, das sich mit der Förderung der Entwicklung hochwertiger Dienstleistungen von allgemeinem Interesse beschäftigte. Zentrale Punkte, die darin erarbeitet wurden, sind zum einen, dass die Europäische Union und die Mitgliedsstaaten gemeinsam Verantwortung für die Daseinsvorsorge tragen. Zum anderen wurde festgelegt, dass die nationalen, regionalen und lokalen Behörden vor allem für die Definition der Ziele von Gemeinwohlaufgaben und die Art ihrer Umsetzung zuständig bleiben.[40] Dennoch wurde unter anderem vom DV (2004: 1) die tendenzielle Kompetenzverlagerung kritisiert, wenn zukünftig auf europäischer Ebene die grundsätzlichen Bedingungen festgelegt werden sollen, unter denen Gemeinwohlpflichten erbracht werden. Ein weiterer Aspekt des Weißbuchs behandelt den rechtlich gesicherten Zugang aller BürgerInnen zu einem umfassenden Dienstleistungsangebot. Hier lassen sich Bezüge zu Artikel 16 und 36 EGV der Charta der Grundrechte erkennen (vgl. Schulz-Nieswandt 2004: 37). Darin sprach man sich für das bereits erwähnte Konzept der Universaldienste[41] aus. Dies, so befürchtete der DV (2004: 3) werde eine Standardisierung der Leistungen begünstigen, wodurch die Gestaltungsfreiheit der Anbieter (z.B. die Art und Weise, *wie* sie Leistungen erbringen) und somit das Subsidiaritätsprinzip, das verschiedenste weltanschauliche Anbieterhintergründe ermöglicht, eingeschränkt werde.

Zudem hatte die Europäische Kommission im Rahmen ihrer Gesetzgebungsverfahren 2004 einen Richtlinien-Entwurf vorgelegt, der sich mit dem grenzüberschreitenden Dienstleistungsverkehr auf dem europäischen Binnenmarkt beschäftigte (vgl. Europäische Kommission 2004b). Zentrales Ziel sektorspezifischer Liberalisierungs-Richtlinien ist im Allgemeinen,

„(...) die Märkte durch die Abschaffung und zumindest starke Reduzierung von besonderen Monopolrechten und Fördermaßnahmen zu öffnen. Die ,öffentliche Dienstleistung' soll

---

[40]   „Selbstverständlich wird es weiterhin für die Mitgliedstaaten eine Frage politischer Optionen bleiben, ob entweder solcherlei Systeme [in privatisierter Form] genutzt oder aber die Dienstleistungen direkt durch staatliche Stellen, die aus Steuergeldern finanziert werden, erbracht werden sollen." (Europäische Kommission 2004: 19f)

[41]   „Dieses Konzept legt fest, dass jedermann Anspruch auf Zugang zu bestimmten Diensten hat, die als essenzielle Leistungen gelten, und verpflichtet Dienstleister, bestimmte Dienstleistungen unter Berücksichtigung spezifischer Bedingungen anzubieten; dazu gehören auch die Kriterien der flächendeckenden Versorgung und der Erschwinglichkeit (...). Es schafft die Voraussetzungen dafür, dass auf Gemeinschaftsebene gemeinsame Grundsätze definiert werden, deren praktische Umsetzung Sache der Mitgliedstaaten ist, sodass den spezifischen Gegebenheiten jedes einzelnen Landes im Einklang mit dem Subsidiaritätsprinzip Rechnung getragen werden kann." (Europäische Kommission 2004: 9)

demzufolge nur in Form einer ‚Gemeinwohlverpflichtung' oder eines ‚Universaldienstes' mit eingeschränkten Begriffsinhalt weiter bestehen." (Bieling & Deckwirth 2007: 20)

Der Richtlinien-Entwurf sprach sich für das *Herkunftslandprinzip*[42] und gegen jegliche Benachteiligung von Anbietern aus den anderen Mitgliedsstaaten aus. Wäre die Richtlinie in dieser Form verabschiedet worden, hätte dies für die Träger der freien Wohlfahrtspflege das Ende ihrer privilegierten Position durch steuerliche Vergünstigungen oder Beihilfen bedeutet. 2006 wurde der Richtlinien-Entwurf nach massiven politischen Protesten aus dem linken wie auch dem rechten politischen Lager in einer geänderten Fassung von Rat und Parlament verabschiedet (vgl. Schmid, 2006). Danach gelten für die Dienstleistungsanbieter aus dem Ausland nun doch die Arbeits- und Beschäftigungsbedingungen des Landes, in dem die Dienste angeboten werden. Zudem wurden *nicht wirtschaftliche Tätigkeiten*[43] sowie explizit Sozialdienstleistungen im Zusammenhang mit Sozialwohnungen, Kinderbetreuung und der Unterstützung bedürftiger Familien und Personen aus dem Geltungsbereich ausgenommen (vgl. Art. 2a u. j Richtlinie 2006/123/EG). Dennoch gibt es bisher keine befriedigende Rechtssicherheit, wie die weiteren Ausführungen zeigen werden.

Verfolgt man die Entwicklungsprozesse auf europäischer Ebene, wird die Schlüsselrolle des *Europäischen Gerichtshofs (EuGH)* erkennbar, wenn es um die Zukunft der sozialen Dienste in Europa geht. Der EuGH urteilt insbesondere über die Auslegung europäischer Verträge und wacht über Vertragsverletzungen. Leibfried (2006: 523), nimmt an, dass über den EuGH, der über die Auslegung der vier Grundfreiheiten des europäischen Binnenmarkts (vgl. Art. 14 EGV) entscheidet, direkter Druck auf die nationalen Wohlfahrtsstaaten ausgeübt wird. Anhand der Urteile zu verschiedenen Rechtsfragen lässt sich meines Erachtens die praktische Relevanz des europäischen Kontextes für die Rahmenbedingungen der Sozialen Arbeit in Deutschland konkretisieren (vgl. u.a. Griesen 2005). Im Folgenden findet sich eine Darstellung zentraler Rechtssprechungen.

Zwar gewährt das europäische *Binnenmarktrecht* den Unternehmen grundsätzlich die Niederlassungsfreiheit in allen Mitgliedsstaaten und den BürgerInnen das Recht, Dienstleistungen in anderen Mitgliedsstaaten in Anspruch zu nehmen, doch kann der Staat Eingriffe in diese Marktfreiheit vornehmen. Diese

---

[42] Das *Herkunftslandprinzip* hätte beinhaltet, dass ein Dienstleistungserbringer den „Rechtsvorschriften des Landes unterliegt, in dem er niedergelassen ist" (Europäische Kommission 2004b: 40). Wäre dieser Richtlinienentwurf verabschiedet worden, hätte dies eklatante Folgen unter anderem für die ArbeitnehmerInnenrechte sowie für die Qualitätsstandards haben können (vgl. DV 2005: 33).

[43] Als nicht wirtschaftliche Tätigkeiten gelten „(...) im Wesentlichen hoheitlich bzw. unentgeltlich erbrachte Dienste" (Bieling & Deckwirth 2007: 26).

sind laut EuGH jedoch nur dann gerechtfertigt, wenn sie verhältnismäßig sind und geeignet, die zentralen Werte, wie Solidarität, Gesundheitsschutz und finanzielle Stabilisierung, zu gewährleisten (vgl. Europäische Kommission 2006a: 36). Die Rechtsprechung des EuGH ist hierzu jedoch ambivalent (vgl. Lange 2001: 364). So sprach sich der EuGH – in den Fällen *Decker, Kohll* und *Molennaar*[44] – dafür aus, dass

> „die wirtschaftlichen Freiheitsrechte eine grundsätzliche Vorrangstellung gegenüber den nationalen Zielen der Sozialpolitik genießen (...). Dies gilt erst recht, wenn die sozialpolitischen Ziele von Privatanbietern mit wirtschaftlichen Mitteln realisiert werden." (Oehlmann et al. 2004: 20)

Im Fall *Sodemare*[45] wiederum bekam der Staat Italien Recht, das einem kommerziellen Anbieter keinen Eignungsnachweis erteilt hatte. Ein Eignungsnachweis, der die Grundlage für den Anspruch auf Kostenerstattung von Dienstleistungen bildet, wird in Italien weiterhin nur an nicht kommerzielle Anbieter vergeben. Das Sodemare-Urteil wird aber nicht als wegweisend bewertet (vgl. Oehlmann et al. 2004: 20; Schulte 2001: 15f.).

Die Relevanz europäischen Rechts für personenbezogene soziale Dienstleistungen beschränkt sich nicht auf den Aspekt des freien Marktzugangs aus binnenmarktlicher Perspektive, sondern umfasst auch das *Europäische Wettbewerbsrecht* (vgl. Mazzucco 2004: 101f.; Schulte 2006: 37f.). Es unterscheidet zwischen unternehmerischen (wirtschaftlichen) und nicht unternehmerischen (nicht wirtschaftlichen) Leistungen (vgl. Europäische Kommission 2006: 30). Als wirtschaftliche Tätigkeiten werden seit der EuGH-Entscheidung im Fall *Bond van Adverteerders*[46] die angesehen, „die in der Regel gegen Entgelt erbracht werden. Der Vertrag verlangt jedoch nicht, dass die Dienstleistung von demjenigen bezahlt wird, dem sie zugute kommt" (Europäische Kommission 2006a: 7). Zudem können gemeinwohlorientierte Einrichtungen unter unternehmerische Leistungen fallen, also auch unter das Wettbewerbsrecht, wenn sie zum Beispiel eine Gewinnerzielungsabsicht haben oder mehrere Anbieter auf dem Markt existieren. Für Anbieter, die auf so genannten vorgelagerten Märkten (vgl. Fußnote 36) um öffentliche Aufträge werben, gelten ebenso die wettbewerbsrechtlichen Regelungen.

Aufgrund des *Vergaberechts* müssen gemeinwohlorientierte Leistungen, die nicht vom Staat selbst erbracht werden, durch ein öffentliches Ausschreibungs-

---

[44]   Die Namen stehen für konkrete Urteile des EuGH, die fallübergreifende Bedeutung haben. Rechtssache C-158/96 vom 28.04.1998 (Kohll); Rechtssache C-120/95 vom 28.04.1998 (Decker), Rechtssache C-160/96 vom 5.04.1998, (Molenaar).

[45]   Rechtssache C-70/95 vom 17. 6. 1997 (Sodemare).

[46]   Rechtssache 352/85 vom 26.04.1988 (Bond van Adverteerders).

verfahren vergeben werden (vgl. Schulte 2006: 39ff.). Öffentliche Auftraggeber müssen nach dem Vergaberecht dann unionsweit ausschreiben, wenn ein Auftrag den finanziellen Schwellenwert von 211.000 Euro übersteigt. In welchem Umfang das Vergaberecht vor allem im Bereich der Entgeltfinanzierung zukünftig zum Beispiel in der Jugend- und Eingliederungshilfe (vgl. Kap. 3.3.1) angewendet werden muss, gilt rechtlich noch als unklar (vgl. Oehlmann et al. 2004: 23; Schulte 2006: 42; Europäische Kommission 2006a: 36f.).

Zusätzlich zu der Frage der Ausschreibungspflicht öffentlicher Aufträge gewinnen im wohlfahrtsverbandlichen Zusammenhang auch *kartellrechtliche Fragen* an Bedeutung. So heißt es in Artikel 81 EGV:

> „Mit dem Gemeinsamen Markt unvereinbar und verboten sind alle Vereinbarungen zwischen Unternehmen, Beschlüsse von Unternehmensvereinigungen und aufeinander abgestimmte Verhaltensweisen, welche den Handel zwischen Mitgliedsstaaten zu beeinträchtigen geeignet sind und eine Verhinderung, Einschränkung oder Verfälschung des Wettbewerbs innerhalb des Gemeinsamen Marktes bezwecken oder bewirken (...).“

Kartellrechtliche Konsequenzen sind allerdings erst zu befürchten, wenn der Wettbewerb *spürbar beschränkt* wird, worunter 5–10% eines relevanten Markts (z.B. Sozialhilfe, Jugendhilfe) verstanden wird (vgl. Europäische Kommission 2006a: 32). Diese Geringfügigkeitsklausel, die so genannte *De-minimis-Regel* (vgl. Europäische Kommission, 2006b), scheint vor allem bei Privatanbietern zu greifen. Für die freie Wohlfahrtspflege ergibt sich hieraus das nächste Problem, denn durch ihre Zusammenschlüsse in Spitzenverbände, die als einheitliche Unternehmen behandelt werden dürften, wird die Geringfügigkeitsklausel in einigen Fällen überschritten werden (vgl. Oehlmann et al. 2004: 21).

Ein weiteres Schlüsselthema ist das *Beihilferecht* (vgl. Schulte 2006: 38f.; Bieling & Deckwirth 2007: 24f.), das im Kern das Verbot von wettbewerbsverzerrenden staatlichen Beihilfen (vgl. Art. 87 Abs. 1 EGV) beinhaltet, die eine wesentliche Rolle in der Finanzierung sozialer Dienstleistungen spielen (vgl. Oehlmann et al. 2004: 21; Schulz-Nieswandt 2004: 36). Als Formen der Beihilfe gelten

> „direkte Zuwendungen von Bund, Land und den Kommunen ebenso wie Steuerbefreiungen und -ermäßigungen und auch die Berechtigung zum Empfang steuerbegünstigter Spenden sowie die Ermöglichung niedriger Entgelte und Preise durch Subventionen oder Steuervergünstigungen (...). Diese Förderung von gemeinnützigen Einrichtungen wird generell als Wettbewerbsnachteil für gewerbliche Anbieter gesehen, da diese vergleichbare Leistungen in der Regel nur zu einem höheren Entgelt anbieten können.“ (Schäfer 2000: 171)

Öffentliche Beihilfen fallen nicht immer unter das europäische Beihilferecht. Als europarechtlicher Meilenstein gilt in diesem Zusammenhang das *Altmark-Trans-*

Urteil[47]. Der EuGH kommt zu dem Schluss, dass eine finanzielle Zuwendung nicht unter das Beihilferecht fällt, wenn

> „sie als Ausgleich anzusehen ist, der die Gegenleistung für Leistungen bildet, die von den Unternehmen, denen sie zugute kommt, zur Erfüllung gemeinwirtschaftlicher Verpflichtungen erbracht werden, sodass diese Unternehmen in Wirklichkeit keinen finanziellen Vorteil erhalten und die genannte Maßnahme somit nicht bewirkt, dass sie gegenüber den mit ihnen im Wettbewerb stehenden Unternehmen in eine günstigere Wettbewerbsstellung gelangen." (Rechtssache C-280/00 vom 24. Juli 2003, Abs. 87)

Ein Bündel von Richtlinien für die den Sozialdiensten zugute kommenden Beihilfen wurde von der Europäischen Kommission (2005a) im so genannten Monti-Kroes-Paket[48] zusammengestellt. Nunmehr ist geregelt, dass Unternehmen sich in einem engen Handlungskorridor von Beihilfeauflagen befreien lassen können. So ist es beispielsweise möglich, als gemeinwohlorientierter Anbieter Beihilfen zu empfangen (vgl. Art. 86, Abs. 2 EGV; Europäische Kommission 2006a: 28; DV 2006: 10). Die Europäische Kommission betont jedoch, dass es nicht möglich ist, dass

> „Dienstleister a priori durch einen ‚Rechtsakt' einen Auftrag erhalten, der ihren Charakter als Dienst von allgemeinem Interesse festschreibt. Die Entscheidung der Kommission soll die Mitgliedsstaaten veranlassen, explizit zu formulieren, welche Aufgaben sie Sozialdienstleistern übertragen." (Europäische Kommission 2006: 9)

Zudem gilt in Bezug auf das Kartellrecht unter anderem für die Jugendhilfe die *De-minimis-Verordnung* (vgl. Europäische Kommission, 2006b), die besagt, dass Beihilfen von ab einem Betrag von 200.000 Euro innerhalb von drei Jahren den Handel nicht beinträchtigen (vgl. DV 2006: 6).

Trotz der erwähnten EuGH-Urteile, Verordnungen und Richtlinien ist die spezifische Behandlung von sozialen Dienstleistungen im europäischen Rahmen noch nicht geklärt. Daher stellt auch die 2006 veröffentlichte Stellungnahme der Europäischen Kommission zu den „Sozialdienstleistungen von allgemeinem Interesse in der Europäischen Union" (Europäische Kommission, 2006a) nur einen weiteren Schritt in einem noch laufenden Prozess dar. In diesem Dokument werden zwar unter anderen *persönliche Dienstleistungen*[49] als *Sozialdienst-*

---

[47]   Rechtssache C-280/00 vom 24. Juli 2003 (Altmark Trans und Regierungspräsidium Magdeburg).

[48]   Dies beinhaltet die Freistellungsentscheidung (2005/C 297/04), die Entscheidung zu Gemeinschaftsrahmen (2005/C 297/04) und die Änderung der Transparenzrichtlinie (2005/81/EG) (vgl. Innenministerkonferenz 2006: 1).

[49]   Zu diesen werden unter anderem gezählt: „(…) individuelle Hilfe für Einzelpersonen zur Erleichterung ihrer Integration in die Gesellschaft und der Wahrnehmung ihrer Grundrechte. Dazu gehört in erster Linie, Menschen dabei zu helfen, entscheidende Momente im Le-

leistungen im Allgemeinen Interesse (SDAI) definiert und ihre *spezifischen Merkmale*[50] aufgelistet (vgl. ebd.: 5), jedoch gleichzeitig ihre Leistungen in Anknüpfung an Urteile des EuGH pauschal als *wirtschaftliche Tätigkeiten* im Sinne der Artikel 43 und 49 EGV (vgl. ebd.: 7) deklariert. Dies wird kritisiert:

> „Aus Sicht der Bundesländer wird die Charakterisierung von SDAI als wirtschaftliche Dienstleistungen der Wirklichkeit nicht in vollem Umfang gerecht. Gründe hierfür seien: 1) Die verfassungsrechtlich verankerte Gewährleistungspflicht des Staates für die Versorgung mit SDAI, 2) die institutionelle Einbettung der SDAI als elementarer Teil der Sozialschutzsysteme, 3) die besonderen Zielsetzungen und Funktionen der SDAI sowie spezifische Charakteristika ihrer Nutzerinnen und Nutzer." (Observatorium für die Entwicklung der sozialen Dienste in Europa 2007: 21)

Offen bleibe, so wird unter anderem bemängelt, welche Funktion die Auflistung der Merkmale der Sozialdienste habe. Wenn sie zum Beispiel der Kategorisierung bzw. Überprüfung der Anbieter dienen solle, bleibe unklar, wer das durchführe: Die Nationalstaaten oder aber ein EU-Gremium? Und wer soll in welcher Form bei Verstößen sanktionieren (vgl. ebd.: 27). Zudem mangele es an einer Klärung, was unter Allgemeininteresse bzw. Gemeinwohl verstanden werde bzw. wer über ein Definitionsrecht verfüge, denn

> „wenn ein Sektor für den Wettbewerb geöffnet werde, sei das Allgemeininteresse klar zu definieren, gerade um auch der Gefahr von ‚Rosinenpickerei'[51] zu begegnen (...). Es wurde zudem die Ansicht vertreten, es sei noch nicht gänzlich klar, welche Bedeutung

---

ben und selbst Krisen (Überschuldung, Arbeitslosigkeit, Drogenabhängigkeit) zu bewältigen. Zum Zweiten geht es um Maßnahmen, die Menschen in der persönlichen Entwicklung helfen und damit ihre soziale Eingliederung erleichtern (Rehabilitierung, Sprachkurse für Zuwanderer), und insbesondere Maßnahmen auf dem Arbeitsmarkt (Berufsbildung, berufliche Wiedereingliederung). (...) Das dritte Element bilden die Maßnahmen, die die Eingliederung von Personen mit langfristigen Bedürfnissen aufgrund einer Behinderung oder eines Gesundheitsproblems gewährleisten sollen." (Europäische Kommission 2006a: 4). Der DV verweist in diesem Zusammenhang unter anderem auf folgendes womit er die zu eng gefasste Definition kritisiert: „Die sozialen Dienste dienen nicht allein einer Versorgung im Krisenfall oder im Falle ausgeprägter Bedürftigkeit. Sie haben vielmehr die Aufgabe, die persönliche Entwicklung des Menschen und die Entfaltung seiner Persönlichkeit und Talente zu fördern und allen Menschen Teilhabe an der Gesellschaft entsprechend ihren Fähigkeiten zu ermöglichen." (DV 2008: 8)

[50] Als Merkmale für Sozialdienstleistungen gelten zum Beispiel „flexible und personenbezogene Arbeitsweise mit Lösungen für die verschiedensten Bedürfnisse, um die Menschenrechte zu garantieren und die am stärksten gefährdeten Personengruppen zu schützen", und „ein asymmetrisches Verhältnis zwischen Anbietern und Nutzern von Sozialdienstleistungen ist nicht vergleichbar mit einem ‚normalen' Dienstleister-Verbraucher-Verhältnis, da ein zahlender Dritter beteiligt sein muss" (Europäische Kommission 2006a: 5).

[51] „Rosinenpicken" meint „die Bevorzugung von Fällen mit geringeren Risiken oder höherer finanzieller Leistungsfähigkeit" (Observatorium für die Entwicklung der sozialen Dienste in Europa 2007: 28).

dem Konzept von Dienstleistungen von allgemeinem Interesse im Geltungsbereich der Grundfreiheiten des Gemeinschaftsrecht – auch als ‚Gegengewicht' zu diesen – zukomme." (Ebd.: 24)

Nicht nur die Frage, wie sich das Verhältnis von Gemeinwohlorientierung und Achtung der Grundfreiheiten auf dem europäischen Binnenmarkt gestaltet, bedarf weiterer Klärung, sondern auch die Frage nach den gemäß Gemeinschaftsrecht legitimen Beihilfen. Denn offen bleibe zum Beispiel „ob eine Ausgleichszahlung zu rechtfertigen sei, die ‚lediglich' für das Vorhalten einer Dienstleistung und die dafür entstehenden Kosten erbracht werde, nicht ‚erst' für die konkrete Erbringung einer SDAI" (ebd.: 29).

Es ist festzuhalten – auch wenn nicht auf alle Aspekte europäischer Sozialpolitik eingegangen werden konnte[52] –, dass trotz der Beschäftigungsorientierung die europäische Sozialpolitik mittlerweile einen fest verankerten Stellenwert in der EU hat. Zudem rücken mittlerweile auch die Kosten der unterlassenen Sozialpolitik ins Blickfeld der EU (vgl. Europäische Kommission 2005: 2; Fouarge 2003).

Die EU hat sich mittlerweile zwar einerseits zu ihrer sozialen Verantwortung bekannt, andererseits jedoch noch kein klares Profil in dieser Hinsicht entwickelt. Die EU-Gremien nehmen bisher an, dass ‚vor Ort' die am besten geeigneten Lösungen entworfen werden könnten. Diese Strategie harmoniert mit dem neoliberalen Konzept des Standortwettbewerbs (vgl. Candeias 2004: 317f.), das sich auch als Benchmarking[53] der Wohlfahrtsregime bezeichnen lässt.

Weiter lässt sich ablesen, dass soziale Dienstleistungen mittlerweile selbst grundsätzlich zu einem Wirtschaftsgut deklariert wurden, was schlicht bedeutet, dass auch sie den Marktgesetzen unterworfen sind.[54] Daneben wurden auch Entscheidungen getroffen, die den sozialen Dienstleistungen eine spezifische Rolle zuweisen und entsprechende Ausnahmen zum Schutz dieses Bereichs zulassen. Um das Ausmaß der Ausnahmeregelungen wird, betrachtet man den immer noch bestehenden Klärungsbedarf (vgl. Observatorium für die Entwicklung der Sozia-

---

[52]   Hierzu gehören unter anderem die Europäischen Sozialfonds, über die auch Projekte Sozialer Arbeit finanziert werden (vgl. Europäische Kommission, 2007a). Weitere einschlägige Debatten, auf die ich hier nicht näher eingehe, drehen sich um die so genannte Qualifikationsrichtlinie (vgl. u.a. Leibfried 2006: 528), die sich auch auf die europaweite Anerkennung von Berufsbildern in der Sozialen Arbeit bezieht.

[53]   Leistungsvergleich (vgl. u.a. Europäische Kommission 2004: 28).

[54]   Da die Wirkmächtigkeit der europäischen Rechtssprechung auf „dem Rechtsgehorsam der Mitgliedsstaaten beruht" (Scharpf 2008: 22) liegt in der Verweigerung von diesem eine noch unausgeschöpfte Handlungsmöglichkeit von Mitgliedsstaaten. „Die Regierungen können erklären: Wir halten dieses EugH-Urteil für nicht gedeckt durch die politische Willensbildung in Europa. Dieses Urteil ist reines Richterrecht, da nie politisch akzeptiert wurde. Wir akzeptieren jedoch ein Votum des Ministerrats, falls dieser das Urteil bestätigt." (Ebd.: 23)

len Dienste in Europa 2007: 21ff.; DV 2008: 9), intensiv weiter gerungen werden. Zudem wurden nationale sozialrechtliche Arbeitsgrundlagen im Bereich der Sozialen Arbeit im vergangenen Jahrzehnt unter haushaltskonsolidierenden Maßgaben an die Anforderungen der EU angepasst und die Einführung von Marktmechanismen unter anderen aus Kostengründen forciert.

Resümierend ist festzuhalten, dass es einen dynamischen wechselseitigen Prozess zwischen binnenmarkt- und wettbewerbsrechtlichen Regelungen der EU und nationalen Ökonomisierungsschritten im Bereich sozialer Dienstleistungen gibt. Dass es sich hierbei um einen noch unabgeschlossenen Prozess handelt, sollte anhand der Ausführungen deutlich geworden sein.

In diesem Zusammenhang soll auf zwei weitere Dinge hingewiesen werden. Im Auftrag der Europäischen Kommission wurde eine Studie angefertigt, um, so ein Europäisches Kommissionsmitglied, „den Prozess genauer zu verstehen, dem diese Dienstleistungen unterliegen, aber auch, wie sich die Gemeinschaftspolitiken im Einzelnen auf die sozialen Dienstleistungen auswirken" (Fischer 2006: 21). Die Ergebnisse der Studie liegen zwischenzeitlich vor (vgl. Huber, Mauer & Sak 2007). Diese sind Grundlage für eine am 20.11.2007 veröffentlichte Mitteilung der Europäischen Kommission:

> „Die Bestimmungen der Verträge berühren in keiner Weise die Zuständigkeit der Mitgliedstaaten, nichtwirtschaftliche Dienste von allgemeinem Interesse zu erbringen, in Auftrag zu geben und zu organisieren." (Europäische Kommission 2007: 11)

Zudem betont die Europäische Kommission in ihren Ausführungen dazu:

> „Nichtwirtschaftliche Dienste (...) unterliegen (...) weder besonderen EU-Vorschriften noch finden auf sie die Binnenmarkt- und Wettbewerbsregeln des EG-Vertrags Anwendung." (Ebd.: 12)

Dennoch, so räumt die Kommission ein und bestätigt das Resümee, sei ihr aufgrund der Rückmeldungen der Mitgliedsländer bekannt, dass

> „die Sozialdienstleistungen ausnahmslos einen tiefgreifenden Reformprozess durchlaufen (...). Am Ende dieses Prozesses stehen häufig einschneidende Veränderungen bei der Organisation, der Erbringung und der Finanzierung dieser Dienstleistungen: neue Betätigungsfelder tun sich auf, bislang direkt vom Staat erbrachte Dienstleistungen werden ausgelagert und es werden mehr Zuständigkeiten auf die lokale Ebene verlagert. Dies führt insgesamt dazu, dass auf eine zunehmende Zahl der tagtäglich von sozialen Einrichtungen erbrachten Leistungen, soweit sie wirtschaftlicher Natur sind, das Gemeinschaftsrecht anwendbar ist." (Europäische Kommission 2007: 9)

Wie sich diese Entwicklung in Deutschland darstellt wird in Kapitel 3.3.1 detailliert entfaltet.

3.2.2   Die Bedeutung der Welthandelsorganisation (WTO)

Angesichts der zunehmenden wirtschaftlichen Globalisierung muss neben der europäischen auch die internationale Verhandlungsebene betrachtet werden. Im Folgenden wird dies im Hinblick auf die Welthandelsorganisation (WTO) am Beispiel des *General Agreement on Trade in Services (GATS)* getan. Die WTO wurde 1995 als Nachfolgeorganisation des GATT-Abkommens (General Agreement on Tariffs and Trade) institutionalisiert, das nach dem Zweiten Weltkrieg unter US-Hegemonie die Welthandelsordnung begründete. Die EU-Mitgliedsstaaten werden gemäß Artikel 133 EGV durch die Europäische Kommission auf der Ebene der WTO mit folgenden Einschränkungen vertreten:

> „Der Ministerrat beschließt über die Annahme von Handelsabkommen grundsätzlich mit qualifizierter Mehrheit. Ausnahmen gelten aber für kulturelle und audiovisuelle Dienstleistungen, Bildung, Soziales und Gesundheit. Für sie sieht Art. 133 EG-Vertrag eine gemischte Zuständigkeit der Europäischen Gemeinschaften und ihrer Mitgliedsländer im Dienstleistungsbereich vor. Das heißt, es ist zusätzlich eine Ratifizierung durch die Nationalstaaten vorgesehen." (Mazzucco 2004: 117f.)

Im Rahmen der WTO-Verhandlungen wurde 1994 das GATS-Abkommen verabschiedet (1995 trat es in Kraft). Es stellt ein Rahmenwerk für eine fortschreitende Liberalisierung des internationalen Handels mit Dienstleistungen dar. Zudem hat die WTO als Verhandlungsforum eine sozialpolitische Bedeutung, da neben politischen Zielen, wie Umweltschutz und Frauenförderung, auch wohlfahrtsstaatliche Gesetze auf ihre Wirkung als mögliches Handelshindernis hinterfragt werden (vgl. Schunter-Kleemann 2004: 18f.).

Auf dem Weltmarkt nimmt der Handel mit Dienstleistungen mit ca. 20% einen relativ geringen Anteil ein, verglichen damit, dass er in den OECD-Staaten ca. 70% des Bruttoinlandsprodukts ausmacht und ca. 40% in den Entwicklungsländern. Gerade deshalb wird im Handel mit Dienstleistungen ein großes Liberalisierungspotenzial gesehen (vgl. Kerkmann & Young 2007: 74ff.). Auch soziale Dienstleistungen werden als Wachstumsmarkt wahrgenommen, wobei es um ein quantitatives Wachstum geht. Durch die Liberalisierung sollen neue Märkte für private Investoren erschlossen werden. Hiervon sind sämtliche Dienstleistungen betroffen, wie zum Beispiel der Bildungssektor, das Gesundheits- und Sozialwesen, das Ingenieur- und Bauwesen, die Wasserver- und -entsorgung sowie die Telekommunikation. Es ist das Ziel des GATS als multilateraler Verhandlungsinstanz, verbindliche Vorgaben zu schaffen, die weit in die Innenpolitik eingreifen und die Rolle des Nationalstaats bzw. dessen Handlungsspielräume einschränken können (vgl. Mazzucco 2004: 113ff.). Es geht also bei genauerer Betrachtung der GATS-Verhandlungen auch darum, ob bzw. welche (sozial-) staatlichen Aufgaben im Kontext der Daseinsvorsorge (inkl. der sozialen Dienstleistungen) weiterhin primär eine öffentliche Aufgabe bleiben.

Die *Struktur des GATS* wird von einem Rahmenabkommen und so genannten Verpflichtungslisten (Länderlisten[55]) gebildet. Das Rahmenabkommen enthält allgemeine Bestimmungen über Geltungsbereich, Grundprinzipien (angelehnt an die Grundprinzipien von 1947 zum Warenhandel) und Verfahrens-Modi des GATS. Die drei Grundprinzipien lauten wie folgt:

Erstens das *Meistbegünstigungsprinzip* (vgl. Art. II GATS). Danach dürfen keine GATS-Mitgliedspartner bevorzugt werden. Alle ausländischen Anbieter sind somit (in Bezug auf Begünstigungen und Befreiungen) prinzipiell gleichzustellen. Dieses Prinzip gilt für alle Dienstleitungen in allen Sektoren, unabhängig davon, ob für die einzelnen Sektoren spezifische Verpflichtungen in den Länderlisten eingegangen worden sind. Es ist vor allem deshalb von besonderer Bedeutung, weil es sich auf alle staatlichen Maßnahmen bezieht, die Auswirkungen auf den Handel mit Dienstleistungen haben. Dies gilt unabhängig davon, welcher Zweck mit der Regulierung beabsichtigt wurde (vgl. Kerkmann 2007a: 14f.). Einzelne Länder haben Vorbehalte gegenüber dem Meistbegünstigungsprinzip geäußert und Ausnahmen beantragt, die allerdings nur zeitlich befristet gelten sollen. Das GATS hat zudem eine wesentlich breitere Definition der Gleichartigkeit als das GATT, da es sich auf gleichartige Dienstleistungen und gleichartige Dienstleistungserbringer bezieht (vgl. Art. II, XVI, XVII GATS). Unklar ist bisher, was diese Gleichartigkeit der Anbieter nach dem Meistbegünstigungsprinzip im Sozialbereich im Einzelnen bedeutet (vgl. Wörgötter 2004: 171).

Ein zweites Prinzip ist das des *freien Marktzugangs* (vgl. Art. XVI GATS). Es besagt, dass es keine quantitativen Einschränkungen für ausländische Anbieter geben darf, sofern in der jeweiligen Länderliste der Marktzugang für die entsprechenden Dienstleistungssektoren eingeräumt wurde (vgl. Kerkmann 2007: 102f.; Wörgötter 2004: 172f.).[56]

---

[55] „Das GATS-Abkommen unterscheidet zwischen allgemeinen Verpflichtungen, die für alle Dienstleistungssektoren gleichermaßen gelten sollen (horizontale Verpflichtungen) und den spezifischen Verpflichtungen, die nur insoweit gelten, als die Mitglieder konkrete Verpflichtungen eingegangen sind. Die spezifischen Verpflichtungen sind als eigene Länderlisten Teil des GATS." (Mazzucco 2004: 121f.)

[56] Wie weit Marktzugangsverpflichtungen reichen, hat der Streitschlichtungsfall um Online-Wetten in den USA gezeigt. Das Verbot von Online-Wetten wurde von der WTO als Verstoß gegen Marktzugangsverpflichtungen der USA gewertet, die zwar nicht für Online-

Als drittes Prinzip gilt die *Inländerbehandlung* (vgl. Art. XVII GATS), falls das Mitgliedsland entsprechende sektorale Verpflichtungen eingegangen ist. Die Inländerbehandlung beinhaltet das Verbot der Bevorzugung inländischer Anbieter. Dies würde zum Beispiel für den sozialen Bereich bedeuten, dass ausländische Anbieter um öffentliche Gelder konkurrieren könnten (vgl. Wörgötter 2004: 173).

Das GATS berührt *gesetzliche Regelungen* auf internationaler, europäischer, nationaler, Länder- und kommunaler Ebene. Dabei gilt, dass das internationale Recht über dem europäischen Recht steht, das wiederum die nationale Gesetzgebung stark beeinflusst. Mitgliedsstaaten der WTO haben die Möglichkeit, dort Beschwerde gegen Gesetze anderer Mitgliedsstaaten zu erheben, falls diese gegen Handelsvereinbarungen verstoßen. Soweit sie von den gerichtsähnlichen Instanzen der WTO Recht bekommen, kann ihnen zum Beispiel erlaubt werden, selbst Sanktionen gegen den jeweiligen Staat zu ergreifen (vgl. Stoll & Schorkopf 2002: 149f.). Das GATS kann nicht nur die Souveränität der Nationalstaaten, sondern in entscheidender Form auch die Rechte von NutzerInnen und ArbeitnehmerInnen im (sozialen) Dienstleistungsbereich berühren, zum Beispiel die Sozial- und ArbeitnehmerInnenschutzrechte[57] (vgl. Mazzucco 2004: 114). Daher wird im Folgenden auf Entwicklungen und einzelne inhaltliche Aspekte der GATS-Verhandlungen eingegangen.

Die EU hat bisher öffentliche Dienstleistungen weitgehend aus ihren spezifischen Verpflichtungen im GATS ausgenommen, was durch den *Bottom-up-Ansatz* möglich ist. Dieser räumt den einzelnen WTO-Mitgliedsstaaten durch die Länderlisten ein, eigenständig festzulegen, welche Dienstleistungen in welchem Maß liberalisiert werden sollen.

Im Widerspruch dazu gab es vonseiten der EU Bestrebungen, den Bottom-up-Ansatz in der bisherigen Form aufzuweichen, da er den Liberalisierungsprozess zu stark ausbremse (vgl. Hachfeld 2005: 1). Die Intention der EU entspricht dem WTO-Prinzip der *fortschreitenden Liberalisierung*. Das Prinzip besagt, dass ein einmal von einem Mitgliedsstaat eingeschlagener Liberalisierungsprozess

---

Wetten im engen Sinn, aber für so genannte *Recreational Services* Verpflichtungen eingegangen sind (vgl. Pauwelyn 2005: 132; Krajewski 2005: 423; Kerkmann 2007a: 16).

57   Sowohl für den Sozialschutz als auch für das ArbeitnehmerInnenrecht sind andere internationale Organisationen unter dem Dach der UN (United Nations) zuständig. Dies ist zum Beispiel die International Labour Organization (ILO) für die Arbeitsschutzrechte und die United Nations Educational, Scientific and Cultural Organization (UNESCO), die unter anderem auch für die Sicherung von Menschenrechten zuständig ist. Die internationalen Organisationen sind teilweise nicht vertraglich miteinander vernetzt: „Es ist so, als hätten wir verschiedene Gesetzgebungen, die parallel gelten und sich zum Teil auch widersprechen" (Mazzucco 2004: 115).

kaum mehr rückgängig gemacht werden kann (vgl. Schunter-Kleemann 2004: 19). Die Regelung soll

> „verhindern, dass die Parlamente der WTO-Mitgliedsstaaten Gesetze über WTO-Vertrags-
> materien (die in den Hauptkapiteln und Länderlisten bzw. Zusatzprotokollen erfasst sind)
> beschließen, die in eine andere Richtung als jene der Deregulierung gehen oder Bereiche
> aus den Länderlisten wieder herausnehmen" (Mazzucco 2004: 121f.).

Bisher wurden im GATS-Abkommen im Unterschied zum GATT-Abkommen (vgl. Art. X GATT), noch keine konkreten Regelungen zu so genannten *Notstandsmaßnahmen* verankert, die die Aussetzung von Liberalisierungsmaßnahmen ermöglichen würden. Hierfür sprechen sich insbesondere Arbeitnehmer-Innenvertretungen aus, denen es bei Massenarbeitslosigkeit und Lohn-Dumping um den Schutz von spezifischen Arbeitsmärkten geht (vgl. Mazzucco 2004: 118f.). Bis auf Weiteres gilt eine – bisher allerdings noch nicht zur Anwendung gekommene – *Übergangsklausel*, die besagt, dass spezifische Verpflichtungen binnen einem Jahr zurückgenommen werden können, ohne dass eine Kompensationspflicht entsteht. Voraussetzung ist, dass dem Rat für den Handel mit Dienstleistungen überzeugend vermittelt werden kann, dass es sich um einen Notstand handelt (vgl. Kerkmann 2007a: 20).

Für die Soziale Arbeit ist vor allem die *Ausnahmeklausel* (vgl. Art. 1 Abs. 3b u. 3c GATS) bedeutsam. Sie gilt für Leistungen, die in *hoheitlicher Gewalt erbracht* werden. In das GATS-Abkommen ist „jede Art von Dienstleistung in jedem Sektor mit Ausnahme solcher Dienstleistungen (...), die in Ausübung hoheitlicher Gewalt erbracht werden" (Art. 1 Abs. 3b GATS) einbezogen. Dienstleistungen in *Ausübung hoheitlicher Gewalt* werden als „jede Art von Dienstleistung, die weder zu kommerziellen Zwecken noch im Wettbewerb mit einem oder mehreren Dienstleistungserbringern erbracht wird" (Art. 1 Abs. 3c GATS) definiert. Diese Definition wirft für soziale Dienstleistungen zwei Probleme auf.

Erstens basiert die Ausnahme auf einem institutionellen Verständnis von öffentlichen Dienstleistungen, sodass zum Beispiel Wohlfahrtsverbände und andere soziale Dienstleister, die in staatlichem Auftrag Dienstleistungen erbringen, nicht durch die Ausnahmeregelung gedeckt sind. Damit ist die Ausnahme wesentlich enger gefasst als beispielsweise in der vergleichbaren Bestimmung in Artikel 45 EGV. Dort wird ein funktionaler Ansatz verfolgt, der nicht das staatliche Eigentum, sondern das öffentliche Interesse bzw. die politische Zielsetzung zur Entscheidungsgröße macht (vgl. Krajewski 2003: 361ff.; Adlung 2006: 455). Zweitens bleibt unklar, wie weit reichend die Einschränkung „weder zu kommerziellen Zwecken noch im Wettbewerb" zu verstehen ist. Verfolgen demnach auch gemeinnützige, nicht kostenlose Dienstleistungen einen kommerziellen

Zweck? Außerdem würde das GATS-Wettbewerbsverständnis bedeuten, dass in allen Bereichen, in denen kein ausdrückliches Staatsmonopol gilt, sondern Dienstleistungen entweder von Trägern der freien Wohlfahrtspflege oder von Privatanbietern in staatlichem Auftrag erbracht werden, die GATS-Regeln angewandt werden müssten. „Als sicher gilt deshalb, dass gemeinnützige Träger gezwungen sein werden, die wirtschaftlich profitablen Teile ihrer Angebotspalette auszulagern" (Baureithel 2005: 1).

Die Vereinbarungen sind so dehnbar, dass sie nicht genügend Klarheit schaffen und entsprechende Bedenken angemeldet wurden (vgl. Döhrn 2007 et al.: 15f., Adlung 2005: 8ff.). So bemängelte zum Beispiel die *Enquete-Kommission Globalisierung der Weltwirtschaft*, das offen sei

> „ob öffentliche Dienste, die der Befriedigung grundlegender gesellschaftlicher Bedürfnisse (Gesundheitsversorgung, Bildung, Infrastruktur) dienen, durch handelsbezogene Maßnahmen geschützt werden dürfen. (...) Problematisch könnten alle Bereiche sein, die teilprivatisiert sind oder in denen quasistaatliche oder private Anbieter öffentliche Aufgaben (z.B. bestimmte Gemeinwohlverpflichtungen) wahrnehmen. (...) Zwar wird in der Präambel und im Artikel VI das Recht der Mitgliedstaaten bestätigt, die Erbringung von Dienstleistungen nach ihren politischen Zielen zu regulieren. Liberalisierungsverpflichtungen dürfen aber nicht eingeschränkt werden. (...) Welche politischen Ziele handelsbeschränkende Maßnahmen legitimieren können, bleibt ungeklärt" (Deutscher Bundestag 2002: 148).

Seit 2000 werden die bisherigen Vereinbarungen im Zusammenhang des GATS neu verhandelt. Bis 2002 konnten die einzelnen WTO-Mitglieder ihre Marktöffnungsforderungen in die Verhandlungen einbringen. Bis 2005[58] formulierten die Mitglieder daraufhin ihre Liberalisierungsangebote. Vonseiten der EU und Deutschlands gab es keine Angebote bezüglich der sozialen Dienstleistungen (vgl. Döhrn et al. 2007: 16ff.; Europäische Kommission 2006a: 38). Dem deutschen Bundestag lagen jedoch Anträge aus den Reihen der Oppositionsfraktionen vor, die in eine andere Richtung weisen. So forderten Mitglieder der CDU/ CSU-Fraktion die Bundesregierung auf, sich im Rahmen der GATS-Verhandlungen dafür einzusetzen,

> „dass Dienstleistungen im Bereich der Daseinsvorsorge privatwirtschaftlich erbracht werden, soweit dies effektiver und effizienter und ohne Beeinträchtigung der an die Leistungserbringung geknüpften Gemeinwohlanforderungen möglich ist." (Deutscher Bundestag 2003: 4)

Und die FDP-Fraktion forderte, „sich allen Versuchen entgegenzustellen, die sog. Daseinsvorsorge exzessiv auf viele Sektoren auszudehnen, um sie [dem]

---

[58] Die Frist für neue *revised offers* wurde mehrmals verlängert, weil sie von den Mitgliedsstaaten nicht eingehalten wurden.

Geltungsbereich der GATS-Regeln zu entziehen" (Deutscher Bundestag 2003a: 4).

Auch wenn bisher die sozialen Dienstleistungen nicht explizit verhandelt wurden, gilt es, die Entwicklung nicht zuletzt wegen der rechtlichen Unsicherheiten aufmerksam zu beobachten (vgl. u.a. Schulte 2006: 42, Goosens 2006: 48f.). Denn: Die aktuelle Position Deutschlands bzw. der Europäische Kommission ist Ausdruck der *aktuellen Kräfteverhältnisse* bzw. des spezifischen hegemonialen Arrangements, das durchgesetzt wurde.

3.3 Der Umbau des sozialstaatlichen Rahmens Sozialer Arbeit

Es ist anzunehmen, dass der nationale Sozialstaat trotz seiner Krisen und des Bedeutungszuwachses transnationaler Zusammenhänge kein historisches Auslaufmodell ist. Vielmehr gilt bis auf Weiteres ein *neuer Wohlfahrtsmix* als wahrscheinlich, der zu einer Verschiebung zwischen Staat, Markt und zivilgesellschaftlichen Arrangements führt. Die These des neuen Wohlfahrtsmix beinhaltet die Annahme, dass es eine Dichotomie zwischen Marktsektor und Staatssektor nie gegeben habe und daher lediglich eine neue „Verknüpfungsstruktur" hergestellt werde (vgl. Leisering 2003: 179f.). Kennzeichnend für die neue Phase des Sozialstaats ist, dass er nicht wie bisher aus- oder abgebaut wird, sondern eine Restrukturierung der sozialstaatlichen Rahmenbedingungen in einer neuen Qualität eingeleitet wurde.

Um den Wandel der sozialstaatlichen Rahmenbedingungen Sozialer Arbeit weiter zu spezifizieren, wird im Folgenden in Bezug auf die nationale Ebene zwischen zwei Phasen unterschieden: zum einen der Phase der *Ökonomisierung der Sozialen Arbeit* während der konservativen Regierungszeit von 1990 bis 1998 und zum anderen der Phase der *programmatischen Neuausrichtung* im Rahmen des aktivierenden Staats seit 1998 unter der damaligen rot-grünen Regierung. Die Große Koalition, die seit Herbst 2005 an der Regierung ist, hält bisher im Wesentlichen an diesem politischen Kurs fest (vgl. Butterwegge 2007: 29).

Das nun folgende Kapitel basiert zum einen auf der Annahme, dass Sozialpolitik und Soziale Arbeit zwei Handlungslogiken derselben sozialstaatlichen Regierungsweise sind:

„Eine Gouvernementalität Sozialer Arbeit, die Soziale Arbeit als Regierungshandeln betrachtet, geht daher davon aus, dass Strategien, die sich an den Individuen ausrichten *(Individualisierung)*, nur eine Seite derselben Medaille darstellen, die als Strategien der Sozialpolitik beschrieben werden: Strategien also, die primär auf eine *Populationsregulie-*

rung zielen. Soziale Arbeit ist gerade nicht nur eine Instanz ‚pädagogischer Entlastung' der Sozialpolitik, sondern Teil der pädagogischen Ausprägung sozialstaatlicher Regierungsweisen." (Kessl 2005: 93)

Zum anderen gehe ich davon aus, dass die Soziale Arbeit nicht nur Teil sozialstaatlicher Regierungsweisen bzw. des Sozialstaats ist, sondern ihre AkteurInnen und Organisationen auch Teil der Zivilgesellschaft sind, die die konsensuale Kontrolle mitorganisieren. Die Zivilgesellschaft ist – anknüpfend an Gramsci[59] – der Ort, an dem AkteurInnen in spezifischen gesellschaftlichen Kräfteverhältnissen, um die Vorherrschaft der Denkweisen im historischen Prozess ringen.

3.3.1   Die Ökonomisierung des institutionellen und organisationalen Rahmens

Während der konservativen Regierungsphase zu Beginn der 1990er-Jahre zeichnete sich eine sozialstaatliche Krise ab (vgl. Kap. 3.1). Die desolate Finanzsituation der öffentlichen Haushalte, insbesondere der Kommunen, gilt als der wesentliche Motor für die eingeleiteten Reformen (vgl. Galuske 2002: 315). Der ökonomische Wandel vollzog sich in den *neuen Bundesländern* „früher und problemloser als in Westdeutschland", indem „betriebswirtschaftliches Denken beim Aufbau von Einrichtungen und zur Bewältigung binnenorganisatorischer Probleme adaptiert" (Simon 2006: 20) wurde. Dort bildete sich – von den konfessionellen Trägern abgesehen – erst nach der politischen Wende 1989 eine Landschaft freier Träger. Mangels einschlägigen Vereinswesens habe man sich dort eher als Sozialunternehmen definiert (vgl. ebd.). Die Umstrukturierung bzw. *Ökonomisierung der institutionellen* (z.B. rechtliche Rahmensetzungen, Zuständigkeitsregeln, Finanzierungsmodalitäten) und *organisationalen Rahmenbedingungen* (z.B. Abläufe, Verfahren, Kooperationsbeziehungen) Sozialer Arbeit fand durch die Einführung von Marktmechanismen und Managementkonzepten statt. Der *Paradigmenwechsel* in Form *sozialrechtlicher Reformen*, die sowohl eine *Marktöffnung* als auch neue *Finanzierungsformen* einführten, ist eingebettet in das so genannte *Neue Steuerungsmodell (NSM)* (vgl. Krems, 2007).

Das NSM steht im Zusammenhang mit der Verwaltungsmodernisierung, durch die die kommunale Sozialverwaltung grundlegend umstrukturiert wurde (vgl. Leisering 2003: 174ff.). Die öffentlichen Verwaltungen sollten in moderne Dienstleistungsbetriebe verwandelt werden, das heißt mit einer unternehmens-

---

[59]   Die Zivilgesellschaft ist neben dem Staat die zweite analytische Kategorie im Überbau, die Gramsci (vgl. 1996: 1502 u. 1566) dem ökonomischen Unterbau beistellt. Der Staat umfasst sowohl die politische Gesellschaft als auch die Zivilgesellschaft.

ähnlichen Führungs- und Organisationskultur abnehmer- und marktorientiert arbeiten. Eine höhere Wirtschaftlichkeit und damit einhergehend eine Effizienzsteigerung ist in der inneren Logik der zentrale Punkt der eingeführten Steuerungselemente. Das Reformvorhaben wurde unter Federführung der *Kommunalen Gemeinschaftsstelle für Verwaltungsmanagement* (KGSt)[60] entwickelt (vgl. u.a. KGSt, 1993, 1994, 1996, 1998). Die neue Steuerung sollte von nun an unter anderen durch folgende Verfahren erfolgen:

– Zielformulierung und Leitbildentwicklung
– Dezentralisierung und Einrichtung autonomer Verwaltungseinheiten, die Ressourcenverantwortung (inkl. teilweiser Budgetierung) und Zielvereinbarungen (inkl. der Vereinigung von Fach- und Finanzzielsetzungen) beinhalten
– Erfolgscontrolling als Outputsteuerung durch Produktdefinitionen, Qualitätsmerkmale, Kennziffern, Ausbau des Berichtswesens (vgl. u.a. Flösser & Otto 1996; Arbeitsgemeinschaft für Jugendhilfe 1999: 17ff.; Boeßenecker et al. 2000; Galuske 2002: 321f.)

Herzstück des NSM ist das *Kontraktmanagement*, das Zielvereinbarungen sowohl zwischen Politik und Administration sowie innerhalb der Administration organisiert als auch darüber hinaus mit Dritten regelt bzw. kontrolliert (vgl. Dahme et al. 2005: 105ff.; Trube & Wohlfahrt 2000: 19ff.; Flösser 1996: 57ff.). Organisatorisch wird das Kontraktmanagement vor allem in Leistungsvereinbarungen abgewickelt, auf die unten näher eingegangen wird. Der öffentliche Auftraggeber behält zwar die *Gewährleistungsverantwortung*, aber nicht die der Durchführung. Er verbleibt in der Rolle des Auftragebers und Kontrolleurs (vgl. Trube & Wohlfahrt 2000: 34f.). Zwischen den Dienstleistungsanbietern und den politisch-administrativen AkteurInnen fand hierdurch eine Rollenverschiebung statt, die darauf zielte, die Kostenentwicklung durch eine höhere Kosten- und Leistungstransparenz sowie eine gesteigerte Effizienz zu dämpfen.

Neben dem NSM gilt die Einführung der *Pflegeversicherung* 1994 (vgl. SGB XI) als wegweisende sozialrechtliche Strukturreform. Diese umfasste erstmals die Einführung *wettbewerbsfördernder Maßnahmen* im sozialen Dienstleistungssektor (vgl. Leisering 2003: 178). Der Markt, der bisher zwischen öffentlichen und freien Trägern aufgeteilt war, wurde für private Anbieter geöffnet. Gleichzeitig hob man die Vorrangsstellung der freien Anbieter vollständig auf. Das Subsidiaritätsprinzip galt in der Folge auch für private Anbieter (vgl. § 11 Abs. 2 u. § 72 Abs. 3 Satz 2 SGB XI), und entsprechend entfallen seither die Subventio-

---

[60] Die KGSt ist ein von Städten, Gemeinden und Kreisen gemeinsam getragenes Entwicklungszentrum und Fachverband des kommunalen Managements.

nen zugunsten der Wohlfahrtsverbände (vgl. § 82 Abs. 5 SGB XI). Neu war zudem die Einführung der Qualitätssicherung (vgl. § 80 SGB XI) und die lung des Finanzierungsmodells (vgl. § 84–88 SGB XI), worauf ebenfalls unten noch differenzierter eingegangen wird.

Die kostenintensiven Leistungsbereiche des Bundessozialhilfegesetzes (BSHG) und die des Kinder- und Jugendhilfegesetzes (KHJG) wurden 1996 (vgl. § 93 – 93d BSHG seit 1.1.2005 § 75 SGB XII) bzw. 1998 (vgl. § 77 u. § 78a-f SGB VIII) ebenfalls an die neuen Paradigmen eines liberalisierten sozialen Dienstleistungsmarktes angepasst. Die im Subsidiaritätsprinzip verankerte starke Position der freien Träger wurde durch die Marktöffnung im Geltungsbereich des BSHG und KJHG erneut geschwächt. Eine bedingte Vorrangstellung und Förderverpflichtung blieb jedoch für die freien Träger erhalten (vgl. Pabst 2000: 72ff.). Das Argument für die Liberalisierung bestand im betriebswirtschaftlichen Kalkül, mit dem man die Hoffnung verband, die Preise und die Qualität effizienter steuern zu können sowie eine breitere Wahlmöglichkeit für die NutzerInnen zu schaffen.

Ergänzend wurden zunehmend öffentliche Einrichtungen bzw. Leistungsbereiche privatisiert, wodurch vor allem wohlfahrtsstaatliche Organisationskosten eingespart werden sollten[61]. Im Zusammenhang mit den Veränderungen im BSHG und KJHG wird von einer funktionalen Privatisierung gesprochen. Die Privatisierungsbestrebungen im Bereich der Leistungen knüpfe zwar an der Tradition des Subsidiaritätsprinzips an, jedoch bedinge sie aufseiten der Kostenträger einen Kontrollverlust, da diese nun nicht mehr für die fachliche Steuerung zuständig seien (vgl. Trube & Wohlfahrt 2000: 22f.).

Eine Modernisierung sozialer Dienstleistungen in Form von Liberalisierung und Privatisierung ohne angemessene politische Regulierung kann existenzielle Konsequenzen für nicht zahlungskräftige Teile der Gesellschaft bedeuten. Somit ist es nachvollziehbar, warum die Diskussion über Wettbewerbsorientierung und Implementierung betriebswirtschaftlichen Kalküls so eng verknüpft wurde mit der Frage nach der Qualität der Versorgung allgemein bzw. der Forderung quali-

---

[61]   Der Privatisierungsprozess lässt sich differenzieren in erstens die *formale Privatisierung.* Diese beinhaltet die Auslagerung öffentlicher Einrichtungen in eigenständige Rechtsgesellschaften (öffentliche Hand bleibt Eigentümerin) oder die Überführung bzw. den Verkauf an Privatanbieter. Zweitens spricht man von einer *materiellen Privatisierung,* wenn öffentliche Einrichtungen an Privateigentümer verkauft werden. Drittens wird von *Aufgabenprivatisierung* bzw. von einer funktionalen Privatisierung gesprochen, wenn öffentliche Aufgaben ganz entfallen oder zukünftig von Privatanbietern übernommen werden (vgl. Riediger & Wohlfahrt 2000: 130f.; Trube & Wohlfahrt 2000: 21f.). Es gibt unterschiedlichste Intentionen für den Einsatz des Instruments der Privatisierung. So kann es auf Einsparungen oder mehr Leistungen bei gleich hohen Investitionen sowie auf eine Einrichtungsschließung hinsteuern (vgl. Vermeulen 2005).

tativer Mindeststandards (vgl. u.a. Wohlfahrt o. J.; Maaser 2002; Roer 2000; Pfeifer-Schaupp 2000).

Ein weiterer zentraler Steuerungshebel wurde meiner Einschätzung nach mit der *Reform der Finanzierungsmodelle* installiert. Bisher trafen Kosten- und Einrichtungsträger Kostenübernahmevereinbarungen, die den Grundsätzen der Wirtschaftlichkeit, Sparsamkeit und Leistungsfähigkeit entsprechen mussten. Grundlage war im Regelfall das Selbstkostendeckungsprinzip, das heißt dass alle nachgewiesenen Personal- und Sachkosten der Einrichtungen übernommen wurden. Ein Träger konnte somit seine entstanden Kosten zur Erstellung eines Auftrags eins zu eins in Rechnung stellen. Dieses Finanzierungsmodell wird auch als *Zuwendungsfinanzierung* bezeichnet, die wettbewerbsrechtlich als Subvention bzw. Beilhilfe gelten kann und Förderarten (vgl. Merchel 2003: 190ff.) wie

- Anteilsfinanzierung (z.B. der prozentuale Anteil der Maßnahmekosten wird bis zu einer verbindlich geregelten Höchstgrenze übernommen),
- Fehlbedarfsfinanzierung (z.B. Kosten, die nicht aus anderen Quellen gedeckt werden können, werden entsprechend geltender Höchstgrenzen übernommen) und
- Festbetragsfinanzierung (d.h., ein festgelegter Betrag wird unabhängig von den entstandenen Gesamtkosten übernommen) umfasst.

Im Bereich der Zuwendungsfinanzierung wurde im Zuge der Ökonomisierungsbestrebungen neu eingeführt, dass Leistungsmerkmale und Leistungsanforderungen (z.B. Öffnungszeiten, Standards) vertraglich vereinbart werden, an deren Einhaltung die Zahlungen geknüpft sind (ebd.: 194).

Trotz dieser Modifizierung der Zuwendungsfinanzierung gilt sie als Finanzierungsmodell, das wirtschaftliches Handeln nur unzureichend unterstützt. Daher wurden zudem *prospektive Finanzierungsformen* (u.a. damals § 93b Abs. 1 BSHG) eingeführt (vgl. Pabst 2000: 71f.). Hierzu zählen *Entgeltmodelle*, wie zum Beispiel die Fachleistungsstunde, bei denen prospektiv für einen Auftrag ein Entgelt ausgehandelt wird. Bei dieser Steuerungsform werden die Preise formal so kalkuliert, dass das Risiko für die Träger bei annähernder Kapazitätsauslastung vertretbar ist (vgl. Merchel 2003: 193).[62] In den Leistungsvereinbarungen bzw. -verträgen[63] dieser fallgebundenen und auf einem individuellen Rechtsanspruch beruhenden *Leistungsentgelte* (vgl. u.a. § 77 u. 78a-g SGB XII) wird stär-

---

[62] Merchel (2003: 193) weist daraufhin, dass Leistungsentgelte zwar sozialrechtlich logischer seien, sie jedoch zu steigenden Kosten führen können, da der Eigenanteil der Träger entfällt.

[63] Die Leistungsvereinbarungen enthalten neben Leistungs- und Entgelt- nun auch Qualitätsabsprachen.

ker als zuvor nach Leistungskomplexen differenziert (vgl. Pabst 2000: 73f.; Merchel 2003a: 54).[64] Entstehen dem Auftragnehmer mehr Kosten, trägt er einerseits nun selbst das wirtschaftliche Risiko und nicht mehr die öffentliche Hand. Andererseits können nun soziale Dienste auch Gewinne erzielen. Die Eigenverantwortung der Einrichtungen soll hierdurch gestärkt und wirtschaftliche Betriebsführung belohnt werden (vgl. Pabst 2000: 71f.).

Bei den neuen Finanzierungsformen sind auch die so genannten *Sozialraumbudgets* wichtig, die im Bereich der ambulanten Hilfen zur Erziehung zur Unterstützung des Konzepts der Sozialraumorientierung (vgl. Kap. 3.3.2) installiert wurden (vgl. Hinte 2003: 14; Hinte et al. 2003: 23ff.). Durch Sozialraumbudgets und die damit angestrebte Dezentralisierung sollen alle „fallspezifische[n] Leistungen und fallübergreifende[n] und fallunspezifische[n] Tätigkeiten von Trägern in einem Sozialraum" (Merchel 2003a: 127) finanziert und „das Verhalten von Trägern in einer bestimmten Weise ausgerichtet" (Merchel 2003a: 128) werden. Ein Sozialraumgremium, besetzt mit RepräsentantInnen der öffentlichen und freien Träger, soll gemeinsam das Controlling übernehmen. Die eingebundenen freien Träger werden in diesem Zusammenhang als *Schwerpunktträger* bezeichnet, da sie als bevorzugte zukünftige Leistungserbringer ausgewählt worden sind und entsprechende Kooperationsverträge unterzeichnet haben.

Diese Finanzierungsform wird unter anderem deshalb kritisch diskutiert, weil sie eine Art Kartellbildung begünstigt und so die Trägerpluralität in einem Sozialraum abnehmen kann (vgl. Merchel 2003a: 130f.; Dahme & Wohlfahrt 2004: 334ff.). Mehrere Gerichtsurteile haben mittlerweile bestätigt, dass durch Sozialraumbudgets die Ausübung der Berufsfreiheit behindert (vgl. Oberverwaltungsgericht Hamburg, 2004; Art. 12 Abs.1 Satz 1 GG) sowie der Trägerwettbewerb in unzulässigerweise eingeschränkt werden kann (vgl. Oberverwaltungsgericht Lüneburg, 2006). Unter das europäische Vergaberecht fallen Leistungsvereinbarungen – wozu auch die Verträge mit den Schwerpunkträgern fallen – bisher nicht. Das EuGH stufe Leistungsvereinbarungen als eine Art Dienstleistungskonzession ein, die das Vergaberecht nicht berühre (vgl. Engler 2004: 313f.). In der Praxis finden im Vorfeld von Leistungsvereinbarungen meist so genannte Interessensbekundungsverfahren statt, die rechtlich keine Ausschreibung darstellen (vgl. Merchel 2003: 195).

Welchen Nutzen und Schaden die dargestellten *institutionellen* und *organisationalen* Umstrukturierungen entfalten können, kann nicht pauschal bewertet wer-

---

[64] Eine Fachleistungsstunde zum Beispiel setzt sich zusammen aus ungefähr ¾ direkt nutzerInnenbezogene Arbeit (z.B. Einzelgespräche, Hausbesuche, Begleitung zu Ämtern etc.) und ¼ indirekter Leistungen (z.B. Verwaltungstätigkeit, Fahrtzeiten, Supervision, Fortbildung, Arbeitsmittel) (vgl. u.a. Haferkamp, o. J.).

den. Diese zeigen sich in den jeweiligen Praxen erst anhand fachlicher Maßstäbe, wie z.b. der Erhöhung der Lebensqualität der NutzerInnen. In der Praxis werden jedoch nicht selten Einsparbestrebungen über fachliche Anliegen gestellt, die z.B. zu Kindeswohlgefährdungen führen können. So heißt es im Untersuchungsbericht zum Tod des Bremer Kindes Kevin:

> „Zusammenfassend lässt sich feststellen, dass der Fachdienst Amtsvormundschaften/Amtspflegschaften über mehrere Jahre personell deutlich unterbesetzt war. Trotz wiederholter und unmissverständlicher Warnungen ist Abhilfe erst nach dem Tod von Kevin geschaffen worden. Selbst wenn dem Amtsvormund in seine persönliche Verantwortung fallende Fehlentscheidungen und Fehlverhalten vorzuhalten sind, so müssen diese jedenfalls auch im Kontext der im Fachdienst herrschenden Arbeitsbedingungen gesehen werden." (Bremische Bürgerschaft 2007: 265)

3.3.2 Die programmatische Neuausrichtung im aktivierendem Staat

Nach dem Regierungswechsel 1998 wurden die oben genannten Ökonomisierungsmaßnahmen weiter etabliert. Zudem erfolgte nun im Rahmen des so genannten *aktivierenden Staats* (vgl. Bundesregierung, 1999) eine normative Neuausrichtung des alten sozialstaatlichen Klassenkompromisses, der sich am Prinzip der Verteilungsgerechtigkeit orientiert hatte. Die programmatischen Wurzeln sind unter anderem sowohl in sozialdemokratischen, neoliberalen als auch – in geringem Umfang – in kommunitaristischen Ansätzen zu finden (vgl. Bandemer & Hilbert 2001: 19f.; Lamping et al. 2002). Die sozialdemokratische Modernisierungspolitik in Europa wird auch als *Dritter Weg* (vgl. Giddens, 1999) bezeichnet: zwischen dem (neo-)liberalen Minimalstaat und dem expandierenden Wohlfahrtsstaat (vgl. Bandemer & Hilbert 2001: 18f.; Dahme & Wohlfahrt 2003: 10). Bandemer und Hilbert (2001: 24) betonen, dass der aktivierende Staat und die Verwaltungsreform in einem engen wechselseitigen Verhältnis zueinander stehen: „Ohne die staatstheoretische Ausrichtung blieben die Instrumente orientierungslos, ohne die entsprechenden Instrumente bleibe der aktivierende Staat handlungsunfähig."

Der aktivierende Staat ist eng mit dem Prinzip der Chancengerechtigkeit verbunden (vgl. Schröder 2003: 26ff.). Die Grundwertekommission der Sozialdemokratischen Partei Deutschlands (SPD) formulierte 1999:

> „Der Staat schafft die Rahmenbedingungen, deren faire Chancen dann die Bürger in individueller Verantwortung wahrnehmen sollen. Danach gilt für die Verteilung das (meritokratische) Prinzip des Marktes." (Kommission Grundwerte beim Parteivorstand der SPD 1999: 11)

Die Programmatik des aktivierenden Staats ist gekennzeichnet durch die normative Verknüpfung von Beschäftigungs- und Sozialpolitik. Es gehe um eine neue
Balance zwischen Rechten und Pflichten der BürgerInnen gegenüber Staat und
Gesellschaft, insbesondere was die Pflicht zur Arbeit betreffe. Kern des sozialpolitischen Paradigmenwechsels sei die Verschiebung von Schutz und Fürsorge hin
zu Aktivierung und Förderung der BürgerInnen (vgl. Roy 2003: 196). Entfaltet
wurde die neue Programmatik unter anderem in der so genannten *Agenda 2010*
(vgl. Bundesregierung, 2003), deren politische Leitidee auch für die Regierungszeit der Großen Koalition Gültigkeit hat. So erhob Bundesfinanzminister Steinb-
rück (SPD) die

> „‚Chancengleichheit' statt Ergebnisgleichheit zum Grundprinzip eines modernen, die Bür-
> ger ‚aktivierenden' und ihre ‚übertriebene Anspruchshaltung' bekämpfenden Sozialstaates
> (...) Ziel müsse es sein, den Einzelnen zur Teilnahme und Teilhabe auf den Märkten zu be-
> fähigen." (Zit. n. Butterwegge 2007: 29)

Die so genannten *Hartz-Gesetze*[65] für *moderne Dienstleistungen am Arbeits-*
markt sind eine Konkretisierung dieser politischen Programmatik, die vor allem
durch ihren vierten Teil die Eigenaktivität von Arbeitslosen stärker fördern soll.
Neue Zumutbarkeitsregelungen und die Verpflichtung zur Arbeit, zum Beispiel
im Rahmen von Arbeitsgelegenheiten mit Mehraufwandsentschädigung (MAE)
(vgl. § 16 Abs. 3 SGB II), deuten an, dass von spezifischen Bevölkerungsgruppen, wie Langzeitarbeitslosen nun mehr erwartet wird (vgl. u.a Trube 2005a;
Spindler 2003). Diese *Workfarestratgie*[66] beinhaltet zudem, dass Arbeitssuchen-
de zum Beispiel im Bereich der Arbeitsvermittlung und -qualifizierung besser
gefördert werden sollen. Dieser Teil der Reform wurde in der Praxis bisher jedoch nur unzulänglich realisiert (vgl. u.a. Niekant & Rudolph 2007; Ames &
Jäger 2006).

Für die Umsetzung des Prinzips *fördern und fordern* sind FallmanagerInnen
(vgl. § 14 SGB II) zuständig, die Eingliederungsanstrengungen unterstützen und
im Falle der Ablehnung einer zumutbaren Beschäftigung die Arbeitssuchenden
sanktionieren sollen (vgl. Göckler 2005: 9). Die originär sozialarbeiterische
Methode des *Casemanagement* (vgl. Sachße 1986: 271ff.) übernimmt im Zusammenhang der Eingliederungsvereinbarungen eine zentrale Funktion (vgl. §
15 SBG II). Im Kontext des sozialpolitischen Aktivierungsansatzes – und somit
als Bestandteil einer Vertragsbeziehung (vgl. Bröckling 2007: 131f.) – ist das

---

[65]   Hartz I-IV (vgl. Bundesgesetzblatt 2002, Teil I Nr. 87: 4607ff. und 4621ff.; Bundesgesetzblatt 2003, Teil I Nr. 65: 2848ff.; Bundesgesetzblatt Teil I Nr. 66: 2954ff.).

[66]   Das neue Wohlfahrtsregime wird auch mit den Schlagworten *Welfare to work* oder *Work-*
fare – angelehnt an die Reformen in Großbritannien – verhandelt (vgl. Leisering 2003:
178; Roy 2003: 195; Nullmeier 2003: 185).

Casemanagement nicht nur für die Eingliederung zuständig, sondern hat gleichzeitig die Aufgabe, die bei mangelnder Kooperation Sanktionen zu strukturieren (vgl. Heite 2006: 203; Buestrich & Wohlfahrt 2005: 313ff.).[67]

Im Rahmen dieser Aktivierungsmaßnahmen wird den als schuldfähig wahrgenommenen NutzerInnen zwar grundsätzlich Handlungsvermögen und Eigenverantwortung zugesprochen (vgl. Markard 2009). In Ermangelung von Handlungsvermögen seitens der NutzerInnen kann aktivierende Hilfe aber auch zu neuer Fremdbestimmung führen. So betont Wolf:

> „Verantwortlich ist jemand jedoch nur für das, wofür er etwas kann, was die Frage nach der Bedeutung und den Vorraussetzungen des Dafür-Könnens aufwirft (...). Die Frage (...) lässt sich letztlich nur dann beantworten, wenn man Aussagen über die internen und externen Handlungsbedingungen machen kann, unter denen konkret gehandelt wird (...). Daraus folgt, dass sowohl im Falle eines unzureichenden Handlungsvermögens wie auch im Falle der Existenz externer Restriktionen zur Mobilisierung desselben dem Adressaten der ‚aktivierenden Hilfe' eine Aufforderung zur eigenen Initiative grotesk erscheinen muss und von ihm als eine – unter Umständen sogar repressiv aufgenötigte – Form der Fremdbestimmung und Disziplinierung erlebt wird, was selbstredend auch dann zutrifft, wenn der Adressat der Aufforderungen sich selbst und seine Fähigkeiten anders deutet und versteht, als ihm seine Aktivierer zumuten." (Wolf 2005: 798f.)

Reis (2006: 199) und Walther (2003: 297ff.) betonen neben anderen, dass zunächst offen bleibe, ob bei der praktischen Umsetzung des Leitmotivs *fördern und fordern* ein eher destruktiver oder produktiver Anteil zum Tragen komme. In Bezug auf die Umsetzung in der Bundesrepublik, sei jedoch eine *erzieherische bzw. paternalistische Tendenz*[68] festzustellen. Diese manifestiert sich in der Ver-

---

[67] Außerdem ist eine Eingliederungsvereinbarung ein Angebot, „(...) das der Adressat schlichtweg nicht ablehnen kann, da § 15 SGB II, wo der Abschluss von Leistungs*vereinbarungen* geregelt ist, ergänzend bestimmt, dass immer dann eine Regelung durch Verwaltungsakt zu erfolgen hat, wenn die ‚Vereinbarung' nicht durchsetzbar ist" (Trube 2005a: 18).

[68] So meinte zum Beispiel ein hessischer Justizminister am 29. April 2005: „Die elektronische Fußfessel bietet damit auch Langzeitarbeitslosen (...) die Chance, zu einem geregelten Tagesablauf zurückzukehren und in ein Arbeitsverhältnis vermittelt zu werden." (Wagner zit. n. Ver.di 2005) Zudem zeigten Dahme, Kühnlein und Wohlfahrt (2005) durch ihre empirische Untersuchung, dass Aktivierungsstrategien, die mehr oder weniger stark an Sanktionsformen gebunden sind, durchaus mit Fachlichkeitsvorstellungen von PraktikerInnen verbunden werden können. So stimmten 54% der von ihnen Befragten zu, dass die Arbeit mit der Klientel eingestellt werden sollte, die nicht kooperiert. Auffällig sei, dass Beschäftigte bei freien Trägern zu 59% zustimmen, wohingegen es bei öffentlichen Trägern 41% sind. 50% der Beschäftigten stimmten zu, dass Strafen bei Regelverstößen möglich sein sollten (ebd.: 217ff.). Immerhin 36% halten eine erfolgreiche Aktivierung nur für möglich, „wenn man auch über Sanktionsmöglichkeiten verfügt" (ebd.: 222). Die AutorIn-

knüpfung von Unterstützung mit Pflichten, denn Hilfe solle nur noch für diejenigen angeboten werden, die zur Selbsthilfe bereit und wirklich bedürftig seien (vgl. Wolf 2005: 805f.; Kessel 2005: 215; Dahme & Wohlfahrt 2003: 12). Sozialpolitische Angebote zielten daher nicht mehr unmittelbar auf Integration nach *„einem ganz bestimmten Normalitätskonzept"*, sondern auf die *„Regulation einer gespaltenen Gesellschaft"* (Schaarschuch 1994: 78). Eine aktivierende Soziale Arbeit konzentriere sich dabei zwar zunächst auf die „Unterstützung subjektiver Lebensgestaltung". Wenn „diese allerdings nicht in der Weise erbracht werden [kann], wie dies verlangt wird, sollen die Einzelnen dazu gezwungen werden" (Kessl 2005: 216).

Vertiefend ist das Konzept der *Sozialraumorientierung* zu erwähnen, das auch als „kleinräumige Aktivierungsstrategie" (Otto & Ziegler 2004: 133) im Kontext der Sozialen Arbeit diskutiert wird. Die Programmatik der Sozialraumorientierung knüpft an dem emanzipatorisch ausgerichteten *Gemeinwesenansatz* (vgl. u.a. Hinte 2004: 7ff.; Oelschlägel 2004: 11ff.) an. Die Fokusverschiebung *vom Fall zum Feld* (vgl. Hinte et al., 1999) ist für den sozialraumorientierten Ansatz charakteristisch, der auf folgenden Prinzipien aufbaut (vgl. Hinte 2003: 9f.):

- „Orientierung an den geäußerten Interessen der Wohnbevölkerung"
- „Unterstützung von Selbsthilfekräften und Eigeninitiative"
- „Nutzung der Ressourcen" der Menschen und des Sozialraums
- „Zielgruppenübergreifender Ansatz"
- „Bereichsübergreifender Ansatz" (z.B. Mitarbeit bei der Planung von Bebauungsplänen)
- „Kooperation und Koordination der sozialen Dienste"

Bereits in dieser sehr knappen Darstellung werden die Anknüpfungspunkte für eine lokale politische Ausgestaltung der Programmatik des aktivierenden Staats sichtbar, indem zum Beispiel die Unterstützung von Selbsthilfekräften und die Nutzung vorhandener Ressourcen zentrale Ansatzpunkte darstellen. Hinte (2004) kritisiert eine ideologische Vereinnahmung des Konzepts der Sozialraumorientierung, indem er feststellt:

> „Dass sich die allseits gewünschte Eigenaktivität der Betroffenen auch mal gegen eine aktivierende Institution wenden könnte, ist weder bei Hartz noch bei Schröder vorgesehen. Damit wird unter der Hand wieder das Subjekt-Objekt-Verhältnis propagiert, bei dem es auf der einen Seite die aktive, fordernde Instanz gibt und auf der anderen Seite den Gefor-

---

nen weisen darauf hin, dass diese paternalistische bzw. strafbereite Haltung eventuell nicht neu sei, aber zum ersten mal durch eine Erhebung dokumentiert worden sei.

derten, (noch) passiven Menschen, der nur als Behandelter auftaucht: (...) Er soll aktiv sein – vorausgesetzt, er bewegt sich in gewünschten Bahnen." (Ebd.: 9f.)

Die sozialarbeiterische Praxis bewegt sich jedoch genau in diesem Widerspruch von emanzipatorisch-fachlichen Ansprüchen und der Tatsache, Teil sozialstaatlicher Führungsformen zu sein, die sowohl Hilfe als auch Kontrolle für die Betroffenen bedeuten können. Hinzu kommt, dass der sozialräumliche Ansatz teilweise auf Sozialraumbudgets (vgl. Kap. 3.3.1) beschränkt wurde. Es erstaunt daher nicht, dass sich aufgrund der heterogenen Ausgestaltung bzw. Kräfteverhältnisse höchst unterschiedliche Einschätzungen in den regionalen Praxen ausmachen lassen. Zudem findet sich in den Bewertungen nur zum Teil die notwendige Reflexion der historisch-spezifischen Eingebettetheit im sozialstaatlichen Gefüge (vgl. u.a. Budde & Früchtel 2006; Budde et al. 2006; Stephan 2006; Trube 2005; Fricke 2003).

Das Aktivierungsparadigma hat zwischenzeitlich Einzug in die verschiedensten Arbeitsfelder der Sozialen Arbeit gehalten (vgl. u.a. Dahme et al. 2003; Dollinger & Raithel 2006; Gehrmann & Müller 2007). Hierbei wurde, wie gezeigt, auf fachlich-emanzipatorische Orientierung beanspruchende Konzepte zurückgegriffen bzw. konnte an professionelle Ideale angeknüpft werden. So ist zum Beispiel die Kritik der 1970er-Jahre an sozialstaatlich-bürokratischen Eingriffen für ein Mehr an Selbstorganisation von den AkteurInnen des sozialstaatlichen Umbaus aufgegriffen und in den von der neoliberalen Denkweise inspirierten Strukturwandel integriert worden (vgl. Kessl 2005: 81).

„Ein qualitativer Unterschied in der Veränderung der Rolle Sozialer Arbeit im neosozialen Aktivierungskontext liegt allerdings vermutlich darin, dass die Sozialarbeit (...) diesen Prozess nun als fachliche Professionalisierung erleben mag, indem jetzt mit formal zertifizierten Instrumenten, wie etwa Profiling, Potentialanalyse oder Assessment, darüber entschieden wird, wer unter den rigiden Bedingungen der Sozialpolitik noch förderfähig – im Workfare-Jargon: ‚employable' – oder zu marginalisieren – in der Behörden-Diktion: ‚auszufördern' – ist." (Trube 2005a: 18f.)

Soziale Fachkräfte befinden sich durch diese Einbindung in die Programmatik in einer widersprüchlichen Situation. Integrieren sie sich als „Aktivierungsinstanz" (Kessl 2005: 225) in den *Reform-Block*, genießen sie öffentliche bzw. politische Anerkennung. Gleichzeitig erfahren sie jedoch eine Marginalisierung, da bisherige sozialstaatliche Integrationsmodelle und emanzipatorische Ansprüche durch die Einverleibung in die hegemoniale Politik an Bedeutung verlieren. Soziale Arbeit setzt sich zwar seit ihren Anfängen aus systemstützenden und lebensweltlich orientierten Elementen zusammen. Im Kontext des Aktivierungsparadigmas muss Soziale Arbeit allerdings nicht nur als Form von *Hilfe* oder *Kontrolle,* sondern verstärkt ebenso unter dem Gesichtspunkt der Gleichzeitigkeit – *Hilfe als Kontrollinstrument* – betrachtet werden (vgl. Kessl 2005: 32 u. 63ff.; Kalpein 2005: 80). Zudem behält sie ihre Funktion, Einverständnis zu der hegemonialen Regulationsweise zu organisieren. Schlägt die Integration fehl, kommt ihr die Aufgabe zu, „Erklärungsmuster anzubieten, die es ermöglichen sollen, den Ausschluss als (...) eigene Entscheidung (...) zu interpretieren" (Hirschfeld 1999: 76; vgl. ebd. 2005: 142f.).

Somit können zwei zentrale Punkte resümierend festgehalten werden. Zum Einen wurde der Strukturwandel der Rahmenbedingungen Sozialer Arbeit in Form einer Ökonomisierung durch die Liberalisierung dieses Dienstleistungssektors, die Privatisierung öffentlicher Aufgaben und Einrichtungen, die Einführung betriebswirtschaftlicher Managementinstrumente sowie durch wirtschaftliches Handeln fördernde Finanzierungsmodelle konkretisiert. Zum Zweiten fand eine programmatische Neuausrichtung der Sozialen Arbeit statt, indem sie als zentrales sozialstaatliches Steuerungsinstrument bei der Realisierung der Programmatik des aktivierenden Staats fungiert.

Emanzipatorische Konzepte werden zwar von politischen Programmen ideologisch vereinnahmt, jedoch ist es möglich aufgrund von Interpretations- und Gestaltungsspielräumen die praktische Umsetzung zu modifizieren. Derartige Möglichkeiten nicht aus dem Blick zu verlieren, ist unter anderem deswegen wichtig, weil die Beschäftigten im Bereich der Sozialen Arbeit politisch als bedeutsame AkteurInnengruppe wahrgenommen werden:

„Politisch werden jene Gruppen wichtig, die einen wesentlichen Teil ihres Einkommens aus den sozialen Sicherungssystemen als Sozialtransfer beziehen. Sie sind die Verteidiger des Sozialstaats, mögen sie ihr Einkommen direkt aus öffentlichen Transferzahlungen beziehen oder als Dienstleister (...) von der öffentlichen Finanzierung sozialer Sicherung indirekt abhängig sein. Als Sozialstaatsklientel stehen sie den Beschäftigten im privaten Sektor gegenüber, deren Einkommen nur zu geringem Teil oder überhaupt nicht auf öffentlichen Transfers beruht." (Nullmeier 2003: 182f.)

3.4 Reflexion der Fachdebatte zum Transformationsprozess

Wie der Paradigmenwechsel in der Fachöffentlichkeit mit Blick auf das Spannungsfeld zwischen ökonomischer und professioneller bzw. berufsethischer Verantwortung diskutiert wird, soll im Folgenden betrachtet werden. Obwohl die Interpretationen des Wandels höchst unterschiedliche berufspolitische Stoßrichtungen erkennen lassen – sie werden unten dargestellt –, finden sich auch Gemeinsamkeiten. So ist ihnen gemeinsam, dass sie einen *äußeren Legitimations-*

druck thematisieren, der die Notwendigkeit einer neuen Rechtfertigung Sozialer Arbeit anzeigt. Der Darstellung eines äußeren Legitimationsdrucks folgt meist eine *nach innen gerichtete Schwächenanalyse* der Profession, um Ansatzpunkte für Entwicklungen aufzuzeigen (vgl. u.a. Wilken, 2003; Staub-Bernasconi, 2003; Kurz-Adam, 2004; Erath, 2004). Kontrastierend hierzu finden sich Hinweise, dass die aktuelle Situation nicht in erster Linie eine selbstverschuldete Krise der Sozialen Arbeit sei, die durch professionsbezogene Defizitanalysen gelöst werden könne, sondern die vor allem aus politischen Entscheidungen resultiere und entsprechend zu diskutieren und zu behandeln sei (vgl. u.a. Krölls 1999: 4ff.; Schmidt-Grunert 2000: 138ff.). Zudem finden sich erhebliche Unterschiede hinsichtlich der *berufspolitischen Rückschlüsse* angenommener adäquater Umgangsformen mit dem Strukturwandel, die sich in vier Hauptströmungen einteilen lassen.

So argumentieren die einen (vgl. u.a. Wilken 2003; Staub-Bernasconi 2000; Lob-Hüdepol 2003; Gaitanides 2000), dass sich die Soziale Arbeit an den *internationalen Menschenrechten* orientieren solle, um professionelle Selbstsicherheit zu gewinnen. Die Soziale Arbeit habe im Hinblick auf die Einhaltung der Menschen- u. Sozialrechte (bzw. die Verstöße dagegen) die Funktion eines öffentlichen Kontroll- und Meldesystems. Zudem müsse sie sich auf dieser spezifischen normativen Basis die Definitionsmacht über ihre Aufträge aneignen. Für diese anspruchsvollen Anforderungen seien besondere Persönlichkeits- und Charaktereigenschaften sowie professionelle Fertigkeiten und Werthaltungen notwendig.

Ein weitere Argumentation (vgl. u.a. Volz 2003; Schmid-Noerr 2001; Lange 2000; Rögner 2003) verweist darauf, dass durch eine *(berufs-)ethische* Sensibilität Sozialer Arbeit der Widerspruch zwischen professioneller und ökonomischer Rationalität reflektiert werden könne, ohne dass hierdurch die ökonomische Realität ausgeblendet werde. Eine Berufsethik habe nicht die Funktion, spezifische Werte, Pflichten und Haltungen im Vorfeld zu begründen (vgl. oben). Ethik solle nicht moralisieren, sondern dabei helfen, moralisch-ethische Aspekte von Handlungen in den Arbeitsprozessen zu klären – zur Orientierung von Handlungen, zum Nutzen der Klientel.

Eine dritte Interpretationsweise (vgl. u.a. Schaarschuch 1996; Flösser 1996; Wendt 2000; Hirschfeld 1999), betont, dass sich die Soziale Arbeit verstärkt an *Bürgerrechten* (zivilen Schutzrechten, politischen und sozialen Teilhaberechten) orientieren solle. Hierbei müsse bürgerschaftliches Engagement für eine lebensnahe Demokratie bzw. eine Sozialpolitik ,von unten' gefördert werden. Soziale Arbeit solle eine Dienstleistung sein, fokussiert auf die Mehrung des Gemeinwohls, das auch den verantwortungsvollen, an wirtschaftlichen Effizienzkriterien orientierten Umgang mit öffentlichen Mitteln einschließe. Normativer Bezugsrahmen, zum Beispiel für die Bewertung der Effektivität der Leistungen Sozialer Arbeit, sei das Maß der Lebensqualität ihrer NutzerInnen. Eine neoliberal (vgl. Kap. 3.1) inspirierte Argumentationsvariante betont (vgl. u.a. Evans & Hilbert 2002; Menninger 2002; Maier 2004; Kurz-Adam 2004), dass es in der Sozialen Arbeit durchaus marktfähige Bereiche gebe. Die ‚Branche Lebensqualität' richte sich auch an Menschen, die selbst bereit seien, für ihre Lebensqualität zu zahlen. Das Professionsverständnis Sozialer Arbeit müsse sich hierfür neu definieren, um das zu adaptieren, was nun unter sozial zu verstehen sei. Das Umdenken von der abhängigen Klientel zu den mündigen KundInnen sei zudem ein zentraler Hebel, um Qualität und Bürgernähe zu fördern.

In den verschiedenen genannten Strömungen finden sich einige AutorInnen (vgl. u.a. Staub-Bernasconi 2000: 169; Lange 2000: 76; Harmsen 2001; Maier 2004: 97), die in ihren Ausführungen engagiert für die Etablierung bzw. Stärkung eines *spezifischen normativen Professionszusammenhangs* werben. Durch eine solche Abgrenzung soll Exklusivität gegenüber der Bevölkerung bzw. politischen AuftraggeberInnen hergestellt und beansprucht werden. Ziel ist es, hierdurch Sicherheit zu gewinnen angesichts der äußeren Infragestellungen der bisherigen „berufsspezifischen Identität" (Albert 2006: 101). Hier soll kein weiterer Versuch unternommen werden (vgl. u.a. Kruse 2004: 23ff.; Karges & Lehner 2005: 455), den Gehalt bzw. die Notwendigkeit der Definitionsversuche und Proklamationen von möglichen professionellen Identitäten, Selbstverständnissen, Mentalitäten oder Berufsbildern einzuschätzen oder – ganz postmodern – von einer „Identität der Identitätslosigkeit" (Kleve 2000: 137f.) gesprochen werden. Durch den damit verbundenen thematischen Ebenenwechsel stehen nämlich nicht mehr (wie ich es für notwendig halte) die gesellschaftlichen Bedingungen Sozialer Arbeit und die Analyse der darin enthaltenen Handlungsmöglichkeiten sowie -behinderungen (vgl. Kap. 2) im Vordergrund, sondern die Frage nach der Angemessenheit eines wie auch immer gearteten spezifischen normativen Professionszusammenhangs. Markard (2002: 132) betont, dass in Identitätsdebatten die zentrale Kategorie der Handlungsfähigkeit aus dem Blick zu geraten droht:[69]

> „Ich behaupte nun, dass der Ausdruck ‚Identität' ein *aktuell* wesentliches Konzept ist, mit dem gesellschaftliche Probleme in psychologische verwandelt werden, und dies bei aktiver in Kauf genommener Eliminierung (oder Universalisierung) gesellschaftlicher Widersprüche bzw. bei deren Verlagerung in das mit sich um Identität und Kohärenz ringende Individuum hinein." (Ebd.: 130)

---

[69]   Psychologisch sei die Identitätssuche zwar ein relevantes Phänomen, jedoch das Konzept der Identität keine analytisch gewinnbringende Kategorie (vgl. ebd.: 131).

Dies kann, so denke ich, in Bezug auf die Debatte in der Sozialen Arbeit ebenso
für die Begriffe Selbstverständnis und Mentalität usw. gelten, da sie in der Fachdebatte eine vergleichbare Funktion übernehmen. Albert (2006: 100f.) zum Beispiel nimmt im Anschluss an seine Analyse des Strukturwandels anknüpfend an
die kognitive Dissonanztheorie (vgl. Festinger 1978) an dass die Beschäftigten
versuchten, die Spannungen, die im Zuge des Veränderungsprozesses bzw. der
damit einhergehenden Rollenkonflikte entstehen, zu verringern, um wieder in
einen „widerspruchsfreien" Zustand zu kommen. Dies könnte ihnen unter anderem durch die Anpassung an die „ökonomischen Rahmenbedingungen" oder
durch Vermeidungsstrategien gelingen: „Viele SozialarbeiterInnen arrangieren
sich im positiven Sinne mit den Veränderungsprozessen. Wirtschaftliche Realitä-
ten werden akzeptiert und Bestandteil des beruflichen Alltags" (ebd.: 102). Gestaltungsoptionen in Richtung Kritik und Veränderung der aktuellen Realisierungsbedingungen werden nicht angesprochen. Daher nehme ich an, dass
Identitätspolitiken oder vergleichbare Vorhaben im Kontext der Sozialen Arbeit
eine Form von (defensiver) Berufspolitik darstellen, die nicht zur Analyse konkreter Realisierungsbedingungen Sozialer Arbeit sowie ihrer impliziten Handlungsmöglichkeiten und -behinderungen beitragen, sondern eher auf einer
normativ proklamierenden Ebene ihren Schwerpunkt setzen.[70] Vor dem Hintergrund der Fragestellung meiner Untersuchung (vgl. Kap. 1), die Soziale Arbeit
explizit auch als Erwerbsarbeit betrachtet, ist jedoch gerade die Analyse der
Verfügungsbedingungen notwendig. Zwar gibt es hierfür Ansätze (vgl. Kap.
3.5), doch besteht in der Fachdebatte nach wie vor die Tendenz, *die Lohnarbeitsbedingungen, unter denen* Soziale Arbeit geleistet wird, nicht ausreichend
zu beleuchten oder gar unbehandelt zu lassen. Zwar werden nahe liegende (oder
ideologisch nahe gelegte) Umgangsformen von PraktikerInnen benannt, jedoch
werden sie darüber hinaus kaum in ihrer subjektiven Funktionalität analysiert.
Vielmehr werden sie – von einer Art Außenstandpunkt – verkürzt als uneinsich-
tig, ausblendend, unkritisch, undifferenziert oder pragmatisch charakterisiert.
Weiter wird in einer tendenziell personalisierenden Weise unterstellt, dass dies
von einer Überforderung oder einer Blockade des Denkens herrühre.

---

[70] In diesem Zusammenhang ist auch der Einladungstext der Deutschen Gesellschaft für
Soziale Arbeit (DGS) für ihre Jahrestagung 2005 bezeichnend, dort heißt es: „Die Reformen im System der sozialen Sicherung und die Veränderungen im Beschäftigungssystem
stellen die berufliche Soziale Arbeit vor neue Herausforderungen. Öfter verzichtet man in
Diensten und Einrichtungen auf professionelle Sozialarbeiterinnen und Sozialarbeiter oder
ersetzt sie durch weniger qualifizierte Kräfte. Andere Berufe treten konkurrierend auf. Eine
neue Professionalität wird gefordert und auch wieder verworfen. Jedenfalls wandeln sich
die Bedingungen und Möglichkeiten sozialprofessionellen Handelns. Was bedeuten diese
Änderungen für das berufliche Selbstverständnis? Sind neue Orientierungen in der Theorie
und für die Praxis nötig?" (vgl. DGS 2005: 2).

„Die Dominanz betriebswirtschaftlicher Verfahren führt in der Praxis wahlweise zu unkritischer Übernahme, undifferenzierter Ablehnung oder pragmatischer Übernahme im Berufsalltag." (Harmsen 2001: 17)

„(...) nicht selten fühlen sich Sozialprofessionelle von den unterschiedlichen Selbst- und Fremderwartungen, die an ihre Tätigkeit gestellt werden, überfordert und blenden sie deshalb lieber aus." (Lob-Hüdepol 2003: 47)

„Die Debatte um die Integration ökonomischer Aspekte in die Sozialarbeit wird als ‚Ökonomisierung der Sozialarbeit' (...) von vielen Sozialarbeitern und Sozialarbeiterinnen verteufelt. Die Entwicklung einrichtungseigener Qualitätsmanagementsysteme wird in den einzelnen Organisationen verschleppt und abgelehnt, Versuche zur Einbeziehung der Klientel in die Definition von Qualität der Sozialarbeit stoßen auf massiven Widerstand. Gegen jede Plausibilität blockiert das Denken im Rahmen einer zweiwertigen Logik (mehr Hilfe heißt mehr Personal und Geld) jede Reform." (Erath 2004: 14)

Teilweise finden sich auch polemische Redeweisen:

„Viele der so Gebeutelten ziehen sich in Scharen defensiv (...) zurück. (...) In einem letzten Akt von Widerstand kündigen sie vielleicht noch das Abo der bisher regelmäßig gelesenen Fachzeitschrift. Ansonsten beschränken sie sich darauf, in der Kaffeepause über die Ungerechtigkeiten des Lebens und insbesondere der eigenen Institution zu klagen (aber nur, wenn es die Vorgesetzten nicht hören können)." (Hinte 2001: 14)

Derartige Zuschreibungen können die Funktion von (Seins-)Zuschreibungen über aktuelle Kommunikationserfahrungen hinaus in Bezug auf Merkmale, Qualitäten, Schwächen einer Person oder (Berufs-)Gruppe haben (vgl. Holzkamp 1997: 43f.). Derartige ‚Vorurteile' stellen zwar eine Orientierungshilfe im Alltag dar, bergen allerdings die Gefahr der Oberflächlichkeit in sich, die der komplexen Wirklichkeit nicht gerecht wird. In Kommunikationsprozessen, in denen vermeintliches „Seinswissen" – „Du hast so und so gehandelt, weil du so und so bist" (Holzkamp 1997: 44) – eingebracht wird, gleicht dies einem Abbruch eines weiteren Verständigungsprozesses. Durch derartige Formen der Vereigenschaftung – indem vor allem individuelle Beschränkungen betont werden – geraten weder strukturelle Zwänge noch die konkreten Arbeitszusammenhänge in den Blick (vgl. Osterkamp 1996: 74).

Soziale Arbeit in der Fachdebatte auch als Erwerbsarbeit zu betrachten, ist keine neue Forderung. Unter anderem kritisierte bereits 1924 Gertrud Bäumer die fortbestehende Argumentationsweise, ökonomische Probleme und konkrete Arbeitsbedingungen, wie hohe Arbeitsbelastung, gesundheitliche Schäden und geringe Entlohnung, aus der Fachdebatte auszublenden (vgl. Sachße 1986: 291).

Sie betonte hierbei die Ambivalenz zwischen hehren Idealen und den realen Arbeitsbedingungen:

„Ich behaupte, daß die äußeren Bedingungen, unter denen die Sozialbeamtinnen (sie sind die Mehrheit, und darum spreche ich von ihnen;...) arbeiten, ein Hohn auf die obligate idealistische Wertung der sozialen Arbeit ist. Ich behaupte, daß auf den unerhörten Widerspruch zwischen dem, was von den Sozialbeamtinnen an seelischer, geistiger und physischer Leistung verlangt wird, und ihrer Einreihung in die bureaukratische Skala und Ordnung noch lange nicht scharf und entschieden genug hingewiesen ist. Insbesondere die sogenannten ‚Fachkreise' und ‚Sachverständigen' können hier von einer schweren Unterlassungssünde nicht freigesprochen werden. Man hat Organisationsfragen, Kostenfragen, Erstattungsfragen, juristische und verwaltungstechnische Details, Kompetenzfragen, kommunalpolitische Interessen dieser oder jener Art mit staunenswerter Akribie behandelt. Die Frage der Ökonomie der menschlichen Kräfte, die dieser ganzen Arbeit Seele und Sinn geben sollen, ließ man mit einem gewissen naiven Optimismus auf sich beruhen." (Zit. n. Paulini 2001: 338)

3.5 Die Beschäftigungssituation in der Sozialen Arbeit

Die Bedeutung des Transformationsprozesses der Rahmenbedingungen Sozialer Arbeit für die Beschäftigungssituation wird nun auf Basis bereits vorliegender empirischer Studien betrachtet. Aktuelle empirische Studien nehmen in dieser Untersuchung eine heuristische Funktion ein und sollen für (Vermittlungs-)Aspekte sensibilisieren, durch die sich die *Möglichkeits-, Anforderungs- und Realisierungsverhältnisse* der *je einzelnen* PraktikerInnen verändern können (vgl. Kap. 4). Die Darstellung aktueller Studien zur Entwicklung der Berufssituation wird ergänzt durch Einflechtungen aus relevanten historischen Debatten und Studien. Durch sie wird erkennbar, welche Spezifika des Berufsfelds *neu* bzw. *nicht neu* sind, das heißt nicht durch den Strukturwandel eingeführt wurden und daher alte Konfliktlinien darstellen, die aktualisiert werden oder eine Zuspitzung erfahren.

Der Transformationsprozess der Rahmenbedingungen Sozialer Arbeit kann sich für die Beschäftigten in der Sozialen Arbeit über den *Arbeitsmarkt*, die *Beschäftigungsbedingungen*, und über *Arbeitsanforderungen* und *–belastungen* konkretisieren, was im folgenden Unterkapitel detailliert dargestellt wird. Ergänzend schließt sich ein Überblick über die Entwicklung der *Interessenvertretung* der Beschäftigten an – ein überaus relevanter Aspekt, wenn man Soziale Arbeit auch als Erwerbsarbeit betrachtet.

3.5.1   Der Arbeitsmarkt und die Beschäftigungsbedingungen

Allgemein ist festzuhalten, dass die Personalkosten in der Sozialen Arbeit 80–90% (vgl. Dahme et al. o. J.: 9) der Gesamtkosten betragen. ArbeitnehmerInnen sind daher durch die Absicht, (Personal-)Kosten zu senken, von *Stellenabbau* oder *Änderungskündigungen* bedroht. So gaben bei einer bundesweiten Untersuchung (vgl. Karges & Lehner 2003: 346) 38% der Befragten an, dass in ihrer Einrichtung Stellen abgebaut würden. Dieses Ergebnis bestätigt eine jüngere Erhebung aus Berlin. Dort gaben 36% der Befragten an, dass bei ihrem Träger Stellen abgebaut wurden (vgl. Eichinger & Kraemer 2008: 240).

Betrachtet man den Rückgang der *Stellenausschreibungen*, so hat sich die Nachfrage nach Fachkräften der Sozialen Arbeit verringert. Eine Studie (vgl. Bilicz & Grabs 2005: 4) untersuchte 5925 Stellenausschreibungen aus den Jahren 2001 (3750 Stellen) und 2003 (2175 Stellen). Hier wurde ein Rückgang um 42% festgestellt, der als Beleg für einen „enger gewordenen Arbeitsmarkt" (ebd.) interpretiert wurde. Der Deutsche Berufsverband für Soziale Arbeit (DBSH, 2004) schließt an diese Einschätzung an, indem er feststellt, dass eine Auswertung von 40 ausgewählten Printmedien ergab, dass gegenüber 2003 im Zeitraum von Januar bis Oktober 2004 erneut die Stellenausschreibungen gesunken sind. So wurden lediglich 2012 Anzeigen für SozialarbeiterInnen bzw. SozialpädagogInnen gefunden. Auch der Arbeitskreis Arbeitsmarkt Soziale Dienste (vgl. Dahme et al. 2007a: 35) spricht von einem deutlichen Rückgang der Stellenzugänge zwischen 2000 (16.659) und 2005 (8666) für die Berufsgruppe und beruft sich dabei auf eine Sonderauswertung der Arbeitsvermittlung der Bundesagentur. Ergänzend gilt es darauf zu verweisen, dass laut Bilicz und Grabs (2005: 6) das Geschlecht als Einstellungskriterium nur selten (ca. 8%) in Stellenausschreibungen genannt werde. In 58% Prozent dieser Fälle wurden Männer gesucht. Das scheint kein wesentlicher Unterschied zu sein. Beachtet man jedoch, dass der Männeranteil in diesem Berufsfeld ca. 35% beträgt und aktuell abnimmt, kann dies durchaus Relevanz bei der Stellensuche haben (vgl. Klein & Wulf-Schnabel 2007).

Dieser Entwicklungsverlauf deckt sich mit den *Arbeitslosenzahlen*, die laut Bundesagentur für Arbeit zwischen 1994 und 2002 relativ konstant waren. Ab 2003 gab es eine Wende, die ihren Höhepunkt 2004 hatte, als im September 22.892 SozialarbeiterInnen und SozialpädagogInnen arbeitslos gemeldet waren. Die Arbeitslosigkeit hat jedoch langsamer als in anderen AkademikerInnengruppen zugenommen (vgl. Bundesagentur für Arbeit 2004: 56). Bis September 2006 nahm die Zahl der Arbeitslosen wiederum erkennbar auf 21.992 ab (vgl. Rang et al. 2007: 4). Bei Berufserfahrenen stehe die Arbeitslosigkeit unter anderem auch in Zusammenhang mit dem Burn-out-Syndrom, verursacht durch „harte Einsatz-

felder in der Sozialen Arbeit" (Bundesagentur für Arbeit 2004: 57). Sie bevorzugten daher Jobs, die nicht in „Brennpunkten" angesiedelt seien und gut vergütet würden (ebd.).
Der Stellenabbau infolge eines Mangels an öffentlichen Mitteln trotz hoher bzw. wachsender Nachfrage nach Sozialer Arbeit ist keineswegs ein neues Phänomen. So gab es beispielsweise im Jahre 1918/19, während der so genannten Demobilmachung, und 1931 Massenentlassungen, obwohl im Zuge der Weltwirtschaftskrise (1929/30) und der damit einhergehenden Massennot der Bedarf an Sozialer Arbeit zunahm. Zur „Befriedung des Volkes" sollten billigere Kräfte eingesetzt werden (vgl. Paulini 2001: 352 ff.).

Die Einschätzung der Entwicklung des aktuellen Arbeitsmarkts im Bereich der Sozialen Arbeit ist nicht unumstritten. Eine pessimistische Einschätzung der *Arbeitsmarktentwicklung* wird zum Beispiel von Maier und Spatscheck hinterfragt:

> „Die Arbeitslosenstatistik und damit auch ein möglicher Anstieg der arbeitslos gemeldeten Sozialarbeiter/innen/Sozialpädagogen/innen hat nur eine begrenzte Aussagekraft für die tatsächliche Entwicklung der Arbeitsmarktchancen." (2005: 170ff.)

Ihren Berechnungen zufolge, auf der Basis von Daten der Rentenversicherung, hat es zumindest bis 2005 einen Zuwachs an sozialversicherungspflichtig Beschäftigten bei den SozialarbeiterInnen und SozialpädagogInnen mit Fachhochschulabschluss gegeben. Sie nehmen an, dass hierfür eine Steuerungsresistenz des komplexen Systems Soziale Arbeit mitverantwortlich sei, da immer wieder neue Angebote entwickelt und Finanzierungsmittel gefunden würden (ebd.: 167ff. u. ebd. 2006: 28).
Bemerkenswert ist jedoch, dass der Umfang der Teilzeitstellen von 1989 bis 2002 um 325% (absolut vormals 13%, nun 23% der Stellen) angestiegen ist. Maier und Spatscheck räumen daher ein, dass seit 2002 die Vollzeitstellen insgesamt abnehmen: „So gingen die Vollzeitstellen in der Zeit von 2002 bis 2005 um 3,3 Prozent zurück, während die Teilzeitstellen um 18,8 Prozent zunahmen" (ebd. 2006: 32). Eine weitere Untersuchung bestätigt diesen Trend für das Jahr 2006 für das Arbeitsfeld der Kinder- und Jugendarbeit (vgl. Pothmann 2008: 5f.). Diese qualitative Veränderung der Arbeitsstellen wird meines Erachtens zu Recht vom Arbeitskreis Arbeitsmarkt Soziale Dienste (Dahme et al. 2007a) betont, auf die ich unten noch genauer eingehen werde.
Allgemein muss zu den *Beschäftigungsbedingungen* in der Sozialen Arbeit gesagt werden, dass die traditionelle Heterogenität[71] der Arbeitsbedingungen

---

[71] Hinsichtlich der Einkommenshöhe wird laut einer Studie bei freien Trägern häufiger untertariflich bezahlt und in der oberen Gehaltshierarchie allgemein dominieren männliche Be-

inklusive eines erheblichen Ost-West-Gefälles weiter besteht bzw. sogar zu-nimmt (vgl. Heynacher 1925; Lingesleben 1968; Simon 2007; Belardi 2004; Ka-lisch 2004). Ungenügende Bezahlung und schlechte Arbeitsbedingungen bei gleichzeitig hohen Eingangsvoraussetzungen waren zum Beispiel durchgängig von den 1920er- bis 1940er-Jahren Thema (vgl. Paulini 2001; Sachße & Tenn-stedt 1992: 191ff.). Auch in der Nachkriegszeit hatte sich kein Normalarbeits-verhältnis[72] im Berufsfeld der Sozialen Arbeit etabliert. Im Westen verfestigte sich ein flexibles und dereguliertes Arbeitsfeld (vgl. Erler 1997: 37). In der DDR wurde allgemein nur eine sehr geringe Anzahl von ausgebildeten Sozialfürsorge-rInnen beschäftigt.[73] Das Zauberwort in der Personalpolitik laute heute wie teil-weise damals „Erhöhung der Flexibilität" (Dahme et al. o. J.: 9).

Heute ist der Bedeutungsverlust des Tarifvertrags für den öffentlichen Dienst (TVÖD)[74] als Orientierungspunkt für die Beschäftigungsbedingungen zentral, da er nicht mehr zu finanzieren sei bzw. den Anstellungsträgern eine zu geringe Flexibilität einräume. Vor allem in Ostdeutschland ist diese Entwicklung bereits weit fortgeschritten (vgl. Dahme et al. 2005: 164ff.). Bisher gibt es keinen Bran-chentarifvertrag, der Mindeststandards für die Beschäftigungsverhältnisse in der Sozialen Arbeit verbindlich regelt, obwohl es vereinzelt lokale Initiativen gibt, die diesen einfordern (vgl. Kraft, 2006). Dahme, Kühnlein und Wohlfahrt (2005) stellen in ihrer Untersuchung fest, dass die angestrebte Produktivitätssteigerung (vgl. Kap. 3.3.1) sehr stark durch das Engagement der MitarbeiterInnen getragen werden solle. Sie nehmen an, dass sich die Träger in der Sozialen Arbeit auf die Humanressourcen Frau verließen, die „trotz ihrer teilweise prekären Einkom-mens- und Beschäftigungssituation mit vollem Einsatz zur Verfügung stehe" (ebd.: 161).

Hinsichtlich der *Bezahlung* haben beispielsweise die Arbeiterwohlfahrt (AWO) und die Diakonie eigene Tarifwerke entwickelt, die zwischen 5% und 7% unter dem Entgeltniveau des TVÖD liegen (vgl. Dahme et al. 2007a: 35). Derartige Strategien von Trägern und Verbänden auf einem Quasi-Markt (vgl. Fußnote 36) sind kritisch zu bewerten, da eben nicht der Markt, sondern die

---

schäftigte (vgl. Karges & Lehner 2003: 355ff.). Diese Differenz wird auch durch den Frau-enlohnspiegel 2006 bestätigt: Sozialarbeiter bzw. Sozialpädagogen beziehen demnach mo-natlich brutto 3.176 Euro und ihre Kolleginnen lediglich 2.745 Euro (vgl. Hans-Böckler-Stiftung 2006: 6).

[72] Von einem Normalarbeitsverhältnis wird gesprochen, wenn unter anderem unbefristet Vollzeit für einen Arbeitgeber gearbeitet wird.

[73] Vgl. Fußnote 10.

[74] Beim TVÖD handelt es sich um den reformierten Bundesangestelltentarif (BAT), der seit Oktober 2005 in Kraft ist. Am 19. Mai 2006 wurde zudem der Tarifvertrag öffentlicher Dienst – Länderbereich (TV–L) unterzeichnet.

Träger und Verbände mit den zuständigen politischen AkteurInnen, die unter anderen die Versorgungssysteme (Arbeitslosen-, Renten-, Kranken- und Pflegeversicherungen) vertreten, die Preise gestalten (vgl. Dahme et al. 2007a: 36). Meines Erachtens ist darüber hinaus hinsichtlich der Bezahlung zu betonen, dass der aktuelle Stand des TVÖD keine befriedigende Richtschnur ist. Dies zeigen auch verschiedenste politische Initiativen,[75] die ihre Gewerkschaften zur adäquaten Nachverhandlungen aufrufen (z.B. bezüglich der Entgeltstufen). So spielen beispielsweise – im Unterschied zum BAT – nicht mehr Alter und Qualifikation bei der Eingruppierung eine Rolle; wichtig ist nun vor allem die Dauer des Anstellungsverhältnisses. Bei einem Stellenwechsel findet daher trotz einschlägiger Berufserfahrung nicht selten grundsätzlich eine Eingruppierung in die Grundentgeltstufe 1 oder 2 statt. Ein Aspekt, der vor dem Hintergrund einer zunehmend befristeten Beschäftigung (vgl. unten) an Relevanz gewinnt und faktisch eine massive Lohnsenkung bedeutet.

Weiter kann in Bezug auf die Entwicklung der Bezahlungspraxen festgestellt werden, dass schrittweise *leistungsbezogene Vergütungssysteme*, zum Beispiel in Form von Prämienzahlungen, Einzug in das Tätigkeitsfeld der Sozialen Arbeit halten (vgl. Dahme et al. 2005: 174). Auch im TVÖD wurde vereinbart, dass zum 1. Januar 2007 eine Leistungsbezahlung eingeführt wird (§ 18 TVÖD). Begonnen wird bei 1%, wobei ihr Anteil schrittweise bis zu 8% eines Bruttojahresentgelts gesteigert wird. Bewertungsgrundlage sollen Zielvereinbarungen zwischen Vorgesetzten und MitarbeiterInnen sein.

Eine leistungsbezogene Bezahlung beinhaltet allgemein unter anderem eine Beurteilung der Arbeitsleistung des Beschäftigten. Folgende Faktoren werden in eine Bewertung mit einbezogen: „1. die individuelle Arbeitsleistung, 2. der jeweilige Beitrag des entsprechenden Bereichs zum Unternehmenserfolg und 3. die Marktsituation des Unternehmens insgesamt" (Menz 2000: 4f.). Damit wird das, was als Leistung gilt, von der individuellen Arbeitskraftverausgabung entkoppelt und ersetzt dadurch den Erfolgsstatus am Markt. Zudem wird durch das Vergütungsmodell die Widersprüchlichkeit von Kapital und Arbeit in das Individuum verlagert sowie die wirtschaftliche Risikobeteilung der Fachkräfte impliziert (ebd.). Dies ist beispielsweise der Fall, wenn die Höhe des Gehalts oder einer Prämie an abrechenbare Fachleistungsstunden (vgl. Kap. 3.3.1) gekoppelt wird. In der Praxis gehen die Fachkräfte in der Regel in Vorleistung, ohne zu wissen, ob die von ihnen beantragten Fachleistungsstunden vom Kostenträger bewilligt oder später von den NutzerInnen ausgeschöpft werden. Ins Zentrum rückt daher die berufspolitische Frage: Was ist Leistung, wenn nicht das Quan-

---

[75] Vgl. zum Beispiel http://www.killerphrase.de [22.07.2008].

tum der verausgabten Arbeitskraft und die fachliche Qualität der erbrachten Leistung? In Bezug auf die *Arbeitszeiten* kann neben dem Anstieg der Wochenarbeitszeit von 38,5 auf teilweise 39 bzw. 40 Stunden (§ 6 TVÖD) von einer weiteren Ausdifferenzierung, Pluralisierung und Destandardisierung nach oben bzw. unten gesprochen werden. Beschäftigte werden je nach Arbeitsanfall eingesetzt, was die Einführung neuer Arbeitszeitmodelle mit sich bringt. Die schwankenden Arbeitszeitkontingente werden unter anderem durch Arbeitszeitkonten, Vertrauensarbeitszeit oder Überstunden reguliert (vgl. Kühnlein & Wohlfahrt 2006: 393f.; Dahme et al. 2007a: 36f.).

Überstunden zur Regulierung höherer Arbeitsanfälle verdienen nach meinem Dafürhalten vor allem angesichts der steigenden Quote von Teilzeitbeschäftigten (vgl. oben) Aufmerksamkeit. So gaben zum Beispiel 70,1% bei einer Berliner Befragung an, regelmäßig *Überstunden* zu leisten (vgl. Eichinger & Kraemer 2008: 242), bei einer bundesweiten Befragung immerhin noch 55,1% (vgl. Karges & Lehner 2003: 351). Laut einer Erhebung von Lingesleben (1968) leisteten 1968 nur 28% der Befragten SozialarbeiterInnen regelmäßig Überstunden (vgl. ebd.: 112). Karges und Lehner (2003: 351f.) stellen zudem fest, dass vor allem im öffentlichen Dienst infolge des Personalabbaus Überstunden geleistet werden, um den Arbeitsaufwand zu bewältigen und die Qualität originärer Aufgaben zu sichern. Überstunden fielen am häufigsten bei freien Trägern in den Alten Bundesländern an, wo sie oft nicht ausgeglichen würden.

Die Bedeutung der Flexibilisierung der Beschäftigungsbedingungen kommt außerdem im *häufigen Wechsel der Einsatzorte* zum Ausdruck. So werden Beschäftigte zum Beispiel häufiger bei Bedarf in verschiedenen Einrichtungen eines Trägers eingesetzt, falls es dort infolge eines geringeren Personalschlüssels zu Engpässen kommt. Kalisch (2004: 26) vertritt die Auffassung, dass in den neuen Bundesländern erschwerend hinzukomme, dass dort die Einsatzorte teilweise weit von einander entfernt lägen. Dies sei in jenen Landstrichen der Fall, die wegen der Binnenmigration nur noch schwach besiedelt seien. Zur mobilen Pflege wurde bereits festgestellt, dass dies unter anderem vor dem Hintergrund der Partizipation der Beschäftigten mitzudenken ist, da sie zum Beispiel einen erschwerten Zugang zu informellen Informationskanälen haben können (vgl. Krenn et al. 2006: 95). Dass es aufgrund einer räumlichen Randlage zu eingeschränkten Partizipationsmöglichkeiten kommen kann, bestätigt auch eine Untersuchung, die anlässlich der Verwaltungsreform (vgl. Kap. 3.3.1) durchgeführt wurde. Durch sie konnte nachgewiesen werden, dass die Beschäftigten der kommunalen Einrichtungen (auch solchen, wo Soziale Arbeit stattfindet) von eingeschränkten Mitgestaltungsmöglichkeiten betroffen sind (vgl. Gapski & Hollmann 2001: 144).

Des Weiteren sind im Zuge der Flexibilisierung neue *Beschäftigungsformen* zu finden. Diese zeigen sich in *befristeten Arbeitsverträgen*, die periodisch in so genannten „Kettenarbeitsverträgen" (Frank 2007: 3) verlängert werden. Eine empirische Untersuchung, an der sich überwiegend Beschäftigte aus den alten Bundesländern beteiligten, kam zu dem Ergebnis, dass 18% befristet beschäftigt sind, hiervon 25% Frauen und 9% Männer (vgl. Dahme et al. 2005: 203). Bei freien Trägern sind befristete Arbeitsverträge im Vergleich zu öffentlichen Trägern weitaus häufiger zu finden (vgl. Karges & Lehner 2003: 353). Laut dem DBSH (o. J.) sind mittlerweile 54% der neu vermittelten SozialarbeiterInnen-Stellen befristete Arbeitsverhältnisse. Diesen Trend bestätigt auch eine AbsolventInnen-Befragung, die an der Fachhochschule Erfurt durchgeführt wurde (vgl. Frank 2007: 3f.).

Auch das ist nicht neu im Berufsfeld: Befristete Einstellungen wurden unter anderem auch 1925 angemahnt, da damals 42% (insbesondere Frauen) der Befragten Fürsorgerinnen nicht ständig beschäftigt wurden (vgl. Paulini 2001: 341).

Zusätzlich ist bei den flexibilisierten Beschäftigungsformen auf den oben bereits erwähnten Anstieg der *Teilzeitbeschäftigung* zu verweisen. Zwar kann sie durchaus den Bedürfnissen der Erwerbstätigen entsprechen (vgl. Maier & Spatscheck 2006: 28f.), doch ist nicht anzunehmen, dass dies der Regelfall ist. Vor allem müssen die Warnungen vor der gegenwärtig zu beobachtenden Entwicklung ernst genommen werden, dass Teilzeitverträge leichter in so genannte *Mini-Jobs*[76] oder *Honorarverträge* umgewandelt werden können, was im Pflegebereich bereits häufig der Fall ist. Vor allem Frauen sind überproportional häufig als geringfügig Beschäftigte tätig (vgl. Dahme et al. 2007a: 35; Dahme et al 2005a: 11). Zudem nimmt die Leiharbeit an Bedeutung in der Sozialen Arbeit zu (vgl. Dahme u.a. 2007: 36).

Auch die Beschäftigung von MAE-Kräften gilt es hinsichtlich des Verdrängungspotenzials von stabiler, sozialversicherungspflichtiger Einstellungen zu beobachten. So berichtete der DBSH:

„Interessanter aber noch ist die Zahl der in 1-Euro-Jobs vermittelten KollegInnen. Sie belief sich bereits im ersten Jahr der Geltung des SGB II auf 458 Sozialarbeiter-/pädagogen. Oder anders: Jeder 20te erwerbslose Kollege wurde in einen 1-Euro-Job vermittelt." (DBSH, o. J.)

---

[76] Von einem Mini-Job bzw. einer geringfügigen Beschäftigung wird gesprochen, wenn das Einkommen aus dieser Beschäftigung 400 Euro im Monat nicht übersteigt und daher weder eine Sozialversicherungspflicht noch eine Krankenversicherung besteht.

Die Verdrängung sozialversicherungspflichtiger Beschäftigung durch die Reformierung des SGB II bestätigt eine erste Untersuchung des Instituts für Arbeitsmarkt und Berufsforschung (IAB). In dem vorliegenden Untersuchungsbericht wird von einer beachtenswerten Tendenz hinsichtlich des Verdrängungseffekts gesprochen, wenn auch noch keine quantitativen Daten vorliegen (vgl. Kettner & Rebien 2007: 14ff.). Jeder zweite Betrieb setze die Zusatzkräfte nicht im Sinne des Gesetzgebers ein, sondern als Krankheitsvertretungen oder zum Überstundenabbau der Stammbelegschaft. Weiter finde eine direkte oder schleichende „Substitution von Arbeitsplätzen" statt, indem gleichzeitig Personal abgebaut werde oder Aufgaben auf MAE-Kräfte verlagert würden. Diese Praxen führten zu Wettbewerbsverzerrungen, da sie erhebliche Kostenvorteile mit sich brächten (ebd.: 60ff.). Zu vergleichbaren Feststellungen kam zwischenzeitlich auch der Bundesrechnungshof (vgl. 2008: 4f.).

Selbstständigkeit als Beschäftigungsform zur Überbrückung des Zeitraums vom Ende des Studiums bis zur ersten Anstellung oder bei Arbeitslosigkeit als mittel- oder langfristige Berufsperspektive hat sich nicht in dem Maße etabliert, wie es noch Ende der 1990er-Jahre vermutet wurde. Es ist nur eine leichte Zunahme der Selbstständigkeit zu verzeichnen, vor allem in der Erwachsenen- und Weiterbildung sowie den Bereichen Rehabilitation und Gesundheit, wo freiberufliche Tätigkeit bereits zuvor verbreitet war (vgl. Fuchs 2003: 18). Auch eine aktuellere Untersuchung kommt zu dem Schluss, dass Selbständigkeit noch keine dominierende Rolle in der Sozialen Arbeit spielt (vgl. Dahme et al. o. J.: 11). Jedoch verweist der DBSH (o. J.) darauf, dass jeder Zehnte der arbeitslosen SozialarbeiterInnen bzw. SozialpädagogInnen, gefördert durch die Arbeitsagentur, den Weg der Selbstständigkeit versucht.

3.5.2   Die Anforderungen und die Arbeitsbelastung

Infolge *flexibilisierter Arbeitsstrukturen* allgemein entwickeln sich ArbeitnehmerInnen immer häufiger zu *Unternehmern ihrer Selbst.*[77] Die Folgen für die be-

---

[77]   Vor dem grundlegenden Wandel der industriellen Produktionsweise Ende der 1970er Jahre habe der gesellschaftliche Idealtypus des *Verberuflichten Arbeitnehmers* und ein entsprechendes Lebensführungsmodell existiert (Voß 1997: 205ff.). Voß und Pongratz (1998: 139) definieren den neuen Idealtypus des *Arbeitskraftunternehmers* wie folgt: „Der Arbeitskraftunternehmer ist die gesellschaftliche Form der Ware Arbeitskraft, der Arbeitende nicht mehr primär ihr latentes Arbeitsvermögen verkaufen, sondern (inner- oder überbetrieblich) vorwiegend als Auftragnehmer für Arbeitsleistung handeln – d.h. ihre Arbeitskraft weitgehend selbstorganisiert und selbstkontrolliert in konkrete Beiträge zum be-

troffenen Beschäftigten sind *ambivalent*, da zwar individuelle Erfolge möglich, aber auch neuartige Belastungen und Risiken mit ihnen verbunden sind. So können flexibilisierte Beschäftigungsbedingungen nicht nur zu Arbeitsplatzunsicherheit führen, sondern mit einer allgemeinen *sozialen Unsicherheit* einhergehen:

„Wer eine befristete Stelle oder einen Teilzeitjob hat, macht sich mehr Sorgen: über Arbeitslosigkeit, Krankheit und seinen Lebensstandard im Alter. Flexible Beschäftigungsverhältnisse akzeptieren nur jene Arbeitnehmerinnen und Arbeitnehmer, deren soziale Absicherung gewährleistet ist." (Hans-Böckler-Stiftung 2005: 3)

Die Ergebnisse aus der Arbeitsforschung verweisen außerdem seit Jahren auf den Handlungsbedarf im Gesundheitsschutz im Tätigkeitsfeld der Sozialen Arbeit. Dieser Arbeitsbereich gilt als überdurchschnittlich mit potenziell belastenden Faktoren bestückt. SozialarbeiterInnen weisen laut einer Studie der Berufsgenossenschaft für Gesundheitsdienst und Wohlfahrtspflege (BGW) und der Deutschen Angestellten Krankenkasse (DAK) Belastetheitswerte von etwa 25% über dem Bevölkerungsdurchschnitt auf (vgl. Nolting et al. 2001). Ob Arbeitsbedingungen zu einer Belastung führen, hängt von der Anzahl der Faktoren (Mehrfachbelastung) sowie von den individuellen Ressourcen der Betroffen ab. Ein Belastungsausgleich können die Unterstützung durch Vorgesetzte und KollegInnen, private Netzwerke sowie vorhandene Gestaltungsspielräume sein (vgl. ebd.: 9). Daher scheinen die Ergebnisse von Karges und Lehner (2003: 348) alarmierend, weil sie teilweise genau in diesen Bereichen ungünstige Entwicklungen ausmachen. Die Soziale Arbeit wird von den von ihnen Befragten als Massenbetrieb wahrgenommen, wodurch die persönliche Kreativität und Gestaltungsmöglichkeiten eingeschränkt seien. Zudem habe sich aufgrund der Umstrukturierung der Verwaltung laut Gapski und Hollmann (2001) zwar die formale Kooperation verbessert. Gleichzeitig stellten sie jedoch fest, dass sich das Betriebsklima verschlechtert habe. Die Verschlechterung des sozialen Klimas gilt als Frühwarnsystem: „Verschlechtert sich das soziale Klima, so weist das auf Defizite in der formalen Arbeitsorganisation und/oder der institutionalisierten Konfliktbearbeitung hin" (ebd.: 148).

Im Rahmen ihrer Untersuchung einer kommunalen Verwaltung gaben 41% der Befragten an, dass das Betriebsklima belastend sei. Durch eine zunehmende Konkurrenz und „Strebertum" würden „Egoismen" gegenüber Arbeitsinhalten an Bedeutung gewinnen. Das schlechte Klima begünstige Spaltungen unter Mitar-

---

trieblichen Ablauf überführen, für die sie kontinuierlich funktionale Verwendungen (d.h. ‚Käufer') suchen müssen."

beiterInnen und könne bis hin zum Mobbing[78] führen (ebd.: 147). Es wird erkennbar, dass einige potenzielle Arbeitsbelastungsfaktoren sich mit strukturellen Bedingungen überschneiden, die Mobbing begünstigen.[79] Eine Studie der Bundesanstalt für Arbeitsschutz und Arbeitsmedizin (vgl. Meschkutat et al. 2002) stellte fest, dass in Deutschland 2,7%, das heißt über 800.000 ArbeitnehmerInnen von Mobbing betroffen seien:

> „Zu dieser Gruppe zählen überdurchschnittlich viele MitarbeiterInnen in Sozialen Berufen, worunter z.b. SozialarbeiterInnen, -pädagogen gefasst werden. Im Vergleich zum Durchschnitt aller ArbeitnehmerInnen tragen sie ein 2,8-faches Mobbing-Risiko." (Ebd.: 30)

MobberInnen sind Vorgesetzte (38,2%) oder Vorgesetzte zusammen mit KollegInnen (12,8 %), KollegInnengruppen (20,1%) oder einzelne KollegInnen (22,3%). Mobbing durch hierarchisch nachgeordnete KollegInnen (2,3%) sei selten. Des Weiteren seien Frauen häufiger als Männer und jüngere Beschäftigte häufiger als ältere von Mobbing betroffen (ebd.: 38).Weiter ist im spezifischen Zusammenhang des Strukturwandels festgestellt worden, dass eine bessere Dienstleistungsqualität (vgl. Kap. 3.3.1) nicht zugleich eine Verbesserung der Arbeitssituation für die Beschäftigten bedeutet. Dies hänge damit zusammen, dass die Anforderungen an die MitarbeiterInnen steigen (vgl. Kühnlein 2001: 137).

Laut Dahme, Kühnlein und Wohlfahrt (2005: 191) ist im Zuge des Strukturwandels eine *Differenzierung* des Berufsbilds der Sozialen Arbeit zu verzeichnen. Dies kann erstens eine *Aufwertung* beinhalten wie die vermehrte Übernahme von Führungsaufgaben, die früher überwiegend oder ausschließlich AkademikerInnen mit Universitätsabschluss vorbehalten waren. In diesem Zusammenhang ist die geschlechtsspezifische Dimension zu beachten, denn auch in

---

[78]   Zu Mobbing zählen Handlungen, welche die Kommunikation manipulieren, indem sie die Möglichkeiten, sich zu äußern, einschränken oder die Ausübung von Kritik an der Arbeit oder am Privatleben der Betroffenen Person. Unter Mobbing versteht man auch, wenn am Arbeitsplatz verleumdet wird und Gerüchte verbreitet werden oder den Betroffenen keine oder disqualifizierende Arbeitsaufgaben zugewiesen werden (vgl. u.a. Zapf 2007; Leymann 1993).

[79]   Die Ursachen des Mobbings werden in strukturellen Bedingungen, wie Arbeitsorganisation und Arbeitsgestaltung (Unklarheiten), in Reorganisation (Verunsicherung, unklare Verantwortung), in Führungsverhalten (Mangel an Transparenz bei Entscheidungen, Zielsetzungen; Mitarbeiterbeteiligung, Gesprächsbereitschaft, nicht personalisierende Konfliktbewältigungsstrategien) und in der Organisationskultur gesehen. Aber auch personenbezogene Aspekte, wie Konkurrenzverhalten und Neid, die Äußerung unerwünschter Kritik und von der Norm abweichende Arbeits- und Lebensstile, seien Ursachen des Mobbings (vgl. u.a. Meschkutat et al. 2002: 18f.; Zapf 2007: 4f. u. ebd. 1999: 12f.).

diesem Berufsfeld besetzen Männer häufiger Leitungspositionen als Frauen.[80] Anders ausgedrückt: Es findet eine Aufwertung des zumindest in Westdeutschland überwiegend von Männern ausgeübten Aufgabenbereichs statt. Zweitens kann sich die Entwicklung als *Abwertung* im Vergleich zum bisherigen Status konkretisieren, zum Beispiel wenn bei Personalabbau neue Einsatzmöglichkeiten für SozialarbeiterInnen ausgewählt werden, die aber nicht deren Qualifikationsniveau entsprechen. Drittens gibt es die Tendenz zu einer *Anreicherung* mit gleichwertigen, aber im traditionellen Verständnis „berufsfremden" administrativen und bürokratischen Tätigkeiten. Aber auch die Öffnung des Aufgabenfeldes durch die Suche nach neuen Einsatz- und Betätigungsfeldern jenseits der traditionellen öffentlichen Förderung kann neue Tätigkeiten generieren (vgl. Dahme et al. o. J.: 13f.). Außerdem stellen sie fest, dass SozialarbeiterInnen immer häufiger dort eingesetzt werden, wo „unspezifische neue Bedarfe auftauchen, die keinem der vorhandenen Berufsbilder unmittelbar zuzuordnen sind" (ebd.: 14).

Eine wesentliche Anforderung für die Beschäftigten resultiert beispielsweise aus der *qualitativen Aufwertung und Anreicherung* ihres Aufgabengebiets. Durch neue und oft zusätzliche Aufgaben können, wenn nicht zum Beispiel ausreichend personelle oder soziale Ressourcen vorhanden sind, psychische Belastungen entstehen (vgl. Dahme et al. 2005a: 29). Um Überforderungen vorzubeugen, macht die Aufwertung die Bereitstellung von ausreichend Nachqualifizierungsmöglichkeiten notwendig. Dies bestätigen Gapski und Hollmann (2001: 146), die feststellen, dass sich Skepsis gegenüber neuen Aufgaben teilweise auf ein Qualifizierungsdefizit zurückführen lasse und nicht auf die Erreichung persönlicher Leistungsgrenzen. Erwähnt werden soll hier auch, dass es bei der Übernahme von niedrigerwertigen Aufgaben zu einer *Unterforderung* kommen kann, die nicht nur die Arbeitsmotivation mindern kann, sondern auch als erheblicher Belastungsfaktor in der Arbeitsforschung verhandelt wird (vgl. u.a. Holm & Geray 2007: 5).

Außerdem ist ein ansteigender Leistungsdruck durch *quantitative Veränderungen*, zum Beispiel durch höhere Fallzahlen, festzustellen. Zusätzlich müssen infolge niedrigerer Personalschlüssel häufiger Urlaubs- und Krankheitszeiten von KollegInnen aufgefangen werden. Dies kann eine erhebliche Mehrbelastung

---

[80] Ein sehr plakatives Beispiel sind die 83% männlichen Amtsleitungen in westlichen kommunalen Jugendämtern. Im Osten besteht in diesem Bereich im Vergleich dazu annähernd eine Geschlechterparität (vgl. Matzner 2005: 16). Die Männerdominanz in den Führungsetagen der Sozialen Arbeit wird wie folgt erklärt: Einerseits liege dies an der gesellschaftlich etablierten (in-)direkten Bevorzugung von Männern, andererseits aber auch an der seit den Anfängen der öffentlichen Armenpflege bestehenden Aufgabenteilung zwischen Innen- und Außendienst. Der Innendienst wurde von männlichen Verwaltungsbeamten ausgeführt und der nutzerInnennahe, kleinteilige Außendienst von zunächst ehrenamtlich tätigen weiblichen Fürsorgerinnen (vgl. ebd.: 15; Paulini 2001: 442).

bedeuten, zumal wenn es keine offiziellen *Vertretungsregelungen* gibt. Bei einer Befragung von Fachkräften in Berlin gaben 14,2% der Befragten an, dass ihre Arbeitsdichte ‚sehr stark gestiegen' sei, bei 34,3% sei sie ‚stark angestiegen' und bei 25,4% lediglich ‚angestiegen'. Das bedeutet, dass für 74% die Arbeitsdichte zugenommen hat (vgl. Eichinger & Kraemer 2008: 242).

3.5.3   Interessenvertretung

Über Jahrzehnte hinweg haben sich die Interessenvertretungsorganisationen der Sozialen Arbeit gewandelt bzw. vereinheitlicht. Dennoch blieb das Tätigkeitsfeld der Sozialen Arbeit bis heute nur mangelhaft gewerkschaftlich vertreten. Auch im Zuge der gewerkschaftlichen Reorganisation im Jahr 2001 bemühten sich weder die Vereinigte Dienstleistungsgewerkschaft (Ver.di) noch die Gewerkschaft Erziehung und Wissenschaft (GEW) mit Nachdruck um deren Vertretung. So sind zwar ca. 30%[81] der SozialarbeiterInnen und SozialpädagogInnen gewerkschaftlich organisiert, was dem durchschnittlichen bundesweiten Organisationsgrad der abhängig Erwerbstätigen entspricht (vgl. Ebbinghaus, o. J.). Ihre Interessen werden jedoch ausgesprochen unzulänglich vertreten. Warum die Mitglieder der Berufsgruppe neben ihrer formalen Mitgliedschaft traditionell in den Gewerkschaften wenig aktiv sind und wenig Einfluss auf die hauptamtlichen VertreterInnen haben, soll aus einem historischen Blickwinkel näher betrachtet werden.

Bis zum Ende der Weimarer Republik hatte sich die Soziale Arbeit als weiblicher Dienstleistungssektor etabliert. 1916 wurde erstmals durch Hedwig Wachenheim und Gertrud Israel für einen eigenständigen Berufsverband geworben, um die schlechten, bisher vernachlässigten Arbeitsbedingungen zu verbessern (vgl. Sachße 1986: 287f.). Trotz der teilweise alarmierenden Arbeitsbedingungen in den ersten Jahrzehnten des 20. Jahrhunderts vertrat Alice Salomon – die damals wohl wie kaum eine andere die Professionalisierung der Sozialen Arbeit vorantrieb – die Gegenthese, dass Leute, die wirklich für den Beruf geeignet seien, sich ohne Gewerkschaften, allein durch ihr Charisma durchsetzen könnten (vgl. Sachße 1986: 288).

---

[81]   Über den aktuellen Organisiertheitsgrad der SozialarbeiterInnen liegen folgende Zahlen vor: Karges, Lehner und Wegemann (2000: 41f.) kommen in ihrer Untersuchung zu dem Ergebnis, dass 32% der Berufsgruppe bei den Gewerkschaften Ver.di und GEW organisiert seien. Bornhöft (2001: 191) ermittelte 26,7%, inkl. DBSH kommt er auf 31,1%.

1916 wurde dennoch der überkonfessionelle Deutsche Verband der Sozialbeamtinnen (DVS) gegründet, später noch zwei konfessionelle.[82] Einen Einheits-
verband, wie es der Deutsche Verband anstrebte, war aufgrund unterschiedlicher
Haltungen nicht möglich. So war Streik als Verhandlungsmittel für die Konfessionellen nicht annehmbar. Die Anzahl seiner Mitglieder entwickelte sich insgesamt positiv, doch konnte der nicht konfessionell verankerte Verband mit
Abstand die meisten Mitglieder organisieren. 1925 waren in den 3 Verbänden ca.
8000 Mitglieder organisiert (vgl. Paulini 2001: 171f.).

Nicht die Gewerkschaften, sondern die Arbeitsgemeinschaft der Berufsverbände übernahm nach ihrer Gründung 1920 die Vertretung der wirtschaftlichen
und beruflichen Interessen der Berufsgruppe. Die Besoldungspolitik galt als
Standespolitik für das weibliche Arbeitsvermögen (vgl. Paulini 2001: 325ff.):

> „Durch diese und andere Zusammenschlüsse schaffen sich die Sozialbeamtinnen eine (ge-
> werkschaftliche) Vertretung, ohne ihr Ideal der ,gemeinsamen Interessen zwischen Arbeit-
> geber und Arbeitnehmerin' infrage stellen zu müssen." (Paulini 2001: 315)

Ihre Initiativen verbuchten kleine Erfolge wie zum Beispiel tarifrechtliche Richt-
sätze für die Entlohnung von Fürsorgerinnen (vgl. Zeller 1994: 115). Paulini
(2001) weist darauf hin, dass es für die damaligen Interessensvertreterinnen
unmöglich gewesen war, offen für ihre beruflichen Interessen einzutreten. Ihre
Strategie habe auf dem Ideal der Aufopferung basiert. In der christlichen Tradition sei hierbei am Ideal der Nächstenliebe angeknüpft worden, das in der säkula-
ren Form als „Aufopferung fürs Vaterland" (ebd.: 336) ausbuchstabiert worden
sei. Um nicht als Egoistinnen zu erscheinen, hätten sie in ihrer Argumentation
daher nicht ihr Eigenwohl betont, sondern das Allgemeinwohl bzw. „ihren
Dienst für das Volksganze und (...) die von ihnen geleistete Versöhnungsarbeit
zwischen den verschiedenen Klassen" (ebd.: 374). Paulini illustriert dies an einer
Argumentation von Adele Beerensson, die 1924 heraushob, dass „die sachliche
und kulturelle Seite ihrer Aufgabe den Wohlfahrtspflegerinnen weit mehr am
Herzen liegt, als die rein wirtschaftliche", um dann feststellen zu können:

> „Immerhin darf doch aber auch diese nicht vergessen oder unterschätzt werden. Gibt doch
> erst eine gewisse Lebenssicherheit die Möglichkeit freier Arbeit und Entfaltung aller Kräf-

---

[82] Im Vorfeld der Gründung des Verbands der Sozialbeamtinnen fand eine heftige Auseinandersetzung um die Frage statt, wer aufgenommen werden sollte – und wer nicht. Alice Salomon plädierte für die Gleichwertigkeit von Ehrenamt und Erwerbsberuf und befürchtete
einen Schaden für die Soziale Arbeit allgemein, falls Ehrenamtliche aus dem Berufsverband ausgeschlossen würden. Sie konnte sich jedoch auch in dieser Frage bei den Vertreterinnen des Verbands der Sozialbeamtinnen nicht durchsetzten. Die beiden konfessionellen
Verbände nahmen Ehrenamtliche auf (vgl. Paulini 2001: 171).

te, wie sie die Wohlfahrtspflege verlangt. (...) Im großen Ganzen wird nach wie vor ein Raubbau mit ihren Kräften getrieben, der sich rächen muss." (Zit. n. ebd.: 336)

Wenn eine bessere Qualität Sozialer Arbeit erbracht werden solle, so ihre Argumentation, bedürfe es verbesserter Arbeitsbedingungen für die Berufsgruppe. Das selbstbewusste Einbringen von Beschäftigteninteressen, ohne zugleich die fachliche Ebene mit einzubeziehen, scheint auch heute schwierig. So schreibt eine Gewerkschaftsfunktionärin:

> „Eine reine Verteidigung formaler ‚Beschäftigteninteressen', ohne die Inhalte der eigenen Arbeit kritisch mit zu reflektieren, wird kaum ausstrahlungsfähig sein. Stärker noch als in anderen Bereichen sind Beschäftigte und Gewerkschaften im sozialen Hilfesystem gefordert, der ‚Aufgabenkritik' von oben eine von unten entgegenzusetzen." (Frieß 2006: 17)

In der damaligen Fachdebatte gab es trotz der Vorstöße weiterhin die Neigung, die stetigen Berichte über körperliche wie seelische Arbeitsüberlastungen auszublenden, was vereinzelt kritisiert wurde (vgl. Sachße 1986: 291). Da half es auch wenig, dass Heynacher 1925 die Ergebnisse einer ersten Erhebung zur teilweise alarmierenden „Berufslage der Fürsorgerinnen" veröffentlichte. 1930 beklagte Gertrud Bäumer, dass es trotz der vorliegenden Untersuchungsergebnisse „ziemlich schweigsam" (zit. n. Zeller 1994: 117) blieb und keine nennenswerten Konsequenzen bzw. Verbesserungen folgten. So habe der Auftraggeber der Studie, das preußische Volkswohlfahrtsministerium, als Konsequenz Turnkurse zum Ausgleich angeboten (vgl. Zeller 1994: 117).

Während der nationalsozialistischen Diktatur wurden die Einzelverbände sowie deren Arbeitsgemeinschaft aufgelöst oder ideologisch gleichgeschaltet.[83] Ihre Aufgaben wurden der *Deutsche Arbeitsfront* bzw. der *Fachschaft für den sozialen Dienst* im Verband der weiblichen Angestellten übertragen. Führungsfrauen wie einfache Mitglieder des Verbandes der evangelischen Wohlfahrtspflegerinnen und des Deutschen Verbandes für Sozialbeamtinnen engagierten sich in der neuen Fachschaft. Eine von ihnen war Bertha von der Schulenburg, die 1933 betonte:

> „Dem großen Werk des sozialen und kulturellen Aufbaus Deutschlands war unser Leben immer geweiht, und auch die Zukunft wird uns bereit finden zu starkem Helferwillen für alle Schichten des deutschen Volkes." (Zit. n. Sachße & Tennstedt 1992: 188)

Ab 1946 konstituierten sich erneut geschlechterspezifische Berufsverbände. Ende der 1950er- bzw. Mitte der 1960er-Jahre öffneten sich die Frauenberufs-

---

[83]   Der Verein katholischer deutscher Sozialbeamtinnen durfte als Gesinnungsverband fortbestehen und nannte sich ab 1936 *Hedwig-Bund* unter der Führung Helene Webers (vgl. Paulini 2001: 394ff.).

verbände auch für Männer bzw. schlossen sich mit deren Verbänden zusammen.[84] 1968 veröffentlichte Lingesleben eine Studie zur Beschäftigungssituation in der Sozialen Arbeit und kam nach einem Vergleich seiner Ergebnisse mit denen seiner Vorgängerstudien (vgl. Heynacher 1925; Bierfelder 1955) zu dem für ihn „bemerkenswerten" Schluss „dass einige Probleme von damals so ziemlich auch die Probleme von heute geblieben sind" (Lingesleben 1968: 112). Obwohl 70% der Befragten in Berufsverbänden oder Gewerkschaften organisiert waren, bezweifelte er aufgrund der Vielzahl von Organisationen ihre Durchsetzungskraft (vgl. ebd.: 111).

1993 kam es nach jahrzehntelangem Ringen zur Gründung eines Einheitsberufsverbands (vgl. Racke 2003: 104). Die Berufsgruppe organisierte sich zwischenzeitlich jedoch zunehmend in der Gewerkschaft öffentliche Dienste, Transport und Verkehr (ÖTV), in der Deutschen Angestellten Gewerkschaft (DAG), in der Gewerkschaft Erziehung und Wissenschaft (GEW) und zwischen 1990 bis Mitte der 1990er-Jahre in der Interessengemeinschaft Soziales (vgl. Bornhöft 2001: 6ff.).

Als hemmend für eine wirkmächtige Interessenvertretung wird damals wie auch heute die Heterogenität des Berufsfelds angeführt. Die somit auch heterogenen Arbeitsbedingungen hätten für die gewerkschaftlichen Interessenvertretungen zur Folge, dass es schwierig sei, einen Überblick über die realen Arbeitsbedingungen zu wahren, um adäquate Forderungen stellen zu können (vgl. Dahme et al. 2005: 159). Zudem fand und findet eine Abgrenzung zu klassischen gewerkschaftlichen Strategien wie Streiks statt. Zum Beispiel während des Ersten Weltkriegs waren es vor allem die Akteurinnen des bürgerlichen Lagers, die betonten: „Der Dienst am Volksganzen ist kein Klassenkampf" (Zeller 1994: 58). Heute wird unter anderen das Argument stark gemacht, dass durch einen Streik kein wirkmächtiger Druck wie in anderen Branchen aufgebaut werden könnte. Zudem würden insbesondere die NutzerInnen der Sozialen Arbeit unter einem Streik leiden, was in der Berufsgruppe als Unzumutbarkeit gelte. Ein Zeitzeuge wies mich jedoch daraufhin, dass es in der Vergangenheit vereinzelt Streiks gab. So streikten in den 1960er- bzw. 1970er-Jahren in West-Berlin zwar illegal[85], aber erfolgreich Beschäftigte in Kinder- und Jugendheimen. 2008 streikten Beschäftigte der Lebenshilfe e.V. in Berlin für einen Haustarifvertrag. Ihr Engagement sorgte bei GeschäftsführerInnen freier Träger in Berlin für Verunsicherung. Die

---

[84] Die „Geschlechtsungebundenheit" führte nach Paulini (2001: 440f.) jedoch zur „mittelbaren Diskriminierung", da Frauen bzw. ihre spezifische Situation zum Beispiel durch die neue, nicht nach den Geschlechtern spezifizierende Sprache übersehen wurden.

[85] Das heißt in diesem Fall: weder formal legitimiert durch einen offiziellen Aufruf seitens der Gewerkschaften noch durch eine Urabstimmung.

Rechtsabteilung des Deutschen Paritätischen Wohlfahrtsverbandes (DPW), in dem zahlreiche freie Träger organisiert sind, unterstützt aktuell eine Klage des Trägers Lebenshilfe e.V., der anstrebt, dass der Streik als unverhältnismäßig eingestuft wird, nicht zuletzt um NachahmerInnen abzuschrecken (vgl. Kraft, 2008). Zu den genannten Erklärungsversuchen bzw. zu ihrer empirischen Relevanz liegen bedauerlicherweise keine vertiefenden Forschungsergebnisse vor (vgl. u.a. Buestrich 2007: 60ff.).

4 Das Untersuchungsdesign und seine Umsetzung

Im folgenden Abschnitt werden die verwendeten Methoden dargestellt und ihre Auswahl begründet. Darüber hinaus wird ihre Anwendung reflektiert und aufgetretene Schwierigkeiten und weiterführende Überlegungen dargestellt.

4.1 Die Datenerhebung: problemzentrierte Interviews

Aufgrund meines Erkenntnisinteresses (vgl. Kap. 1) war es notwendig, die empirischen Daten mittels *qualitativer Methoden* zu erheben, da mittels quantitativer Methoden subjektive Sichtweisen nicht angemessen untersucht werden können. Hierzu eignet sich das Konzept des problemzentrierten Interviews (vgl. Witzel, 1982). Nach Witzel (ebd.: 69ff.) gelten drei grundlegende Kriterien für problemzentrierte Interviews: Erstens die Problemzentrierung, dass heißt, gesellschaftlich relevante Probleme sollen aus der Sichtweise der Befragten untersucht werden. Zweitens die Gegenstandsorientierung, die methodisch die Spezifik und Komplexität des Gegenstands reflektiert und im Forschungsprozess berücksichtigt. Drittens die Prozessorientierung, die die Beachtung der Interaktion zwischen InterviewerIn und Befragten einschließt.

Ausgangspunkt bei der Gestaltung des Interviewleitfadens war das bereits dargelegte theoretische wie empirische Vorwissen (vgl. Kap. 2 u. 3). Bei der Herstellung des Leitfadens wurden Erzählanreize und Fragen formuliert, die zum einen den InterviewpartnerInnen den notwendigen Raum geben sollten, damit sie ihre Erzählung entfalten können. Zum anderen macht es diese Methode möglich, problemzentrierte Impulse zu setzen und durch Nachfragen Unverstandenes zu klären (vgl. Witzel 1982: 90). Einschlägige wissenschaftliche Anforderungen hinsichtlich der Führung von qualitativen Interviews wurden hierbei berücksichtigt (vgl. Lamnek 2005: 346). Die Struktur des Leitfadens bestand aus Leitfrage bzw. Erzählaufforderung, Benennung des inhaltlichen Fokus und möglicher Aufrechterhaltungs- oder Vertiefungsfragen (vgl. Anhang).

Nach einer kurzen Hinführung zum Interview orientierte ich mich an den thematischen Leitfragen bzw. Erzählaufforderungen. Zu Beginn wurden die Interviewten gebeten zu schildern, ob bzw. wodurch sie den Wandel in ihrer konkreten Berufspraxis wahrnehmen. Im Verlauf des Interviews wurde dann erfragt, ob bzw. welche Gestaltungsmöglichkeiten sie in Bezug auf die Veränderungen in ihrer Praxis diskutieren und welche von ihnen selbst praktiziert werden. Weiter wurde unter anderem thematisiert

-   wie sich ihrer Meinung nach der Wandel aus der Sicht der NutzerInnen darstellt,
-   ob es Momente in ihrer Praxis gibt, die sie als belastend erleben,
-   ob sie denken, dass ihre veränderte bzw. aktuelle Arbeitssituation die Verwirklichungschancen ihrer beruflichen Ansprüche beeinflusst,
-   ob die Veränderungen ihre Möglichkeiten beeinflussen, ihre ArbeitnehmerInnen-Interessen wahrzunehmen,
-   welche Bedeutung für sie die Fachdebatte in Fachzeitschriften im Zusammenhang mit dem Wandel hat.

Die einzelnen Themen des Leitfadens wurden nicht in einer spezifischen Reihenfolge abgefragt, sondern am thematischen Erzählverlauf ausgerichtet. Noch offene Fragen wurden am Ende des Interviews durch Nachfragen ergänzt. Da das leitfadengestützte Interview sowohl Offenheit als auch Lenkung beinhaltet, gilt es als teilstandardisierte Methode.

Der Interviewleitfaden wurde im Verlauf der Erhebung leicht modifiziert. Dies geschah angelehnt an die qualitativ-heuristische Methodologie[86] (vgl. Kleining 1995):

> „Das Dialogkonzept entspricht einer problemorientierten Sozialforschung: ‚Antworten'
> sind Symptome, hinter denen Ursachen stehen, die sie hervorrufen, die Gemeinsames aufweisen und die wieder Symptome sind für Bedingungen, die sie hervorrufen." (Ebd. 2003:
> 18)

Das dialogische Prinzip bezieht sich zunächst allgemein auf den Umgang mit dem Untersuchungsgegenstand. Es sei jedoch „leicht einsichtig auf die Methode der mündlichen Befragung anwendbar, bei der der Forscher den Befragten als Gegenüber hat" (ebd.). Der Prozess des Dialogs wird folgendermaßen skizziert:

> „Der Ablauf des ‚Dialogs' verbindet ‚Fragen', ‚Antworten', neue ‚Fragen' und neue ‚Antworten' zu einer Reihe, die gesteuert wird durch das Bewerten der Antworten und, daraufhin, das Einnehmen neuer Fragepositionen. (...) Der Prozess wird ausgelöst dadurch, dass der Gegenstand auf Fragen nicht oder nur halbwegs antwortet, so dass die Fragen anders gestellt werden müssen und dadurch, dass auf bestimmte Gruppierungen von Antworten keine zugehörigen Fragen gefunden werden können, so dass die Antworten anders gefasst, die Struktur also anders definiert werden muss, um zu einer mit den Antworten übereinstimmenden Frage zu gelangen." (Ebd.: 17)

---

[86]   Laut Kleining ist „wissenschaftlich entdeckendes Handeln" „regelgeleitetes Handeln" (Kleining 1995: 250). Er nennt folgende Regeln: (1) Die Offenheit der Forschungsperson und (2) des Forschungsgegenstands, (3) die maximale strukturelle Variation der Perspektiven sowie (4) die Analyse von Gemeinsamkeiten (ebd.: 228).

Konkret wurde nach dem fünften Interview das Anschreiben und die Erzählaufforderung am Interviewanfang verändert. Erste Analysen ergaben, dass in der ursprünglichen Variante zu stark strukturiert wurde, indem der Strukturwandel mit den Stichworten Ökonomisierung und Aktivierung eingeführt wurde. Da diese (Erwartungs-)Druck aufbauten, der sich an verunsicherten Nachfragen, was dies denn bedeute, zeigte, brachte ich diese Stichwörter in der Folge nicht mehr ein. Nach dem dritten Interview nahm ich zudem die Frage nach belastenden Momenten in der Arbeitspraxis auf. Zuvor wurden entsprechende Situationen zwar häufig beschrieben, schienen demzufolge wichtig, aber sie wurden teilweise nicht ausdrücklich als belastend bewertet. Durch die Aufnahme dieser Frage gelang es zum einen, diese Interpretationsunsicherheit zu vermeiden sowie zum anderen, diesen für die Interviewten relevanten Aspekt zu vertiefen.

4.2 Das Sampling

Die Auswahl der Befragten orientierte sich am Prinzip der *maximalen Kontrastierung* (vgl. Kleining 1995: 226ff.), das auf die Erfassung möglichst unterschiedlicher Arbeitsbedingungen zielte und nicht auf das Erreichen einer statistischen Repräsentativität. Holzkamp (1985) nimmt hier eine wesentliche „Unterscheidung zwischen gesellschaftlichen Handlungsmöglichkeiten und deren personalen Realisierungsbedingungen" (ebd.: 549) vor. Diese Realisierungsbedingungen

> „müssen dabei explizit inhaltlich bekannt und berücksichtigt werden, weil sie zu den ‚konstituierenden Faktoren' je meiner empirischen Befindlichkeit/Handlungsfähigkeit gehören, da nur so die Vermitteltheit ‚meiner' Handlungsmöglichkeiten mit den gesellschaftlichen Handlungsmöglichkeiten für mich als Grundlage der Verallgemeinerung fassbar werden kann." (Ebd.)

Wie Dreier (2006) darlegt, gilt es, neben den übergreifenden gesellschaftlichen Bedingungs-Bedeutungs-Zusammenhängen auch die konkreten lokalen „institutionellen und persönlichen Praxisstrukturen" (ebd.: 79) zu berücksichtigen, wie es Markard und Holzkamp (1989) in ihrem Leitfaden für Praxisporträts gemacht haben. Im Rahmen von Praxisforschung erarbeiteten sie Dimensionen, die bei der Reflexion spezifischer Praxissituationen hilfreich sein können (vgl. Markard 1993: 35), um mit deren Hilfe theoretisch begründet die Berufspraxis analysieren zu können. Bei der Entwicklung von Auswahlkriterien bzw. des „theoretical sampling" (Strauss & Corbin 1996: 148f.) konnte ich unter anderem an ihrem Analyseaspekt ‚institutioneller Rahmen' mit seinen Dimensionen ‚Art der Institution' und ‚finanzielle Grundlagen' anknüpfen.

Bei der Zusammenstellung des Sampling wurden möglichst unterschiedliche Realisierungsbedingungen ausgesucht. Im Einzelnen dienten mir als Auswahlkriterien, mit denen ich die maximale Kontrastierung anstrebte, *die Art des Anstellungsträgers, die Finanzierungsform der Arbeitsstelle, der Beschäftigtenstatus, die betriebliche Funktion* sowie Aspekte wie *Berufserfahrung* und *private Verpflichtungen*.

Der Kontaktaufbau zu den InterviewpartnerInnen gestaltete sich mühelos, da ich zuvor selbst in der Praxis der Sozialen Arbeit tätig war. So vermittelten mir bekannte Fachkräfte KollegInnen, die meinen Auswahlkriterien entsprachen. Bevor ich Interviewtermine vereinbarte, setze ich *Kurzfragebögen* (vgl. Witzel 1982) ein, um mich ihrer Realisierungsbedingungen zu vergewissern. Den genauen Hergang der jeweiligen Kontaktaufnahme, das Interview-Setting sowie Eindrücke während des Interviews oder Backstage-Informationen[87] sammelte ich in Postskripten (vgl. Witzel 1982), die die Transparenz des Forschungsprozess förderten.

Ich zog es vor, die Interviews nicht am Arbeitsplatz der Befragten durchzuführen, da ich davon ausging, dass dies Erzählungen über heikle Punkte aufgrund der Nähe von KollegInnen oder Vorgesetzen hemmen könnte. Dennoch fanden sieben der zwischen November 2005 und August 2006 geführten Interviews am jeweiligen Arbeitsplatz statt, weil die Interviewten es aus zeitökonomischen Gründen bevorzugten oder weil mir indem jeweiligen Bundesgebiet keine passende Lokalität zu Verfügung stand.

Das konkrete Sampling setzte sich vorwiegend aus Diplom SozialarbeiterInnen und Diplom SozialpädagogInnen[88] zusammen, die bei öffentlichen und bzw. oder bei freien Trägern beschäftigt sind. Ihre Stellen werden unter anderem sowohl über Zuwendungen als auch über Leistungsentgelte finanziert (vgl. Kap. 3.3.1). Sie arbeiten sowohl in ländlich oder kleinstädtisch geprägten Gegenden oder aber in Großstädten im gesamten Bundesgebiet. Sie sind befristet und unbefristet, in Vollzeit wie Teilzeit oder auf Honorarbasis beschäftig oder aber selbstständig tätig. Ihre Aufgaben liegen im Leitungs- oder operativen Bereich. Es wurden Frauen wie Männer mit einbezogen, die entweder als Single oder in festen Partnerschaften mit und ohne Kinder leben und über 0,5 bis 25 Jahre Berufserfahrung verfügen. Ihre Tätigkeitsfelder umfassen die Kinder- und Jugendhilfe (z.B. ambulante sozialpädagogische Familienhilfe, stationäres betreutes Wohnen und offene Jugendarbeit), Hilfen für psychisch Kranke, Suchthilfe,

---

[87] Hiermit sind Informationen gemeint, die mir ohne gezielte Recherche im Kontext der Datenerhebung mitgeteilt wurden (vgl. Miles & Huberman 1984).
[88] Einer war Diplom Pädagoge und eine Diplom Psychologin.

Straffälligenhilfe, Wohnungslosenhilfe und den Bereich der Aus-, Fort-, und Weiterbildung.
Dass die ausgewählten Realisierungsbedingungen auch für die von mir Interviewten relevant waren, bestätigte sich in ihren Ausführungen deutlich. Die Interviewten sprachen von sich aus spezifische Zusammenhänge, wie zum Beispiel ihre Funktion, an:

> „Und in den letzten Jahren erlebe ich vielleicht auch durch meine Tätigkeit jetzt als Leiter natürlich noch andere Ebenen, so dass es sich auch vielleicht ein bisschen schwer vergleichen lässt – vorher zu der Mitarbeiterebene. Wo man ja vielleicht leichter meckert, als wenn man bestimmte Aufgaben auch nicht mitmachen muss. (...) ich sehe natürlich als Leiter auch aus den Gesprächen mit dem Geschäftsführer die Situation was eine geringfügige Lohnerhöhung um noch so wenige Prozent natürlich trotzdem für das kleine xy [Einrichtung anonymisiert] als Gesamtsumme bedeutet." (Herr S.)[89]

Oder auch die Finanzierungsform:

> „Oder vielleicht eben auch: Wie bist du in deinen Entscheidungen von den strukturellen Zwängen abhängig? Das ist eine Frage, die da bei mir auftaucht. Wenn du jetzt sagst – zum Beispiel wie bei uns – die Stelle wird zum Teil finanziert und ist von Fallzahlen abhängig, dann denke ich muss man sich schon bewusst sein, dass das natürlich einen Einfluss hat auf meine Arbeit. Also, wenn ich dann sage: gebe ich den jetzt ab oder gebe ich ihn nicht ab oder so was in der Arbeit, das sind so spannende Fragen." (Ebd.)

4.3 Die Datenaufbereitung

Bourdieu folgend, der die Auffassung vertritt, dass transkribieren „immer auch schreiben im Sinne von neu schreiben" (1997: 798) bedeutet, beschränkte ich mich auf folgende Transkriptionsregeln: Die verbalen Daten wurden vollständig, aber ohne dialektale Einfärbungen oder sprachliche Details, wie Akzentuierungen oder Füllwörter (z.B. äh, hm[90]), abgeschrieben. Zudem verbiete

> „der Anspruch auf Lesbarkeit (...) die Publikation einer phonetischen Transkription, die sich aus all den Anmerkungen zusammensetzt, die nötig sind, um dem Diskurs all das wiederzugeben, was im Übergang vom Gesprochenen zum Geschriebenen verloren gegangen ist, also die Stimme (...), die Aussprache (...), die Betonung, (...) der Sprachrhythmus (...), die Mimik und Gestik sowie sämtliche körperlichen Ausdrucksformen usw." (Ebd.: 789)

---

[89]   Die Namenskürzel der Interviewten wurden anonymisiert.
[90]   Bourdieu (1997) hält diese Äußerungen zwar nicht im Geringsten für bedeutungslos, jedoch sei der Verzicht unter anderem Ausdruck des Respekts gegenüber den Interviewten (ebd.: 799).

Lediglich Lachen sowie Pausen von über zwei Sekunden Länge oder Störungen (z.B. Telefonklingeln) wurden dokumentiert. Das Auswertungsmaterial umfasst 11 transkribierte Interviews. Bedauerlicherweise konnten vier weitere Interviews aufgrund technischer Fehler nicht aufgenommen werden. Ich entschied mich in einem Fall, bei dem technische Probleme auftraten direkt nach dem Interview für die Erstellung eines Gedächtnisprotokolls, das im weiteren Verlauf wie die Transkripte behandelt wurde. Bei den drei anderen war dies nicht mehr in einer angemessenen Qualität möglich, da der Fehler erst nach mehreren Tagen bemerkt wurde. Hier paraphrasierte ich lediglich mir deutlich in Erinnerung verbliebene markante Beispiele und bat die Interviewten per E-Mail um die Autorisierung der Rekonstruktion.[91] Dieses Verfahren erschien mir aufgrund meines MitforscherInnen-Konzepts (vgl. Kap. 4.5) angemessen, da somit alle Interviewten die Möglichkeit erhielten, die Richtigkeit der Daten, die in die Auswertung einflossen, zu bestätigen.

4.4 Datenauswertung durch qualitative Inhaltsanalyse und Idealtypenbildung

Entsprechend meinem theoretischen Hintergrund (vgl. Kapitel 2) nehme ich an, dass die Interviewten objektiven Bedeutungen (vgl. Kapitel 3) individuelle Bedeutung beimessen, sie also in den Interviews ihre wahrgenommenen und akzentuierten Möglichkeits- und Realisierungsverhältnisse beschreiben. Zudem wurde in der Auswertung anhand ihrer subjektiven Begründungsmuster nachvollzogen, warum eine Bewältigungsform aus ihrer jeweiligen konkreten Situation (inkl. spezifischer Machtstrukturen) und ihren individuellen Interessen heraus subjektiv funktional ist. Somit zielte die Auswertung nicht auf repräsentative, sondern auf historisch-strukturelle Aussagen über Handlungsmöglichkeiten (vgl. Markard 1993: 36).

Die Auswertung und die Analyse der gesamten Daten fand unterstützt durch das Computerprogramm Max QDA statt, das sich bei der Kodierung der Transkripte sowie bei der Interpretation der Daten als sehr hilfreich erwies.[92]

Es ließ sich bei der ersten Sichtung des Auswertungsmaterials feststellen, dass sich die Modifizierung des Leitfadens positiv auf die Datenqualität ausgewirkt hatte (vgl. Kapitel 4.1). Als Merkmale für die Datenqualität galten die

---

[91] Faktisch gingen drei Beispiele aus zwei nicht aufgezeichneten Interviews in die Auswertung und in die Darstellung in Kapitel 5 ein, da sich keine vergleichbar gehaltvollen Beispiele unter den restlichen Daten auffinden ließen.

[92] Zum Beispiel durch Funktionen wie Memos einfügen oder die Möglichkeit codierte Textstellen einer Kategorie für eine Ansicht zu selektieren.

Nachvollziehbarkeit der subjektiven Anforderungssituation bzw. Problemsicht sowie der entwickelten Umgangsformen und die *präzise Beschreibung* von Erlebnissen. Bei Nachfragen nach Beispielen blieb es teilweise mehr bei Beschreibungen von Zusammenhängen, als dass konkrete Situationen geschildert worden wären. Dies wurde als Auffälligkeit vermerkt und in der Interpretation reflektiert.

Die Qualitative Inhaltsanalyse

Grundgerüst für die qualitative Inhaltsanalyse waren, angelehnt an Mayring (2000, 2005), vorläufige (Arbeits-)Kategorien, die auf der Basis des bereits vorhandenen und dargelegten Wissensstands (z.B. empirische Studien, Themen des Leitfadens, Dimensionen des Praxis-Porträts von Markard & Holzkamp 1989) ermittelt wurden. Hierbei gilt es zu betonen, dass die (Arbeits-)Kategorien potenzielle Bedeutungskonstellationen (z.B. Beschäftigungskonditionen, Finanzierungsmodalitäten, Arbeitsinhalte etc.) im Sinne einer heuristischen Funktion umfassten. Bei der Auswertung wurden diese (Haupt-)Kategorien dann, insofern sie jeweils subjektiv relevant waren, durch Codierung entsprechender Textstellen bezüglich ihrer Bedeutung konkretisiert. Weitere (Haupt-)Kategorien konnten *aus dem Material* heraus gebildet und ergänzt werden (z.B. Personalsituation, soziale Arbeitsbeziehungen, Arbeitsbelastungen).[93] Ich codierte nicht nur institutionelle Zusammenhänge, sondern auch individuelle Kontexte, die von den Interviewten als relevant benannt wurden. Auch hier gab es Aspekte, die ich beispielsweise bei der Auswahl der Interviewten nicht berücksichtigt hatte, wie zum Beispiel der berufliche Quereinstieg. Dieser kristallisierte sich als wichtig heraus, da die Erfahrungen aus einem anderen Arbeitsbereich als zentraler Vergleichshorizont herangezogen wurden (z.B. hinsichtlich der Bewertung des sozialen Klimas oder der Interessenvertretung).

Die Hauptkategorien wurden im Laufe des Auswertungsprozesses durch Herausarbeitung von Unterkategorien aus den Texten differenziert. Hierbei wurde eine erstaunliche Komplexität und Vielfalt (z.B. hinsichtlich Machtverschiebungen bzw. -dynamiken in den Arbeitsbeziehungen) deutlich. Teilweise zeigte sich an verschiedenen Textstellen eine enge Verflechtung von Inhalten, die somit unter mehrere Kategorien codiert werden mussten (z.B. unter Arbeitsinhalte und Arbeitsmethoden). Diese inhaltlichen Verknüpfungen der Kategorien werden als solche in der Darstellung der Ergebnisse benannt und reflektiert (vgl. Kap. 5). Durch die Zusammenlegung bzw. Differenzierung der Haupt- bzw. Unterkatego-

---

[93]   Verworfen werden musste keine der vorläufigen (Arbeits-)Kategorien.

rien wurde das Kategorienschema im Laufe des Auswertungsprozess stetig präzisiert.
Die Auswertungskategorien wurden, bezogen auf die Bedeutungskonstellationen spezifischen Gestaltungsmöglichkeiten, ausschließlich *aus dem Material heraus* gebildet und textnah benannt. Im Auswertungsverlauf differenzierte ich diese wenn nötig weiter bzw. ich bildete übergeordnete Sammelkategorien.[94]
Im nächsten Auswertungsschritt wurden die codierten Textstellen aller Kategorien gesichtet, um Konfliktlinien und strukturelle Widersprüche herauszufiltern bzw. zu vertiefen. Als hilfreich erwies sich hierbei, auf unterschiedliche Perspektiven[95] zu achten, um leichter nachzuvollziehen zu können vor „welchem Hintergrund und vor welchem konkurrierenden Bezugspunkt sie ihre Erfahrungen und Einstellungen einbringen." (Becker-Schmidt 1980: 721). Logisch inkonsistente Aussagen können so als Ausdruck kontroverser Erfahrungen bzw. als Hinweise auf Konfliktkonstellationen ernst genommen werden. Ambivalente Aussagen erscheinen somit als adäquate Verarbeitungsweise der Realität (ebd.: 16ff.).

Die Konstruktion idealtypischer Begründungsmuster

Ein weiterer Auswertungsschritt beinhaltete die Konstruktion idealtypischer[96] (vgl. Kelle & Kluge 1999) Begründungsmuster (vgl. Kap. 2). Einerseits wurden auf der Basis von ähnlichen Merkmalen möglichst homogene Begründungsmuster ermittelt.[97] Die (Sinn-)Zusammenhänge zwischen den einzelnen Merkmalen eines idealtypischen Begründungsmusters zu erkennen, hieß in diesem Fall, einen möglichen Prämissen-Gründe-Zusammenhang (vgl. Kap. 2) zu konstruieren sowie dessen spezifische Funktionalität und Widersprüchlichkeit zu erkennen.

---

[94] Auf die Bedeutung der Sinneinheit des Falls komme ich weiter unten in diesem Kapitel und unter Kapitel 4.5 zu sprechen.

[95] Die Interviewten berichten zum Beispiel aus der Perspektive der bzw. des Professionellen, der bzw. des lohnabhängig Beschäftigten, der Privatperson, wodurch Konflikte zwischen ihren unterschiedlichen Interessen sichtbar wurden (z.B. gute Betreuung der NutzerInnen, trotz schlechter Bedingungen jedoch gleichzeitig Schonung von Ressourcen für das „Privatleben").

[96] Der Begriff des Idealtypus (vgl. Weber 1991) ist „konzeptionell ‚zwischen' Kategorien und Theorien im kritisch-psychologischen Sinn angesiedelt" (Reimer 2004: 107). „Fasst man Idealtypen als heuristische Mittel auf, haben sie eher die Funktion von Kategorien, wie sie in der Kritischen Psychologie verstanden werden." (Ebd.: 108)

[97] „Dieses Idealbild vereinigt bestimmte Beziehungen und Vorgänge des historischen Lebens zu einem in sich widerspruchslosen Kosmos gedachter Zusammenhänge." (Weber 1991: 72f.)

Solche homogenen idealtypischen Begründungsmuster dienen durch die einseitige Steigerung spezifischer Aspekte (z.b. markante Differenzen oder Gemeinsamkeiten) dazu, Zusammenhänge zu verdeutlichen (vgl. Kelle & Kluge 1999: 94ff.). „Inhaltlich trägt diese Konstruktion den Charakter einer Utopie an sich, die durch gedankliche Steigerung bestimmter Elemente der Wirklichkeit gewonnen ist" (Weber 1991: 73). Die idealtypischen Begründungsmuster haben somit die Funktion, mögliche Bedeutungen der Veränderungen allgemein sowie hierauf bezogene Bewältigungsweisen zu illustrieren. Reimer (2004) macht zudem deutlich, dass

> „handlungstheoretische Idealtypen bestimmte typische Sinnorientierungen/Handlungswiesen erfassen und als ‚letztlich' handlungsbestimmend behaupten, während die tatsächlichen Sinnorientierungen/Handlungsweisen (in der Regel) keine kohärente Form haben und auch kaum je eine einzelne Sinnorientierung handlungsleitend ist." (Ebd.: 108)

Der Prozess der Typenbildung gestaltete sich, angelehnt an die einschlägige Fachliteratur (vgl. u.a. Kelle & Kluge 1999: 75ff.), wie folgt: Der erste Schritt galt der Erarbeitung und Festlegung relevanter Vergleichsdimensionen. Ich konnte hierbei auf die Dimensionen zurückgreifen, die ich bereits auf der Basis meiner Fragestellung und Theorie für die Fallporträts[98] ermittelt und angewandt habe:

– Was steht im Fokus der Wahrnehmung des Strukturwandels?
– Wie werden diese Veränderungen bewertet?
– Welche Bewältigungsform wird in Bezug auf die Veränderungen erläutert?
– Wie wird die Bewältigungsform begründet?
– Welche Funktionalität wird der Bewältigungsform zugesprochen? Welcher Sinn ist erkennbar?
– Welche Konfliktlinien und ‚blinde Flecken' sind zu erkennen?

Im zweiten Schritt wurde nach Gemeinsamkeiten und Unterschieden zwischen den Fallporträts gesucht. Für die Rekonstruktion der Gemeinsamkeiten wie der Unterschiede war analog zur qualitativen Inhaltsanalyse nicht die gleiche Wortwahl, sondern die inhaltliche Übereinstimmung des Gesagten leitend.
Im dritten Schritt wurden vier vorläufige idealtypische Begründungsmuster als Arbeitshypothesen gebildet. Sie wurden inhaltlich verdichtet und präzisiert, indem wiederum auf die kodierten Daten aus allen Interviews bzw. Kategorien zurückgegriffen wurde. Dabei konnte ein weiteres Begründungsmuster ergänzt werden. Abschließend wurden die einzelnen idealtypischen Begründungsmuster beschrieben. Es gilt noch einmal zu betonen, dass

---

[98] Vgl. mehr zu den Fallporträts unten in diesem Kapitelabschnitt.

„nicht die Menschen (...) bestimmten Typen [bzw. typischen Begründungsmustern: Anmerkung der Autorin] zuzuordnen [sind] sondern die Varianten der Verarbeitung einer bestimmten gesellschaftlichen Widerspruchssituation." (Bader 1987: 150)

Der Auswertungsprozess wurde durch die Vorlage und Diskussion der einzelnen Arbeitsschritte und Zwischenergebnisse in mehreren wissenschaftlichen Arbeitsgruppen begleitet.

4.5 Das MitforscherInnen-Konzept

Der von mir ausgewählte subjektwissenschaftliche Ansatz machte es notwendig, die Interviewten soweit wie möglich als *MitforscherInnen* in den Forschungsprozess einzubeziehen. Das bedeutet, dass diese „sich forschend und selbstreflexiv zum Gegenstand, hier der eigenen Aussage darüber, wie sie die Welt sehen, verhalten" (Markard 2000: 232) konnten.

Mit diesem Vorgehen soll die Authentizität der Daten verbessert und das Deutungsprivileg der WissenschaftlerInnen zurückgedrängt werden (vgl. ebd.). Voraussetzung gelingender Interviews ist in diesem Fall, dass die in der Fragestellung zur Sprache kommende Problematik von den Befragten anerkannt, das heißt der Wandel der Rahmenbedingungen seitens der InterviewpartnerInnen wahrgenommen wird. Konkret wurden den Interviewten im Rahmen einer *kommunikativen Validierung* (Groeben & Scheele 2000) die transkribierten Daten mit der Möglichkeit, sie zu konkretisieren oder zu verändern, vorgelegt. Zudem wurden vereinzelt Rückfragen bei unklaren Passagen gestellt. Ziel war es, „dass das von ihm [dem Interviewten] Gemeinte im Text aus seiner Sicht optimal enthalten war" (Markard 2000: 227).

Es wurde davon ausgegangen, dass nicht das zuerst Gesagte selbstverständlich am authentischsten ist und hierin die gehaltvollsten Daten zu finden sind (ebd.: 228f.). Falls Veränderungen am Transkript vorgenommen werden, gilt es, die verschiedenen Fassungen zu archivieren und im weiteren Auswertungsprozess zu reflektieren (ebd.: 233). Zudem umfasst die kommunikative Validierung auch die aktive Einbindung der Interviewten in die Auswertung:

„da es bei jedem Verstehen unvermeidbar um eine Interpretation und damit Rekonstruktion geht, wird durch den Dialog-Konsens die Rekonstruktionsadäquanz des Verstehens gesichert." (Groeben & Scheele 2000, Abs. 4)

Auf der operationalen Ebene war die enge Rückkopplung an die Interviewten durch die schriftliche Übermittlung der Transkripte (inkl. Rückfragen) wie der Zwischenergebnisse vorgesehen. Die MitforscherInnen sollten die Möglichkeit haben, diese zu kommentieren bzw. zu präzisieren. Die Kommunikation fand mittels Email-Verkehr statt und wurde in den Postskripten archiviert. Jedoch wurden viele Schwierigkeiten deutlich, sodass der Austausch nicht wie geplant realisiert werden konnte.

Zunächst sahen sich nicht alle Interviewten aufgrund ihrer Zeitkapazitäten in der Lage, das Transkript zu lesen. Diejenigen, denen es möglich war, meldeten lediglich zurück, dass sie keine Veränderungswünsche hätten. Die wenigen Rückfragen meinerseits beantworteten wiederum bis auf eine Ausnahme alle. Einige wiesen mich daraufhin, dass es sie Überwindung gekostet habe, das Transkript zu lesen, da sie über ihre holprigen Formulierungen und häufigen Verwendungen von Wörtern wie ,also' oder Ähnlichem erstaunt waren. So meinte ein Interviewpartner beispielsweise in seiner Antwortmail: „Kurz um, mir ist mein Text etwas peinlich" (Herr C.). Dennoch gaben einige an, dass es für sie anregend gewesen sei, sich sowohl mit den Interviewfragen als auch mit dem Skript auseinanderzusetzen, da diese einen Selbstreflexionsprozess anregten. Manche äußerten auch ausdrücklich ihr Interesse an den Auswertungsergebnissen.

Die Autorisierung der Auswertungsergebnisse durch Selbstsubsumtion (vgl. Markard 1993: 46) unter die individuellen Begründungsfiguren wurde nicht durchgeführt. Ursprünglich war geplant, Einzelfallporträts anzufertigen, um nicht die Sinneinheit Einzelfall auseinanderzureißen. Dies wurde jedoch revidiert, da sich manche Interviewte nach der Sichtung ihrer offenen Aussagen verunsichert zeigten. Sie stuften ihre Äußerungen als teilweise sehr brisant ein und gingen davon aus, dass keine hundertprozentige Anonymität gewährleistet werden könne. Daher wurden Bedenken geäußert, dass die Veröffentlichung von Fallporträts ihre Arbeitsstelle gefährden könnte.[99] Um dieses Risiko zu vermeiden, entschied ich mich für die Konstruktion von idealtypischen Begründungsmustern (vgl. Kap. 4.4).

„Gewiss ist es möglich und ggf. nicht zu vermeiden, Prämissen-Gründe-Zusammenhänge hypothetisch aus Aussagen ohne Beteiligung von deren Urhebern zu formulieren. Die Gefahr, dabei *personalisierend* über die Köpfe der Betroffenen hinweg zu deuten, wächst in dem Maße, in dem von deren Lebensumständen abstrahiert wird; dies wiederum liegt aber in dem Maß nahe, in dem man Betroffene, (...) auf bestimmte Äußerungen festnagelt." (Markard 2000: 232f.)

---

[99] Hierin zeigt sich meines Erachtens bereits die Sinnhaftigkeit des MitforscherInnen-Konzepts, da mir die Rückmeldung der Interviewten ermöglichte das potentielle Risiko zu erkennen und ihre Anonymität angemessen durch eine andere wissenschaftliche Auswertungs- und Darstellungsform zu schützen.

Die Ergebnisse der qualitativen Inhaltsanalyse sowie der Idealtypenkonstruktion sollten sowohl mit den Interviewten als auch mit einer anderen Gruppe von PraktikerInnen diskutiert werden. Ziel war es zu ermitteln, ob die PraktikerInnen ihre Arbeitssituation im Wesentlichen angemessen erfasst sehen und ob sie die Begründungszusammenhänge für angemessen begriffen erachten (bzw. wenn nicht, warum nicht). Hierdurch sollten die Ergebnisse weiter konkretisiert bzw. falls nötig ergänzt werden. Aufgrund meines Zeitbudgets konnte ich meine Ergebnisse PraktikerInnen lediglich im Rahmen zweier Vorträge vorstellen und mit ihnen diskutieren. Sie gaben an, sich in meinen Ausführungen „wieder gefunden" und „verstanden gefühlt" zu haben.

Da weder die Interviewten noch die TeilnehmerInnen der Vortragsveranstaltungen von meinem subjektwissenschaftlich orientierten Ansatz Kenntnis hatten, fällt das methodische Vorgehen hinter die potenziellen Möglichkeiten des Ansatzes des MitforscherInnen-Konzepts der Kritischen Psychologie zurück (vgl. u.a. Markard 2000, 2000a; Holzkamp 1996; Holzkamp 1985). Zu diesem gehört unter anderem das Prinzip der Einheit von Erkennen und Verändern (vgl. Fahl & Markard 1993: 20). Wobei eingeräumt wird, dass auch ohne eine originäre Handlungsforschung die Analyse von Handlungsbehinderungen und die Reflexion von alternativen Handlungsmöglichkeiten anregend für die am Prozess beteiligten PraktikerInnen sein kann (ebd.: 20).

5 Befunde

Der Fokus der Auswertung liegt entsprechend der Fragestellung und dem Erkenntnisinteresse auf der Perspektive der Fachkräfte und nicht auf jener der LeistungsempfängerInnen oder der Träger. Auf der Basis des Interviewmaterials lässt
sich aufzeigen, wie sich die Realisierungsbedingungen aus der Sicht der Beschäftigten im Kontext des Strukturwandels verändert haben. Die Auswertung-
sbefunde sind eine Übersetzungsleistung der vielfältigen Perspektiven meiner
InterviewpartnerInnen in historisch-strukturelle Aussagen über den Strukturwandel Sozialer Arbeit.

5.1 Herausforderungen und Widersprüche

Die folgenden Ausführungen gliedern sich jeweils in eine Einführung in die
wesentlichen Punkte im Zusammenhang einzelner Bedeutungskonstellationen
(vgl. Kap. 2, Kap. 4), die sodann in Form von moderierten Interviewausschnitten
skizziert werden. Weiter werden die spezifischen Anforderungen, Handlungsproblematiken und die Umgangsformen mit ihnen anhand von Zitaten entfaltet
und interpretiert. Falls nötig werden im Anschluss übergreifende Zusammenhänge erläutert und weiterführende Überlegungen dargestellt. Wie bereits im Me-
thodenteil erwähnt (vgl. Kap. 4), wurde bei der Auswertung teilweise eine enge
Verflechtung der unterschiedlichen Themenbereiche deutlich. Diese inhaltlichen
Verknüpfungen der Bedeutungskonstellationen spiegeln sich in den zahlreichen
Vergleichshinweisen in der folgenden Darstellung wider.

5.1.1   Reorganisation des Aufbaus der Träger

Die Interviewten nehmen deutliche Veränderungen im institutionellen Aufbau
ihrer Anstellungsträger wahr. Hierbei beschreiben sie die jeweiligen Ausprägun-
gen bei öffentlichen und freien Trägern: zum Beispiel hin zu flexiblen Behörden
sowie weg von ‚Klitschen' und hin zu Sozialunternehmen. Hintergrund sei die
Umstrukturierung öffentlicher Behörden zu Universaldienstleistern sowie unter
anderem die Erweiterung der Angebotspalette freier Träger. Ihre Ausführungen
ähneln sich, indem sie jeweils die Unterschiedlichkeit der Trägerart betonen. Als
zentrale Herausforderung wurden die sich zuspitzenden Unterschiede hinsichtlich der trägerübergreifenden Kooperation betont.

Die sich anschließenden Ausführungen folgen Situationsbeschreibungen von Beschäftigten beider Trägerarten, die sich entweder auf ihre eigene Trägerform oder auf ihre Wahrnehmung der jeweils anderen Trägerform beziehen.

5.1.1.1   *Die flexible Behörde*

Es wurde bereits auf die Steuerungsformen *Dezentralisierung* und *Outsourcing* eingegangen (vgl. Kap. 3.3.1); diese Punkte wurden auch von Interviewten als relevant benannt. So hätte die Dezentralisierung, durch die ein Mehr an Bürgernähe erzielt werden sollte, die Veränderung bewirkt, dass man sich räumlich auf die BürgerInnen zu bewegt habe. Man sei nun zum Beispiel nicht mehr im Haupthaus des Jugendamts untergebracht, wo auch die Jugendamtsleitung sitze, sondern in den einzelnen Stadtteilen vor Ort. Zusätzlich seien Aufgaben in Form von Outsourcing an freie Träger delegiert worden, um deren Erbringung zu verbilligen. Bei ihnen, den MitarbeiterInnen der Behörde, verbleibe die Gewährleistungsverantwortung, was eine Aufgabenverschiebung für sie bedeute.

Im Kontext der Verwaltungsreform (vgl. Kap. 3.3.1) seien nun so genannte *Universaldienste* bzw. *Matrix-Organisationen* eingeführt worden. Letztere gälten momentan als „die innovativste oder modernste Organisationsform" (Frau A.)[100]. In Zuge dessen wäre die Versäulung der einzelnen Dienstleistungsbereiche, wie Familien unterstützende Hilfen, Kindertagesstätten und wirtschaftliche Jugendhilfen, aufgeweicht oder aufgehoben worden. Die einzelnen Dienstleistungsbereiche seien nun keine „kleinen Fürstentümer" (Frau A.) mehr, die bis dato um adäquate Problemlösungen aus der Sicht ihres Bereichs oder um finanzielle und personelle Ressourcen konkurrierten. Jetzt sollten sie gemeinsam die Verantwortung tragen.

Durch die Zusammenlegung von Dienstleistungsbereichen hätten sich Verbesserungen, aber auch Schwierigkeiten ergeben. Eine Leitungskraft bewertete die Neuerungen als positiv, da man nun zusammen an Problemlösungen arbeite:

„Das heißt, die Mitarbeiter mit den unterschiedlichen Aufgaben oder Arbeitsinhalten haben eben eine gemeinsame Arbeitsbesprechung und gucken sich eben auch aus ihrer jeweiligen Fachlichkeit oder aus ihrer – was heißt Fachlichkeit, sind ja fast alles Sozialarbeiter oder Verwaltungsleute – aber also mit dem Hintergrund ihres Arbeitsgebiets und den Ressourcen, die es da gibt, das Problem an und versuchen eben gemeinsam, da einen Weg zu finden." (Frau A.)

---

[100]   Die Namenskürzel der Interviewten wurden anonymisiert.

Jedoch, so meinte eine andere, müssten die MitarbeiterInnen unter dem Dach Sozialer Dienste nun „fürchterlich flexibel" (Frau W.) sein, da die engere Zusammenarbeit an ihrem Arbeitsplatz auch beinhalte, sich gegenseitig personell auszuhelfen. Ihre Einsatzgebiete könnten sich von der ambulanten Jugendhilfe über den Bereich Vormundschaft, Adoption, Pflegekinder bis hin zum Allgemeinen Sozialen Dienst (ASD) erstrecken, obwohl sie originär im Sozialpsychiatrischen Dienst tätig sei (vgl. Kap. 5.1.5.2).

Zudem wurde die Spaltung zwischen der Dienst- und der Fachaufsicht in diesem Zusammenhang problematisiert. So liege mancherorts die Dienstaufsicht nun bei der Leitung des ASD, und die Fachaufsicht verbleibe in den einzelnen Fachabteilungen. Eine Mitarbeiterin meinte hierzu:

> „Also, Ökonomisierung fände ich irgendwie toll, wenn klar wäre, wo gehören wir eigentlich hin. Dass das mal ganz klar benannt wird, dass wir nicht mit den anderen zusammen Supervision haben, weil da sind die vom ASD dabei, ambulante Hilfe, die Jugendgerichtshilfe, die Vormundschaft. Ich denke, die haben nichts mit dem Sozialpsychiatrischen Dienst zu tun. Überhaupt nicht. Und ich finde es auch gegenüber der Schweigepflicht ganz schwierig." (Frau W.)

Vor allem für die Leitungskräfte gehe diese Form der Umstrukturierung mit einem Machtgerangel um Kompetenzen einher, worauf ich unten näher eingehen werde (vgl. Kap. 5.1.4.1).

Zusätzlich wurde eine halbherzige Modernisierung kritisiert und gleichzeitig deutlich gemacht, dass die Bereitschaft bestehe, dies zu erdulden, wenn hiervon auch profitiert werden könne:

> „Was ich eher als ein Problem sehe ist, dass sich (...) unsere Jugendamtsleitung nicht unbedingt immer in den Strukturen verhält, die sie selber so unbedingt wollte. Weil diese Struktur eben auch einiges abverlangt und manchmal eben Entscheidungen auch etwas länger, langsamer macht. Und das finde ich ein ziemliches Problem (...). Aber es ist nicht nur negativ. Ich habe auch gelernt, damit zu leben (...). Und denke, so lange, sage ich mal, was auf den Ortsteil an positiven [lacht] Mitteln runtergerieselt kommt, dann ist das eben so. Aber ich finde es grundsätzlich schon ein Problem [Pause], wenn dann von zentralen Leuten diese Struktur nicht unbedingt eingehalten wird, aber von – wehe ein Mitarbeiter würde irgendwie, also dann würde man sofort sagen, sofort, also darauf angesprochen werden. Aha, eine Mitarbeiterin wolle immer noch nicht, also immer noch Widerständler und so." (Frau A.)

Zwei Interviewte (Herr D., Frau W.,) deuteten an, dass die Leidtragenden dieser Aufgabenausweitung bzw. -flexibilisierung die NutzerInnen sein könnten, da nicht immer nur fachliche Gründe, sondern schlicht Personalmangel Motor dieser Veränderung sei (vgl. Kap. 5.1.3.1).

5.1.1.2 Von der ‚Klitsche' zum Sozialunternehmen

Interviewte, die bei freien Trägern (z.b. Vereinen) beschäftigt sind, berichteten von der Entwicklung ihres Trägers weg von der ‚Klitsche' hin zum Sozialunternehmen. Ihre Schilderungen beziehen sich vor allem auf das Wachsen ihres Trägers, da zum Beispiel ehemals öffentliche Einrichtungen übernommen würden. Dies gehe teilweise auch mit dem Wechsel der Rechtsform, zum Beispiel zu einer gemeinnützigen Gesellschaft mit beschränkter Haftung (gGmbH), einher.

Ein Interviewter berichtete vom Anwachsen seines Trägers von ehemals 2 Bürokräften und 3 SozialarbeiterInnen auf nun insgesamt 120 MitarbeiterInnen in 11 verschiedenen Abteilungen. Die Besonderheit des Standorts in den neuen Bundesländern hätte hierbei jedoch eine wesentliche Rolle gespielt, denn:

> „Die Kommune, der Landkreis, die haben immer gesagt, wir haben hier keinen, hier gibt es keinen Samariter-Bund oder so, das gab es alles ja nicht (...) und da ist uns ganz viel angeboten worden" (Herr I.).

Diese Veränderungen hätten Fragen nach der Steuerung der größeren Betriebseinheiten aufgeworfen. Zudem werde nach Optimierungsmöglichkeiten hinsichtlich der Zusammenarbeit zwischen den Abteilungen gesucht – ähnlich wie bei den Behörden –, um günstigere Angebote abgeben zu können.

Wo die *Vereinsstrukturen* fortbestehen, gerieten diese vonseiten der Mitarbeitenden in die Kritik. Gemeinsame Werte, Ziele bzw. ein entsprechendes Engagement und Selbstverständnis würden von der Belegschaft infrage gestellt. Eine eher traditionelle Mentalität wie hier scheint an Bedeutung zu verlieren:

> „Wie gesagt, es sind halt viel Ehrenamtliche, und man macht das halt gemeinsam. Es ist ein gemeinsames Projekt und nicht eher so ein Verhältnis Arbeitgeber/Arbeitnehmer (...). Ohne den Verein und die zwei, drei Hauptengagiertesten würde es das ganze Jugendzentrum nicht geben. Und die haben damals das durchgekämpft und machen[101]." (Herr T.)

> „(...) wir sind ein freier Träger und irgendwie – wir verstehen uns ja alle irgendwie." (Frau M.)

Andere betonen weniger das gemeinsame, verbindende Interesse, sondern die nun deutlicher hervortretenden Hierarchien (u.a. aufgrund der Vergrößerungen) und die mit den unterschiedlichen (Macht-)Positionen einhergehenden Konflikte:

> „Und wo ich das Gefühl habe, na ja, es gibt bestimmte oder es gibt ein paar Personen in diesen oberen Etagen, die einerseits so, ‚wir hauen uns alle auf die Schulter' und ‚wir können doch alle mit einander reden und sind auch so gleichberechtigt', so einerseits sagen,

---

[101] „Machen" steht hier für (ehrenamtliches) Arbeiten.

Und anderseits ist es aber überhaupt nicht so. (...) Und ich denke ‚auch gut' in so einer –
bei so einem Träger, von so einer Größe ist das vielleicht auch so eine strukturelle Geschichte, wo das so gemacht werden muss. Was mich wahnsinnig nervt daran, ist, wenn
dann nicht zumindest dazu steht, ja. Da will man trotzdem noch lieb gehabt werden und so.
Und auch wenn man irgendeine Ansage macht, die für die jetzt Basis, sozusagen nicht pri-
ckelnd ist." (Frau M.)

Hier werden weniger die sich verschiebenden Entscheidungskompetenzen infrage gestellt, sondern vielmehr die fehlende Konfliktbereitschaft, wenn zum Beispiel Entscheidungen, die nicht dem Interesse der Unterstellten entsprechen,
durchgesetzt werden müssten. Dieser Aspekt wird auch an anderen Stellen betont
(vgl. Kap. 5.1.4.1).

Konflikte im Zusammenhang mit sich verschiebenden Entscheidungskompetenzen können sich meines Erachtens zuspitzen, wenn gleichzeitig Mitbestimmungsmöglichkeiten bzw. Gestaltungsspielräume geringer werden, aber die
Verantwortung der einzelnen Mitarbeitenden wächst.

Ein weiterer Kritikpunkt sei die Undurchsichtigkeit von Vereinsstrukturen,
vor allem was die Funktion des Vorstands sowie der Geschäftsführung angeht:

„Diese Struktur eines Vereins finde ich problematisch im Sozialen Bereich. Das ist ja ein
ganz häufiges Modell, ein eingetragener Verein, sozusagen, da hat man einen Vorstand,
Geschäftsführung – und oft ist es quasi dieselbe Person. Also, Vorstand und Geschäftsführung ist nicht so klar getrennt, wie es sein sollte." (Herr C.)

Zudem scheint die Frage danach, wer AnsprechpartnerIn im Sinne eines Verant-
wortlichen für das ‚Wohl und Wehe' der Angestellten ist, an Relevanz zu gewinnen:

„Also wir sind ein Verein, und es gibt auch einen Vorstand. Und ich bin mir aber selbst
nicht sicher, welchen drogenpolitischen, leitungspolitischen Einfluss der Vorstand tatsächlich auch hat. (...) Und da weiß ich ehrlich gesagt nicht, inwiefern – also inwiefern Geschäftsführung und Vorstand da auch konform miteinander sind und eine eigene Meinung
haben. Weil ich, wir, die Mitarbeiter, mit dem Vorstand eigentlich nicht in Berührung
kommen. (...) oder man weiß ja heute gar nicht mehr, wer der Arbeitgeber ist. Wer ist das
denn? Selbst bei mir, ich habe einen Geschäftsführer, ich habe eine Leitung, es gibt einen
Verein, der hat einen Vorstand. Aber wer ist eigentlich der Inhaber? Also, wer ist eigentlich der Besitzer?" (Frau Q.)

Dass der Begriff des *Arbeitgebers* am Beispiel des Vereins[102] zu Unsicherheiten
führen kann, liegt, wie ich vermute, nicht am Unvermögen meiner Interview-

---

[102] Der *eingetragene Verein (e.V.)* ist eine juristische Person des privaten Rechts, der durch
den Vorstand vertreten wird. Dem Gesetz nach obliegt ihm allein die Geschäftsführung, insofern hierfür von ihm kein Hilfspersonal bevollmächtigt wurde. Das Verhältnis von Ge-

partnerInnen, sondern stellt ein grundsätzliches Problem dar. Diesen Klärungsbedarf gilt es ernst zu nehmen, zumal der Begriff Arbeitgeber im Vergleich zum
Begriff des *Arbeitnehmers* rechtlich auch nicht definiert ist. Vom Arbeitgeber
wird im Betriebsverfassungsgesetz (BetrVG) analog dem Unternehmer gesprochen. Denn es kann festgestellt werden, dass ein direkter Zusammenhang zwischen strukturellen Veränderungen und dem zunehmenden Bedürfnis der
Beschäftigten danach besteht zu wissen, wer konkret Inhaber bzw. Bevollmäch-
tigter unter anderem für die Ausführung des Direktionsrechts[103] und der Fürsorgepflicht[104] ist.

Auch der Begriff des *Trägers* scheint ebenso keine klärende Alternative hinsichtlich dieses wesentlichen Aspekts für ein Praxisporträt zu sein (vgl. Markard
& Holzkamp 1989). Denn auch dieser Begriff, der im juristischen Kontext für
den Betreiber einer Einrichtung steht, legt hier wiederum nur eine Antwort nahe:
der Verein (vgl. Kap. 5.1.3.3).

5.1.1.3   Die trägerspezifischen Unterschiede und ihre Bedeutung für Kooperationen

In den Interviews wurde die konträre Funktion der Beschäftigten bei öffentlichen
Behörden und bei freien Trägern thematisiert. Die BehördenmitarbeiterInnen
übernähmen die Funktion des *Auftraggebers*. Sie nähmen die Anfragen der Unterstützungssuchenden auf, filterten sie und vermittelten bzw. verteilten entsprechende Aufträge an die *AuftragnehmerInnen*. Bedeutend sei, dass sie nicht, wie
die Beschäftigen bei den freien Trägern, auf neue Aufträge hoffen und auf Zu-
schläge warten müssten. Eine Interviewte, die in einer Behörde beschäftigt ist,
brachte dies auf den Punkt: Es gebe eben kein „Gerangel" (Frau W.) um Aufträge, wie es bei freien Trägern Alltag sei.

Eine Ausnahme bestehe im Kontext der Sozialraumorientierung (vgl. Kap.
3.3.2). Hier werde gemeinsam darüber entschieden, was zu einem Fall werde und
wie und von welchem Träger dieser zu bearbeiten sei (vgl. Kap. 5.1.4.3, 5.1.7.1).
Dennoch behalte auch in diesem Fall die Behörde die letzte Entscheidungsmacht
bzw. die Durchführungsverantwortung.

---

schäftsführung und Vorstand kann in verschiedenen Rechtskonstruktionen in der Satzung
des Vereins festgeschrieben werden (vgl. u.a. Waldner & Schweyer 2006).

[103]   Dies beinhaltet nach § 106 der Gewerbeverordnung die Weisungsbefugnis über Zeit, Ort
und Inhalt der vom Angestellten zu erbringenden Leistung.

[104]   Dies umfasst unter anderem laut § 618 Bürgerliches Gesetzbuch (BGB) zum Beispiel den
Gesundheitsschutz am Arbeitsplatz.

Angestellte von freien Trägern bemängelten, dass es vorkomme, dass Jugendamtsleitungen aufgrund ihrer Funktion mehr denn je Dankbarkeitsbekundungen erwarteten. Ein Interviewpartner aus den neuen Bundesländern meint, dass sich dieser Habitus stark verändert habe. Nach der Wende hätten aufgrund des Anbietermangels die freien Träger eine starke Position innegehabt und man habe wegen der DDR-Vergangenheit der BeamtInnen deren „Stühle zum Wackeln" (Herr I.) bringen können. Heute seien sie weitergebildet und etabliert und gelegentlich würden vermeintlich „überflüssige demokratische Diskussionen" (Herr S.), zum Beispiel in Gremien wie Jugendhilfeausschüssen, zurückgedrängt, was kritisiert wird.

Zudem erschwere die weiterhin unterschiedlich hohe „Schlagzahl" (Herr T.) bei den verschiedenen Trägerarten die Zusammenarbeit. Bürokratische, langsame Antragsverfahren seien trotz der Reformen üblich und könnten im Arbeitsalltag in einer Behörde lähmend wirken. Eine Angestellte meint hierzu:

> „Ich denke, es ist ein großer Unterschied, ob du jetzt bei einem freien Träger angestellt bist oder definitiv im öffentlichen Dienst. Bei mir ist es so, dass ja Amtsstrukturen sind einfach bescheuert. Du bist Frau Don Quijote, weil du für jeden Blödsinn einen Antrag stellen musst und weil es leider nicht so schnell geht, wie du es gerne hättest." (Frau W.)

Auch ein Beschäftigter bei einem freien Träger hebt die unterschiedlichen Freiheitsgrade hervor:

> „Dadurch dass es ein Verein ist, hat man halt immense Freiheiten. Also, ich kann persönlich, ich denk mal zu 99%, die Sachen, die ich möchte, auch umsetzen, egal was das für eine Idee ist. (...) ich meine, ich bin selber auch dafür zuständig, dass das Geld da ist, das ist schon klar. Nur es gibt keinen, der sagt, es gibt eine Haushaltssperre." (Herr T.)

Zudem wirkten die Kollegen in Behörden überlastet durch die steigende Zahl der zu bearbeitenden Fälle, die sie „vom Tisch haben wollen" (Herr C.). Hierbei bekämen sie im Vergleich zu den Angestellten freier Träger oft nicht einmal eine Supervision zur Unterstützung bei schwierigen Entscheidungen, was sicherlich einen enormen Leistungsdruck bedeute.

Diese Aspekte wirkten sich negativ auf die Zusammenarbeit aus, indem zum Beispiel ein zuständiger Beamter kaum telefonisch erreichbar sei, was in Einzelfällen hoch problematisch sein könne. Außerdem erschwere die niedrigere „Schlagzahl" (Herr T.) in öffentlichen Einrichtungen die gemeinsame Planung von Projekten, auf die man häufig angewiesen sei. Um entsprechende Gelder zu beantragen, müsse man flexibler und schneller reagieren (vgl. Kap. 5.1.2.1).

Anhand der genannten Zusammenhänge wird deutlich, dass die Veränderungen aus der Beschäftigtenperspektive die Probleme (z.B. unterschiedliche Funktion, Schlagzahl etc.) zuspitzen können, die für die Zusammenarbeit zwischen den

Trägern bedeutende Herausforderungen darstellen. In den Interviews werden die MitarbeiterInnen des jeweils anderen Trägers zum Beispiel bemitleidet bzw. abgewertet. Hierbei scheinen sich Animositäten, Vorurteile und reflektierte Erfahrungen mit konkreten Machtfragen sowie Abhängigkeitsverhältnissen zu vermischen (vgl. Kapitel 5.1.4.3).

5.1.2   Finanzierungsmodelle und Einsparmethoden

Wie bereits erwähnt (vgl. Kap. 3.2, 3.3), nehmen AkteurInnen aus der Politik unter anderem auf kommunaler, Landes- und Bundesebene eine Schlüsselrolle ein. Auch von den Interviewten wurden sie als zentrale AkteurInnengruppe benannt. Sie richteten daher Aktivitäten direkt auf sie aus. Dies geschehe in Form von offensiver Öffentlichkeitsarbeit, welche die Bedeutung der Sozialen Arbeit bewerbe, anstatt lediglich ihre Notwendigkeit zu betonen. Zudem informiere man FachpolitikerInnen über Konsequenzen ihrer Entscheidungen, da sie selten über ausreichend ressortspezifisches Fachwissen verfügten. Andere wiederum betonen, dass es insbesondere gelte, für die Politik „offene Ohren" (Frau Q.) zu haben und zu verfolgen, welche neuen Schwerpunkte gesetzt würden. In ihrem konkreten Arbeitsfeld gehe es zum Beispiel weg von verwahrender, niedrigschwelliger Drogenhilfe, die viel kostet und hin zu breit angelegten Präventionsmaßnahmen (vgl. Kap. 5.1.6.3). Andererseits wurde auch die Tendenz beklagt, dass die Vorgaben vonseiten der Politik bzw. deren AkteurInnen aufgrund des vorherrschenden Konkurrenzdrucks kritiklos übernommen würden. Außerdem beeinflussten Wahlausgänge und weniger fachliche Aspekte die (Wieder-)Auflage von Programmen.

Die neuen[105] bzw. forcierten[106] Finanzierungsmodelle und Einsparmethoden ermöglichten zwar eine gezieltere und effektivere Vergabe von Mitteln, aber sie bedeuteten für die Beschäftigten auch erhebliche Anforderungen, wie das stetige Abwägen von ökonomischen, ethischen und fachlichen Aspekten. Auch wenn seitens der Fachkräfte hinsichtlich der neuen Finanzierungsmodalitäten die *Klassifikation bzw. Hierarchisierung der NutzerInnen* in zuverlässige, sprich gewinnbringende und wirtschaftlich riskante Gruppen eine tragende Rolle spielt, so scheint auch die potenzielle Macht der NutzerInnen durch, die, wie wir es am Beispiel der Leistungsfinanzierung aufzuzeigen gilt, als latente (Existenz-)Bedrohung wahrgenommen werden kann.

---

[105]   Zum Beispiel Entgeltmodelle (vgl. Kap. 3.3.1).
[106]   Zum Beispiel Projektfinanzierung (vgl. Kap. 3.3.1).

5.1.2.1   Die Krux mit den Leistungsentgelten und die ,quasi nicht ganz legalen Ausweichbewegungen'

Es ist das aktuelle sozialpolitische Ziel, durch den gezielteren Einsatz von Finanzmitteln eine bessere Dienstleistungsqualität zu erreichen (vgl. Kap. 3.3). Interviewte werteten es als fachlichen Fortschritt, wenn Fachkräfte bei der Beantragung von Mitteln nun ihre Ziele und Zielgruppen ebenso präzisieren müssten wie ihr geplantes methodisches Vorgehen.

Wird die forcierte Steuerung der Finanzen als fachlich effektivere Form der Mittelvergabe wahrgenommen, erscheint die Kritik an der aktuellen Vergabepraxis zunächst unvernünftig. Dies gilt meines Erachtens vor allem, wenn man der Kritik folgt, dass eine *Allzuständigkeit* (vgl. u.a. Bernasconi 1995: 63) der professionellen Sozialen Arbeit unangemessen sei. Die Zielformulierungen hätten nämlich unter anderem den Effekt, dass das Aufgabenspektrum hierdurch eingeschränkt werde, wodurch sich Kosten einsparen ließen nach dem Motto: „Also, das ist mein Auftrag, den führe ich aus und dann ist vorbei" (Herr C.).

Der Blick in den Praxisalltag zeigt jedoch, dass diese Steuerungsformen erhebliche Anforderungen und Schwierigkeiten für die Beschäftigten bedeuten können, wodurch auch ihre teilweise ablehnende Haltung nachvollziehbar wird. Anhand von zwei als relevant genannten Finanzierungsmodellen aus dem Bereich der Leistungsfinanzierung (vgl. Kap. 3.3.1) wird nun nachvollzogen, welche komplexen Anforderungszusammenhänge sich für die Beschäftigten ergeben können.

Projektfinanzierung, so berichteten Interviewte, erfordere, dass sie nun prospektiv Projekte planen und Konzepte erarbeiten. Dies geschehe nicht selten unter Zeitdruck, um von außen gesetzte Fristen einzuhalten. Diese Tätigkeiten würden somit in *Vorleistung* erbracht, was auch beinhalten könne, bereits mit einer Zielgruppe zu arbeiten. Nach Ansicht von Befragten entspräche es nicht den Bedürfnissen von Jugendlichen, nach der gemeinsamen Entwicklung einer Idee (z.B. einem Band-Projekt) Monate lang auf Gelder für den Sozialarbeiter zu warten, mit dessen Unterstützung dieses Projekt realisiert werden soll.

Diese Finanzierungsform bedeute nicht nur, dass der Einrichtungsträger bzw. der Selbstständige die Entwicklungskosten, also das wirtschaftliches Risiko, trage, sondern auch sich mit verärgerten NutzerInnen konfrontiert zu sehen (vgl. Kap. 5.1.8). Stelle sich später nämlich heraus, dass die beantragten Gelder nicht bewilligt werden, könne dies für die betroffene Zielgruppe „extrem bescheuert" (Herr F.) sein, wenn sich die Fachkraft deshalb „zurückziehe"(ebd.) und Projekte „stagnierten"(ebd.) oder gar nicht weiterverfolgt würden. Ein Sozialarbeiter äußerte hierzu:

„Also, ich habe da dann auch mit offenen Karten gespielt und habe das auch so gesagt. Aber auf eine Art konnten sie es halt auch nicht nachvollziehen, also weil [Pause] dieses Projekt und das, was die da machen, halt für die beteiligten Kids erst mal nichts, überhaupt gar nichts mit Geld zu tun hatte. Und das ja aber sehr wohl einen ganz, ganz großen Einfluss auf das Projekt (...), auf den weiteren Verlauf oder Nichtverlauf hat. Also, das waren – es gab da ein ziemliches Unverständnis (...). Also, ich habe halt dann versucht (...), mit den Jugendlichen gemeinsam so einen Plan B zu entwickeln, dass die halt mehr alleine weiterarbeiten (...). Dann gab's jetzt zwischendurch wieder irgendwie 200, 300 Euro, und dann habe ich versucht, wieder so ein bisschen einzusteigen. Was natürlich ein Unding ist." (Herr F.)

Ebenfalls problematisch sei, dass bewilligte Gelder an veranschlagte Inhalte und Ziele gebunden seien, was ein weiteres Hindernis für den Versuch darstelle, auf die Bedürfnisse einer Zielgruppe im Rahmen eines Projekts angemessen eingehen zu können. In den geschilderten Bedeutungen zeichnet sich meines Erachtens ein Konflikt ab zwischen beruflich-fachlichen Ansprüchen und beschränkenden Finanzierungsmodell, worauf noch genauer eingegangen wird (vgl. Kap. 5.1.2.3).

Eine weitere zentrale Herausforderung im Kontext der Projektfinanzierung sei außerdem die Bereitstellung von Mitarbeiterkapazitäten, die für die Vorbereitung und Realisierung vorgehalten bzw. freigestellt werden müssten:

„Zum Beispiel angenommen, es gibt ein Projekt. Der Jobcenter sagt: Mensch, wir haben hier die unter 25 Klienten, die kiffen alle, wir wollen da mal was tun. Und wir machen Geld locker. Macht mal was hier im Rahmen des Bereichs Sucht. (...) dann müssen wir die Kollegen, die das übernehmen werden, natürlich dann auch freistellen. (...), die müssen ein Konzept erarbeiten, die müssen Werbung machen, vielleicht auch Klienten akquirieren und das Ganze dann auch durchführen. Und werden dann auch quasi von den anderen Mitarbeitern auch entlastet. Für die Zeit, die sie dann vielleicht auch keine Beratung machen, ist dann eben ein anderer Kollege da, der dann halt einfach für den Fall mehr Beratungen – also, das funktioniert auch nur in einem Team." (Frau Q.)

Die Ausführungen der Interviewten zeigen, dass die genannte Anforderung in ihrer Einrichtung weniger durch das Vorhalten von Mitarbeiterkapazitäten gelöst werde, sondern in Form von Freistellungen von MitarbeiterInnen von ihren Routineaufgaben. Dies bedeutet folglich für die entlastenden KollegInnen Mehrarbeit bzw. eine Arbeitsverdichtung. Hinzu kommen die konfliktreichen Fragen danach, wer im Team freigestellt und hierdurch entlastet wird. Betrachtet man diese Frage zusätzlich im Kontext der Verschiebung der Wertigkeit von Arbeitsinhalten (vgl. Kap. 5.1.6), verdient sie zusätzliche Aufmerksamkeit.

Ein weiteres Beispiel ist das Entgeltmodell *Fachleistungsstunde*. Die Fachleistungsstunde sei laut einer Mitarbeiterin eines freien Trägers ein Weg, um wirt-

schaftliche Risiken zu kompensieren. Das für den Tätigkeitsbereich der Drogenhilfe zuständige Sozialamt habe in der Vergangenheit fast immer die Finanzierung der beantragten Leistungen bewilligt, lediglich der Stundenumfang habe zur
Verhandlung gestanden.

Komme es bei dieser Finanzierungsform zu einem ungünstigen Maßnahmen-
verlauf, zum Beispiel durch wiederholt ausfallende und nicht abrechenbare Termine mit den NutzerInnen, könne der Träger unter finanziellen Druck geraten.
Ob die Verantwortung für die Regulation der Einnahmenausfälle allein auf die
jeweils betroffenen MitarbeiterInnen übertragen werde, hänge von der spezifischen Politik des Trägers ab. Das Wohlverhalten gegenüber dem Arbeitgeber
bzw. Kostenträger sei bei dieser Finanzierungsform besonders relevant, da hiervon nicht zuletzt abhänge, ob sie weiterhin Fälle erhielten. Im folgenden Abschnitt werden Regulierungsstrategien aufgezeigt, die dem Abfedern des Drucks
dienen können:

- Der Interviewte versuche zum Beispiel, die „optimale Prozessgeschwindig-
  keit" (Herr C.) zu erwirken. Dies sei sinnvoll, da aufgrund der Finanzierungsform kein Interesse daran bestehe, Maßnahmen schnell zu beenden[107], die
  NutzerInnen sich aber kontinuierlich weiterentwickeln müssten, da ansonsten
  die Weiterbewilligung gefährdet sei. Die Regulierung geschehe, indem sie
  sich formal laut Hilfeplan nicht zu langsam oder zu schnell weiterentwickeln
  würden.
- Die Termine mit den NutzerInnen, die wie mit „einer Stechuhr genau" (Herr
  C.) abgerechnet werden müssten, könnten zudem aufgerundet werden, um
  den Druck abzumildern.
- Zusätzlich könne ein Anruf bei einem Kostenträger bewirken, dass ein Stun-
  denkontingent abgerechnet werden dürfe, obwohl bekannt sei, dass die Termine aufgrund einer Erkrankung des Nutzers nie stattgefunden hätten.
- Das Abrechnungssystem im Bereich aufsuchender Arbeit lege außerdem
  nahe, möglichst lange Termine mit den NutzerInnen zu vereinbaren, obwohl
  Stundentermine als pädagogisch sinnvoller erachtet würden. Und zwar deshalb, weil Fahrtzeiten nur im Rahmen einer Pauschale abgerechnet werden
  können. Komme der Beschäftigte nicht mit diesem Kontingent aus, gelte das
  als sein Problem, das er durch unbezahlte Mehrarbeit kompensieren müsse.

Diese teils die Struktur stabilisierenden, teils subversiven Verfahrensweisen
seien mit erheblichen psychischen Kosten verbunden: Es bestehe stets die Gefahr, entdeckt zu werden, und das Bewusstsein, nicht korrekt zu handeln.

---

[107] Sobald eine Maßnahme beendet ist, muss zeitnah und erfolgreich Fallakquise betrieben
werden, da ansonsten Finanzierungslücken entstehen.

Nicht nur die Praxis des eben dargestellten *Stunden Aufrundens* illustriert eine „quasi nicht ganz legale Ausweichbewegung" (Herr C.) im Kontext der Entgeltfinanzierung, sondern auch die „Doppelfinanzierung" (Frau Q.) von Arbeitsplätzen, wie eine andere Fachkraft berichtete. Doppelfinanzierung meint, dass die Kosten für das Personal, welches für Projekte freigestellt werde, bereits über die Zuwendungsfinanzierung abgedeckt seien. Erwirtschaften die freigestellten Fachkräfte zusätzliche Projektmittel, könnte durch die Mehrarbeit der entlastenden MitarbeiterInnen finanzielle Polster aufgebaut werden, um die gestiegenen wirtschaftlichen Risiken im Bereich der Entgeltfinanzierung abzupuffern. Erkennbar wird auch hier eine spezifische Regulationsform in der Grauzone zwischen Legalität und Illegalität.

Zusätzlich zeigen Interviewdaten, dass es für die betroffenen Angestellten nahe liegend scheint auszublenden, zu wessen Lasten es den Trägern gelingt, Rücklagen zu bilden: Zu Lasten der NutzerInnen bzw. den beruflichen Ansprüchen der Fachkräfte

- wenn Stunden direkt personenbezogener Leistungen aufgerundet werden.
- wenn Teile des Personals für die Aufgaben des Zuwendungsbereichs faktisch nicht zur Verfügung stehen.
- wenn in Kauf genommen wird, dass NutzerInnen Wartezeiten hinnehmen müssen, die sie eventuell nicht überbrücken können und dann nicht mehr oder schwerer für die Fachkräfte zu erreichen sind.

Außerdem ist anzunehmen, dass MitarbeiterInnen in einem unterschiedlichen Ausmaß mit *Arbeitsverdichtung* konfrontiert werden, zum Beispiel wenn sie KollegInnen vertreten. Grundlage der Annahme ist, dass wohl nicht alle Fachkräfte entweder über die notwendigen Kompetenzen (z.B. im Bereich Konzeptentwicklung bzw. Projektmarketing) verfügen oder aufgrund ihres Einsatzgebietes weniger Spielräume haben, derartige Aufgaben zu übernehmen (da für ihre Dienstleistung die NutzerInnen meist Schlange stehen). Zudem hängt das Engagement für außeralltägliche Projekte – zumindest wenn diese mit veränderten Arbeitszeiten einhergehen – auch von privaten Verpflichtungen, wie zum Beispiel Kinderbetreuung und Altenpflege in der eigenen Familie, ab. Die unterschiedlichen Handlungsoptionen der Fachkräfte wurden zumindest im Interview von einer Person offen thematisiert:

„Und manchmal habe ich viel zu tun, manchmal habe ich drei Klienten, die muss ich vermitteln, und dann habe ich auch ruhig sechs Stunden was zu tun. Und manchmal kommen die nicht. (...) Und da habe ich dann plötzlich ungeahnt Zeit [lacht]. Ja, und habe dann die Möglichkeit zu sagen: Okay, zwei Stunden beschäftige ich mich mit Thema XY. Und ich glaube, das ist vielleicht auch ein Joker, den ich vielleicht auch habe." (Frau Q.)

Weiter berichtete diese Interviewte, dass auch Teilzeitkräfte weniger zum Zuge kämen, da ihnen ein geringeres Maß an zeitlicher Gestaltungsfreiheit im Vergleich zu Vollzeitbeschäftigten zur Verfügung stehe. Zusätzlich wurde am Material nachvollziehbar, warum Beschäftigte trotz der möglichen Konflikte diese Praxen dulden bzw. reproduzieren.[108] Infolge dieses „sehr guten Wirtschaftens" (Frau Q.) bzw. der hierdurch entstehenden finanziellen Gestaltungsspielräume, lasse der *Anstellungsträger* einen eben auch „nicht hängen" (ebd.), wenn zum Beispiel im Bereich der Zuwendungsfinanzierung eine halbe Stelle gekürzt werde. Die Praktikerin berichtete – fast mit einem gewissen ‚Trägerpatriotismus' –, dass es an ihrem Arbeitsplatz zwar eine derartige Situation gegeben habe, jedoch niemandem gekündigt worden sei. Ein Teil der Mittelkürzungen sei durch unbezahlte Mehrarbeit (!), ein weiterer durch kürzere Öffnungszeiten (!) und ein dritter durch die genannte Form des *sehr guten Wirtschaftens* ausgeglichen worden. Irritierenderweise wird die Leistung dem Management zugeschrieben und eben nicht zumindest teilweise auch den KollegInnen, die faktisch die Rücklagen erarbeitet haben. Ein derartiges stillschweigendes Einvernehmen funktioniert, so ist zu erwarten, jedoch nur so lange, wie dadurch tatsächlich Arbeitsstellen gesichert werden können. Gelingt dies nicht mehr, dürfte die Fragilität dieses restriktiven Arrangements sichtbar werden.

Ein Nebeneffekt dieser individuellen, defensiven trägerinternen Praxis ist nämlich, dass die eigentlichen strukturellen Ursachen – die neuen Finanzierungsformen inkl. ihres höheren wirtschaftlichen Risikos für die Leistungserbringer – unhinterfragt bleiben. Zudem kann das potenzielle Sanktionsrisiko bei der Öffentlichmachung von Praktiken im Grenzbereich zur Illegalität die Aussprache nachvollziehbarer Kritik an jenen Finanzierungsmodellen behindern. In einem Gespräch bestätigte ein Interviewpartner nach dem Ausschalten des Aufnahmegeräts diese Vermutung. Er führte aus, dass bei einer Debatte in einem kommunalpolitischen Gremium das Finanzierungsmodell sowie das daraus resultierende hohe wirtschaftliche Risiko nicht offensiv habe kritisiert werden können, da die offiziell abgerechneten Stunden (inkl. lückenloser Leistungsdokumentationen) stimmig und die Träger nicht insolvent gewesen seien.

---

[108] In informellen Gesprächen mit Professionellen wurden mir derartige Strategien bestätigt. So meinte beispielsweise eine Mitarbeiterin eines Allgemeinen Sozialen Diensts: in der Behörde sei bekannt, dass die freien Träger zu unlauteren Mitteln greifen müssten, um zu überleben; in der Regel werde ihnen auch nicht der am besten geeignete Mitarbeiter zugeteilt, sondern der, der am dringendsten eine Maßnahme brauche.

5.1.2.2   Reduzierung von Fallzahlen, Umfang der Hilfen und Personalkosten

Dass die Finanzierungssituation ein zentrales Moment für PraktikerInnen ist, wird noch deutlicher, wenn man die Ausführungen bezüglich der Kürzungen und Sparmaßnahmen betrachtet. Sie würden durch den steigenden *Druck* (da enorm wirtschaftlich gearbeitet werden müsse, um Sparquoten zu erfüllen) und durch zunehmende *Unsicherheit* wahrgenommen. Träger kämpften um den Erhalt ihrer Angebote und Angestellte um den Erhalt ihrer Arbeitsplätze. Der Druck und die Unsicherheit zeigten sich auch in der trägerübergreifenden Zusammenarbeit in Form intriganter Umgangsweisen sowie in dem Konkurrenzkampf der Anbieter mittels fachlicher Qualität oder günstiger Preisen. Von den Interviewten wurde ein ausgesprochen vielfältiger Katalog von Sparmaßnahmen genannt.

Die Kostenträger versuchten zum Beispiel bei der einzelfallbezogenen Finanzierung, die *Anzahl der Fälle* zu *reduzieren*. Eine Regulationsform bestehe darin, bei der Bewilligung von Leistungen die Anfragen stärker zu sondieren. So stellte eine Mitarbeiterin aus dem Bereich des betreuten Wohnens fest: „Also, das ist ganz deutlich zu merken, dass sozusagen sich diese Anfragensituation ja rapide verschlechtert hat" (Frau M.). Die Entscheidung darüber, ob bei den Jugendlichen ein Bedarf vorliegt, wird stärker den je als „Gratwanderung" (ebd.) wahrgenommen:

> „Da wird auch mehr geguckt natürlich. Was ja auch nicht schlecht ist, aber ich finde, das ist oft so eine Gratwanderung, dass in den Jugendämtern gibt es ganz viel Druck, auch von oben, dass da irgendwelche Quoten auch erfüllt werden müssen und gespart werden muss." (Ebd.)

Des Weiteren würden Fallzahlen verringert, indem vonseiten des Jugendamtes Hilfen früher beendet würden. Diese Entwicklung bemerke die oben zitierte Fachkraft daran,

> „dass Hilfen jetzt pauschal beendet werden, wenn Mädchen 18 werden – zum Beispiel ohne zu gucken – wäre es nicht insgesamt vielleicht sinnvoller, wenn die Hilfe noch ein bis eineinhalb Jahre laufen würde. (...) als ich da angefangen habe, gab's auch noch eine Klientin, die war 21 und ist noch im Rahmen der Jugendhilfe betreut worden. Und rein gesetzlich geht das natürlich auch (...), aber das ist, glaube ich, inzwischen sehr, sehr schwer – also durchzufechten. Also, das ist, glaube ich, eher die große Ausnahme." (Frau M.)

Aber auch die *Reduzierung des Hilfeumfangs* wird als zentrales Steuerungsmittel wahrgenommen:

„Ich bin jetzt seit vier Jahren in dem Bereich tätig, aber ich weiß, dass in dem Bereich Familienhilfe früher pro Familie eine Viertelstelle veranschlagt wurde, und jetzt wird die Stückelung auf jeden Fall kleiner. Also, es gibt Familienhilfe, Einzelbetreuung schon mit zwei oder drei Stunden die Woche." (Herr C.)

Diese Einsparmaßnahmen haben für die Fachkräfte vielfältige Bedeutungen. So müsste eine Fachkraft „hoch effektiv arbeiten und kann es sich überhaupt nicht leisten, mal links und rechts zu gucken" (Frau T.). Und sie „müssen sehr viel mehr Fälle übernehmen, um auf eine 30-, 35-Stunden-Stelle zu kommen"(ebd.). Zudem könnten Inhalte nicht mehr wie zuvor bearbeitet werden, wenn es „plötzlich nicht mehr 8 Stunden, sondern 6,1 in der Woche in den Familien" (ebd.) seien.

Den MitarbeiterInnen derartige Nachrichten zu vermitteln und dennoch ihre Arbeitsmotivation zu mobilisieren, stelle eine Herausforderung für Leitungskräfte dar:

„Ich kriege es [die Kürzungsnachricht] und dann ist es hier über die Teams schon bei den Kollegen. (...) Ich muss mich blitzartig schlau machen, wie gehen wir jetzt damit um. Und muss trotzdem versuchen, das irgendwie so am Laufen zu halten, dass wir alle motiviert sind, das umzusetzen. Weil die andere Möglichkeit ist, wirklich mal – irgendwann einfach mal am Markt zu scheitern. (...) Und letztlich geht es nur darum, das irgendwie abzupuffern und abzufedern, weil hinter dieser Stundenreduzierung steht natürlich auch eine Angst, meine eigenen Stunden werden weniger." (Ebd.)

Zudem würden fantasievolle Konstruktionen erdacht, um die Konfliktlinien zwischen den Trägern in subtiler Weise neu zu gestalten. Bisher habe es keine derartige trägerübergreifende Vermischung von Budgets und Auswirkungen auf das Personal gegeben. Eine dieser „merkwürdigen Geschichten" (Frau T.) im Kontext der Sozialraumorientierung (vgl. Kap. 3.3.2) sei folgende:

„Ich finde das sehr hilfreich (...), diese Verquickung (...). Also, im Bereich HzE, Hilfen zur Erziehung, gibt es irgendwie eine Komplett-Budgetierung, da kriegt ein Amt so und soviel Millionen. Da sind Fallpauschalen von, was weiß ich, von 800 000 Euro drin für diese entsprechenden Hilfen. Wenn diese Fallpauschalen überzogen wurden und die haben 900 000 Euro ausgegeben, weil sie mehr Stunden und irgendwie Co-Therapeuten, all so was gemacht haben, dann fehlen diese 100 000 für den Bereich Hilfen zur Erziehung. Da sind aber auch die Personalstellen, der RSD[Regionaler Sozialer Dienst]-Mitarbeiter einkalkuliert. Ich sage, das wissen alle jetzt, wenn wir als Träger zu viele Fallkosten produzieren, dann fehlt es am Ende im nächsten Jahresbudget an den Stellen für die RSD-Mitarbeiter." (Ebd.)

Hierbei bestehe ein wesentlicher trägerspezifischer Unterschied:

„(...) die Leute vom Jugendamt hier mussten es in der Tat in den letzten drei Tagen ihre Sozialbögen ausfüllen, schon mal so perspektivisch für die Sozialauswahl. (...) Und dann kommt von freier Träger Seite natürlich: Ja, dann werden sie versetzt. Und wenn es bei uns knallt, fliege ich einfach raus (...). Die kommen in den Personalüberhang [Pause]. Die sind denn zwar hier aus ihrem Umfeld, aus ihrer Arbeit weg, aber die werden ja nicht arbeitslos, wenn die verbeamtet sind. Na, dann sagt zwar der eine: ‚Ich habe mein ganzes Leben hier in XY [anonymisiert] gearbeitet, ich finde das hier total toll und jetzt soll ich nach XY [anonymisiert] ins Sozialamt oder wo auch immer hin.‘ Das ist nicht schön, das finden wir ganz schrecklich, und nur weil ihr Trägervertreter sagt ‚Aus fachlich-inhaltlicher Sicht braucht ihr jetzt aber Co-Therapeuten und müsst diese Fallkosten immer überziehen.“ (Ebd.)

Druck kann in diesen Zusammenhängen jedoch nicht nur für die Beschäftigten entstehen, sondern auch für die NutzerInnen:

„Wir haben irgendwie vier, fünf Stunden in der Woche Zeit pro Familie, nicht mehr. Da wird richtig hart gearbeitet. Und die werden viel mehr unter Druck gesetzt. Also, die elterliche Kompetenz wird viel mehr rausgekitzelt.“ (Ebd.)

Interviewte, die bei freien Trägern beschäftigt sind, meinten, dass von den zuständigen Behörden der individuelle Bedarf weniger gewissenhaft bewertet würde. So berichtete ein Mitarbeiter aus dem Bereich der Hilfen für straffällig gewordene Jungendliche, dass

„Eltern von Jugendlichen hier anrufen und sagen: ‚Wir würden gerne unser Kind zu ihnen in den Kurs bringen, weil das haben wir gehört, dass das gut ist.‘ Dann sage ich: ‚Das muss aber finanziert werden, wenden Sie sich bitte ans Jugendamt.‘ Und dann tauchen die nie wieder auf. Wo sie vielleicht ein Recht dazu hätten, das zu kriegen.“ (Herr S.)

Ähnliche Bedenken teilt auch ein Mitarbeiter in einer Behörde. Er vermutet, dass manche Eltern aufgrund der neuen Organisationsform des Universaldiensts (vgl. Kap. 5.1.1.1) mit entsprechend universalen Beratungen nicht ausreichend unterstützt bzw. nicht „ankommen“ (Herr D.) würden. Dies werde angesichts der Haushaltslage von den Vorgesetzten jedoch nicht weiter problematisiert. Dieser Aspekt gewinnt durch die Einschätzung von Interviewten an Brisanz, dass vonseiten der betroffenen NutzerInnen kaum Widerstand zu erwarten sei (vgl. Kap. 5.1.8).

Ein weiterer Aspekt im Zuge der Bestrebung, die öffentlichen Ausgaben zu regulieren, sei der *Vormarsch von Billiganbietern*, der insbesondere von Interviewten bei freien Trägern eingebracht wurde. Sie meinen unter anderem, dass „natürlich die Jugendämter auch die billigen Träger am liebsten belegen“ (Frau M.) würden. Hierbei schwingt Kritik an der Belegungs- oder Auftragsvergabepraxis der Kos-

tenträger mit, doch gleichzeitig wird festgestellt, dass der Preisdruck auch aus
den eigenen Reihen komme. Dies sei dann der Fall, wenn konkurrierende Anbieter sich auf Nahelegungen von politischen Entscheidungsträgern einlassen würden:

> „Der XY [Träger anonymisiert] könnte doch jemand sogar mit unqualifizierten Fachkräften
> ersetzen, weil es doch viel billiger ist (...), so wird es gesagt. Es wird aber nur aus Kosten-
> aspekten so gesagt, weil ich denke, dass diese, ich nenne es mal trotzdem so: Billigangebo-
> te keine so eine starke Wirksamkeit haben – langfristig und dann doch teurer sind (...), dass
> uns meinetwegen gesagt wird: bis 2009, sie sind das beste Angebot, das ist sicher, aber
> dass ich dann eben im Nachhinein erfahre von jemand, der mit in dem anderen Gespräch
> anwesend ist, dass dann so Gespräche trotzdem mit Billiganbietern geführt werden und ge-
> sagt wird: ‚(...) ja, der soziale Trainingskurs, der ist ja ziemlich teuer, und wir können eben
> nicht und müssen überlegen, ob wir mit dem Mercedes fahren oder mit dem Trabant. Und
> dann wird eben auch mal einem anderen Träger angeboten.“ (Herr I.)

Indem Anbieter bereit seien, dem Preisdruck nachzugeben, um einen Auftrag zu
erhalten, unterstützen sie in einem restriktiven Modus die sozialpolitischen Rahmenbedingungen (vgl. Kap. 3.3.1). Sie sähen sich zwar gezwungen zum Beispiel
das Gehaltsniveau ihrer Beschäftigten abzusenken, aber sie blieben zunächst im
Geschäft. Aber nicht nur die Beschäftigten bei den freien Trägern gestalten ihre
Rahmenbedingungen mit, sondern auch diejenigen bei öffentlichen Trägern
können und müssen dies tun:

> „Ich denke, es hängt auch sehr von den Jugendamtsmitarbeitern ab (...). Da gibt es auch
> Engagierte, die nehmen ihren Job ernst und die kämpfen auch da durch die Instanzen Hil-
> fen durch – so. Und dann gibt es halt andere, die haben vielleicht mehr Druck oder sind
> angepasster oder wie auch immer, gucken nicht so genau hin. Wo halt so was auch schnell
> passiert.“ (Frau M.,)

Neben den Verteilungsmechanismen bestehe eine der bedeutendsten Stellschrau-
ben zur Senkung der Erbringungskosten sozialer Dienstleistungen in der *Reduzierung von Personalkosten*. Dies geschehe sowohl bei öffentlichen als auch bei
freien Trägern, indem vermehrt ungelernte Arbeitskräfte eingesetzt bzw. Fach-
kraftstellen abgebaut würden. Zudem gebe es die Praxis, Stellen nicht neu zu
besetzen bzw. die Beschäftigungskonditionen der Angestellten zu deren Unguns-
ten zu verändern. Ein Interviewter berichtete, dass in seiner Behörde die Bereiche, in denen Personal abgebaut werden soll, in den internen Unterlagen mit
„KW [kann wegfallen]“ (Herr D.) zu kennzeichnen seien, was eine „Selbstweg-
rationalisierung“ (ebd.) bedeuten könne. Diese Kennzeichnungen bezögen sich
ausdrücklich auf das in der Regel verbeamtete und in den so genannten Überhang zu verschiebende Personal und nicht auf bestimmte Aufgaben. Diese müssten dann von den verbleibenden Kollegen übernommen werden. Zudem werde

versucht, durch Ehrenamtliche, PraktikantInnen und MAE-Kräfte (vgl. Kap. 3.5.1) die Kosten zu reduzieren und das Arbeitsvolumen zu bewältigen (vgl. Kap. 5.1.3.1): „Wo man – na klar – auch gucken muss (...), wie macht man das und wie kann man hier Betreuung gewährleisten und trotzdem irgendwie ja billig sein" (Frau M.).

Es zeigt sich in den Aussagen, dass – obwohl etabliert – der Einsatz von MAE-Kräften auch problematisiert wird. Grundsätzlich handle es sich hierbei um die berufspolitische Frage: „Wie viel Ausgebildete, Festangestellte setzte ich ein? (...) das ist natürlich dann tatsächlich eine sehr große Gratwanderung" (Frau M.). Zudem müsste geklärt werden, welche Aufgaben MAE-Kräfte übernehmen sollen und wie sie mitbetreut und unterstützt werden. Eine Praktikerin berichtete, dass sie sich in ihrer Einrichtung klar gegen diese Strategie der Verbilligung positionieren:

> „Wir jetzt als Team sagen: ‚Nein wir wollen das eigentlich irgendwie grundsätzlich nicht. Also, wir sind – wollen schon – klar ausgebildete Sozialpädagoginnen. Ich finde problematisch (...) die Tendenz dazu, immer mehr zu gucken, MAE-Kräfte irgendwo einzusetzen. Andererseits wieder kann ich es individuell natürlich auch verstehen, weil so 'ne – also wenn man in so einer Situation ist und da betreuen muss und da den Bedarf auch sieht und aber ansonsten nichts kriegt, sozusagen, ja, dann ist das auch klar." (Ebd.)

Mancherorts würden NutzerInnen auf diesem Wege selbst zu sozialen DienstleisterInnen bzw. zu Co-ProduzentInnen im wahrsten Sinne des Wortes. So berichteten Interviewte davon, dass ehemalige NutzerInnen als MAE-Kraft in einer Suppenküche, an deren Tafel sie zuvor aßen, zu MitarbeiterInnen wurden. Eine derartige Entwicklung ist dann als problematisch zu bewerten, wenn zuvor sozialversicherungspflichtige Stellen abgebaut werden und das Aufgabenpensum von den verbleibenden Angestellten nicht mehr bewältigt werden kann. Hierdurch werden ihre Aufgaben zu zusätzlichen Aufgaben umdeklariert und von MAE-Kräften erfüllt, was die Tendenz der Verdrängung sozialversicherungspflichtiger Tätigkeiten im Bereich der Sozialen Arbeit befördern kann.

Die Reduzierung der Personalkosten in den eben beschrieben Formen wurde von den Interviewten bemängelt, denn obwohl Personal reduziert werde, existierten die Aufgaben trotzdem weiter und müssten von den verbliebenen KollegInnen übernommen werden (vgl. Kap. 5.1.3.1):

> „Die Kürzungen, das sind Personalkosten, die da eingespart werden. Also, insbesondere eben Gehälter. (...) Und da ist es eben zu massiven Kürzungen gekommen, heißt: die Arbeit wird nicht weniger. (...) Also, das Problem fällt ja nicht weg. Und eben mit weniger dieselbe Arbeit oder vielleicht auch ein bisschen mehr gemacht werden muss." (Frau Q.)

Beschäftigte in klassischen Bereichen der Sozialen Arbeit (z.B. Betreuung straffällig gewordener Jugendlicher, grundständige Drogenhilfe) klagen auch über die
unzureichende finanzielle Unterstützung vonseiten der Politik, da sich dies auf
die Qualität der Angebote auswirke:

> „Also, wir haben einen sehr hohen Bedarf, sind von Jugendrichtern, Fachleuten, auch von
> Jugendlichen sehr akzeptiertes Projekt. Aber wir nehmen von der politischen Seite keine
> Unterstützung für diese Arbeit wahr. Das heißt ganz konkret, dass uns in diesem Jahr im
> Frühjahr unsere dritte Mitarbeiterinnenstelle komplett gestrichen wurde, die sehr wichtig
> für die Projektarbeit ist, weil wir damit natürlich auch eine weibliche Person, die ganz
> wichtig ist für unsere Kursangebote, verlieren und die Ressourcen unseres Projektes eigent-
> lich nicht mehr voll ausnutzen können." (Herr S.)

> „Und da kommt natürlich dann immer: ‚Wir können nicht mehr, wir können nicht mehr
> Qualitätsabsenkungen hinnehmen, da musst du gegenhalten.' Es ist leider nicht so wie in
> der freien Wirtschaft. Das wird von irgendwo, von der Senatsverwaltung, manchmal von
> der Bezirksverwaltung per Dienstanweisung rausgegeben. Und dann müssen wir mit oder
> wir können es sein lassen. (...) Also, ich kann ja die Begründungen ‚unsere Arbeit ver-
> schlechtert sich immer mehr' – die kann ich ja gut nachvollziehen. Wenn ich jetzt selber an
> meine Berufspraxis denke, haben die ja alle recht, bloß ich muss irgendwo dafür sorgen –
> ich habe hier 42 Mitarbeiter angestellt –, dass die möglichst auch im nächsten Monat noch
> ihr Gehalt kriegen. Und wenn ich jetzt ins Jugendamt laufe und sage ‚Nein zu den Bedin-
> gungen, arbeite ich nicht mehr', dann klappen die ihren Ordner auf und suchen sich einen
> anderen Träger aus, und fertig. Also, in diesem Spannungsfeld – also, so schnell geht es
> wahrscheinlich nicht, aber in diesem Spannungsfeld bin ich ja irgendwo. Ich kann mit de-
> nen verhandeln, dass die eine oder andere Geschichte aus fachlicher Sicht so nicht durch-
> zuhalten ist. Und dann nähern wir uns ja auch wieder an." (Frau T.)

Insbesondere betreffe dies auch die Qualität der Beschäftigungsbedingungen der
Fachkräfte selbst. Dieser Aspekt wird unten (vgl. Kap. 5.1.3.2) detailliert entfaltet.

In Interviews wurden verschiedene Möglichkeiten benannt, wie mit Kürzungen
umgegangen werden könnte. So setzen manche auf Marketing und Öffentlichkeitsarbeit:

> „Na ja, das eine ist vielleicht, dass wir uns überhaupt fragen, wie reagieren wir darauf? Al-
> so, schreiben wir jetzt einen bösen Zeitungsartikel. Oder gehen wir ins Radio oder Fernse-
> hen." (Herr I.)

> „Wir hatten also schon mal eine Kürzung der Stelle angedroht [bekommen], da haben wir
> durch eine gute, auch lösungsorientierte Supervision, die wir hier haben, beschlossen, eine
> Ausstellung zu machen – und eine große –, die Bilder und Texte von Jugendlichen auszus-
> tellen. Das war was ganz Wesentliches auch als Erfahrung für uns. Weil es wirklich in ei-

ner Krisensituation dazu geführt hat, dass wir jede Menge Aufmerksamkeit gekriegt haben und auch Unterstützung, Öffentlichkeit." (Herr S.).

Oder es werde eine breite Mittelakquise praktiziert, die so weit gehen kann, auf Hochzeiten oder beim Geburtstag des Bürgermeisters Geld sammeln zu lassen. Andere fokussieren die Profilierung der Einrichtung, beispielsweise durch die Erweiterung der NutzerInnengruppen, was jedoch auch seine Grenzen habe:

„Ja, sich auf dem Markt zu behaupten. Im Grunde ist es schon fast so, als wie wenn man Autos verkauft oder Brötchen oder irgendwas anderes. Also, es gibt Konkurrenz, und man muss sich in dem Feld eben profilieren. Das heißt auch, dass man auch schwierige Fälle aufnimmt, das ist dann die Möglichkeit zu sagen: Ah ja, da können wir alle hinschicken. Die nehmen jeden sozusagen. Genau das, denke ich, ist der Hebel (...). Aber das kann auch kippen, wenn schwierige Fälle angenommen werden und wir eben nicht – na ja, wie soll man sagen? – befriedigend bearbeitet, dann kriegt man auch einen schlechten Ruf, das ist immer so eine schwierige Angelegenheit." (Herr C.)

Abschließend ist noch die Lobbyarbeit zugunsten anderer Rahmenbedingungen zu nennen, die im Vergleich zu den bislang beschriebenen eine kollektive Strategie darstellt, mit der sich Erfolge erzielen ließen:

„Ganz klar, da kämpft jeder für sein eigenes Bisschen, für seinen Kuchen, der auch von den anderen ich sage mal ausgenützt wird, von den Auftraggebern wird es sogar ausgenutzt. Wenn die sich untereinander streiten, dann kann ich den Kuchen immer ein bisschen kleiner machen. Ja, und die streiten sich immer noch darum. Das wird ganz klar ausgenutzt, und die merken es nicht (das ist das Allerschlimmste) oder wollen es nicht merken. Und schimpfen dann: ‚Ja das ist halt so.' Aber dabei ist es nicht so. Wenn das so ist, dann muss ich an dieser Stelle was ändern und nicht an der kleinen Stelle da unten und darum streiten. (...) Also, ich muss sagen, bei uns im Landkreis XY [anonymisiert] – auf einmal hat das dann funktioniert. Die haben sich zusammengeschlossen. Da wird zum Beispiel gerade in den öffentlichen Gremien, Kreisjugendring, Kreisjugendamt usw. - die psychosozialen Beratungsstellen, die Familienhilfe usw., die kämpfen jetzt um den großen Kuchen. Und wir sind in der glücklichen Lage, dass unser Sozialhaushalt immer größer wird und dafür der Straßenbau immer kleiner wird." (Herr U.)

5.1.2.3 *Ökonomische, fachliche und ethische Fragen*

Es sollte deutlich geworden sein, dass die Finanzierungspraxis der Sozialen Arbeit widersprüchlich und konfliktreich sein kann. PraktikerInnen bewegen sich, wie sie sagen, im Spannungsfeld von wirtschaftlichem Denken, fachlichen Einschätzungen sowie ihren Ansprüchen auf einem schmalen Grat. Es wurden Befürchtungen geäußert, dass wirtschaftliche Zwänge pädagogische Entscheidungen wesentlich beeinflussen könnten.

„,Wie bist du in deinen Entscheidungen von den strukturellen Zwängen abhängig?' Das ist
eine Frage, die da bei mir auftaucht. Wenn du jetzt sagst, zum Beispiel wie bei uns: Die
Stelle wird zum Teil finanziert und ist von Fallzahlen abhängig, dann, denke ich, muss man
sich schon bewusst sein, dass das natürlich einen Einfluss hat auf meine Arbeit. Also, wenn
ich dann sage: Der, gäbe ich den jetzt ab oder gebe ich ihn nicht ab (...). Das sind so span-
nende Fragen." (Herr S.)

Die Ausführungen bezogen sich darauf, dass sie, die Interviewten selbst oder
andere ihre fachlichen Ansprüche dem Maß anpassten, das unter den aktuellen
Bedingungen als realisierbar erscheine.

„Es wird sozusagen konstatiert, dass der Druck zunimmt, der Kostendruck, dass die Stadt
kein Geld hat. Aber man geht dem eher nach, sagen wir es mal so. Aber es gibt jetzt keine
Gegenstrategien oder so was." (Herr C.)

Daher stellt sich die grundsätzliche Frage: *Was ist allgemein berufsethisch noch
vertretbar bzw. gesellschaftlich legitimiert?* Die Wahrnehmung der Bedingungen
bzw. die darin liegenden Handlungsmöglichkeiten lassen im konkreten Fall,
wenn zum Beispiel Quoten von MitarbeiterInnen erwirtschaftet werden sollen,
die aber durch Eigenleistung nicht mehr erreichbar sind, eine zentrale Frage
erkennbar werden: *Wie gehe ich in den konkreten Situationen damit um?* Setze
ich vermehrt PraktikantInnen oder ehrenamtliche Kräfte ein, um deren Leistungen als eigene abzurechnen? Leiste ich unbezahlte Mehrarbeit bzw. runde ich
Stunden auf zuungunsten der NutzerInnen? Oder spreche ich den Konflikt offen
an und setze mich der Gefahr aus, wegen eines Tabubruchs abgestraft zu werden? Diese Fragen erscheinen mir umso relevanter, je mehr, wie oben (vgl. Kap
5.1.2.1) aufgezeigt, die ausgewählten Umgangsformen ein *Unbehangen* (inkl.
psychischer Kosten) provozieren können, insbesondere wenn Grenzen zur Illegalität oder Selbstausbeutung überschritten werden.

Aus Beschäftigtenperspektive liegt in derartigen Fragen eine zentrale Herausforderung, denn es gilt, sich Anforderungen wie dem Einrichtungserhalt, fach-
lich-ethischer Verantwortung sowie persönlicher Existenzsicherung zu stellen.
Hier wird ein prägnanter Unterschied zur Fachdebatte deutlich. Dort wurden
überwiegend fachpolitische Szenarien entworfen, ohne die Ökonomie der Arbeitskräfte und ihre konkreten Arbeitsbedingungen mit zu diskutieren (vgl. Kap.
3.4). Von den Beschäftigten müssen die genannten Anforderungen im konkreten
Tun fortwährend beantwortet werden, was bedeutet die spezifischen Handlungsmöglichkeiten abzuwägen. Dabei kann meines Erachtens von einer *Sowohl-
als-auch-Praxis* gesprochen werden, da die Interviewten nicht nur auf jeweils ein
Begründungsmuster rekurrierten, was eine ausschließliche Ausrichtung an ökonomischen oder fachlichen oder ethischen Prämissen erkennen lassen würde.

Vielmehr wurde jeweils der Aspekt betont, der für sie in einem konkreten Zusammenhang sinnvoll erschien (vgl. Kap. 5.2).

5.1.3   Personalstruktur und Beschäftigungsbedingungen

Da in der Praxis der Sozialen Arbeit die Personalkosten den Großteil der Gesamtkosten darstellen, wird in ihnen auch das größte Sparpotenzial gesehen (vgl. Kap. 5.1.2.2). Anhand des Datenmaterials lässt sich sagen, dass infolge dessen von den Interviewten Veränderungen in der Personalstruktur wahrgenommen werden, die vor allem gekennzeichnet sind durch einen Mangel an professionellem Personal bei gleichzeitigem Bedeutungszuwachs von Laien oder Semi-Professionellen,[109] um die gestiegenen Anforderungen bewältigen zu können.

Weiter werden die Beschäftigungsbedingungen flexibilisiert, was sowohl einen Freiheitsgewinn bedeuten kann als auch eine Tendenz zur Prekarisierung. Daher gilt es, in diesem Kontext auch die Entwicklung der kollektiven Interessenvertretung zu betrachten, die sich zwischen Aufschwung und Bedeutungslosigkeit bewegt.

5.1.3.1   *Veränderte Personalstruktur*

Einerseits findet eine Förderung von Fachkräften statt, indem das Gehalt für Fachkräfte bereitgestellt und ein adäquates Qualifizierungsniveau erwartet wird. In der Umsetzung wird verstärkt der Nachweis von entsprechenden Berufsabschlüssen erwartet bzw. es wird forciert, dass diese berufsbegleitend erbracht werden. So meinte ein Interviewpartner, dass er als ABM-Kraft eingestiegen sei und er später, als für die Finanzierung einer Folgestelle ein Hochschulstudium notwendig wurde, dieses berufsbegleitend nachgeholt habe. Ein anderer, ebenfalls ohne einschlägige Ausbildung, sei vom zuständigen Bürgermeister zu einem Studium gedrängt worden, da er ein Präzedenzfall im Landkreis sei. Der Kommunalpolitiker habe argumentiert, dass ja ansonsten jeder Unausgebildete kommen und Förderung für ein Jugendzentrum verlangen könne.

Die genannten Ansprüche vonseiten der Kostenträger erscheinen nachvollziehbar, betrachtet man die Fachkräftesituation auch aus der Perspektive der

---

[109]   Eine quantitative Befragung von sozialpädagogischen Fachkräften aus Berlin ergab, dass 38% von ihnen eine Unterbesetzung mit Fachkräften und 32% eine Unterbesetzung mit Fach- und Hilfskräften feststellen. Insgesamt stuften 73% die Personalsituation in ihrem Betrieb als mangelhaft ein. Nur 27% der befragten Fachkräfte nahm hingegen eine gute personelle Ausstattung wahr (vgl. Eichinger & Kraemer 2008: 241).

Beschäftigten. Sie stellen einen Mangel an professionellem Personal aufgrund der Kürzung dieser Ressource fest bei teilweiser Zunahme der qualitativen wie quantitativen Arbeitsanforderungen. Es müsse daher mit „weniger Manpower dieselbe Arbeit oder vielleicht auch ein bisschen mehr gemacht werden" (Frau Q.). Bei öffentlichen Trägern, insbesondere bei Behörden, hätten Einstellungsstopps zudem zu einem hohen Durchschnittsalter der Belegschaft geführt. Das hieße, dass sie in der Regel die Phase der höchsten Leistungsfähigkeit überschritten hätten und die Krankheitsfehltage eher zunehmen würden, die zusätzlich kompensiert werden müssten.

Interviewte zeigten sich deutlich verärgert über die Personalsituation: „Personalmangel hier, Personalmangel da, also das ist das, was nervt" (Frau W.), da man an der Menge von Arbeit „ersticke" (ebd.). Neben den Qualitätseinbußen werden vor allem Überlastungstendenzen genannt, obwohl grundsätzlich das Fahnden nach Bereichen, in dem Personal eingespart werden kann, als sinnvoll betont wird:

> „Also, was ich eine Katastrophe finde, ist die Personalsituation. Und ich habe das lange auch gehasst, dieses Jammern über die Personalsituation, (...) wir alleine [haben] im letzten Jahr also Mitarbeiter, über die Ortsteile verteilt, in Höhe also eines ganzen Ortsteils eingespart. Und das ist jetzt auch bei uns im Moment das Thema, dass im Grunde genommen die Ziele, die wir verfolgen, ernsthaft gefährdet sind. Also, ernsthaft – und gesundheitlich zunehmend weg brechen, weil wir eben über einen zu langen Zeitraum zu viel fordern. Also, man kann Mitarbeiter immer auch wieder sehr in Anspruch nehmen, die arbeiten auch durchaus über ihre Kapazitäten, aber das geht nur eine bestimmte Zeit (...) es gibt mit Sicherheit (...) noch Bereiche, wo man noch mal sehr genau hingucken sollte, aber (...) bei uns ist einfach die absolute – also, wir haben schon Grenzen überschritten." (Frau A.)

Die *strukturelle Überforderung hinsichtlich des Arbeitspensums* und die Gefahr des Ausbrennens von Angestellten werden als „schlimm" (Frau W.) wahrgenommen. Eine persönlich betroffene Leitungskraft zog folgende individuelle Entlastungsstrategie in Betracht:

> „Und was klar ist, also es geht nicht nur den Mitarbeitern so, sondern mir auch so und den anderen Ortsteilleitungen, dass wir [Pause] – also, wir müssten eigentlich drei Menschen sein. Also, von (...) der Masse und von den Terminen und von den Inhalten ist das eigentlich unglaublich, dass das ein Mitarbeiter macht [Pause]. Und das geht auch nur mit einer ganz großen, also letztendlich dann auch wieder Begeisterung dafür, aber ich habe mich zum Beispiel entschieden, im nächsten Jahr ein halbes Sabbatjahr zu nehmen, weil ich brauche eine Atempause. Ich werde, ich würde krank werden. (...) meine Befürchtung ist, dass es auch wieder auf Kosten dann der Mitarbeiter geht und einer anderen Ortsteilleitung. Aber da habe ich für mich eine Entscheidung getroffen, weil sonst würde ich das irgendwie – das nicht mehr lange machen. So [Pause], und das ist schon die Frage, wie wir alle, sage ich mal, in vier, fünf Jahren aussehen in Anführungsstrichen. Also, in was für einer körper-

lichen und physischen Verfassung wir in vier, fünf Jahren sind, bei dem Dauerstress. Also, das macht mir schon Sorgen." (Frau A.)

Die Interviewte beschreibt ihre Strategie, ein halbes Sabbatjahr zu nehmen, nicht frei von Sorgen. Zum einen thematisiert sie die Befürchtung, dass sie sich wohl zulasten der KollegInnen erholen werde, und an anderer Stelle merkt sie an, dass ihr die Auszeit aufgrund ihrer finanziellen Verhältnisse offen stehe, was sicherlich nicht für alle gelten würde.

Eine andere, eher klassische Strategie ist es, Missstände wahrzunehmen und auf ihre Veränderung hinzuwirken. Eine Interviewte, die in einer stationären Einrichtung eines freien Trägers eine unbefristete Vollzeitstelle hat, berichtete Folgendes: Ihre Stelle finanziert sich aus Einnahmen aus Pflegesätzen; dies macht eine ausreichende Belegung notwendig. Als die Einrichtung vom Jugendamt kontinuierlich zu gering belegt wurde, kompensierte man dies durch Personalabbau. Das bedeutete eine jahrelange Arbeitsverdichtung, bis schließlich eine Personalaufstockung erstritten werden konnte. Die Betroffene meint rückblickend, sie habe „Glück gehabt" (Frau M.) (vgl. Kap. 5.1.3.3). Diese Umgangsform sei jedoch mit einem nicht unerheblichen Risiko verbunden, was sich trägerspezifisch auch noch einmal anders darstelle

> „Ich kann [Pause] – ich sehe, es hat ja auch Vorteile, der öffentliche Dienst, eigentlich könnten auch Kollegen noch, könnten wir alle auch noch viel mutiger sein, weil der Vorteil ist, dass wir unsere Arbeitsstelle nicht verlieren können – so. Also, das gibt ja auch eine Sicherheit, auch mal Konflikte zu wagen oder auch mal Missstände anzusprechen, ohne immer im Hinterkopf zu haben, das könnte vielleicht nicht akut – aber wenn in ein, zwei Jahren Personal eingespart werden muss, dann fällt vielleicht, bin ich das vielleicht, weil ich unbequem bin. Ich kenne das von Mitarbeitern von freien Trägern, die immer, sage ich mal, die gar nicht so frei sind, wie das Wort sagt. Also, da sind, glaube ich, im Verhalten die Mitarbeiter eigentlich freier im öffentlichen Dienst aufgrund der absoluten Sicherheit, die Arbeitsstelle sicher zu haben. Aber das wird viel zu wenig genutzt [lacht]." (Frau A.) [110]

Zentral erscheint mir aufseiten der Interviewten die Diskrepanzerfahrung, dass einerseits mehr und schwierigere Aufgaben (vgl. Kap. 5.1.6) übernommen wer-

---

[110] Ergänzend wird von einer anderen Interviewten darauf verwiesen, dass die Arbeitsplatzsicherheit im öffentlichen Dienst auch problematisch sein kann, wenn Personal aus dem so genannten „Überhang" neu verteilt wird: „Also, wenn ich mir überlege, der eine Kollege bei mir im Team, der wollte nie wieder, (nachdem er eine Laufbahn als Polizist [lacht] gemacht hat,) im öffentlichen Dienst arbeiten. Hat dann im Asylbereich gearbeitet; im Rahmen der Umstrukturierung 2000 ist er zum Sozialpsychiatrischen Dienst gekommen. (...) Ja also, wie komisch, wie schnell so was geht, dass einer, der eigentlich vorher mit Asylangelegenheiten zu tun hatte, auf einmal mit psychisch [Kranken] arbeitet. (...) Der macht im Prinzip das Gleiche wie ich. Nur, jeder hat natürlich auch eine andere Herangehensweise und eine andere Vorgeschichte, eine andere Biografie, sodass mich das (...) gar nicht wundert, dass wir auch so aneinanderknallen, ein bisschen." (Frau W.)

den müssten und andererseits nur noch das unbedingt notwendige professionelle Personal beschäftigt werde. Dies bedeute geringe Puffer und kaum Atempausen, führe zu einer erheblichen Arbeitsbelastung und bringe Frust sowie ein Gefühl des Ausgebranntseins mit sich.[111] Der zentrale Aspekt der *Arbeitsbelastung* wird unten erneut aufgegriffen und unter dem Gesichtspunkt des betrieblichen Gesundheitsschutzes weiter diskutiert (vgl. Kap. 5.3).

Als zweiter Aspekt in Bezug auf die Personalstruktur wird die hohe bzw. wachsende *Bedeutung von Unqualifizierten* genannt. So werde zum Beispiel eine Einrichtung im Bereich der offenen Jugendhilfe, die an fünf Tagen in der Woche geöffnet ist, durch folgende personelle Besetzung bestritten:

„Wir haben (...) einen Festangestellten mit einer halben Stelle. Der Rest Praktikanten, Ehrenamtliche, Honorarkräfte. Das heißt, die wichtigste Rahmenbedingung bzw. Sache, um das am Laufen zu halten, ist, dass der Verein mitmacht und die Leute viel ehrenamtlich machen." (Herr T.)

Ohne diese zusätzlichen Arbeitskräfte scheint das Niveau nicht aufrecht zu halten zu sein, was sowohl für eine gewisse Anerkennung ehrenamtlicher Kräfte als auch ein Angewiesensein auf sie dokumentiert:

„Wir arbeiten ja auch mit Ehrenamtlern. Also, ohne den Stamm könnte unsere Arbeit gar nicht gehen, dann würden wir auch um 17.00 Uhr zumachen, um das mal ganz klar zu sagen." (Frau Q.)

Dennoch existiere die Angst, dass durch die scheinbar stetig wachsende Bedeutung von EhrenamtlerInnen der eigene Arbeitsplatz gefährdet werde:

„Das andere ist, dass diese Geschichten, Verbindung von Ehrenamt und professioneller bezahlter Arbeit, in der Sozialen Arbeit [Pause], dass das Angst macht. In dem Maße, wie wir Ehrenamtler heranziehen und weiterbilden, sägen wir an unseren eigenen Arbeitsplätzen. Das ist ganz oft die Botschaft (...). Ja ja, Großmütterdienste zur Betreuung von Kindern, was auch sinnvoll ist. Aber das sind Arbeitsinhalte, die früher als XY [Ort anonymisiert] zwar auch schon verschuldet war, aber das noch nicht so geschnallt hat, in der Familienhilfe mit abgedeckt wurden." (Frau T.)

Andere Interviewte betonten, dass es wichtig sei, klar zu unterscheiden, was EhrenamtlerInnen einerseits leisten (sollen) und welche Aufgaben in den Händen der Professionellen verbleiben müssen, denn es werde „immer Sachen geben, die

---

[111] Dieser qualitative Kern ist meines Erachtens umso beachtlicher, je mehr man ihn vor dem Hintergrund quantitativer Befragungsergebnisse reflektiert. So gaben 74% befragter Berliner Fachkräfte an, dass ihre Arbeitsdichte zugenommen habe (Eichinger & Kraemer 2008: 242).

kannst du einfach nicht so nur mit Ehrenamt[lern] oder mit Zivis" (Herr I.) durchführen. In diesem Kontext begegnete ich der seit den Anfängen der professionellen Sozialen Arbeit viel diskutierten Grundsatzfrage:

> „Ja, was ist Soziale Arbeit, was ist da professionell dran? Kann da nicht jeder – also, ja so ein paar Jugendliche unterstützen, denen mal über den Kopf streicheln und sagen: ‚Geh doch mal zur Schule' oder so. Dass das so ein bisschen flöten geht. Also, dieser – was ja eh, denke ich, immer so eine Schwierigkeit ist von Sozialer Arbeit, ja wo ist da der – was ist da dran professionell? Und so, ist ja immer so, zumindest für Leute, die nicht aus der Ecke kommen, ja so dieses: Wo ist da die Legitimation oder was ist da eigentlich das Professionelle daran oder das, was anders ist, als was sowieso jeder, der ein bisschen reden und kommunizieren kann?" (Frau M.)

Diese Frage ist damals wie heute eine hoch politische und sollte meines Erachtens auch als solche behandelt werden. Im Kern geht es darum, welche sozialen Leistungen bzw. Tätigkeiten als steuerfinanzierte Erwerbsarbeit gesellschaftlich anerkannt werden, für die ein spezifischer Qualifikationsstand erwartet wird. Ein alter Streit um die Bewertung von als weiblich wahrgenommen Arbeitsfeldern (vgl. u.a. Kühnlein, 2007).

5.1.3.2   *Flexible und prekäre Beschäftigungsbedingungen*

Ein zentrales Ergebnis meiner Untersuchung lautet, dass flexible und prekäre Beschäftigungsverhältnisse zunehmend an Relevanz gewinnen. Der Begriff der Prekarität eignet sich in Anknüpfung an Castell (2000) dazu, die sich ausweitende „Zone des Prekariats" zu untersuchen:

> „Als prekär kann ein Erwerbsverhältnis bezeichnet werden, wenn die Beschäftigten aufgrund ihrer Tätigkeit deutlich unter ein Einkommens-, Schutz- und soziales Integrationsniveau sinken, das in der Gegenwartsgesellschaft als Standard definiert und mehrheitlich anerkannt wird.[112] Und prekär ist Erwerbsarbeit auch, sofern sie subjektiv mit Sinnverlusten, Anerkennungsdefiziten und Planungsunsicherheit in einem Ausmaß verbunden ist, das gesellschaftliche Standards deutlich zu ungunsten der Beschäftigten verändert." (Brinkmann et al. 2006: 17)

Eine Auswirkung der Umstrukturierungsmaßnahmen ist, dass wirtschaftliche Risiken teilweise direkt auf die Fachkräfte übertragen werden, was die folgenden

---

[112]   „Dazu gehören Leih- und Zeitarbeit, niedrig entlohnte Beschäftigung, erzwungene Teilzeitarbeit und befristete Stellen ebenso wie Mini- und Midi-Jobs, abhängige Selbstständige oder sozialpolitisch geförderte Arbeitsgelegenheiten." (Dörre 2006: 8)

Beispiele illustrieren. So führte ein formal als Selbständig tätiger Interviewter aus, dass ihm von einem Träger mitgeteilt wurde:

„‚Können Sie ja so machen, dass sie sich ein Projekt überlegen, die entsprechenden Gelder beantragen bei Stiftungen oder Topf XY, und dann können wir das gerne zusammen machen.' (...) Also, dass es wirklich Einrichtungen gab auch, mit denen ich schon längerfristig schon zusammengearbeitet habe [Pause], was eigentlich super lief und auch recht schöne Sache bei rausgekommen sind, aber wo einfach nicht die Möglichkeit war (...), eine kontinuierliche Finanzierung zu schaffen und wo es halt einfach immer wieder darum geht: Wie können wir uns da durchhangeln, wie können wir schauen, dass wir so jetzt punktuell irgendwie Gelder akquirieren." (Herr F.)

Interviewte unterstrichen, dass eine wesentliche Möglichkeit, die Personalkosten zu verringern, darin bestehe, die Beschäftigungsbedingungen der Angestellten zu verändern. Dies könne sich sowohl in modifizierten Bezahlungspraxen, Arbeitszeitenregelungen und am Bedeutungsverlust des Arbeitsrechts wie auch am Stellenangebot zeigen.

Auf dem *Arbeitsmarkt* werden immer weniger Stellen in den traditionellen Arbeits- bzw. Aufgabenbereichen ausgeschrieben – eine Konsequenz des Personalabbaus, besonders im öffentlichen Sektor.[113] Darunter befinden sich erheblich weniger Anzeigen mit der Aussicht auf feste Arbeitsverträge, dagegen steigt der Anteil von Teilzeit- und Honorarstellen. Was die Bewertung der Arbeitsmarktssituation betrifft, gibt es in der Fachdebatte (vgl. Kap. 3.5.1) wie auch in den Einschätzungen der Interviewten ambivalente Auffassungen: So findet sich einerseits die Auffassung, dass man sich in der Sozialen Arbeit leicht einen Job selber schaffen könne. Kennzeichnend für die Interviewten, die dieses Argumentationsmuster vertreten, ist ihre Erfahrung, selbst bereits Projekte entwickelt oder initiiert und erfolgreich mit aufgebaut zu haben. Jedoch ist auch ein starker Pragmatismus zu erkennen in der Bereitschaft, sich beispielsweise eine selbstständige Existenz auf der Basis des Angebots entgeltlich angebotener sozialer Dienstleistungen aufzubauen.

Andere verweisen auf einen unattraktiven Stellenmarkt, da Stellen in bevorzugten Arbeitsfeldern schwänden und sich die angebotenen Arbeitskonditionen verschlechterten. Zudem stellen sie fest, dass Qualifikationen weniger wichtig erschienen als die Verhandlungsbereitschaft etwa um Gehaltsvorstellungen. Aufgrund des wahrgenommenen Mangels an Alternativen steige der Druck, weniger interessante bzw. lukrative Stellen anzunehmen. Deutlich wird, dass hiermit die Angst verknüpft ist, sich bei einem unfreiwilligen Stellenwechsel zu

---

[113] Bei einer quantitativen Erhebung in Berlin gaben 36% der Befragten an, dass bei ihrem Träger Stellen abgebaut würden (vgl. Eichinger & Kraemer 2008).

verschlechtern; ein freiwilliger Wechsel sei ohnehin schwer möglich, und im Falle eines Stellenverlusts drohe Arbeitslosigkeit. Die Angst vor einer Kündigung (vgl. Kap. 5.1.4.2) kann angesichts der aktuellen Arbeitsmarktlage durchweg einschüchternd bzw. disziplinierend sein und die Austragung schwelender Konflikte behindern:

> „Eine Kollegin ist sehr krank geworden (...). Die quasi dann auch so Fokus [Pause] – als Fokus im Team geworden ist – quasi, das ist die Schwache. (...) Und ich wusste um den Konflikt zwischen [ihr und der] Leitung auch. Und sie hat es sich nicht getraut anzusprechen, eben weil auch diese Angst vor [Pause] – sag doch Kündigung da war – oder wie auch immer. (...) Sie war einfach auch häufig krank. Und ist immer wie das Leiden Christi rumgelaufen. Hat einfach auch Fehler gemacht. Also, Leichtsinnsfehler auch. Und wenn man sie angesprochen hat, hat sie halt offen – hat sie gelächelt, fast fassadenhaft." (Frau Q.)

Zudem findet sich die Tendenz zu einem Unterbietungswettbewerb angesichts der Arbeitsmarktsituation. Hiervon wird gesprochen, wenn Fachkräfte zu unbezahlter Mehrarbeit bereit sind oder Qualifizierungsmaßnahmen privat bezahlen. Der Grund für ein solches Handeln ist nicht selten die Hoffnung, dadurch die Arbeitsstelle zu sichern bzw. die Arbeitssituation zu verbessern oder einen Qualitätsstandard aufrechtzuerhalten, der nicht mehr finanziert wird.

Die Tendenz zu *ungesicherter und gering entlohnter Beschäftigung* zeigt sich unter anderem darin, dass der BAT bzw. TVÖD, die ehemalige tarifliche Richtschnur, immer häufiger unterschritten wird (vgl. Kap. 3.5.1). Bei Gehaltsverhandlungen während eines Bewerbungsgesprächs bekam ein zweifacher Vater von einem leitenden Angestellten zu hören:

> „Sie wissen genau, wir können so und soviel bezahlen. Und die erste Frage: Sind Sie da überhaupt verhandlungsfähig? (...) Für 42 Stunden 1600 Euro. Also, entweder nimmst du das oder wir entscheiden uns für jemand anderen." (Herr U.)

Manche fühlen sich in Anbetracht ihrer beruflichen Anforderungen zwar unangemessen bezahlt und wünschen sich eine höhere finanzielle Anerkennung. Andere relativieren jedoch die Bedeutung des Gehalts für sich persönlich, da ihnen vor allem wichtig sei, in diesem Arbeitsfeld tätig zu sein. Kritik an der Entwicklung des Lohnniveaus ist daher nicht selbstverständlich. So meinte eine Leitungskraft aus den neuen Bundesländern:

> „Also, es steigen immer mehr Träger aus – aus Tarifverträgen und anderen Sachen. (...) Andererseits denke ich aber eben auch (...), dass es vielleicht die Schwierigkeit jetzt ist, dieser Phase –, dass wir sicher aus – vielleicht auch aus einem Höhepunkt kommen, von dem, was wir an Möglichkeiten hatten, auch finanziell – und damit sehe ich manche Forde-

rungen auch als überzogen an. Wenn [wir] immer noch mehr Lohn verdienen wollen oder andere Sachen. (...) ich sehe natürlich als Leiter auch aus den Gesprächen mit dem Geschäftsführer die Situation, was eine geringfügige Lohnerhöhung, um noch so wenige Prozent natürlich, trotzdem für das kleine XY [Träger anonymisiert] als Gesamtsumme bedeutet." (Herr S.)

Auch eine leistungsgerechtere Bezahlung wurde von Interviewten thematisiert. Hiermit ist die zentrale Frage verknüpft, was Leistung heute in der Sozialen Arbeit bedeutet? Und ebenso, wer sie definiert und beurteilt (vgl. u.a. Menz, 2005; Opitz 2004: 129f.)? Unabhängig davon, ob es eine leistungsbezogene Bezahlung gibt oder nicht, übernehmen die Leitungskräfte zumeist die Bewertung der Arbeitsleistung. So berichtete eine Leitungskraft im Kontext des Bedeutungszuwachses von Personalentwicklungsinstrumenten, dass für sie die Durchführung regelmäßiger Leistungsbeurteilungen inzwischen selbstverständlich geworden sei. In ihrer Praxis würden dafür zunächst individuelle Anforderungsprofile entwickelt, die die Aufgabenbeschreibungen und die dazu notwendigen Fähigkeiten gewichteten. Für Orientierungs- und Beurteilungsgespräche sei diese Praxis als Grundlage hilfreich, da die Beurteilungskriterien transparent seien. Diese Transparenz hinsichtlich der für die Leistungsbeurteilung relevanten Maßstäbe ist in meinen Augen für die Beschäftigten zentral. Kann sie nicht gewährleistet werden, ist zum einen eine bewusste Orientierung der Beschäftigten an den Maßstäben nicht möglich. Zum anderen kann es zu Konflikten kommen, falls es für die MitarbeiterInnen nicht nachvollziehbar ist, warum bestimmte KollegInnen (z.B. bei der Auszahlung von Gratifikationen) berücksichtigt werden, andere jedoch nicht.

Bei Leistungsbeurteilungen würde, so Menz vor allem „die Akzeptanz und Internalisierung von Werthaltungen und Verhaltensnormen" (Menz 2000: 4) bewertet. MitarbeiterInnengespräche zielten ab auf die Anpassung der Beschäftigten an die jeweilige Unternehmenskultur. BetriebsrätInnen verlören zudem bei derartigen Verfahren Einflussmöglichkeiten, da der Markt sowie das persönliche Verhältnis zu den Vorgesetzten dominierten.

Weiter lässt sich eine Flexibilisierung in Form bestimmter *Arbeitszeitregelungen*, wie zum Beispiel Arbeitszeitkonten oder Vertrauensarbeitszeiten, erkennen. Bei Arbeitszeitkonten werden sowohl Minusstunden als auch Überstunden dokumentiert und erlauben somit Anpassungen an den jeweiligen Arbeitsanfall. Bei Vertrauensarbeitszeiten entfällt die Dokumentation der tatsächlich geleisteten Arbeitsstunden. Der Anstellungsträger vertraut darauf, dass die Angestellten den vertraglich vereinbarten Stundenumfang leisten bzw. ihren Aufgabenbereich abdecken. Angestellte können jedoch, entsprechend dem Arbeitsanfall bzw. orientiert an privaten Interessen (z.B. Kinderbetreuung), ihre Arbeitszeit selbstständig flexibel regulieren. Flexible Arbeitszeitregelungen brächten nicht nur Vorteile für den Anstellungsträger, sondern könnten auch ein Mehr an Freiheit für die Angestellten bedeuten, wie ein Interviewter mit Bezug auf die Vertrauensarbeitszeit ausführt:

> „Das ist Klasse! Und vor allen Dingen: Das kommt einmal den Leuten zugute (...), die da arbeiten, weil sie es sich selber einteilen können, aber auch dem Arbeitgeber, weil wenn wir (...) in einer Woche mehr wie 39 Stunden haben, kostet es den Arbeitgeber auch nicht mehr Geld." (Herr U.)

Wenn Interviewte flexible Arbeitszeitmodelle thematisierten, hoben sie dabei den Freiheitsgewinn positiv hervor. Dies war im Einzelfall nachvollziehbar. Ein Interviewpartner beispielsweise ist neben seiner Teilzeitstelle selbstständig tätig. Als Vater zweier Kinder, der auch Mitverantwortung für ihre Betreuung übernehme, wisse er die Flexibilität zu schätzen:

> „Ich kann freimachen, wann ich will. Ich habe ein Jahresarbeitszeitkonto, das ich selber führe. Wenn ich jetzt sage ‚Ich kann einen Monat lange nicht kommen', dann komme ich einen Monat lang nicht. Weil die halt wissen – also, wenn beide Seiten wissen, dass es geht und gut läuft, dann ist es okay, dann kann man auch sehr flexibel arbeiten." (Herr T.)

Gleichzeitig – und das wurde nicht ausbuchstabiert – setzen diese Regelungen auch die Bereitschaft voraus, in Zeiten hohen Arbeitsanfalls entsprechend mehr zu arbeiten, ohne Rücksicht auf sonstige Verpflichtungen. Verschärfend kommt hinzu, dass es sich zum Beispiel im Kontext von Vertrauensarbeitszeit teilweise um unbezahlte Mehrarbeit handelt, die jedoch ebenso bei einer verbindlichen Arbeitszeitvereinbarung zu finden sein kann:

> „Und da sind viele, viele, viele, die wirklich ehrenamtlich [Pause] – eigentlich, ich sag ja immer: Das ist verordnete, freiwillige Zwangsarbeit, zusätzlich Stunden ableisten, die nie bezahlt [werden] können." (Frau T.)

Zudem kann für Beschäftigte im Zusammenhang von Vertrauensarbeitszeit die Frage von Bedeutung sein: Habe ich denn schon genug und rentabel gearbeitet, *darf* ich gehen? Daher ist es für die eigene Kontrolle bzw. Sicherheit durchaus sinnvoll, die tatsächlich geleistete Arbeitszeit zu dokumentieren. Dies kann zum Beispiel eine Grundlage für Verhandlungen über geleistete Mehrarbeit sein, falls keine Möglichkeit gesehen wird, diese eigenverantwortlich aufgrund des hohen Arbeitsanfalls zu regulieren, und eine dauerhafte Überlastung droht.

Unübersehbar ist der Bedeutungsverlust, den *unbefristete Arbeitsverträge* sowie das *Arbeitsrecht* insgesamt verzeichnen. So liegt Argumentationsfiguren von

Interviewten die Auffassung zugrunde, dass man sich nicht darauf verlassen könne, längerfristig eine feste Stelle innezuhaben, ja dass ein Arbeitsvertrag nicht das geeignete Mittel sei, um diese zu gewährleisten. Dahinter steht die Annahme, dass letztlich nicht das Arbeitrecht – das teilweise unterlaufen wird – Arbeitsplatzsicherheit gewährleistet, sondern dass das eigene Engagement für die Wirtschaftlichkeit der Einrichtung der entscheidende Faktor ist.

So berichtet ein Interviewpartner: „[Ich] hab zum Beispiel nie einen Arbeitsvertrag unterschrieben. Ich kann da so lange arbeiten, bis das Geld alle ist" (Herr T.). Er zeige sich daher entsprechend engagiert bei der Mittelakquise. Eine andere Praktikerin spricht von einem „Kuhhandel" (Frau B.), durch den sie ihre Arbeitsstelle behalten könne. Sie lasse sich darauf ein, dass ihr Vertrag immer wieder neu für einen befristeten Zeitraum verlängert werde, obwohl sie arbeitsrechtlich längst einen Anspruch auf eine Festanstellung habe. Hintergrund sei, dass der Träger erst dann bereit sei, den Vertrag zu verlängern, wenn er den Zuschlag für einen Auftrag aus den öffentlichen Vergabeverfahren erhalten habe. Oberflächlich betrachtet, erscheinen diese Handlungsweisen zur Sicherung der Arbeitsstelle sinnvoll. Bei genauerer Beobachtung wird jedoch eine spezifische Form der *Selbstdisziplinierung* deutlich: PraktikerInnen machen sich zu scheinselbstständigen Angestellten bzw. zu *Unternehmern ihrer selbst* (vgl. Pongratz & Voß 2003).

Resümierend lässt sich festhalten, dass in der Flexibilisierung einerseits ein Freiheitsgewinn wahrgenommen werden kann. Andererseits kann die Entwicklung der Anstellungsbedingungen auch mit *Existenzängsten* einhergehen, denn „man weiß ja nie" (Frau M.). Dies zu betonen, erscheint mir umso dringlicher, da sich in Fachzeitschriften Beiträge finden, die die Legitimität solcher ‚Klagelieder' infrage stellen (vgl. Kap. 3.5.1). In Anbetracht der Situation werden *alternative Arbeitsmodelle* in Erwägung gezogen:

> „Ich denke jetzt öfter darüber nach, wie wäre das (...), wenn du eine Teilselbstständigkeit machen würdest (...). Da habe ich früher nicht drüber nachgedacht (...). Es war halt jetzt gerade eine Kollegin, die eine Zeit bei uns gearbeitet hat [und der infolge von Kürzungen gekündigt wurde]. Und die will jetzt in die Selbstständigkeit gehen." (Herr I.)

Ein Interviewpartner schilderte jedoch, dass es kein Jenseits dieser Widersprüchlichkeit gebe. Er hoffe, mithilfe der Ich-AG-Förderung, fern von starren Strukturen, eigene Ideen verwirklichen zu können. Doch gestalte sich seine Selbstständigkeit prekär. Es müssten ständig Vorleistungen erbracht werden, ohne dass die Übernahme der Projektkosten gesichert sei. Das wirtschaftliche Risiko wird von ihm als so große Belastung wahrgenommen, dass er bereits eine Alternative entwickelt habe: Er hat eine befristete Teilzeitbeschäftigung angenommen, die ihm ermöglicht, die Belastung zeitweise zu regulieren. Es ist erstaunlich, wie wenig deutlich die schlechteren Beschäftigungsbedingungen von den Interviewten kritisiert wurden, es sei denn indirekt in Form der zunehmenden Arbeitsbelastung (vgl. Kap. 5.3).

5.1.3.3 *Interessenvertretung in ‚eigener Sache'*

Die folgende Darstellung befasst sich mit den Möglichkeiten und Schwierigkeiten der kollektiven Interessenvertretung der Fachkräfte. Nicht in jeder Praxisstelle gebe es einen Betriebs- bzw. Personalrat oder eine MitarbeiterInnenvertretung, da ein Betrieb beispielsweise sehr klein sei. Andere Interviewte nehmen durch die Vergrößerung ihrer Einrichtung (vgl. Kap. 5.1.1.2) und die Klärung der Hierarchien (vgl. Kap. 5.1.4.1) Chancen für die Etablierung betrieblicher Interessenvertretung wahr. Betriebsräte würden durch die wachsenden Einrichtungen unter anderem größer und erhielten somit die Möglichkeit, sich zu professionalisieren.

Dass dies jedoch keine naturwüchsige Entwicklung sein muss, schilderte ein anderer Interviewter. Obwohl sein Betrieb mittlerweile der größte einer Großstadt sei, gebe es neuerdings keinen Betriebsrat mehr, da sich zu wenige KandidatInnen für die Besetzung dieses Gremiums gefunden hätten. Er erklärt sich das mangelnde Interesse aus dem Fehlen eines unmittelbaren Gewinns, wenn man sich für die Arbeit der betrieblichen Mitbestimmung interessiert bzw. sich in ihr engagiert. Bereits die Einberufung bzw. die Teilnahme an einer Betriebsversammlung könne – zusätzlich zur hohen Arbeitsbelastung – als weitere zeitliche Belastung wahrgenommen werden, die auf Kosten der Erholung gehe; die hohe Mitarbeiterfluktuation stelle ein weiteres Problem dar:

> „Und jeder guckt auf sich, und ich glaube, die meisten haben nicht die Perspektive, lange zu bleiben. Warum soll ich mich dann einsetzten, wenn ich eh in ein, zwei Jahren wieder weg bin." (Herr C.)

Die fehlende kontinuierliche Beziehung der KollegInnen untereinander erschwere solidarisches Handeln. Im Vergleich zu anderen Branchen nehme er sie als „bindungslose Gesellen" (ebd.) wahr. Als Vergleichshorizont dienen ihm, wie auch anderen Befragten in diesem Kontext, Berufserfahrungen in anderen Branchen:

> „Es ist ganz merkwürdig nach außen hin. Also, wir sind ja für Beziehung zuständig, für Bindung usw. und das, was wir nach außen hin vertreten oder auch leben oder besprechen, das klappt nach innen nicht so gut oder eher gar nicht. Also, wir sind eher so bindungslose Gesellen. Es kommt auch – ich habe ja früher mal einen anderen Beruf gelernt, daher ken-

ne ich das eigentlich anders, also dass man sich schon solidarisch verhält, dass man seine Kumpels nicht anschwärzt und so."(Ebd.)

Andere betonen wiederum, dass eine Angestelltenvertretung grundsätzlich sinnvoll sei, sie selbst hätten diese jedoch nie in Anspruch genommen. Es habe für sie individuell noch keinen Anlass gegeben bzw. sie hätten bisher keine Veränderungen angestrebt. Eine Angestellte eines öffentlichen Trägers stellt fest, dass sie viel freier hinsichtlich der Äußerung von Kritik an der Arbeitssituation sei als KollegInnen bei freien Trägern. Sie bei einem öffentlichen Träger hätten feste Arbeitsverträge bzw. seien verbeamtet und hätten hierdurch ein geringeres Risiko, arbeitslos zu werden, wenn sie kritische Bemerkungen machten. Sie habe ihre MitarbeiterInnen bereits erfolglos aufgefordert, aktiv zu werden. Sie führe dies einerseits darauf zurück, dass sie ihr als Vorgesetzte vertrauten, das „Mögliche angesichts der Situation herauszuholen" (Frau A.). Andererseits könne auch der geringe Erwartungshorizont hemmend sein, da der Personalrat wenig Interesse für den Bereich der Sozialen Arbeit zeige, obwohl Handlungsbedarf bestehe. Eine Leitungskraft bemerkte ergänzend, als MitarbeiterIn könne man leichter „meckern" (Herr S.), da man sich nicht unmittelbar zum Beispiel mit den Finanzierungsmöglichkeiten höherer Gehaltsforderungen auseinandersetzen müsste.

Anhand der Aussagen lassen sich verschiedene Aspekte erkennen, die eine kollektive betriebliche Interessenvertretung behindern können. Auffällig ist, dass die Befragten sich zwar mit sich verschlechternden Arbeitsbedingungen bzw. deutlich steigenden Arbeitsbelastungen konfrontiert sehen, jedoch ihre begrenzten Ressourcen – auch aufgrund der hohen Arbeitsdichte – eher für individuelle, kurzfristige Interessen einsetzen. Das geschieht, obwohl *individuelle bzw. informelle (Abwehr-)Kämpfe* als kräftezehrend eingestuft werden. Derartige Auseinandersetzungsformen lassen sich durch traditionelle Begründungsmuster in Bezug auf die Arbeitsbeziehungen nachvollziehen unter anderem indem idealisierend darauf hingewiesen wird, dass man sich im Verein gut verstehe und folglich keinen Betriebsrat benötige (vgl. Kap. 5.1.4.1). Dennoch kann es sich bei der geringen Nutzung von kollektiven Strategien auch um ein Informationsdefizit hinsichtlich der Aufgabenfelder von Interessenvertretungen handeln, wozu zum Beispiel der betriebliche Gesundheitsschutz gehört.

Das Abstellen auf den unberechenbaren *Faktor Glück* ist ein weiterer Aspekt, den ich öfter in den Interviews hörte. So berichtet eine Interviewte von einer belastenden Arbeitsverdichtung, die durch eine von der Belegschaft erfolgreich erstrittene Personalaufstockung beendet werden konnte. Die Betroffene meint rückblickend: „Glück gehabt" (Frau M.), was meiner Ansicht nach als eine Form der Selbstentmächtigung interpretiert werden kann. Der Ausspruch *Glück gehabt* bezieht sich auch auf die eigene Arbeitssituation im Vergleich zu Fachkräften in anderen Einrichtungen. Stillschweigend ist darin enthalten, dass andere in der Region unter schlechteren Bedingungen arbeiten müssen oder arbeitslos sind. Derartige Vergleiche werten die jeweiligen Arbeitsbedingungen auf und begünstigen deren Entskandalisierung.

Auch die *Delegation von Verantwortung,* zum Beispiel an Vorgesetze durch MitarbeiterInnen, kann für diese funktional sein. Sie erübrigt das eigenständige Ausloten von Handlungsspielräumen sowie den Einsatz von Ressourcen und das Eingehen von Risiken im Kontext betriebsinterner wie -externer Auseinandersetzungen.

Die Einschätzung des möglichen Risikos durch Eigeninitiative hängt zwar auch vom individuellen Selbstbewusstsein und von der jeweiligen Position sowie allgemeinen Lebenssituation ab. Dennoch ist zu vermuten, dass auch die spezifische Betriebskultur bei der Risikoeinschätzung relevant ist. So kann – wie meine eigene Praxiserfahrung zeigt – das sofortige Einbeziehen des Betriebsrats als Mittler im Verhandlungsprozess wohlwollend von der Geschäftsführung aufgenommen werden; anderenorts wird eben dieses Vorgehen als überzogenes und unangemessenes Schutzbedürfnis kritisiert.

Interessant ist außerdem, dass ausgerechnet Interviewte, die sich durch überbetriebliches Engagement aktiv für Strukturverbesserungen hinsichtlich der Arbeitsbedingungen einsetzen, auf der betrieblichen Ebene nur *zwei Möglichkeiten* wahrnehmen:

„Wir haben eigentlich alle Zeitarbeitsverträge, aber das ist ja nicht das Schlimme: Da können wir alle gut mit leben. Das ist einfach so und fertig. Es gibt zwei Möglichkeiten, entweder man akzeptiert es oder man akzeptiert es nicht. Und mehr Möglichkeiten gibt es gar nicht." (Herr U.)

Betriebliche (Vertrags-)Bedingungen werden als naturwüchsig wahrgenommen, und Verhandlungsspielräume scheinen nicht auf. Die Wahrnehmung fehlender Gestaltungsmöglichkeiten auf betrieblicher Ebene, die es notwendig erscheinen lassen, entweder Kröten zu schlucken oder zu hungern, kann die Motivation steigern, sich auf übergeordneter Ebene zu engagieren. Obwohl bei der Interessenvertretung Ausbaumöglichkeiten erkennbar wurden, zeigt das nächste Zitat, in welchem Rahmen betriebliche Spielräume enden können. Als Geschäftsführung müsse man sich

„immer wieder mit Personalvertretungen und Betriebsrat zum Teil ja auch empfindlich streiten (...) über – ja durchaus vernünftige Ideen, was an Verbesserungen für Arbeitnehmer umgesetzt werden sollte, es aber nicht geht, weil wir irgendwie Drittmittel-abhängig sind. Und das ist nun mal so." (Frau T.)

Gerade weil einzelne Betriebe letztlich ihren Handlungsrahmen als durch die Kostensätze der öffentlichen Auftraggeber begrenzt wahrnehmen, gilt es auch, überbetriebliche kollektive Interessenvertretungen zu betrachten.

Für manche der Interviewten haben Gewerkschaften keine Bedeutung, da sie weder ihr Interesse geweckt noch sie als lohnend empfunden hätten. Andere betonten die positive Bedeutung der Gewerkschaften, obwohl nur ein Teil darin organisiert sei. Gewerkschaften werden einerseits als überindividuelle Vertretungen der Beschäftigteninteressen wahrgenommen, die unter anderem Betriebsräte hinsichtlich ihrer Rechte und Pflichten fortbildeten. Einschränkend wurde von einer Fachkraft in der Funktion der Geschäftsführung bemerkt, dass GewerkschaftsvertreterInnen für kleine Betriebe ungeeignet seien, da man hier keine Tarifverhandlungen bräuchte. Anderseits gelten die Gewerkschaften auch als Institutionen, von denen man sich im Falle von individuellen Schwierigkeiten beraten und gegebenenfalls rechtlich vertreten lassen könne. Eine Geschäftsführerin kritisierte jedoch Gewerkschaftsanwälte, da sie vor dem Arbeitsgericht einseitig agierten und zu sehr auf das Recht der individuellen Fachkraft pochten und dadurch den Weiterbestand einzelner Arbeitsplätze oder einer Einrichtung insgesamt gefährdeten. Ein Interviewter berichtete außerdem von der Möglichkeit, sich im Rahmen gewerkschaftlicher Strukturen mit KollegInnen über den Strukturwandel austauschen zu können, was er beispielsweise in einzelnen Arbeitsfeldern bedeute, wie weit er fortgeschritten sei und wie man darauf reagieren könne. Jedoch habe sich dieses lokale Forum zwischenzeitlich mangels TeilnehmerInnen aufgelöst.

Es wurde bedauert, dass die Gewerkschaften zu „blass" (Herr U.) und das heiße zu „machtlos" (ebd.) seien. Dies gelte allgemein und für die im Sozialen Bereich zuständigen Gewerkschaften im Speziellen. *Berufsverbände bzw. der Berufsverband DBSH* (als Gewerkschaft anerkannt) hätten laut meinen Interviewten keinerlei Bedeutungen. Auch die wenigen Bezugnahmen auf die *Wohlfahrtsverbände* ließen zwar deutliche Erwartungen, aber wenig Zufriedenheit mit den Tätigkeiten dieser bedeutenden AkteurInnengruppe erkennen:

> „Die positionieren sich zu wenig. Das ist ja so ein Lobbyistengeflecht, die, wenn man sich die ganzen Vorstände mal anguckt – dann sind irgendwie Diakonie, DPW [Deutscher Paritätischer Wohlfahrtsverband], das ist alles miteinander verflochten. Der eine sitzt dann noch in irgendeinem Gremium in der Senatsverwaltung und ist gleichzeitig Geschäftsführer von einem riesengroßen Nachbarschafts- und Familienzentrum. Und da bin ich mir nicht so sicher, ob das immer mit rechten Dingen zugeht. Und so diese schlechten Bedingungen, die alle ausgehandelt werden, ob das nun Kostensatzkommission ist, Fachleistungssätze, was auch immer, da stricken die Dachverbände immer mit. Und die halten nicht gegen, absolut nicht. Also, da wäre eine gewerkschaftsähnliche Position wahrscheinlich nicht schlecht, aber das kriegt man den Dachverbänden auch nicht mehr rein. (...) Ich weiß

auch nicht, auf welcher Seite die stehen (...) aber das ist [Pause] – kann man auch nicht mehr ändern." (Frau T.)

Für die spezifische Schwäche der Gewerkschaften im Sozialen Bereich wurden verschiedene Gründe aufgeführt. So seien die Organisierten „zu sozial" (Herr U.) und würden viel weniger als Angestellte in anderen Branchen auf ihren Lohn achten oder ihre Arbeitszeiten kritisieren und stattdessen sagen: „Ach ja das geht schon" (ebd.). Sie achteten darauf, dass ihre Arbeit mit den NutzerInnen gut funktioniere und vergäßen sich dabei selbst bzw. vernachlässigten die äußeren politischen Bedingungen. Bei Forderungen gegenüber den Kostenträgern lässt sich die alte defensive Argumentationslinie *Allgemeinwohl vor Eigenwohl* (vgl. Kap. 3.5.3) erkennen: *unsere Arbeit verschlechtert sich immer mehr* und nicht *unsere Arbeitsbedingungen verschlechtern sich immer mehr*. Ein Interviewter spitzt die Situation wie folgt zu: „Also, ich habe da schon manchmal die Idee, man könnte ja mal alles stilllegen, aber mit Sozialarbeitern ist kein Krieg zu gewinnen" (Herr C.).

Da ich davon ausgehe, dass sich die Organisierten wie die Unorganisierten im Arbeitsfeld Sozialer Arbeit nicht notwendigerweise nicht zu kollektivem Handeln bewegen lassen, lohnt es sich, die benannten hemmenden Aspekte bei Mobilisierungsversuchen mitzudenken.

5.1.4   Die Dynamiken in den sozialen Arbeitsbeziehungen

Eine weitere wesentliche Bedeutungskonstellation sind die Dynamiken in den sozialen Arbeitsbeziehungen.[114] Zwar zielen einige Neuerungen auf die Verbesserung der Zusammenarbeit und auf neue Formen derselben, dennoch wird das soziale Klima durch die in Bewegung gebrachten Machtdynamiken auf den Prüfstand gestellt. So gebe es neue, klarere Hierarchien, die insbesondere die Handlungsspielräume von Leitungskräften und MitarbeiterInnen betriebsintern wie - extern berührten und alte Selbstverständnisse hinterfragten. In den Ausführungen der PraktikerInnen wurden zudem weniger indirekte Führungsformen[115] genannt als vielmehr sanktionsfreudige Praxen der Personalführung, die durch Machtdemonstrationen spezifische Verhaltensweisen zu erzielen suchten. Zusätzlich müsse die inner- wie überbetriebliche Zusammenarbeit vermehrt kooperativ stattfinden, obwohl der Konkurrenzdruck untereinander zunehme. Arbeitsbezie-

---

[114]   Hier sozialpsychologisch auf die sozialen Arbeitsbeziehungen allgemein bezogen und nicht nur auf die spezifische Beziehung zwischen Träger und ArbeitnehmerIn.
[115]   Unter anderem Kessl (2005) nimmt in Anlehnung an Foucault an, dass Fremdführung in Form von „verordneter Selbststeuerung und Standardisierung von Freiräumen" (ebd.: 161) ein verbreiteter Führungsstil sei.

hungen können daher mehr denn je sowohl ein *Ressourcenpool* als auch ein *Haifischbecken* sein, was die Brüchigkeit hehrer Ideale sowie die Grenzen des dem Konkurrenzdruck innewohnenden disziplinierenden Potenzials verdeutlicht.

5.1.4.1 Neue, klare Hierarchien

Aufgrund der Zusammenschlüsse und Übernahmen, zum Beispiel im Kontext der Privatisierung öffentlicher Einrichtungen, haben sich Träger vergrößert (vgl. Kap. 5.1.1.2). Um die gewachsenen Betriebseinheiten effektiver steuern zu können, wurde ein mittleres Management eingerichtet, das koordinierende Aufgaben und die Leitung von operativ tätigen Teams übernehme, die bisher selbstständig gearbeitet hätten. Hierdurch seien die *Hierarchien steiler und klarer* geworden. Die Verschiebungen in den Machthierarchien entmystifizieren bzw. klären alte Beziehungsideale und bergen gleichzeitig ein erhebliches Konfliktpotenzial. Entsprechend changieren die Umgangsformen mit dem veränderten Machtgefüge zwischen bewusster Nutzung und Ausblendung.

Die Neuerungen betreffen unter anderem die Arbeitsbeziehungen zwischen Führungskräften sowie mittlerem Management und MitarbeiterInnen. Die *neue Klarheit* werde zum Beispiel über Hausmitteilungen, Arbeitsanweisungen und mündliche Informationen vermittelt, durch die festgelegt würde: „So und so läuft es, das und das könnt ihr machen und das und das könnt ihr nicht machen" (Frau M.). Formal sei infolgedessen teilweise *weniger Mitsprache* möglich. Pro forma werde zwar Rücksprache mit MitarbeiterInnen gehalten, doch letztlich würden kaum Mitsprachcmöglichkeiten eingeräumt. Durch diese Praxis werde deutlich, dass Leitungskräfte und MitarbeiterInnen, entgegen aller einebnenden ‚Wir-Rhetorik', aufgrund ihrer Aufgaben und Positionen unterschiedliche Interessen haben können.

Eine der Interviewten, die auf mittlerer Managementebene tätig ist, bezeichnet es beispielsweise als richtig, dass die Einführung wesentlicher Neuerungen top-down, das heißt ohne die MitarbeiterInnen, entschieden werden, jedoch seien diese „sehr stark in den Prozess der Ausgestaltung und Umsetzung (...) einbezogen" (Frau A.), was bereits „unzählige Diskussionen und Stunden gekostet" (ebd.) habe. Sie selbst habe es als „sehr unterstützend" (ebd.) erfahren, „die Mitarbeiter immer wieder zu informieren, also zumindest zu versuchen, den Prozess so transparent wie möglich zu gestalten" (ebd.). Dies bedeutet für sie aber nicht zu vermitteln:

> „Hier könnt hier mitbestimmen, dass ist Quatsch, das geht auch nicht. (...) Wir sind ja hier keine selbstverwaltete (...) Betrieb – so. Die gibt es ja nur begrenzt [lacht]. Aber eben sie einzubeziehen und versuchen, ihnen immer wieder zu vermitteln, was man will." (Ebd.)

Auch wenn wie hier für Leitungskräfte unter anderem zeitökonomische Gründe für ein derartiges Vorgehen sprechen, bewerteten Interviewte, die keine Leitungsfunktion haben, die veränderten Mitbestimmungsmöglichkeiten anders. „Super klare Hierarchien" (Frau M.) seien „richtig krass" (ebd.), da man sich lediglich nur „noch alleine oder mit den Kolleginnen aufregen, aber nicht mehr diskutieren" (ebd.) könne. Zwar sei auch bisher nicht immer das heraus gekommen, was man gerne gehabt hätte, aber man habe zumindest das „Gefühl" (ebd.) gehabt: „Einen gewissen Einfluss habe ich auch" (ebd.). Zudem stellte ein Interviewter fest, dass falls nur pro forma Rücksprache gehalten werde und eingebrachte Anmerkungen keine Wirkung entfalteten, dies seine Motivation hemme, weiter Anregungen einzubringen.

MitarbeiterInnen schenken Leitungskräften viel Aufmerksamkeit bzw. bewerten ihre Funktionen als sehr wichtig. Neben ihrer fachlichen und ökonomischen Kompetenz gewinnt ihre Leitungskompetenz an Bedeutung. Dennoch seien, so bemerkte eine Geschäftsführerin, diese Positionen nicht unbedingt begehrt:

> „Oft so hast du eine tolle Arbeit. Du kannst alles alleine entscheiden. Und dann: ‚möchtest du nicht mit rein kommen?' Habe ich auch schon gemacht, so eins, zwei Teamleute gefragt, ob sie so was wie Assistenz oder meine Vertretung – ‚nein, da muss ich ja entscheiden.' Das [lacht] ist nämlich nicht so ganz ohne. Also, entscheiden, wenn es um positive Sachen geht, ist ja immer was Schönes. Aber dass ist es ja oft nicht. Ich muss ja dann auch entscheiden, mal einen rauszuschmeißen oder abzumahnen oder, oder." (Frau T.)

Auch das neu etablierte bzw. gestärkte mittlere Management gewinne an Relevanz, da dessen AkteurInnen oft eine *Mittler*-Funktion ausübten:

> „Das ist so eine Sandwich-Geschichte. Die [die aus dem mittleren Management] eigentlich (...) zum Teil erbittert gegen mich kämpfen für die Interessen ihrer Kollegen, aber von den Kollegen auch als so was wie: ‚Hm, der hängt ja ständig mit der Geschäftsführung zusammen. Das ist bestimmt nicht alles ganz koscher, was die da alles reden.' (...) Ich glaube, dem ist noch viel schwerer. (...) Der muss, wenn es blöd kommt, einsame Entscheidungen, die ich treffe, durchsetzen – weil ich bin ja beileibe nicht immer hier in den Teamsitzungen –, auch wenn er nicht dahinter steht. Und der kriegt von beiden Seiten dann Druck. (...) Ja also, der beschwert sich bei mir schon ganz oft. Das er so ziemlich die dämlichste Position in diesem Träger hat, die es überhaupt gibt." (Ebd.)

Wie diese Führungskräfte jedoch ihre Mittler-Funktion gestalten, hänge auch von der einzelnen Person bzw. der konkreten Arbeitssituation ab:

> „Also, wir hatten eine Koordinatorin, jetzt haben wir ein Koordinator (...). Mit ihr war es einfacher als mit ihm (...). Der ist – letztendlich hat der seine Rolle eher verstanden, glaube ich, oder so: wir haben eine Geschäftsführung. Und dann gibt es den Koordinator, und

dann gibt es uns. Und sie hat das viel mehr, also in beide Richtungen vertreten. Also, von der Geschäftsführung an uns rangetragen und von uns aber auch an die Geschäftsführung. Während er eher so ein bisschen so gestrickt ist [lacht], hatte ich den Eindruck, dass er der verlängerte Arm der Geschäftsführung ist. So nach dem Motto: Er kriegt von oben eins auf den Deckel und reicht es weiter. Und wenn wir uns wehren, dann haben wir eher Stress mit ihm als [dass] er das dann weiterreicht, dann halt er so [lacht] persönlich beleidigt (...) oder er hat vielleicht auch Angst um seinen Arbeitsplatz oder weil es ja auch befristet ist." (Frau M.)

Die stärker abgegrenzten Kompetenzen bzw. steileren Hierarchien werden dann als problematisch bewertet, wenn sie widersprüchlich kommuniziert werden, indem einerseits Entscheidungen lediglich von „oben nach unten" (ebd.) weitergegeben würden, jedoch informell, die Hierarchie negierend, betont werde: „Wir sind alle gleichberechtigt" (ebd.). Vorgesetzte wollten eben, so vermutet eine Interviewpartnerin, trotzdem „lieb gehabt werden" (ebd.), daher mieden sie einen offenen Umgang mit der Hierarchie. Entsprechend resümierte die Interviewte, dass „irgendwie vielleicht auch die Leitungsebene Probleme (...) genau eben mit dieser Hierarchie" (ebd.) habe, was zu erheblichen Konflikten mit den MitarbeiterInnen führe und das Betriebsklima beeinträchtige:

„Und das fand ich eine totale oder fanden wir also eine Super-Unverschämtheit. Also, erst mal zu entscheiden: Ihr kriegt eine Leitung, ohne mit uns darüber zusprechen. Und dass dann noch uns über diesen Weg kundzutun. Nämlich einfach, indem man diese Stellenausschreibung an alle rausschickt und wir die natürlich auch kriegen und lesen, aha, wir kriegen eine Leitung. Das war sozusagen also so ein Superkonflikt. (...),Okay, ja, ihr könnt das ja auch entscheiden, wir müssen damit leben, aber dann kommuniziert uns das auch und geht wenigstens mit uns in die Diskussion.' Und wir werden wahrscheinlich nicht sagen: ‚Ja, wir brauchen unbedingt eine Leitung. Aber gut, dann müsst ihr halt sagen: Okay, ihr braucht eine, und das haben wir so entschieden und wir sind eure Chefs und das können wir auch so machen.' (...) Müssen wir dann schlucken, dann ist halt irgendwie das Klima nicht mehr so toll, aber dazu muss man dann auch irgendwie stehen, ja." (Ebd.)

Ein weiterer Punkt, der von Interviewten genannt wurde, war, dass durch die veränderten Hierarchien *weniger Freiräume* für die Besprechungskultur zwischen den MitarbeiterInnen vorhanden seien, wenn in den meisten Runden nun auch Vorgesetze anwesend seien und es daher nahe liege, strategisch zu sprechen. Eine Ausnahme sei mancherorts die Supervision, falls Leitungskräfte darauf verzichteten, anwesend zu sein.

Der Austausch scheint insbesondere wichtig zu sein, um schwierige Themen gerade im Kontext des Wandels zu thematisieren: „Also, das Team könnte man ja dann auch dafür nutzen, über anderes zu sprechen, aber wenn der Chef immer dabei ist, ist das schwierig" (Herr C.). Explizit wurde von Interviewten das Bedürfnis geäußert, nicht nur allgemeine organisatorische oder fallspezifische Dinge im Team zu besprechen, sondern zum Beispiel auch über das Selbstverständnis bezüglich des Aufgabenzuschnitts der Einrichtung oder den Umgang mit Kürzungen zu reden. Die Wichtigkeit des kollegialen Austauschs wurde insbesondere hinsichtlich existenzieller Veränderungen unterstrichen:

> „Also, wir wurden informiert von der Leitung, also im Auftrag von der Geschäftsführung, dass es eben über den Senat zu diesen Streichungen eben kommen wird. (...) Ja, das war erst mal schwer auszuhalten. Oder jeder hat sich so seine Gedanken gemacht, hatte sicherlich auch Sorgen. Sodass wir das dann auch benannt haben im Team, das war auch – also, es gibt einen Rahmen im Team bei uns, in den Teamsitzungen, wo wir das auch einfach mal ansprechen können. (...) Wo wir dann auch die klare Bitte geäußert haben, wir wollen hier nicht hängen gelassen werden, wir wollen Informationen haben, wie sieht das denn danach aus." (Frau Q.)

Das Zitat einer Geschäftsführerin hebt hervor, welche Folgen eine mangelhafte Besprechungskultur in sich bergen könne:

> „Also, hier intern im Träger, was sehr wichtig ist und was wir trotz aller Finanzschwierigkeiten auch immer weiter durchhalten und zum Teil ausbauen, ist eine externe Supervision, an denen Leitungskräfte nicht teilnehmen dürfen, auch die Teamleitung nicht. (...) ich weiß auch, dass ist eigentlich eine Fallsupervision, aber es ist ganz oft Supervision, wo man dann auch die Möglichkeit hat, sich diese Ängste mal so vom Leib zu reden, ohne das wieder gleich ein Teamleiter oder Geschäftsleiter daneben hockt und was auch immer realisiert. Also, das ist was sehr, sehr Wichtiges. (...) Also, das ist etwas, wenn dran geschraubt werden würde, ich glaube, dann würden die Leute allesamt ausbrennen." (Frau T.)

Die Bereitschaft, in Anwesenheit von Vorgesetzten offen zu reden, hänge nicht nur vom Individuum, sondern auch vom Führungsstil bzw. den üblichen Sanktionspraxen ab (vgl. Kap. 5.1.4.2):

> „Und danach kamen reihenweise, kamen (...) sehr taffe Kolleginnen, die auch kritisch das Team, die Arbeit betrachtet haben. Das formuliert haben, wo einfach auch die Leitung gemerkt hat: Es gibt eine Teamhälfte, die stärker wird, die hier kritisiert, und die wurden immer gekündigt." (Frau Q.)

Dass für verunsicherte Führungskräfte kollegialer Austausch zu einem bedrohlichen Szenario werden kann, zeigt der fast surreal anmutende Versuch, ein *bilaterales Sprechverbot* zu verhängen:

> „Also, der Höhepunkt war dann letztes Endes – also, wo eine Kollegin – die hat dann auch einfach auch weiter gemacht. Sie hat zwar, sie hat dann immer wieder rumgerührt, und auch andere Kollegen: ‚Mensch, was ist denn das hier? Wie verhaltet ihr euch denn? Das ist doch vollkommen krank! Hier, du redest mit mir so, und wenn es im Team darum geht, dann seid ihr alle still, ihr seid ja Duckmäuser!' (...) Und daraufhin gab es dann ein bilate-

rales Sprechverbot von der Leitung. Dass wir quasi untereinander nicht mehr miteinander reden durften, was quasi personelle Themen – also, fachlich ja, oder über Fälle durften wir ja. (...) das war eine Ansage von der Leitung konkret. Drohung offen, was, wenn es doch passiert. (...) also, das hat einfach Energie gezogen – Angst." (Ebd.)

Fehlende geschützte, institutionell verankerte Besprechungskultur bedeutet, dass sich tabuisierte Themen in einen informellen Rahmen zwischen einzelnen KollegInnen verlagern und Bündnisse entstehen können.

> „Na ja, in einer Eins-zu-eins-Situation [lacht] – Also, es ging durch die Presse. Ich habe das auch gelesen. Ich frage sie: ‚He was hältst du davon? Hast du eine Idee, wie man das bei uns beurteilen möchte, die Fachleistungen? Wer wird die Fachleistungsstunden, die Arbeit bewerten?' Ja, hätte sie sich auch Gedanken gemacht? – Keine Ahnung. Also, das liegt jetzt vielleicht ein halbes Jahr zurück. Das wurde nie angesprochen, auch nicht von Chefseite her [lacht]." (Frau W.)

Müsse der Austausch in die Freizeit verlagert werden, könne dies eine höhere Hürde für die Teilnahme darstellen, bis hin zur Konsequenz, dass ein Zusammentreffen nicht gelinge.

Ein weiterer Aspekt, der genannt wurde, ist das *Kompetenzgerangel.* Vor allem für Leitungskräfte ist es im Kontext der Umstrukturierungen im öffentlichen Dienst (vgl. Kap. 5.1.1.1) zu Machtverschiebungen gekommen, die sich im Gerangel um Kompetenzen manifestieren. Auch handelten Angestellte freier Träger und öffentlicher Verwaltungen Steuerungskompetenzen neu aus (vgl. Kap. 3.3.1). Hierbei gehe es besonders darum, Spielräume auszuloten bzw. Entscheidungsbefugnisse und Zuständigkeiten zu klären.

Jedoch seien auch betriebsintern MitarbeiterInnen unter anderem in Folge der hohen Fluktuation durch die steigende Zahl der Honorarkräfte, befristeter Verträge und MAE-Kräfte (vgl. Kap. 3.5.1) betroffen. Sie müssten sich nicht nur immer wieder neu auf aufeinander einstellen, sondern ebenso stünden ihre etablierten Machtpositionen unter Bewährungsdruck (vgl. Kap. 5.1.3.1).

Diese Aushandlungsprozesse brächten trägerintern Schwierigkeiten mit sich, da sich zum Beispiel Leitungskräfte hinsichtlich ihres möglichen Machtverlustes besorgt gezeigt hätten:

> „Zum einen sind natürlich in der alten Struktur die Leute nicht begeistert gewesen. Vor allem die Leitungskräfte waren nicht begeistert gewesen, ihre Leitungsfunktion also aufzugeben – und in einer anderen Funktion auch wieder Leitung, aber trotzdem eine andere Funktion. Ja, weil dann erst mal unklar ist, welchen Einfluss habe ich da, welche Wichtigkeit hat meine Rolle da noch. (...) Zum Beispiel (...) die Fachleitungen haben Personalverantwortung verloren, und diese Personalverantwortung ist an die Ortsteilleitung gegangen. So, andererseits haben wir Ortsteilleitungen sicherlich auch ganz am Anfang gemeint, wir

hätten noch sehr viel stärkere Kompetenzen. Was fachliche Entscheidungen betrifft, das verantwortet letztendlich die Fachleitung. Und dieses Gerangel – also auf der Leitungsebene – a) um Mitarbeiter, da mischt der alte Vorgesetzte natürlich noch mit, versucht das [lacht]. Und umgekehrt haben wir Ortsteilleitungen sicherlich auch am Anfang viel stärker in Inhalte – also versucht, da [Pause] also uns durchzusetzen. Und das war ein langer, harter Prozess." (Frau A.)

Eine Mitarbeiterin betont, dass die neu verteilten Kompetenzen nicht kritiklos hingenommen würden:

„Es wird wohl rebelliert, insbesondere von einer Kollegin (...) lächerlich ist, dass uns die Chefin vom Fachbereich Soziale Dienste erzählen soll, wie wir unsere Arbeit zu machen haben, obwohl die überhaupt keine Ahnung hat." (Frau W.)

In Bezug auf überbetriebliche Machtverschiebungen in den sozialen Arbeitsbeziehungen eignet sich wieder das Beispiel Sozialraumorientierung (vgl. Kap. 3.3.2), an dem sich gut die Beziehung zwischen den Angestellten der öffentlichen wie der freien Träger vertiefen lässt.

„Das war ein wahnwitzig schwieriger Prozess. Erstens zu lernen, dass ich als Familienhelfer auf Augenhöhe mit dem Fallsozialarbeiter fachlich debattiere (...). Jetzt sieht es so aus, dass die noch nicht mal [Pause] – einfach in alleiniger Herrschaft, die und die Hilfe mit dem und dem Umfang – sondern das müssen sie mit den anderen Fachkollegen erst mal beraten und debattieren. (...) Und auch die dann plötzlichen Machtallüren unserer Kollegen. (...) Viele von unseren Kollegen – also ich gehöre ja auch dazu. Wir haben ja früher als Freiberufler direkt über die Familienhilfe als Familienhelfer gearbeitet. Wir waren mit unserer Berufstätigkeit abhängig vom Goodwill dieser Sozialarbeiter. (...) Jetzt sitzt man der gleichen Kollegin gegenüber vom RSD, und die macht genau das, was sie vor 10 Jahren auch gemacht hat (...). Und jetzt darf ich, jetzt soll ich sogar. Und dann kann ich gegen hauen. (...) wo die Leutchen alle da saßen in ihren Fallberatungen, und da kam [Pause] jemandem aus dem Jugendamt die Frage, als der Fall mit diesem bestimmten Fokus dann dargestellt war: ‚Was sagen denn unsere kleinen Familienhelfer dazu?' Na gut, die sind natürlich explodiert [lacht]. Und das tatsächlich auf so eine gleichberechtigte Ebene zu heben, das ist nicht leicht gewesen." (Frau T.)

Es verschiebt sich Entscheidungsmacht, da freie Träger nun stärker mitentscheiden dürfen und müssen. Früher, so berichtete eine Interviewte, hätten die Behörden-MitarbeiterInnen Vorgespräche mit NutzerInnen geführt, den Bedarf festgestellt, über Umfang und Art der Hilfe entschieden und den Auftrag an einen Träger oder eine selbstständig tätige Fachkraft vergeben.

5.1.4.2 Personalentwicklung als Sanktionspraxis der Personalführung

Personalressourcen erführen verstärkt Aufmerksamkeit hinsichtlich ihrer effektiveren Nutzung. Dies schlage sich in zielgerichteter, nachfrageorientierter Professionalisierung im Rahmen betrieblicher Personalentwicklung nieder. Unter Personalentwicklung bzw. -controlling wird in der Managementliteratur die auf die Zukunft gerichtete Steuerung von Ressourcen gefasst, was Ressourcenpflege/ -optimierung sowie Verhaltenskontrolle beinhalte (vgl. u.a. Becker 2007). Durch die Instrumente der Personalentwicklung werde teilweise eine *Kontraktkultur*, zum Beispiel durch Zielvereinbarungen, etabliert, die tiefer greifend sei als direkte Anordnung und Kontrolle. So würden Leistungsanforderungen nicht einfach nur angeordnet, sondern mit den Beschäftigten ausgehandelt (vgl. Bröckling 2007: 130f.). Ich habe mich für die Übernahme des Begriffs *Personalentwicklung* aus dem Management entschieden, da sein Gebrauch und eine entsprechende Praxis mit der Etablierung von Managementkonzepten im Bereich der Sozialen Dienstleistungen zusammenfällt (vgl. Kap. 3.3.1). Das ist folglich auch eine pragmatische Eingrenzung, da ich zahlreiche Diskussionsstränge berücksichtigen müsste, wenn ich mich dem Begriff in seiner breiteren Bedeutung annäherte, wie zum Beispiel dem Professionalisierungsdiskurs in der Sozialen Arbeit.

Angesichts der Interviewdaten lässt sich feststellen, dass Interviewte die Dimensionen Optimierung und Verhaltenskontrolle (in Form einer umfassenden Sanktionspraxis) deutlich wahrnehmen. Gerade im öffentlichen Dienst, wo Personalentwicklung im Zuge der Verwaltungsreform forciert worden sei, seien die neuen Instrumente wichtig, da man sich hier die MitarbeiterInnen nicht aussuchen könne. Diese Instrumente hätten, so berichtete eine Leitungskraft, trotz des durch sie bedingten höheren Arbeitsaufwands für sie eine positive Bedeutung, da es ihr die Führung der MitarbeiterInnen erleichtert habe: „Ich glaube, ohne diese Instrumente wären die Mitarbeiter hier auch nicht so [Pause] den Weg über die letzten Jahre auch mitgegangen" (Frau A.). Hingegen wurde in diesem Interview ebenfalls deutlich, dass die Ressourcenpflege, zum Beispiel hinsichtlich des Gesundheitsschutzes im Kontext psychosozialer Belastungen, erhebliche Defizite erkennen lässt.

Wie wird auf welches erwünschte Verhalten hingesteuert? Zwar gäbe es zahlreiche Instrumentarien, jedoch habe ich nur diejenigen für meine Darstellung ausgewählt, die entsprechend differenziert in den Interviews thematisiert wurden. Ein Instrument, das Erwähnung fand, war die *Fortbildung*, deren zentrale Bedeutung zur Flankierung des Wandels das folgende Zitat belegt: „Also, es ist eine [Pause] – sehr intensive Kultur der Fortbildung und Qualifizierung ist damit einhergegangen oder trägt auch diesen Prozess" (Frau A.). Die Ausrichtung der Qualifizierungen im Fortbildungsbereich orientiere sich an Moden bzw. Regierungsprogrammen (vgl. Kap. 3.3.2), die sich entsprechend lukrativ verwerten ließen. Deutlich wurde, dass das Instrument der Fortbildung von Geschäftsführungen bzw. Leitungskräften gezielt für die Personal- bzw. Organisationsentwicklung eingesetzt wird, was eine neue Kultur der Personalführung bedeutet, die zu Konflikten führen kann. So lässt sich anhand dieser neuen Kultur eine klarere und stärker hierarchisch strukturierte Machtverteilung zwischen Führungskräften und MitarbeiterInnen ablesen. Diese spiegle sich unter anderem in zunehmenden Top-down-Entscheidungen hinsichtlich der Fortbildungsinhalte wider, die eine spezifische Profilierung der Einrichtung bzw. ihrer Arbeitsweise anstreben:

> „Und hier stöhnen sicherlich viele und sagen: ‚Nicht schon wieder eine verpflichtende Fortbildung!', das war auch neu. Also, die Kollegen gingen ständig zu irgendwelchen Fortbildungen, das war so eine Kultur, (...) so insgesamt auch so in unserer Szene, aber sehr ungeplant, ohne Richtung, sondern immer, wo man individuell eben gerade sein Interessensgebiet hatte. Das war auch neu für Mitarbeiter (...). Man hat ja einen Arbeitsvertrag und man hat eben auch seine Arbeit im Sinne des Arbeitgebers zu erledigen. Und der Arbeitgeber hat natürlich das Recht zu sagen: ‚Da will ich hin. Und um da hinzukommen, müssen die Mitarbeiter eben bestimmte Qualifizierungen machen.'" (Frau A.)

So versprächen sich manche Leitungskräfte, durch zusätzliche Techniken die Vorreiterrolle ihrer Einrichtung bei der Umsetzung neuer Formen der Hilfesteuerung (vgl. Kap. 5.1.7.1) auszubauen. So sollten MitarbeiterInnen lernen, „mittels NLP-Schulung[116] (...) Ziele auch entsprechend korrekt [zu] formulieren [lacht], mit den Klienten zusammen" (Herr C.). Eine andere Interviewpartnerin forciere im Kontext der Sozialraumorientierung eine fachlich rückwärts gerichtete Qualifizierung zu einem Universaldilettantismus:

> „Und von Geschäftsführerseite aus war ein Trend in den letzten (oder eine Notwendigkeit in den letzten) vier, fünf Jahren, sag ich mal, dass wir unsere Mitarbeiter extrem qualifizieren mussten, hin zum Spezialistentum. Also, Familienhelfer und Einzelfallhelfer in Familien mit Drogen-, Alkoholproblematiken, Gewalt, Anti-Gewalttrainings für Kinder und, und, und. Und durch diese Veränderung, dieses wunderschöne Schlagwort der *Sozialraumorientierung* qualifizieren wir jetzt gerade rückwärts, und zwar so, ich sage es mal so ein bisschen gemein, zu Universaldilettanten." (Frau T.)

Für Leitungskräfte sei die Vermittlung der fachlichen Neuausrichtung gegenüber den MitarbeiterInnen, ohne dabei Widerstand provozierende Zwangsmittel ein-

---

[116] NLP steht für Neurolinguistische Programmierung, eine Technik, die eine Sensibilisierung für zwischenmenschliche Kommunikation und ihren gezielten Einsatz beinhaltet.

zusetzen, eine große Herausforderung. Auf die Nachfrage, wie die Organisation der Zustimmung gelinge, antwortete eine Geschäftsführerin:

> „Schwer, und wenn nur mit Psychologie. Anders geht es überhaupt nicht, weil [Pause] – ja plötzlich klar zu machen, es geht darum, Straßenfeste zu organisieren, ganz niedrigschwellig an die Bürger heranzukommen und zu gucken, wo brennt es überhaupt. Weg von rein therapeutischen oder pädagogischen Inhalten zunächst mal, um erst mal da zu sein, wo es hier gerade quietscht. Das ist nicht gerade leicht. Ich kann es aus Mitarbeitersicht auch durchaus verstehen. Ich habe mich Jahre lang qualifiziert und weitergebildet und bin jetzt der Spezialist für bestimmte Familien. Ob das nun eine Weiterbildung in Gebärdensprache bis hin zum Gebärdendolmetscher ist. Und plötzlich soll ich auf Straßenfesten Büchsen-Werfen spielen, um am Puls der Zeit zu sein. Das ist schon haarig." (Frau T.)

Das Sicheinlassen der MitarbeiterInnen auf eine – weitgehend fremdbestimmte – Entwicklung kann aber auch neue Sicherheiten in der alltäglichen Arbeit bedeuten. Zudem kann das neue Qualifizierungsniveau die Chancen auf dem Arbeitsmarkt verbessern, was motivierend für die Zustimmung der MitarbeiterInnen sein kann. Gerade diese für die MitarbeiterInnen angenehmen Aspekte können Fortbildungen trotz ihres potenziellen Zwangscharakters ebenso zu *positiven Sanktionsmechanismen* werden. Dies lässt sich gut anhand der Selektionsprozesse nachvollziehen, die notwendig werden, sobald nur Einzelne qualifiziert werden sollen oder können. Dies gilt insbesondere für den Spezialfall Weiterbildung:

> „Also, mittelfristig – manchmal kann man es ja auch absehen, wo sich was hin verändert. Ich kann natürlich [Pause] das Telefonbuch aufschlagen oder die Zeitung aufschlagen und Familientherapeuten auf Honorar anstellen (...). Ich würde aber gerne sehen, dass sich ein oder zwei, so zwei Pärchen von uns weiterbilden lassen. (...) Das ist ein Rums geworden, weil ich erst eins oder zwei Leute angesprochen habe, wo ich es mir auch vorstellen kann. (...) ‚warum hast du den jetzt angesprochen und mich nicht'." (Ebd.)

Die Selektion birgt, wie man an diesem Zitat erkennen kann, in sich ein enormes Konfliktpotenzial. Für Leitungskräfte ist es daher sinnvoll, das bei der Auswahl ihres Selektionsmodus mit zu bedenken. Im Kern scheint es notwendig – wenn es sich um eine Form der positiven Sanktion handeln soll –, dies offen zu thematisieren und die Sanktionen dann auch eher autoritativ, wenn nicht gar autoritär, durchzusetzen und nicht basisdemokratisch auszuhandeln. Entsprechend schildert die auch zuletzt zitierte Leitungskraft:

> „Okay ich rudere zurück, (...) das machen wir jetzt basisdemokratisch. (...) Ihr diskutiert das alles ganz offen und ehrlich, wer Interesse hat. Ich habe nur bestimmte Bedingungen. Ich habe einen bestimmten Geldbetrag nur gehabt, den ich für entsprechende Qualifizierungen ausgeben kann, und mehr nicht. Und dann ist genau das passiert, was ich befürchtet

hatte: Es haben sich sieben Frauen gemeldet und ein Mann. Dann habe ich gesagt, das ist ja hübsch, aber ich brauche Pärchen. Familientherapie wird normalerweise als Paar gemacht. Klärt das jetzt irgendwie miteinander. (...) Es ist irrsinnig schwer geworden. Das [Pause] ‚Ja, Personalentwicklung ist ja eigentlich auch was anderes' kam dann aus dem Team, ‚da musst du ja Leute ansprechen' –. ‚Ja, Kinder, das habe ich gemacht. Das wolltet ihr dann nicht, ihr wolltet es dann gemeinschaftlich – offenen und transparenten Prozess. Jetzt habt ihr den offenen, transparenten Prozess.' Aber ich kann doch jetzt nicht aus Geschäftsführersicht sagen: ‚Huch, jetzt haben sich acht Leute beworben, na gut, jetzt bilde ich acht Leute fort. (...) Ich habe ja nur einen bestimmten Betrag, und jetzt müsst ihr das alleine klären, weil: ich mache jetzt nicht den Schiedsrichter, dass tue ich nicht.' Und das hat sich jetzt nach längeren Wochen gerade hin diskutiert, dass es jetzt doch zwei geworden sind, die dann so von allen anderen das o.k. haben, die dürfen jetzt weitergebildet werden. Aber das rumort." (Ebd.)

Warum wurde es heikel? Bei der basisdemokratischen Variante sei das passiert, was sie befürchtet habe. Die „Kinder" (ebd.) kamen nicht unter sich direkt zu einer Entscheidung, sondern es zeigten sich (zu) viele MitarbeiterInnen an der Weiterbildung interessiert, ohne dass sie anscheinend interessiert daran waren, untereinander den Konkurrenzkampf bis zur Entscheidungsfindung auszutragen. Es ging ihnen, so ließe sich vermuten, weniger darum, die Entscheidung basisdemokratisch zu treffen, als darum, dass sich alle interessierten MitarbeiterInnen im Sinne der Chancengleichheit für die Weiterbildung bewerben können sollten. Zumindest ist diese Interpretation anschlussfähig an die Forderung der MitarbeiterInnen nach einer hierarchischen Entscheidung, die im Kontext der Personalentwicklung erwartet würde. Allgemein lässt sich daher festhalten, dass es durchaus hilfreich sein kann, in der Praxis, die unterschiedlichen und sich widerstrebenden Interessen klar zu differenzieren und diese als Voraussetzung für tragfähige Verhandlungsergebnisse transparent zu machen. Denn für alle Beteiligten bedeutet es einen wesentlichen Unterschied, welches Auswahlverfahren zum Beispiel im Kontext der oben ausgeführten Weiterbildungspraxis gewählt wird:

– autoritäre Selektion (Entscheidung – egal, ob zugrunde gelegte Kriterien transparent sind oder nicht – steht aufgrund eines eindeutigen ‚Herrschaftsverhältnisses' nicht zur Diskussion),
– offene Selektion (offenes Bewerbungsverfahren inkl. Offenlegung von Entscheidungskriterien, die im Sinne betrieblicher Mitbestimmung – geteilte Macht, um Herrschaftsmodell zu stabilisieren – zwischen Leitung und MitarbeiterInnen ausgehandelt werden können),
– oder basisdemokratische Selektion (offenes Bewerbungsverfahren, Auswahlkriterien und Auswahlentscheidung werden von allen Angestellten gleichberechtigt getroffen; Herrschaft der Basis).

Eine weitere Möglichkeit, Personal zu steuern, ist die *Aufgabenverteilung*. Obwohl die Arbeitsteilung eigentlich dem Bereich der Arbeitsorganisation zuzuordnen ist, wird sie hier verhandelt. Denn in den Interviews zeigte sich, dass es sich dabei auch um ein bedeutendes Steuerungsinstrument im Personalwesen – zumindest aus der MitarbeiterInnen-Perspektive – handeln kann. Aufgrund der Verschiebung der Wertigkeit der Arbeitsinhalte (vgl. Kap. 5.1.6) wird verständlich, warum die Frage der Aufgabenverteilung einen so prominenten Platz in den Interviews einnimmt. Aufgabenentzug sowie -zuteilung kann, wie oben bereits am Beispiel der Weiterbildung gezeigt, als Belohnung oder Bestrafung erfahren werden.

Die potenzielle Sanktionsfunktion von Aufgaben kann im Zusammenhang mit der Konzeptentwicklung veranschaulicht werden. Eine Leitungskraft berichtete, dass MitarbeiterInnen durchaus Anspruch erheben, nicht nur operativ tätig zu sein:

„Du entwickelst, und wir sollen arbeiten. Es wäre doch richtiger, du würdest uns beauftragen ein Konzept zu entwickeln. Und dann mal rumfragen, wer hat daran Interesse"(Frau T.).

Derartige Tätigkeiten scheinen attraktiv, da sonst nicht verständlich wäre, warum sie zum „Pusher" (Frau Q.) werden können:

„(...) wo dann im Prinzip letzten Endes der Geschäftsführer gesagt hat: ‚Mensch, dass ist super, Frau XY soll sich darum mal kümmern.' (...) Es ist ja auch so ein Pusher vielleicht zu sagen, irgendwas schreiben und sagen: ‚Ich habe hier was.'" (Ebd.)

Konkurrenz kann angesichts der Frage entstehen, wer Konzepte entwickeln und umsetzen darf. Der Umstand, dass fertigte Konzeptionen als Eigentum wahrgenommen und verteidigt werden, belegt die hohe Attraktivität dieser Tätigkeiten sowie deren Ergebnisse. Darüber hinaus könnte diese Art des Denkens auch als eine Antwort auf den Profilierungsdruck gelesen werden, um in Konkurrenzsituationen zu bestehen. Eine Interviewte wies darauf hin, dass manche ihrer MitarbeiterInnen aus dem operativen Bereich einräumten, keine Kapazitäten für derartige Aufgaben zu haben, und entsprechend einlenkten:

„Ja, eigentlich ist die Idee ja auch ganz gut. Und ja eigentlich haben wir auch gar keine Zeit, wirklich in die Konzeptarbeit einzusteigen. Bei einigen, aber nicht bei allen [Pause] – das ist schwierig und es ist noch nicht ganz gelöst, nein." (Frau T.)

(Potenziell) Zeit für höherwertige Aufgaben zu haben, könne betriebsintern zum Privileg werden, was unter anderem vom individuellen Arbeitszeitvolumen abhängig sei: „Die Mitarbeiter, die eine volle Stelle haben, die haben vielleicht

noch mal eher Möglichkeiten, was dazwischenzuschieben, als jemand, der nur eine halbe Stelle hat" (Frau Q.).
Weiter thematisierte die Interviewte, dass darüber hinaus auch Freistellungen für die zusätzlichen Aufgaben notwendig seien. Die Freistellung für eine attraktive Aufgabe kann in derartigen Kontexten als ein Mittel der positiven Sanktion eingesetzt werden. Diese Praxis könnte, im Falle der strukturellen Benachteiligung von MitarbeiterInnen (z.b. aufgrund ihrer Teilzeitbeschäftigung, Honorartätigkeit etc.), Hierarchien in der Belegschaft verschärfen. Angesichts der deutlichen Zunahme von Teilzeitbeschäftigung und befristeten Beschäftigungsverhältnissen ist kaum zu erwarten, dass eine Ausgewogenheit erreicht werden kann bzw. soll. Es scheint die Gefahr zu bestehen, dass sich eine Praxis einspielt, in der zum Beispiel Teilzeitbeschäftigte vollzeitbeschäftigte KollegInnen entlasten, was für Erstere eine Arbeitsverdichtung bedeutet. Die vollzeitbeschäftigten KollegInnen wiederum können oder müssen sich und die Einrichtung weiterentwickeln. Dabei kann sicherlich auch eine Ausgewogenheit angestrebt werden und Ungleichheiten können offen diskutiert werden, um unterschwellige Konflikte auszutragen. Zu erwarten ist jedoch eher ein Stillschweigen des Anstellungsträgers sowie der Beschäftigtengruppen hinsichtlich möglicher Benachteiligungen etc. Ein Teil der Beschäftigten schweigt zum Beispiel aufgrund der Anreicherung ihres Aufgabengebiets mit attraktiverer Arbeit, der andere Teil vielleicht wegen der finanziellen Stabilität der Einrichtung, was zugleich ebenso ihre Arbeitsplätze sichert.

Der Entzug von Aufgaben wurde wiederum nicht als Entlastung oder Belohnung, sondern als Belastung und Konfliktpotenzial thematisiert, wenn sie als negative Sanktion auf unerwünschtes Verhalten bewertet wurden. Ist diese Praxis zusätzlich von Schweigen umhüllt, kann dies soziale Arbeitsbeziehungen beeinflussen, was ich mit folgendem Interviewzitat illustrieren möchte:

> „Und wir beide auch immer gemerkt haben, dass, wenn wir was gesagt haben, dass wir dann im Prinzip abgestraft worden sind. Mit solchen Sachen, wie, die Aufgabe, die du jetzt machst, kriegt jetzt jemand anders. Oder so was. Also, so blöder Kram eben auch. Und wo andere (...) Teamkollegen gar nicht [Pause] sensibel [waren], die haben das, glaube ich, echt nicht gecheckt. Auch im Nachhinein. Also, wenn man drüber geredet hat, das war so für die, wie? Also, vier Jahre, wo ich dann dachte, also: ‚Also weißt du, hallo?!' Irgendwie, wo ich denke (...): Mein Gott, also wirklich so was auch nicht wahrnehmen können, vielleicht auch wollen unbewusst, das kann ich nicht beurteilen." (Ebd.)

Die Interviewte betonte zudem, dass sie nicht grundsätzlich die Kritik ihrer KollegInnen an dieser Praxis vermisse, sondern es ihr an offen artikuliertem Interesse an den Gründen für eine Aufgabenumverteilung fehle:

„Wo es dann hieß: ‚Nein, das macht jetzt eine andere Kollegin.' Wo ich dann auch irritiert war erst mal und wo ich dann auch gedacht habe: ‚Mensch, da hätte ja auch mal eine Kollegin' – es sitzen ja noch neun andere am Tisch – ‚zu sagen: ‚So! Mensch, warum macht das denn nicht XY [Person anonymisiert] (...)'. Hätte ja auch sein können, dass ich sage. ‚Ich habe gerade so viel zu tun, ich fände es schön, wenn es mal jemand anders macht.' Oder sagen: ‚Ich möchte es gar nicht mehr machen, ich möchte das abgeben.' Aber dass man transparent einfach auch noch mal nachfragt" (Ebd.)

Dass dies nicht getan werde, habe folgenden Hintergrund:

„Also, das war Teamthema, dass Leitung nicht hinterfragt wird, erst mal. Also, das war eben auch Angst davor, was Falsches zu sagen und vielleicht gekündigt zu werden. (...) Also, das war mal ein latentes Thema auch, das einfach auch da war und das auch einen Hintergrund hatte, irgendwie weil es das auch schon gegeben hat." (Ebd.)

Ein Erkenntnisgewinn ist hinsichtlich der *Sensibilisierung für mögliche Problemverschiebungspraxen* (vgl. Fahl & Markard 1993: 21f.) erkennbar. An dem eben dargestellten Einzelfall lässt sich ablesen, dass die Verschiebung vom Begreifen problematischer Sanktions-Angst-Praxen hin zur Deutung mangelnder personaler Konfliktfähigkeit möglich ist. So bemängelt die Interviewte, wie in den vorherigen Zitaten gezeigt, den nicht vorhandenen Mut ihrer KollegInnen, offen nach den Gründen für die Aufgabenumverteilungen zu fragen. Die KollegInnen zeigten sich zu unsensibel oder wollten sich hierfür nicht interessieren, obwohl auch beschrieben wurde, dass von ihnen Anmerkungen zu Leitungsentscheidungen – aus Angst vor negativen Sanktionen oder da sie vom Leitungsstil profitieren – ausbleiben können. Durch diese Art der Problemthematisierung verschiebt sich die Problemebene von einschüchternden Sanktionspraxen hin zu einem individuellen Mangel an Konfliktfähigkeit.

Als dritten und letzten Themenkomplex möchte ich den *beruflichen Auf-/Aufstieg* und die *Er-/Abmahnung* als Sanktionsmittel darstellen. Ein klassisches Instrument in der Personalentwicklung ist der berufliche Aufstieg in Leitungspositionen, was aus der Wahrnehmung einer Interviewpartnerin zunehmend das Zeigen erwünschten Verhaltens notwendig mache:

„Und (...) in der neuen Struktur (...) hat man natürlich überwiegend die alten Leitungskräfte integriert, aber man hat auch viele Mitarbeiter oder einen Teil der Mitarbeiter jetzt in Leitungspositionen gebracht. Ja, wo man davon ausgehen konnte, dass diese um – also diese diesen Wandel auch mittragen und auch wollen. Also, das war schon geschickt." (Frau A.)

Ermahnungen werden bereits bei der Nichtübernahme des erwarteten Fachvokabulars eingesetzt:

„Und wenn jetzt ein Kollege, der seit 25 Jahren in diesem Bereich arbeitet, plötzlich wie immer ‚Der Fokus liegt auf‛ sagt, dann wird der indigniert angeguckt (...) ‚und sie wissen ja immer noch nicht, wo wir sind.‛" (Frau T.)

Zusätzlich könne bei der aktuellen Arbeitsmarktlage allein die Angst vor einer Kündigung (vgl. Kap. 5.1.3.2) einschüchtern und ein risikoarmes Handeln befördern. Es wurde auch berichtet, dass MitarbeiterInnen angesichts bestehender Praxen offensiv vorgingen und selbst kündigten. Dieser Umstand kann allerdings möglicherweise auch nur ein Vorgreifen auf eine Kündigung durch den Arbeitgeber bedeuten.

In den betrieblichen Einheiten lassen sich, wie gezeigt, Instrumentarien einer ausdifferenzierten Sanktions- bzw. Zurichtungspraxis finden, die ein erwünschtes Verhalten durch positive Anreize fördern sowie unerwünschtes Verhalten abstrafen. Mit derartigen Personalführungspraxen versuchen Leitungskräfte Zustimmung für die Neuerungen herzustellen, entweder über fachlich innovative Aspekte oder durch das indirekte Profitieren der MitarbeiterInnen.

Es ist jedoch anzumerken, dass durch diese sanktionsfreudige Praxis der Personalführung das hierarchische Verhältnis zwischen Leitungskräften und MitarbeiterInnen deutlicher hervortritt (vgl. Kap. 5.1.4.1). Leitungskräfte entscheiden meist darüber, wer sich wohin entwickeln soll. Interviewte, die als MitarbeiterInnen tätig sind, berichteten, dass sie wenn überhaupt als VerhandlungspartnerInnen, aber nicht als Gleichberechtigte bei Entscheidungen miteinbezogen würden. Außerdem könne sich die Hierarchie zwischen den MitarbeiterInnen verschärfen. Nämlich zwischen denen, die erwünschtes Verhalten zeigen (z.B. die Neuerungen übernehmen), und denen, die auf die Widersprüchlichkeit des Wandels verweisen und daran Kritik äußern. Zudem wird erkennbar (vgl. Kap. 5.1.4.1), dass sich zwar diese Personalführungspraxis zu etablieren scheint, ohne dass dies jedoch von den Leitungskräften offensiv kommuniziert (bzw. gegebenenfalls von MitarbeiterInnen problematisiert) wird. An den Stellen, wo eine strafende Personalführung zum Einsatz kommt, werden die Brüche im Wandlungsprozess bzw. seine widersprüchliche Legitimationsbasis sichtbar.

Sinnvoll erscheint mir eine überindividuelle Auseinandersetzung mit derartigen Sanktionspraxen. Dies kann durchaus auch gemeinsam mit dem Leitungspersonal geschehen, denn Interviewte betonten, wie wichtig Vertrauen, Unterstützung und ein guter Leitungsstil für sie seien. Es wäre meines Erachtens ebenso verkürzend, äußere Rahmenbedingungen bzw. Drucksituationen auszublenden, in denen Leitungskräfte ihre Art und Weise zu Handeln als nahe liegend wahrnehmen. Die Delegation der gesamten Verantwortung bei auftretenden Konflikten an die Vorgesetzten kann zwar eine funktionale Bewältigungsform sein, jedoch bleibt zunächst offen, ob die Ursache tatsächlich mangelhafte Leitungskompetenz bzw. Personalführung ist, die es anzumahnen gilt. Im Einsatz von Personalentwicklungsinstrumenten ist sicherlich auch ein Potenzial zu erkennen, das (nicht nur) dem Anstellungsträger dient. So könnte der anfangs erwähnte Aspekt der Ressourcenpflege stärker akzentuiert werden, wenn der betriebliche Gesundheitsschutz ausgebaut würde. Arbeitsbelastungen, wie zum Beispiel Über- oder Unterforderung, könnten durch die Integration entsprechender Instrumente erkannt und durch Maßnahmen, wie Fort- und Weiterbildungen, sowie durch die Ausweitung oder Eingrenzung der Aufgabengebiete reguliert werden. Diese Schritte könnten nicht nur die Arbeitszufriedenheit der Beschäftigten erhöhen, sondern auch den NutzerInnen zugute kommen, wenn sie infolgedessen auf adäquat qualifizierte und nicht überbeanspruchte Fachkräfte träfen.

5.1.4.3 Zusammenarbeit zwischen Kooperation und Konkurrenz

Einrichtungsintern wie -extern nehmen Konkurrenzdruck und Entsolidarisierungstendenzen unter KollegInnen in der Wahrnehmung der Interviewten zu, obwohl die Kooperation im Kontext der neuen Organisationsstrukturen und Arbeitsmethoden an Bedeutung gewonnen hat. Aufschlussreich sind in diesem Zusammenhang die als ‚modern' und ‚innovativ' wahrgenommenen einrichtungsübergreifenden Netzwerke. In den Interviews erscheinen sie auf den ersten Blick als solide und multifunktionale Instrumente, die im folgenden Abschnitt genauer betrachtet werden.

Die interne Konkurrenz nimmt durch verschiedene Kontroll- und Vergleichsverfahren zu, die in der Absicht eingerichtet werden, die Hilfeplanung und -durchführung zu standardisieren und sie durch eine Dokumentationspflicht transparenter zu machen (vgl. Kap. 3.3.1). Im innerbetrieblichen Rahmen können diese Verfahren die *Kontrolle durch KollegInnen* unterstützen. Kollegiale Kontrolle wird zum Beispiel durch freie Einsicht in Leistungsdokumentationen und in die Aufstellung individuell erwirtschafteter Gelder organisiert. Opitz (2004) diskutiert derartige Formen der Leistungskontrolle in Anlehnung an Bentham bzw. Foucault als Ausläufer des disziplinierenden Panoptismus.

> „Jeder soll jedem permanent über die Schulter gucken, die Arbeit anderer kommentieren und die eigene Arbeit interpretierbar machen. (...) Noch bevor irgendeine Leistung beurteilt wird, legt sich auf die Einzelnen einen analytisches Raster, das definiert, welche Verhaltensweisen überhaupt relevant sind, dessen Profil vergleichbar macht und den Blick auf die anderen wie auf das Selbst präformiert." (Ebd.: 28f.) „So konstituiert das Team trotz des

offiziellen Beharrens auf Einheit und Kooperation eine Wettbewerbssituation, da die Teammitglieder immer auch als konkurrierende Anbieter individueller Fähigkeiten einbezogen werden." (Ebd.: 131)

Auf Grundlage oben genannter Formen der Leistungsdokumentation werden teilweise auch Prämien, an die hierdurch erkennbaren besonders verdienten MitarbeiterInnen bezahlt (vgl. Kap. 5.1.3.2).

Die gestiegene Transparenz individueller Leistung kann zur Verunsicherung der tendenziell ‚gläsernen' Beschäftigten führen, vor allem dann, wenn

„Kollegen weniger bereit sind und das System auch immer weniger in der Lage ist, Mitarbeiter mitzuschleppen, die im Grunde genommen völlig überfordert sind, aus welchen Gründen auch immer. Das ist im öffentlichen Dienst lange, lange passiert. Ich habe das immer geschützte Werkstatt genannt (...), aber eben durch die enge Personalsituation geht das nicht mehr, aber diese Kultur ist noch da und auch die Rechte, die halt die Mitarbeiter haben." (Frau A.)

Die zunehmende Kontrolle kann in der Praxis insbesondere bei hohem Leistungsdruck begünstigen, dass Beschäftigte ihre (Leistungs-)Dokumentationen manipulieren. Haben sie zum Beispiel ein vorgesehenes Zeitkontingent für eine Leistung überschritten, kann es entlastend sein, dies mit unbezahlter und undokumentierter Mehrarbeit zu kompensieren.

Zudem wird vorgebracht, dass die „eigentlichen" (Herr C.) Inhalte durch die eingeführten Kontroll- und Vergleichsverfahren nicht adäquat erfasst würden, wodurch sich eine weitere, subtile Konkurrenzsituation etabliere:

„Und es ist (...) ohnehin in der Sozialen Arbeit schwierig zu konkurrieren, weil man das Ergebnis ja nicht so gut miteinander vergleichen kann. Also, wenn ich jetzt einen Schrank baue oder ein Auto oder irgendwas, dann ist sozusagen der Vergleich leichter. Auch wenn es da auch schwierig ist mitunter, aber da hast du ein Werkstück oder irgendwas, was du anfassen kannst, wo du Maße hast – und das ist da schwieriger. Und das erhöht, glaube ich, auch diesen Konkurrenzdruck. Oder macht ihn so subtil, und man kriegt ihn nicht so zu fassen. (...) Das merkt man dann an irgendwelchen Bemerkungen in der Besprechung oder so. Also, es ist schwer zu fassen. Es ist nicht so offen (...) und [Pause] das finde ich schwierig." (Herr C.)

Erkennbar wird, neben dem Konkurrenzverhalten, die Tendenz zu ‚Einzelkämpfertum' und geringer Solidarität bzw. Kollegialität, die sich unter anderem auch in fehlender Hilfsbereitschaft ausdrücke sowie darin, dass jeder seine eigenen Lösungsstrategien entwickle.

So könne beispielsweise das Angewiesensein auf die Zuweisung neuer Fälle im Bereich der Leistungsfinanzierung (vgl. Kap. 3.3.1) den Konkurrenzdruck in Teams verstärken. Wer zu geringe Fallzahlen bzw. einen zu geringen Betreuungsumfang abrechnen kann und somit nicht ausreichend Geld zur Refinanzierung seiner Arbeitsstelle erwirtschaftet, gefährdet diese. Eine weitere Interviewpartnerin schildert ein Gerücht, das an ihrem Arbeitsplatz kursierte, über ein informelles Ranking befristeter MitarbeiterInnen durch die Vorgesetzten. Sie und ihre KollegInnen hofften alle auf eine Vertragsverlängerung und verhielten sich entsprechend strategisch zueinander, teilten zum Beispiel einander nicht mit, wenn ihnen ihre Vertragsverlängerung bereits bekannt geworden war oder behielten das Wissen über Stellenanzeigen für sich.

Es fällt den Interviewten teils auffällig schwer, die (intransparente) interne Konkurrenz und die damit verbundenen Ängste zu thematisieren, was sich in Ratlosigkeit, Unsicherheit oder widersprüchlichen Schilderungen ausdrückt. Spricht man das Thema direkt an, wird vehement betont, dass es keine Konkurrenz unter den KollegInnen gebe, in anderen Zusammenhängen schildern sie diese jedoch detailliert. So verfügt eine Interviewte gleichzeitig über Konkurrenzerfahrungen in Bezug auf die Entwicklung und Umsetzung von Konzepten (vgl. Kap. 5.1.4.2) und darüber, wie sich die Angst vor einer Kündigung disziplinierend auf ihr Team auswirkt. Entsprechend ausblendend sind daher ihre Schilderungen, die unterstreichen sollen, dass es angeblich keine Konkurrenz gebe, da sie alle unbefristete Stellen hätten:

> „Ich hätte mir manchmal mehr Mumm von den Mitarbeitern gewünscht. (...) also, ich glaube, ich hätte mir einfach einen kritischeren Umgang mit Information und vielleicht auch mit Aufgabenverteilung vielleicht auch gewünscht. (...) Ja, und Teamkollegialität einfach. Zu sagen, wieweit schütze ich meinen eigenen, meinen eigenen Hintern und stehe für andere Kollegen ein. Das ist, das war sicherlich Thema und das ist auch nie geklärt worden ist." (Frau Q.)

Versus:

> „Ich glaube, die Sache ist die: Ich glaube, dass so was wie ich habe Angst um meine Stelle – weil: Es gibt Geldkürzungen, und deshalb arbeite ich für mich, das gibt es, glaube ich, bei uns nicht. (...) Das heißt, alle Mitarbeiter, die bei uns sind, die haben quasi, wir haben unsere Stellen. (...) Also, es gibt nicht irgendwie so dieses ich arbeite jetzt mal ein bisschen besser und ich zieh mir das Konzept hier an Land [lacht], damit ich mich unabdingbar machen kann oder so was. Das gibt es bei uns überhaupt nicht [Pause]. Also, von der Angst, von der Warte her, das gibt es, glaube ich, nicht. Und ich glaube, dass es im Prinzip so, wie wir jetzt zusammenarbeiten, ist es okay." (Ebd.)

Ähnlich betont ein anderer Interviewpartner mit Nachdruck, dass es an seinem Arbeitsplatz keine Konkurrenz gebe. Dies sei quasi auch gar nicht notwendig, da jeder gleich viel verdiene. Auch die Befristung der Arbeitsverträge ändere daran nichts. Daten aus anderen Interviews mit KollegInnen anderer Standorte geben aber Anlass, diese Deutung als mystifizierend zu begreifen. Dort wird nämlich gerade die unausgesprochene Konkurrenz der befristeten Arbeitskräfte als sehr belastend erlebt. Für den Interviewten, der die Konkurrenz bestritt, ist die Ausblendung der Konkurrenz vermutlich deshalb funktional, da sein Arbeitsvertrag kürzlich überraschend um zwei Jahre verlängert worden war, anstatt, wie er gehofft hatte, um ein Jahr oder wenigstens sechs Monate. Aus seinem Umfeld wurde mir jedoch berichtet, dass bei diesem Träger zeitgleich KollegInnen ihren Arbeitsplatz verloren haben, da ihre Verträge nicht verlängert wurden.

Eine weitere Erklärung für den defensiven Umgang mit innerbetrieblicher Konkurrenz kann in der Bedeutung der Qualität der Arbeitsbeziehungen für die Bewältigung schwieriger Anforderungen gesehen werden. Die *soziale Rückendeckung und Unterstützung* durch Vorgesetzte und KollegInnen gilt als ein wesentlicher Faktor bei der Bewältigung von Stress am Arbeitsplatz (vgl. Nolting et al. 2001: 9). Fast ausnahmslos betonen die Interviewten: Der Rückhalt, bei KollegInnen wie Vorgesetzen, ohne den es nicht gehe, werde durch Beratung, Hilfsbereitschaft im Rahmen von Supervisionen oder Fall- und Teambesprechungen hergestellt, was bedeute, die NutzerInnen nicht alleine auf den Schultern tragen zu müssen. Kooperatives Handeln bzw. ein konstruktives Betriebsklima seien entscheidende Faktoren bei der Entwicklung einer gemeinsamen Praxis, da so gemeinsam Handlungsspielräume ausgelotet und gestaltet werden könnten, was umso wichtiger sei, je mehr der Druck von außen steige. Zentral ist zunächst die These, dass das Team hinter einem stehen müsse, um die Arbeit leisten zu können:

„Also, ich denke, die Arbeit – grundsätzlich Sozialer Bereich – ist eine belastende Arbeit, Beziehungsarbeit mit wildfremden Menschen, die im Vorfeld schon hochproblematisch sind und, und, und, finde ich, kann man nur dann gut bewältigen, wenn du weißt, du hast im Hintergrund ein gutes Team, du hast den ganzen Kram nicht alleine auf deinen Schultern, sondern du kannst das noch mal reflektieren." (Frau W.)

„Was ich sehe hier im Team, ist, dass die sich alle – also, ich glaube zu 90% – aufeinander verlassen können. Und das finde nicht zu unterschätzen. Also, in so Kindesschutzfällen oder so was (...), wenn ein Kollege der Meinung ist, er befürchtet, dass dieses Kind in dieser Familie in dieser Nacht nicht gut aufgehoben ist, der findet immer einen, mit dem er auch nachts um 12 noch telefonieren kann und zur Not hinfahren kann und eine Inobhutnahme einleiten und so. Das finde ich ausgesprochen wichtig." (Frau T.)[117]

---

[117] Die zentrale Bedeutung guter sozialer Arbeitsbeziehungen kann jedoch auch sehr subjektive, biografische Gründe haben. So führte ein Interviewter aus, dass er durch eine ihn belastende Zeit der Arbeitslosigkeit erkannt habe, wie wichtig ihm die sozialen Bezüge im Arbeitskontext seien.

Jedoch könne das insbesondere im Falle eines durch äußeren Konkurrenzdruck entstandenen Angewiesenseins auf das Team auch hemmend sein, falls es die Bereitschaft zum Austragen von Konflikten oder die Erwünschtheit unterschiedlicher Meinungen behindert:

> „Wir sind eng zusammengeschweißt gewesen, damit wir stark nach außen sein können. Und deswegen beißt man sich nicht. Ich glaube, das ist meine eigene Theorie. (...) Ich muss ja niemanden ans Bein pissen, aber es wäre doch auch mal okay, wenn man mal sagt: ‚Das fand ich diesmal mal nicht so gut.'" (Frau Q.)

> „Also, es sind noch zwei weitere Kolleginnen, ja, mit denen irgendwie einfach die Zusammenarbeit und der Austausch und die Atmosphäre so gut ist, dass also, dass jetzt keine Energien in irgendwelche Reiberein untereinander gehen. So, dass wir da an einem Strang ziehen. Und eigentlich auch, ja, einer Meinung sind, so. Also, jedenfalls nicht so konträre Meinungen haben, dass da ganz viel Energie oder so flöten geht." (Frau M.)

> „(...) wie kriegt man solche Teamquerelen wieder gerade? Ist das Mittel, immer das Mittel der Wahl, dass man sagt: ‚Ach, wir gehen alle zusammen bowlen'? Oder braucht es vielleicht auch einfach mal, und das habe ich auch gemacht, nach einer Beratung, sich hinsetzen und alles, was an Vorwürfen und Angriffen da ist, im geschlossenen Raum auf den Tisch packen. Das war wunderbar. Also, ich fand es zu Anfang ganz, ganz schwer auszuhalten. Und das ging vielen Kollegen, glaube ich, auch so. So dieses unterschwellige, was ja immer so ist, wenn Menschen zusammen sind. Nein, hier auf den Tisch und jetzt richtig! Und jetzt diskutieren wir das aus. Was habe ich gesendet, was dazu geführt hat, dass du dich so gefühlt hast. (...) Aber ich glaube, das gefällt den Mitarbeitern nicht so ganz gut [lacht]." (Frau T.)

Erkennbar wird ein Harmoniebedürfnis, das unterstrichen wird durch idealisierende und den Konflikt glättende Aussagen zum Teamzusammenhalt: „[wir ziehen alle] an einem Strang" (Frau M.), „wir schwingen auf einer sehr gleichen Wellenlänge" (Herr T.), „wir sind so ein heile, heile Segen Team" (Frau Q.), „wir sitzen im gleichen Boot und in diesem Boot versuchen wir das Beste daraus zu machen" (Herr U.) „alle [sind] mit an Bord (...) keiner fällt raus" (Frau A.). Wer solche Äußerungen problematisiert, setzt sich dem Risiko aus, als QuerulantIn zu gelten (vgl. Osterkamp 1996: 68f.).

Auch *einrichtungsübergreifende Kooperationen* gewinnen an Aufmerksamkeit: Manche Interviewte führen gemeinsam mit KollegInnen von anderen Trägern Supervisionen durch, um sie zu verbilligen bzw. weiter in Anspruch nehmen zu können. Andere Interviewte wiederum tauschen strategische Informationen über Förderprogramme aus. Der Netzwerkgedanke gilt in der Sozialen Arbeit nicht als neu. Heute beziehe er sich jedoch nicht nur auf die Verbesserung der Versorgung von NutzerInnen, sondern auch auf eine rationalere und effektivere Leistungserbringung im Zuge der Ökonomisierung (vgl. u.a. Dahme & Wohlfahrt 2000; Bullinger & Nowak 1998). Diese Entwicklung verläuft parallel zum wachsenden Konkurrenzkampf zwischen den Einrichtungen, was zu entsprechend ambivalenten Arbeitsbeziehungen führen kann.

Im folgenden Zitat wird deutlich, dass mit den unterschiedlichsten AkteurInnen Kooperationsformen zustande kommen können und auch Kernaufgabenbereiche überschritten werden:

> „Also, wir kooperieren auch nicht nur mit anderen Jugendeinrichtungen, sondern mit vielen bei uns vor Ort. Mit der Volkshochschule, mit den Landfrauen. Also, sodass grundsätzlich die Landfrauen, wenn sie Plakate haben wollen, zu uns kommen. Das ist irgendwie fünf Minuten Arbeit. Das hat erst mal mit Jugendarbeit nichts zu tun. Im weiteren Sinne schon, weil es ist Öffentlichkeitsarbeit. (...) Wir haben ein Fortbildungsprogramm für den Kindergartenbereich, was erst mal auch keine Jugendarbeit ist. (...) Wir haben Jugend unterrichtet. Das sind zum Beispiel Computerkurse für Erwachsene durch Jugendgruppenleiter. (...) Wir haben im normalen Öffnungsbetrieb Tai-Chi-Kurse für Erwachsene." (Herr T.)

Insbesondere das große Potenzial von Kooperationen wurde in den Interviews betont. Die Attraktivität kooperativer Zusammenarbeit ist jedoch keineswegs ‚altruistisch', sondern meist von jeweils spezifischen Interessen geleitet, wie zum Beispiel der gemeinsamen Weiterentwicklung bzw. dem Erhalt fachlicher Standards oder der Sicherung des Selbsterhalts der Einrichtung sowie dem Austausch über Entwicklungen und Gestaltungsformen:

> „Und was wir halt machen, ist, als Team – letztendlich war das auch ein Ausdruck der Sparmaßnahmen, weil es hieß, ihr könnt nicht mehr so viel Supervision machen. (...) Und da haben wir aber den Weg gewählt (...) und haben da halt auch eine WG von einem anderen Träger gefunden, die auch zu zweit, die auch Interesse daran hatten, also mit einer anderen Einrichtung gemeinsam auch Supervision zu machen (...). Und das läuft total gut. (...) Das sind immer noch mal so Orte, wo man so einen Austausch hat und einfach, ja, so ein bisschen aus dieser Isolation (...) raus kommt und einfach auch mal hört, wie es anderswo läuft und was die so machen." (Frau M.)

Dass der Konkurrenzdruck jedoch gleichzeitig zunimmt und auch eine Bedeutung für kooperative Zusammenarbeit haben kann, wird deutlich benannt:

> „Dass die Konkurrenz immer größer wird, dass Träger ganz eingehen oder also größere Träger einzelne Bereiche schließen, so. Also, das ist irgendwie im Moment ziemlich an der Tagesordnung, dass so ein bisschen die Frage ist: Wer sozusagen wird überleben?" (Ebd.)

> „Das heißt, dass [Pause] das immer mehr Druck macht, und natürlich auch Druck unter den Trägern. Also, was die Zusammenarbeit angeht. Dass sich im Prinzip an der einen Seite (...) welche an den Tisch setzen und sagen: ‚Wir lassen das gemeinsam nicht mehr mit uns machen!', was ich gute finde, dass die sich auch wirklich wehren. (...) Und andererseits ist

das aber natürlich auch so, dass da andere versuchen, sich auch zu profilieren, und da sehe ich einen starken Trend zu Billiganbietern." (Herr S.)

Arbeitsbeziehungen im Kontext der Sozialraumorientierung (vgl. Kap. 3.3.2) können wiederum als anschauliches Beispiel für die Herausforderungen an die Zusammenarbeit im Spannungsfeld von Kooperation und Konkurrenz angeführt werden. So sei es für die Fallberatungsteams schwer, neue Fälle lediglich nach fachlichen Gesichtspunkten auf die verschiedenen Schwerpunktträger zu verteilen: „Und das hinzukriegen, dass wir allesamt auf der fachlichen Ebene bleiben und nicht stationär, ambulant, um die eigenen Belegungen zu kriegen, dass war sehr, sehr schwer" (Frau T.). Dabei gebe es in ihrem Fallberatungsteam lediglich einen stationären und einen ambulanten Schwerpunktträger, was die Region von anderen unterscheide: „Wenn man dann auch noch in einer Region mit drei oder vier Konkurrenten am Tisch sitzt, ist das mit Sicherheit nicht so einfach wie hier" (ebd.). Als Entlastung wird daher gewertet, wenn in Fallberatungsteams Träger nicht aufgrund eines vergleichbaren Leistungsspektrums direkt miteinander konkurrieren müssen, da fachliche Kooperation ohne Konkurrenz besser funktioniere. Dies decke sich auch mit den Einschätzungen der fachlichen Entwickler bzw. Schuler der Sozialraumorientierung:

„(...) der ja eigentlich sogar propagiert, es gibt einen Träger, und der macht stationär und ambulant. Das also auch da die Grenzen (...) verwischen, was sicherlich auch nicht ganz doof ist. Aber [das] ist nicht der Weg, der hier in XY [Ort anonymisiert] gegangen wird und auch nicht gegangen werden soll." (Ebd.)

In der Praxis nützen daher, wie die Interviewpartnerin weiter ausführt auch keine Scheinlösungen:

„Also, in Stuttgart sind sie den Weg gegangen, die Träger einfach zu Zwangsehen zu verpflichten. Die mussten eine GbR oder was auch immer gründen und sich zusammentun. (...) Das sieht nach außen ja hübsch aus, aber ich bin mit einigen Kollegen da gewesen, innen brodelt das ohne Ende. Weil das da natürlich – da sind die einzelnen Träger, die sind dann in der GbR und die müssen auch alle auf ihre Wirtschaftlichkeit achten. Also, das ist für das Jugendamt – nach außen ist das hübsch, aber die [Probleme] verschieben sich einfach auf eine andere Ebene, das kriegen die Leute im Jugendamt dann nicht so genau mit." (Ebd.)

Jenseits der sozialräumlichen Programmatik könne unkooperatives Handeln dann zu einem substanziellen Problem führen, wenn Projekte nicht gemeinsam geplant, durchgeführt und finanziert werden könnten und deshalb entfallen müssten. In diesem Zusammenhang wurde die Annahme geäußert, dass vom „Teilen (...) alle nur profitieren" (Herr T.). Als grundlegend für das Gelingen von Kooperationen gilt, dass das Handeln außer auf einen individuellen auf einen kollektiven Mehrwert orientiert werden muss (vgl. Kruse 2006: 10). Die Ansicht, wonach alle selbstverständlich gleichermaßen profitieren, birgt meiner Meinung nach jedoch die Gefahr in sich, die Bedeutung des gestiegenen Konkurrenzdrucks zu bagatellisieren und eventuell sogar einzelnen AkteurInnen mangelnde Fähigkeit zum Teilen bzw. unangemessene Ängstlichkeit zu unterstellen: „Gerade Sozialpädagogen sind so (...). Dass die nicht gerne mit anderen Leuten teilen und schon gar nicht (...) für andere Leute arbeiten" (Herr T.). Durch derartige personalisierende Annahmen und „Vereigenschaftlichungen" (Osterkamp 1996: 74) drohen strukturelle Zwänge aus dem Wahrnehmungsfeld zu fliehen. In Kommunikationsprozessen, in denen so genanntes Seinswissen – „Du hast so und so gehandelt, weil du so und so bist" (Holzkamp 1997: 44) – eingebracht wird, gleicht dies einem Abbruch jedes weiteren Verständigungsprozesses (ebd.: 44f.). Zudem ist, ohne die faktische Konkurrenz zu tabuisieren, Kooperation möglich und nötig, um gemeinsam zum Beispiel die Rahmenbedingungen Sozialer Arbeit in einem Landkreis zu verändern, wie das bereits unter Kapitel 5.1.2.2 angeführte Zitat zeigt:

> „Da war also einmal das Kreisjugendamt und der Kreisjugendring usw., die haben sich um Gelder gestritten. Und haben nie als Idee gesehen, dass sie um mehr Gelder kämpfen. (...) Die haben sich untereinander gestritten um den Kuchen, den man ihnen vorgesetzt hat. (...) oder das Kuchenstückchen (...) und nie über diese Sache hinaus geguckt. Und da habe ich gesagt: ‚Mensch, warum streitet ihr um diese paar Euro fünfzig, ihr müsst sehen, dass ihr zusammenarbeitet und mehr kriegt.' (...) da kämpft jeder für sein eigenes Bisschen, für seinen Kuchen, der auch von den anderen ich sage mal ausgenutzt wird, von den Auftraggebern, (...) dann kann ich den Kuchen immer ein bisschen kleiner machen. Ja, und die streiten sich immer noch darum. Das wird ganz klar ausgenutzt, und die merken es nicht (das ist das Allerschlimmste) oder wollen es nicht merken. Und schimpfen dann: ‚Ja das ist halt so.' Aber dabei ist es nicht so. Wenn das so ist, dann muss ich an dieser Stelle was ändern, und nicht an der kleinen Stelle da unten und darum streiten." (Herr U.)

Erkennbar wird, dass die Interviewten mehr oder weniger stark strategisch mit ihrem machtpolitischen Feingefühl angesichts der Bedeutung von Kooperation und Konkurrenz operieren. Zwar lassen sich durchaus überbetriebliche emanzipatorische Ansätze erkennen (z.B. gemeinsam besseres Angebot für NutzerInnen schaffen, Arbeitsbedingungen des Tätigkeitsfelds verbessern). Dennoch geht es in der Praxis häufig vor allem darum, mitzukriegen, „was läuft" (Herr F.), das heißt strategisch wichtige Informationen insbesondere zur wirtschaftlichen Sicherung der eigenen Einrichtung zu erhalten.

5.1.5   Ablauforganisation zwischen Effektivierung und Übersteuerung

Die Organisation von Arbeitsabläufen umfasst im Allgemeinen sowohl einzelne Tätigkeiten und Arbeitsschritte, die Arbeitsteilung (Kompetenzgefüge), die Menge des Arbeitsanfalls sowie ihre Beeinflussbarkeit. Ziel ist es, Ressourcen zweckmäßig oder vernunftgemäß einzusetzen, um zum Beispiel Durchlauf-, Warte- und Leerzeiten zu vermeiden und die Qualität der Vorgangsbearbeitung sowie der Arbeitsbedingungen zu verbessern. Die Auswertung des Interviewmaterials ergab, dass die Neuerungen in der Ablauforganisation vor allem auf die effektivere Strukturierung der Arbeit der Befragten zielen.

Die Interviewten brachten diesen Aspekt vor allem im Zusammenhang mit einem erhöhten Zeitdruck ein, mit dem sie sich konfrontiert sähen. Arbeitsabläufe zu effektiveren sei angesichts ihres höheren Arbeitsvolumens bei teilweise weniger werdenden Personalressourcen (vgl. Kap. 5.1.2.2, 5.1.3.1) ein für sie wesentliches Thema. Effektivierungsvariationen würden aufgrund selbstkritischer, interner Reflexion oder von außen bzw. von oben nach unten eingeführt oder erzwungen. Bei diesen Strategien gehe es auch um die Kontrolle der Qualitätssicherung/-verbesserung und des gezielteren Mitteleinsatzes (vgl. Kap. 3.3.1, Kap. 5.1.2.1). Jedoch drohe im Kontext der *Effektivierungs-Praxen* bei einer Übersteuerung auch eine *Ver-ierung*. Die Neuerungen brächten teilweise nicht ein mehr an Fachlichkeit und bedeuteten, dass teilweise widersprüchliche Anforderungen realisiert werden müssten, wie zum Beispiel stärker regelgeleitet und dabei gleichzeitig flexibler und spontaner zu arbeiten, um die höhere individuelle Verantwortlichkeit, insbesondere im Kontext eines wirtschaftlichen Risikos, zu meistern.

5.1.5.1   Fokussierung und Eingrenzung

Eine wesentliche Strategie sei die *Fokussierung bzw. Eingrenzung,* die sich an Ziel- bzw. Produktdefinitionen orientiert. Diese Ausrichtung auf das Ergebnis wurde von einigen Interviewten befürwortet, wenn hierdurch Prozesse optimiert und als Arbeitsentlastung erfahrbar werden könnten, und sie nicht auf Kosten der NutzerInnen ginge.

„Eigentliche Ziele" (Herr C.) ließen sich jedoch schwer in definierte Raster und Produktkataloge einfügen, denn die (Alltags-)Praxis könne auch chaotisch sein. Ein Interviewter führt hierzu aus:

> „Mit den Zielformulierungen ist es meines Erachtens deswegen schwierig: Sagen wir mal, die eigentlichen Ziele werden nicht so benannt. (...) Das lässt sich sozusagen in dieses Raster nicht so gut einbringen. Also, jeden Tag die Hausaufgaben machen, dass wäre so ein

Beispiel, ein ganz konkretes Ziel. Aber das ist ja oft nur ein Symptom, dass die Hausaufgaben nicht gemacht werden, das liegt ja woanders dran. Und das ist dann schwer zu benennen, wenn man nicht so allgemein, die Arbeitshaltung müsste sich verändern, verbessern – Und das lässt sich wiederum so schwer überprüfen. (...) Also, je konkreter, je eher kannst du es abarbeiten, aber das ist es ja nie. Wir sind ja sozusagen nur mit Alltag konfrontiert und der ist halt chaotisch und irgendwie merkwürdig oder widersprüchlich usw." (Ebd.)

Hierbei gerate vor allem das Endprodukt, das Endergebnis, die Zielerreichung in den Fokus, wobei gleichzeitig der Erbringungsprozess bzw. der Frage nach den (Hinter-)Gründen des Unterstützungsbedarfs weniger Aufmerksamkeit entgegengebracht werde. In den Statements wird deutlich, dass man einem „Produkt" (Herr F.) (hier wird vergleichend auf das Produkt Film rekurriert) nicht ansehen könne, wie die Qualität des Prozesses war, die wiederum Rückschlüsse auf den Effekt zuließe:

„Also, ich habe das auch schon bei ein paar Projekten erlebt, dass zumindest die Gefahr besteht, dass durch diese Produktorientierung, die natürlich in diesem medienpädagogischen Ansatz grundsätzlich auch angelegt ist – und der ja natürlich auch Sinn macht (...) –, dass dann wirklich die konkrete Sozialarbeit mit den Kids in meinem Fall so ein bisschen auf der Strecke bleibt. ˮ (Ebd.)

Erkennbar wird anhand dieses Interviews weiter, dass derartige Situationen zu einem Unbehagen bei Fachkräften führen können:

„(...) es gibt irgendwie eine Situation, wo man eigentlich das Gefühl hat, so: He! Da ist es jetzt gerade spannend, da wäre jetzt eigentlich so ein Punkt, wo man sagen müsste: ‚Okay, Kamera aus, hinsetzten, quatschen!' (...) oder irgendwie anders an einem Thema arbeiten. (...) Da hat ganz oft die Zeit gefehlt, dann wirklich auch abseits von der Produktion dieses Films intensiv mit den Schülern an diesem Thema zu arbeiten. (...) Und das war ein Projekt, das war vom Resultat her total super. (...) aber habe da im Nachhinein noch viel mehr das Gefühl, dass da die Jugendlichen schon auch so ein bisschen instrumentalisiert wurden. Also, dass es da eher darum ging, die Schule wollte diesen Film haben und wollte dieses Projekt haben, was entsprechend also [Pause] auch eine Öffentlichkeitswirksamkeit hat." (Ebd.)

Fachlich gesehen, ist dies meines Erachtens eine negative Tendenz, da mehr Transparenz genau in diesem Bereich für Praxisforschung und Professionalisierung hilfreich sein können (vgl. Köbberling & Lux 2007), eine Einschätzung, die jedoch in der Debatte um Evidence Based Practice (EBP) (vgl. u.a. Meng 2006) umstritten ist. Die Überprüfung der Prozessqualität und der Nachhaltigkeit der erbrachten Leistungen und nicht nur des unmittelbaren Ergebnisses ist sinnvoll. Hierdurch könnte beispielsweise ein Wettbewerb über die Qualität der öffentlich finanzierten Dienstleistungen befördert werden, um den Wettbewerb lediglich über Preise zurückzudrängen, was sich volkswirtschaftlich rechnen müsste.

5.1.5.2 Flexibilisierung und Aufgabenausweitung

In einem dialektischen Bezug zur Fokussierung und Eingrenzung ist die *Flexibilisierung bzw. Aufgabenausweitung* zu nennen. Flexibilisierung der Arbeit bedeutet neben der Flexibilisierung der Arbeitsbedingungen selbst (vgl. Kap. 5.1.3.2) unter anderem im Zuge der Umstrukturierung der Organisationen (vgl. Kap. 5.1.1) eine *Aufgabenausweitung*, die auch mit zusätzlichen Einsatzgebieten einhergehen kann.

Diese Zuständigkeitserweiterung wird sehr unterschiedlich bewertet. Wohlwollen gegenüber dieser Entwicklung kann, wie das Datenmaterial zeigt, dann entstehen, wenn die Neuerungen mit Spaß und Spannung durch mehr Abwechslung, Verantwortung und einer Aufwertung durch Wertschätzung einhergehen. Ist dies nicht der Fall, kann Kritik laut werden, wie das folgende Zitat einer Behördenmitarbeiterin zeigt:

> „Aber was ich noch doof finde, was da halt noch erschwerend hinzukommt, ist, dass wir die Aufgabe noch zusätzlich haben, wenn jemand an Tuberkulose erkrankt ist, noch die Umgebungsuntersuchung zu machen. Wo ich mich dann auch frage: Was hat das mit Sozialpsychiatrie zu tun?" (Frau W.)

Derartige Zusammenhänge können aufgrund fehlender Qualifizierungen zu Unsicherheiten führen oder, wenn es an Zeitkapazitäten fehlt, eine zumindest subjektiv zu hohe Arbeitsdichte bedeuten. (Hilfs-)Arbeiten können insbesondere dann auf Ablehnung stoßen, wenn sie von den sie ausführenden Fachkräften als Abwertung wahrgenommen werden (vgl. Kap. 5.1.6.2). Außerdem kann ein schlechtes Gewissen gegenüber den LeistungsempfängerInnen entstehen, wenn gehetzt werden muss oder die Arbeiten unprofessionell erledigt werden müssen: „Ich habe nie was mit Tuberkulose zu tun gehabt und werde jetzt auf die Menschheit losgelassen. Yippie, ich bin die Umgebungsuntersuchungsexpertin, was ein *fuck*, stimmt überhaupt nicht" (Frau W.). Die Ergebnisse decken sich auch mit dem Forschungsstand, der besagt, dass neue Aufgaben unter anderem dann als positive Anforderung wahrgenommen werden können, wenn notwendige Ressourcen (Zeit, Qualifikationen etc.) vorhanden sind bzw. bereitgestellt werden (vgl. Gapski & Hollmann 2001: 146; Holm & Geray 2007: 6).

Ein anderer Interviewter meinte, dass er skeptisch gegenüber der Zusammenlegung von Ämtern bzw. dem flexiblen Einsatz in anderen Aufgabengebieten gewesen sei, da er die Auffassung vertrete, dass seine ursprüngliche Tätigkeit viel Spezialwissen erfordert habe. Das könnten jedoch nicht alle für das nun ausgeweitete Aufgabenspektrum bereithalten. Momentan bestehe noch Zugang zu diesem Spezialwissen, indem man mit Rückfragen auf entsprechend berufserfahrene KollegInnen zugehen könnte. Es ist jedoch nur eine Frage der Zeit, bis diese

Ressourcen mit dem Ausscheiden der Berufserfahrenen in den Ruhestand weg fallen.

5.1.5.3 Rationalisierung durch Standardisierung

Weiter gebe es eine *Rationalisierung durch Standardisierung,* worunter die Vereinheitlichung von Arbeitsabläufen nach Mustern verstanden wird. Am Interviewmaterial erstaunte, dass derartige Entwicklungen aus sehr unterschiedlichen Bereichen genannt wurden. So sollten zum Beispiel der Kinderschutz durch standardisierte Verfahrensweisen qualitativ verbessert oder Kosten durch einrichtungsweite einheitliche Abrechnungsmodelle verringert werden. Vereinheitlicht werde auch die Zeitdauer der Beratungsgespräche. Dies sei, so berichtete eine Interviewte, notwendig, da zwar weniger Zeit vorhanden sei, aber eine gleichbleibend hohe Nachfrage bestehe:

> „Also, wir wollen niemanden wegschicken. (...) im Vorfeld schon mal klären, ‚ich habe jetzt eine Viertelstunde Zeit für dich. Sag mir doch mal ganz kurz, knapp dein Anliegen, und wir können schauen, was wir heute für dich tun können und dann in weiteren Terminen eben abklären, wie wir Schritt für Schritt dann auch weiter vorgehen'. Und quasi nicht für einen Klienten Zeit haben, bis das letzte Problemchen in Anführungszeichen vielleicht auch geklärt ist. (...) ja dieselbe Beratung quasi kürzer fast. Und konkreter einfach auch anbietet." (Frau Q.)

Zudem gebe es je nach Arbeitsfeld eine formalisierte Hilfeplanung und Durchführung durch standardisierte Formulare.

> „Also, da wurde dann irgendwann, wurde versucht, so das Ganze halt mehr zu standardisieren. Da wurden dann halt so Fragebögen verteilt, wodurch irgendwie Fälle sozusagen kategorisiert werden sollten. Und entsprechend auch die Zeit und die Maßnahmen, die man dann im Fall XY ergreifen sollte. Wo das so ein bisschen (...), dadurch auch so ein bisschen rationalisiert werden sollte." (Herr F.)

Auch die Aktenordung werde nach spezifischen Verfahren hergestellt sowie die Termin- bzw. Aufgabenplanung durch ausgeklügelte Kalendersysteme organisiert. Von denjenigen, die die Auffassung teilen, dass es zuvor ein Rationalisierungsdefizit in der Sozialen Arbeit gegeben habe, wird diese Entwicklung begrüßt: „In den letzten Monaten ist es dadurch auch zu einer besseren Strukturierung gekommen, erzwungenermaßen bei den Trägern und in der Arbeit. (...) Und das finde ich gut" (Herr S.). Jedoch wurde zum Beispiel die standardisierte Zuordnung von Hilfemaßnahmen von einem Interviewten kritisiert, denn er habe dies als „relativ absurd" (Herr F.) empfunden, „weil ich so das Gefühl hatte: Okay, das geht doch so ein bisschen an der praktischen, am Individuum orientierten Sozialarbeit (...) vorbei" (ebd.). Als problematisch wird es wahrgenommen, wenn vorwiegend spezifische Aspekte und „feste Merkmale" (Herr U.) in den Vordergrund gestellt würden, an denen sich eine Konfliktlinie erkennen lasse. Diese verlaufe zwischen Standardisierung einerseits und Individuumsorientierung andererseits:

> „Ja, wir machen ja über jeden einen Qualifizierungsplan. Das ist ein großer Formalaufwand, aber im Prinzip wird da geguckt, welche Note hat er, wie ist die Grundausbildung usw. Aber jetzt der Mensch selber, welche Entwicklung der in dieser Zeit durchschreitet, das wird auch irgendwo vergessen (...), das ist viel zu wenig. Und auch die Vorgeschichte wird teilweise erhoben. Teilweise, aber nur so feste Merkmale. Aber eigentlich, den Menschen selber verliert man da ganz viel aus dem Sinn. (...) Es ist vielleicht ein bisschen überformalisiert zurzeit, wenn das wieder ein bisschen wieder zurückgefahren wird. (...) Und wenn sich das dann in der Mitte irgendwo einpendelt, dann profitiert man auch davon." (Herr U.)

Es wird deutlich, dass fachliche Standards – die das Ergebnis eines Aushandlungsprozesses zwischen unterschiedlichen AkteurInnen mit entsprechend spezifischen Interessen sind – nicht zwingend den unmittelbaren Bedürfnissen und Interessen der LeistungsempfängerInnen, entsprechen müssen. Daher ist in der Praxis vor allem die Frage danach zentral, wessen Interessen im Zuge der Rationalisierung durch je spezifische Standards bedient werden. Beinhalten die Standards weniger Individuumsorientierung, aber wird der Anspruch vonseiten der Fachkräfte aufrechterhalten, setzt dies ein Engagement über das normale Maß voraus (vgl. Kap. 5.1.8).

5.1.5.4   *Fallzuweisung und Falltaktung*

Die *Fallzuweisung* ist für Beschäftigte sowohl öffentlicher wie freier Träger ein wesentliches Thema im Sinne der Effektivierung der Arbeitsorganisation, wobei sich dies Trägerart spezifisch ausbuchstabiert. So berichtet ein Angestellter eines freien Trägers:

> „Also, ich meine, bei der Auswahl der Fälle habe ich wenig Einfluss. Also, es gibt jetzt sozusagen kaum die Möglichkeit, einen Fall abzulehnen. (...) Man kriegt die Fälle zugewiesen. Die schauen halt nach dem Profil. Was wird erwartet. Also, erst mal Mann/Frau und ungefähr, ob das von dem, wie sie einen einschätzen, passt und (...) ob man Kapazitäten frei hat." (Herr C.)

Eine Behördenangestellte wiederum beschreibt ihre Funktion so:

„Im Vorfeld: Was will der Klient, welche Ziele hat er, was hindert ihn daran und welche
Form der Unterstützung benötigt er, damit er an sein Ziel kommt? Und in dieser Hilfeplankonferenz sind dann sämtliche Träger mit vor Ort oder zumindest einer oder zwei. (...) also,
es ist schon breit gefächert. Und dann wird gemeinsam überlegt: Okay, also welcher Träger
kann die erforderliche Hilfe – nachdem das mehrmals diskutiert worden ist, abgewogen
worden ist –, wer kann diese Hilfe anbieten." (Frau W.)

Gemeinsam scheint ihnen zu sein, dass vordergründig fachliche Argumente für
die jeweilige Zuteilung genannt werden, dies betrifft sowohl den Träger als auch
die Auswahl der jeweiligen Fachkraft, welche die Leistung letztlich erbringt.
Zu diesem arbeitsorganisatorischen Bereich kommt noch die *Einteilung der Zeit
mit den NutzerInnen*, was vor allem hinsichtlich des Terminvolumens bzw. der
Termintaktung thematisiert wurde. Es zeigt sich, dass bei der Fall-Zuweisung
neben fachlichen Aspekten unter anderem finanzielle sowie Auslastungsaspekte
mindestens ebenso leitend sind, was sich zwischen den Zeilen des folgenden
Zitats herauslesen lässt:

„Wobei ich nicht zu den Trägern [gehöre] oder eine Mitarbeiterin von den Trägern bin, also insofern auch nicht so das Gerangel mitkriege. Wobei ganz klar ist: Die Träger müssen
ganz viele Klienten haben, damit sie sich weiter finanzieren können. Es kommt dann vielleicht nur mal so was: ‚ja also wir können die sofort übernehmen, und, und, und. Ich habe
da mal gehört und du hast mit denen zu tun, mach doch mal ein IBRP[118]' und stell denn
Fall in der Hilfeplankonferenz vor'. Also, so etwas hört man dann hin und wieder mal."
(Frau W.)

Auch im Kontext der Sozialraumorientierung (vgl. Kap. 3.3.2), die ja ein spezifisches Setting ist, stelle dies eine erhebliche Anforderung dar:

„Wir sitzen seit zwei Jahren in so genannten kollegialen Fallberatungs-Teams (...), wo alle
Mitarbeiter des Jugendamts und die Mitarbeiter von den freien Trägern zusammen da sitzen und die Fälle, die noch keine Fälle sind, die aber aufgetaucht sind, beraten. Was macht
man hier? Das hörte sich anfangs ganz fürchterlich spannend an. Das war ein wahnwitzig
schwieriger Prozess. Erstens zu lernen, dass ich als Familienhelfer auf Augenhöhe mit dem
Fallsozialarbeiter fachlich debattiere. [119] Dass ich als Familienhelfer durchaus auch einem
Sozialarbeiter sage: ‚Okay, ihrer Meinung nach wird das jetzt eine Familienhilfe, ich bin
völlig anderer Ansicht, aus meiner Sicht sollte das und das und das gemacht werden.' Und
dann sitzen auch noch am Tisch die Fachvertreter vom ambulanten Schwerpunktträger, von

---

[118] IBRP (Integrierter Rehabilitations- und Behandlungsbogen) ist eine Form der strukturierten
        Hilfeplanung (vgl. Kap.5.1.7.1).
[119] Dies habe folgenden Hintergrund: „Wir haben ja früher als Freiberufler direkt über die
        Familienhilfe als Familienhelfer gearbeitet. Wir waren mit unserer Berufstätigkeit abhän-
        gig vom Goodwill dieser Sozialarbeiter. Ne, wenn die mich nicht mehr leiden können,
        dann geben die mir einfach keinen Fall mehr, weil ich irgendwie Widerworte geführt habe
        oder was weiß ich." (Frau T.)

Erziehungs- und Familienberatung und stationäre[m] Träger. Und das hinzukriegen, dass wir allesamt auf der fachlichen Ebene bleiben und nicht stationär, ambulant, um die eigenen Belegungen zu kriegen, dass war sehr, sehr schwer." (Frau T.)

In den Interviews finden sich Aussagen, in denen das Spannungsfeld zwischen strukturellen Voraussetzungen, fachlichen Ansprüchen und Selbsterhaltungsinteressen deutlich wird. Wesentliche strukturelle Voraussetzungen lägen zum Beispiel im Entgeltbereich (vgl. Kap. 3.3.1):

„Das ist der Spagat, trotz allem immer noch wirtschaftlich zu arbeiten. (...) wir haben nur wenige Stunden in den Familien, die Kollegen müssen sehr viel mehr Fälle übernehmen, um auf eine 30-, 35-Stunden-Stelle zu kommen." (Frau T.)

Entsprechend schwierig sei es, eine pädagogisch sinnvolle Taktung anzubieten, da das Fahrtkostenbudget als (zu) knapp wahrgenommen wird. Im Zuwendungsbereich müssten hingegen teilweise mehr NutzerInnen mit weniger Personal beraten werden, wolle man, wie bisher, niemanden wegschicken (vgl. Kap. 5.1.2.2). Dies drückt sich für einen Interviewten in einer Zunahme an Geschwindigkeit aus:

„Und ich würde sagen, es ist schneller geworden, die Arbeit. Das ist auch ein Wandel. (...) Also, schneller meine ich jetzt teilweise in den Gesprächen hier, dass sich alle Stunde hier ein Jugendlicher die Klinke in die Hand gibt, was wir früher nicht hatten. Dass heißt, die Zeit, auch um eine Vor- und Nacharbeit zu machen beim Treffen, eine Auswertung, die ist schwieriger zu organisieren. Das heißt, das hat auf jeden Fall zugenommen." (Herr S.)

Selbsterhaltungsinteressen zeigen sich in Aussagen darüber, dass einerseits die eigene Arbeitskraft geschont werden soll, um sie zu erhalten, und andererseits damit aber nicht die Stelle gefährdet werden soll. So führt ein Interviewpartner zusammenfassend aus:

„Und die Taktung ist sozusagen auch pädagogisch auch nicht so sinnvoll. Also, manchmal habe ich Drei-Stunden-Termine, das ist eigentlich viel zu lange. Aber da das Angebot ambulant ist und man in der Regel die Familie dann aufsucht, kann man Stundentermine nicht anbieten. Die wären aber viel sinnvoller.[120] (...) Aber das muss ich aus dem ökonomischen Druck heraus, sonst komme ich mit meinen Stunden nicht zurecht. Also, bei einer vollen Stelle muss man 23,5 Betreuungsstunden die Woche machen. Die muss man ja erst mal verteilt kriegen. (...) Also, das rechnet sich dann nicht mehr. (...) mitunter war das schon belastend, die Termine in der Woche so unterzubringen, wie es für mich gut ist. Also, ich habe natürlich immer Interesse an Anschlussterminen. Eine Stunde an der XY [Ort anony-

---

[120] Hintergrund ist wie bereits erwähnt (vgl. Kap.5.1.2.1), die Budgetierung von abrechenbaren Fahrtzeiten.

misiert] rumhängen, das ist natürlich – das bringt mir nichts. (...) da muss man halt immer ein bisschen rumbasteln. Das finde ich belastend."(Herr C.)

5.1.6   Verschiebung der Arbeitsinhalte

Von den Interviewten wurden deutliche Verschiebungen bei den Arbeitsinhalten wahrgenommen. Teilweise kann hier nahtlos an aktuelle Forschungsergebnisse angeknüpft werden (vgl. Kap. 3.5.2). Es verändere sich die Wertigkeit der Arbeitsinhalte, zum Beispiel verliere die nutzerInnennahe Arbeit an Wert(schätzung), obwohl deren Problemlagen komplexer würden. Aufwertung geschehe im Rahmen politisch forcierter Programme (z.B. Zuarbeitung von FallmanagerInnen). Entsprechend gebe es teilweise Gerangel bei der Verteilung und Bewertung der Tätigkeiten.

5.1.6.1   Komplexere Problemlagen

Zum einen gaben Interviewte an, dass die Problemlagen der Unterstützung Suchenden komplexer und schwieriger geworden seien, da sich das soziale Gefüge verschoben habe. Dies könne nach Aussage einer anderen Interviewten auch als Konsequenz der sozialpolitischen Reformen gesehen werden (vgl. Kap. 3.3). Sie betont, dass diese in der Praxis zu einer Selektion der NutzerInnen führten, die nicht nur für diese problematisch werden könnten, sondern auch für die PraktikerInnen, die sich mit entsprechenden Konsequenzen in ihrer Praxis konfrontiert sähen:

„Also, ich denke, die Klienten nehmen zu. [Pause] Vielleicht, oder insbesondere so, wie sich so für mich die letzten Monate gezeigt [haben] durch die Herausfilterung der Arbeitslosengeld-II-Bezieher. Sanktionierungsmaßnahmen sind insbesondere für Klientel zwischen 18 und 25 ganz verschärft worden, weil bei fehlender Mitwirkungspflicht kann es denen blühen, dass du nichts mehr zum Lebensunterhalt bekommst. (...) dann hast du echt ein Problem. Also, nicht nur der Klient (...), sondern du als dem Moment zuständige Sozialarbeiterin auch. (...) Also, da rastet einfach mehr durch das Sieb, und ja, und die trifft es natürlich auch noch mal viel schlimmer. Was in vielen Sachen weite Kreise mit sich zieht, also, sei es jetzt, dass viel mehr Leute zwangsgeräumt werden, weil sie sich innerhalb von sechs Monaten eine günstigere Wohnung suchen müssen. Ja, es werden keine neuen gebaut, und die, die da sind, sind zu teuer. Das heißt, sie werden dann in Pensionszimmer zugewiesen."(Frau W.)

Im folgenden Zitat wiederum wird festgestellt, dass sich die Haltung der NutzerInnen verändert:

„Ich nehme aber auch wahr, dass es zugenommen hat, die Zahl der Leute, die Kurse bei uns bekommen schon mit dem Hintergrund, dann wirklich drastischere Maßnahmen zu kriegen, wenn sie an dem Kurs nicht teilnehmen. Und die trotzdem eine lässigere Haltung dazu einnehmen. (...) Das heißt, eine Nichterfüllung hat Konsequenzen. Bei manchen, die eine Bewährungsstrafe haben, auf jeden Fall dann auch Knast. Und da erlebe ich es bei manchen Jugendlichen, dass die Zahl zunimmt von denen, die trotzdem die Termine nicht wahrnehmen, die sagen: ‚Ja was soll's.'" (Herr S.)

Jedoch drängt sich die Frage auf, ob es nicht wichtig ist, neben den Problemlagen der NutzerInnen auch die veränderten Bewilligungspraxen bzw. die Regulierung und die Zuweisung der Hilfeformen, zu reflektieren:

„Also, es ist ja so, dass die Mädchen oder die Jugendlichen, die jetzt noch in der Jugendhilfe ankommen, insgesamt schwieriger werden. Also, sozusagen größere Problembedarfe haben, die vielleicht früher noch in 24-Stunden-Einrichtungen untergebracht worden wären. Aus Kostengründen wird jetzt schnell versucht (...): ‚Okay, wir probieren es erst mal doch irgendwie mit einer Betreuung, die nicht rund um die Uhr ist.' Das heißt, oft sind die Problemlagen viel heftiger von den Mädchen, die ankommen in solchen Einrichtungen wie unserer." (Frau M.)

In jedem Fall stellt die Situation verschärfter Komplexität eine neue fachliche Anforderung für die Beschäftigten da. Schwerer werde die Arbeit insofern, als sich die Beschäftigten auf die neuen Betreuungsbedarfe einstellen müssten, ohne dass die Personalkapazitäten entsprechend angepasst würden:

„Wir haben ohnehin einen erhöhten Betreuungsbedarf und sind auch tagsüber da. (...) Nun gibt es aber nicht mehr so viele Jugendliche, die überhaupt – also, was heißt – also, es wird jedenfalls weniger, dass die Jugendliche[n] überhaupt noch normal so eine Regelschule besuchen, ohne irgendwie die großen Probleme zu machen und total viel schwänzen oder was weiß ich. Es kommen gar nicht mehr so viele in Jugendhilfe, das heißt auch, Einrichtungen, die vorher so gearbeitet haben, müssen jetzt irgendwie zusehen, dass [sie] das trotzdem gewährleisten mit auch Vormittagsbetreuungszeiten, ohne dass dann unter Umständen da großartig konzeptionell – also, was eben auch heißt, ja an Stunden und an Bezahlung, damit auch oder an zusätzlichen Personal dem entgegenzukommen." (Frau M.)

Eine andere Fachkraft spitzt diese als widersprüchlich erfahrene Situation wie folgt zu: „So, die Arbeit ist schwerer geworden. Also, rein von der praktischen Arbeit her. Zum Ausgleich, ein bisschen flapsig gesagt, sind die bewilligten Stunden runtergefahren [lacht]" (Frau T.).

Als Strategie, die teilweise wahrgenommene Diskrepanz zwischen neuen fachlichen Anforderungen und eigenen Qualifikationen zu verringern, böten sich für die BerufspraktikerInnen Weiterbildungen vor allem im Bereich therapeutischer Zusatzqualifikationen an. Da ihre Träger dies nur eingeschränkt unterstützen könnten (vgl. Kap. 5.1.2.2), müssten sie die Maßnahmen teilweise oder ganz in ihrer Freizeit absolvieren und privat finanzieren. Ihre Hoffnungen richteten sich auf mehr Sicherheit in der Arbeit und eine allgemeine Verbesserung der Arbeitsbedingungen. Auf diese Weise selbst aktiv zu werden, soll helfen, Ohnmachtgefühle zu überwinden.

5.1.6.2   Von der nutzerInnennahen Arbeit zum Schaffen von Rahmenbedingungen

Als ein Hauptmerkmal des Wandels wurde von Interviewten resümiert, dass sich ihre Aufgaben von der nutzerInnennahen Arbeit zur Ressourcenbeschaffung verlagerten. Teilweise komme es zur Übertragung dieser Aufgaben an Laien. Gleichzeitig würden Tätigkeiten, wie die Schaffung von Rahmenbedingungen, professionalisiert und aufgewertet (z.b. Entwicklung und Verkauf von Konzepten). Hierfür gebe es eine doppelte Notwendigkeit: Der Betrieb müsse aufrechterhalten und die eigene Existenz gesichert werden. In einigen Zitaten klingt die Befürchtung durch, dass trotz der gestiegenen fachlichen Anforderungen eine Abwertung der grundständigen Arbeit mit den NutzerInnen, also der so genannten Beziehungsarbeit stattfinde. Allerdings wird von manchen Fachkräften selbst das Sicheinlassen auf neue Arbeitsinhalte gleichzeitig mit der Abwertung nutzerInnennaher Arbeit verbunden:

> „Sozialarbeit ist wirklich für viele noch Beziehungsarbeit und Teetrinken an der Theke. Und gerade bei uns im Haus ist es das nicht mehr, sondern es ist eher Management eines Jugendzentrums und nicht halt die Arbeit nur an der Theke und Schwarzgastronomie betreiben, wie es in vielen Jugendzentren ist. Sondern es geht einfach darum, dass: Also, mein Job ist es, mit der Vorsitzenden zusammen, die das ehrenamtlich macht, einfach die ganzen Ressourcen und Rahmenbedingungen zu schaffen, damit Sozialarbeit gemacht werden kann. Damit die Honorarkräfte, die Jugendgruppenleiter Möglichkeiten haben, Geld zu verdienen und sich auszuprobieren, und damit ein Angebot halt für die Jugendlichen vor Ort da ist und die Kinder." (Herr T.)

Weiter vermittelte der Interviewte den Eindruck, dass sich die Beziehung zwischen ihm und den NutzerInnen zu einem wesentlichen Teil auf die Übermittlung von Wünschen und deren Befriedigung in Form materieller Güter reduziere:

> „90% meiner Zeit verbringe ich im Büro (oder 80%). Das heißt ja erst mal, dass ich gar nicht da bin. Also, man sieht mich, wenn die Tür aufgeht. (...) Aber sie merken ja, dass das Haus am Laufen ist. (...) Und zwischendurch hast du ja auch immer Phasen, wo du mit denen redest, und sie merken halt, dass es für die viel bringt. Also, dass es eben neue Internetrechner gibt, dass wir irgendwie einen Diskobus in die Wege kriegen. (...) Also, ich meine, die anderen Sachen finden sie natürlich auch nett, wenn da einer ständig an der

Theke sitzt und mit denen sich unterhält und Darts spielt. Das finden sie auch teilweise Klasse, aber das andere honorieren die auch. Dadurch dass sie kommen und auch weiter Wünsche äußern. Ja, wenn ihre Wünsche nicht erfüllt werden oder nicht behandelt werden, hören sie irgendwann auf, ihre Wünsche zu äußern." (Ebd.)

Im Vordergrund scheint für den Interviewten das Stillen der materiellen KundInnenbedürfnisse zu stehen. Die pädagogische Arbeit tritt zumindest in der Darstellung konfliktlos in den Hintergrund. Diese Verschiebung findet jedoch nicht immer bruchlos statt. So werde auch die Ansicht vertreten, dass nutzerInnenferne Tätigkeiten weniger hochwertig als vielmehr „lau" (Frau T.) seien:

„Und das sagen alle Geschäftsführer. Das da ganz oft auch so Ideen sind, die treiben sich ständig auf irgendwelchen Sitzungen rum, in irgendwelchen Gremien, die sitzen in Rathäusern, die fahren auf Tagungen, die haben ja einen lauen Job. Also, ich kenne keinen hier, aus allen Trägern, die unter 50 Stunden in der Woche arbeiten, von den Geschäftsführern." (Ebd.)

Andere wiederum betonen, dass für sie die nutzerInnennahe Arbeit weiterhin zentral bzw. das „Eigentliche" (Herr I.) an der Sozialen Arbeit sei und bleibe: „(...) aber ich inzwischen jetzt auch klar sage nach der Kürzung unserer Arbeitsstelle, dass die Arbeit mit den Leuten für mich im Vordergrund steht und ich alles andere darum angliedere" (Herr S.). Gerade auch im Kontext von Selbstständigkeit drohten Sinnverluste:

„Ich kenne auch Leute, die sich verheizen. Die machen dann 60% vielleicht Verwaltung und was weiß ich, gucken, wie sie Geld rankriegen und haben dann noch 40% Zeit für ihre Arbeit, für das Eigentliche. Und das stelle ich sehr infrage, was das dann überhaupt für einen Sinn macht." (Herr I.)

Dieser Kontext erlaubt den Anschluss an die Debatte um das professionelle Selbstverständnis in der Sozialen Arbeit sowie deren Entwicklungstendenzen (vgl. Kap. 3.4). Meine Ergebnisse zeigen eine Heterogenität bei der Prioritätensetzung der Fachkräfte, die anhand von Prämissen-Gründe-Zusammenhängen (vgl. Kap. 2) nachzuvollziehen ist. Somit kann der Erkenntnisgewinn dieser Ergebnisse darin bestehen, eben nicht Gemeinsames aufzuzeigen, um, wie teils gewünscht, zu einer Identitätsbildung der Profession beizutragen, sondern die Ergebnisse können ein Beitrag zum Verstehen sein, warum jeweils das eine oder andere Selbstverständnis funktional werden kann (vgl. Kap. 5.2).

5.1.6.3   Konzepte ‚entrümpeln' und Aufwertung als ‚Transmissionsriemen'

Obwohl eine mangelnde Wertschätzung im Sinne finanzieller Unterstützung beklagt wurde, nahmen Interviewte gleichzeitig eine Aufwertung wahr, zum Beispiel durch die hohen Erwartungen an die Möglichkeiten von JugendamtsmitarbeiterInnen, aktuelle Probleme im Bereich Kinderschutz und Hauptschulen zu lösen. Ein weiteres Beispiel für die Aufwertung sei die Einräumung größerer Entscheidungsbefugnisse als Beraterin im Rahmen neuer sozialpolitischer Steuerungsformen:

> „Was mir sonst noch so einfällt, ist der Jobcenter, da gab es also mit dieser Hartz-IV-Regelung, eben auch die Umwandlung von Arbeitsamt zu Jobcentern, wo es dann ja auch Fallmanager jetzt auch gibt. Und die Fallmanager quasi per se auch den Auftrag bekommen haben, die Leute nicht nur in Arbeit zu bringen (...), sondern auch zu gucken, hat der denn Schulden. (...) Und eben auch das Thema Suchtberatung. (...) Also, das ist das, was ich so aus dem Strukturwandel auch noch mal rausnehme. Also, auch eine Dankbarkeit einerseits, eine Fachlichkeit. Also, man wird auch wahrgenommen, ernst genommen. (...) Also, ich hatte zum Beispiel auch so einen Fall, da war jemand, ein junger Erwachsener, unter 25 (...). Und der Jobcenter [hat] mich dann auch gefragt (...) ich sollte mal eine Stellungnahme schreiben. Wo ich dann dachte, was ist das denn jetzt hier, was soll ich denn jetzt hier? (...) Also, wo ich dann dachte, so Stellungnahmen schreiben wir nicht, habe ich noch nie gemacht. Und in dem Fall, wo dann einfach auch der Jobcenter (...) so dankbar war zu sagen, okay, muss ich ja nicht alleine entscheiden. (...) Strukturwandel kann Türen öffnen und Möglichkeiten schaffen, das ist das, was ich eigentlich daraus lerne. Auch für meinen eigenen Standpunkt (...), Neuerungen vielleicht nicht erst mal so kritisch zu sehen." (Frau Q.)

Auch Anerkennung im Zuge der Umsetzung neuer konzeptioneller und wissenschaftlich legitimierter Schwerpunkte sei möglich, falls man sich auf die Trends der Politik einlasse oder eine ordnungspolitische Funktion übernehme. So gehe die Tendenz hin zu ambulanten und weg von stationären Angeboten sowie weg von der Niedrigschwelligkeit hin zu mehr Prävention:

> „Also, da werden Gelder gekürzt. Also, dass man sagt: Dieses Verwahren von Drogenabhängigen, die eh nicht aussteigen wollen, können, (...). Also, man hat da jahrelang Geld reingepumpt, zu sagen: Mensch, man muss die nur lange genug an die Hand nehmen, damit sie den Ausstieg schaffen. (...) Und da ist Politik, hat dann eben auch gesagt: Wir wollen das nicht. Das kostet uns zuviel Geld. Viel wichtiger ist, dass man darauf achtet, dass Jugendliche – also das Einstiegsalter bei Jugendlichen bei Alkohol-, Tabak-, und Cannabiskonsum eben früher anfängt. Und das man da eben sagt: Mensch, wir müssen etwas für die Prävention tun." (Frau Q.)

In diesem Zusammenhang wird vor allem die Bereitschaft deutlich, die neuen Arbeitsinhalte entsprechend in den Praxisalltag zu integrieren. An der Bewältigungspraxis des *Konzepte-Entrümpelns* lässt sich erkennen, wie Beschäftigte an aktuelle politische Strömungen anknüpfen:

„Oder aber eben auch noch mal überlegt, was ja auch manchmal sinnvoll sein kann, es muss ja nicht immer alles schlecht sein, dass man noch mal wirklich prüft, welche Angebote, die man hat, auch noch realistisch, also und fachlich auch noch vertretbar sind, sie noch umzusetzen. Vielleicht gibt es auch Angebote, die jahrelang vor sich hindümpeln. Wo man auch mal nachgucken kann, ist das denn noch up to date, wollen die Leute das, wo man da auch noch mal gucken kann: Mensch, kann man da was kürzen? - dass man da was einspart. (...) Also, neue Ideen, quasi wach sein für: Was ändert sich in Gesellschaft, welche neuen Themen entstehen daraus? Und dann auch überlegen, wie kann (...) Soziale Arbeit darauf auch antworten. (...) Und wirklich auch noch mal offen ist auch dafür zu sagen: Gibt es woanders vielleicht auch noch mal Schwerpunkte? Und das bedeutet im Prinzip immer: Ohren auf haben, was Politik auch sagt, ja. (...) Also, aktuelle Themen, die gerade auftauchen, zu erkennen, sich was dazu zu überlegen und auf den Zug auch aufzuspringen und die wichtigsten Personen, die quasi Entscheidungsträger sind, vielleicht auch einzubinden." (Ebd.)

In diesem Zitat werden zwei weitere Orientierungspunkte genannt, zum einen die sich verändernden gesellschaftlichen Probleme und zum anderen die politischen Entscheidungsträger. Nicht thematisiert wird dagegen, dass nicht unbedingt die Probleme der NutzerInnen der Ausgangspunkt für sozialpolitische Programme sind, sondern vielmehr der Grad der aktuell diskutierten gesellschaftlichen Relevanz dieser Problemlagen.

Neben der Bereitschaft, als sozialpolitischer „Transmissionsriemen" (Kessl 2005: 216) und als sozialpolitische Feuerwehr tätig zu sein – hieran sind die soziale Anerkennung und die Finanzierung weiter Teile der Sozialen Arbeit geknüpft – soll jedoch nicht vergessen werden, auf mögliche Alternativen zu verweisen. Es wurde auch die Möglichkeit genannt, neue Arbeitsinhalte zu kritisieren bzw. abzulehnen, und sei es in einem Zusammenhang, in der die neue Tätigkeit eher als eine Abwertung wahrgenommen werden kann.

5.1.7 Arbeitsmethoden

Die neuen inhaltlichen Arbeitsschwerpunkte und die darauf abgestimmten konzeptionellen Ansätze würden flankiert von neuen methodischen Vorgehens- und Verfahrensweisen, die sowohl als externe Implementierung oder als interne Neuausrichtung wahrgenommen werden. Bei den Methoden zeigen sich sowohl Anknüpfungspunkte als auch Schwierigkeiten. Exemplarisch kann dies anhand der Hilfeplanung, der so genannten Aktivierungsstrategie (vgl. Kap. 3.3.2) nachvollzogen werden. Durch die professionellere Hilfeplanung und -steuerung wird durchaus eine Professionalisierung wahrgenommen, da Informationen von unterschiedlichen Fachkräften einfacher ausgetauscht werden können, effektiver gearbeitet werden kann und hierdurch auch fachliche Standards eingeführt wurden. Obwohl einerseits fachliche Anknüpfungspunkte betont wurden, zeigte sich gleichzeitig, dass fachliche Kompromisse eingegangen und Zwänge wahrgenommen werden sowie Kritik an der Methode bzw. an den Rahmenbedingungen der Umsetzung geübt wird.

5.1.7.1   *Professionalisierung durch (sozialraumorientierte) Hilfeplanung und –steuerung*

Die Professionalisierung der *Hilfeplanung und -steuerung* war ein wesentlicher Punkt für die Interviewten. Diese konkretisiere sich in der personenbezogenen Hilfeplanung, in Hilfeplanungskonferenzen, unter anderem im Rahmen der Sozialraumorientierung (vgl. Kap. 3.3.2). Es gebe eine strukturierte bzw. standardisiertere (vgl. Kap. 5.1.5.3) Hilfeplanung, und die Hilfesuchenden würden systematisch mehr einbezogen, außerdem arbeiteten die Fachkräfte effektiver zusammen. Eine personenbezogene Hilfeplanung zeichne sich dadurch aus, dass kontinuierlich der Ist-Zustand mithilfe von Formularen erhoben werde. Je nachdem, inwieweit die betroffenen NutzerInnen in der Lage dazu seien, würden sie hierbei miteinbezogen. In Hilfeplankonferenzen werde geprüft, welches Angebot für den individuellen Hilfebedarf adäquat sein könnte. Bei diesen Hilfeplankonferenzen seien unter anderem potenzielle LeistungserbringerInnen aus den Reihen der freien Träger, FachvertreterInnen der zuständigen Behörden und eventuell auch Kostenträger anwesend:

> „Vereinfacht ist es so: Was kann innerhalb der nächsten sechs Monate mit welcher Unterstützung möglich sein? Im Vorfeld: Was will der Klient? Welche Ziele hat er? Was hindert ihn daran und welche Form der Unterstützung benötigt er, damit er an sein Ziel kommt?" (Frau W.)

Eine Fachkraft aus der Jugendhilfe wies auf eine weitere Neuerung hin:

> „Und zum anderen ist es natürlich transparent, es muss ein Ergebnis geben, also dass es Vereinbarungen gibt, die getroffen werden mit den Beteiligten. Das heißt, man kann, ja auch nach zwei, drei Monaten oder nach einem halben Jahr gucken, was ist aus diesen Vereinbarungen geworden. Also, so der erste Schritt hin auch zu Zielkontrollen und Controlling überhaupt. Das ist dem Bereich völlig fremd gewesen. Hält jetzt immer mehr Einzug, und das waren so die Anfänge, würde ich sagen." (Frau A.)

An den einführenden Zitaten lässt sich ablesen, dass aus fachlichen Gründen nicht nur die Einbeziehung der NutzerInnen, sondern auch die transparentere Verlaufsdokumentation und Zielerreichungsüberprüfungen bzw. -kontrollen wahrgenommen werden. Zudem wurde die verbesserte Zusammenarbeit der beteiligten Professionellen genannt und als Anknüpfungspunkt positiv bewertet:

„Diese Hilfeplankonferenz finde ich insgesamt auch ein sehr unterstützendes Element, aus dem einfachen Grund oftmals weiß ja die eine Hand nicht, was die andere tut. Also, dann werden wir auf einen Fall aufmerksam, versuchen erst mal zu recherchieren, was gibt es für Angehörige und, und, und. Versuchen, einen Termin auszumachen, dass wir einen Hausbesuch machen oder die einladen. Und stellen aber erst viel, viel später fest, dass irgendein Verein da schon lange drin ist oder eine Sozialstation. Und wenn man dann aber gemeinsam in dieser Hilfeplankonferenz ist: ‚Ja klar, den Fall kennen wir, der ist schon das und das bekannt.' ‚Ah ja, dass tritt jetzt auch noch auf.' Ja, dann schreit hier einer: ‚Ja, das und das können wir dazu anbieten.' Und dann ist klar, also dann ist (...) einfach vieles offener und dann hat es nicht mehr so ganz den Charakter, jeder macht irgendwie so, so einen lonesome-fighter-Job irgendwie, dann ist auf viele Schultern verteilt und ist somit auch effektiver." (Frau W.)

Die Einführung dieser neuen Steuerungsformen von Hilfen kann, wie eine Interviewte formulierte, als erhebliche Anforderung wahrgenommen werden: „Das ist komplizierter, also das ist ja ein komplexes System und eine hohe Anforderung an die Mitarbeiter" (Frau A.). Dieselbe Praktikerin, in deren Praxis diese Verfahren bereits seit Jahren etabliert seien, äußerte, dass ein anderer fachlicher Hintergrund die Übernahme der forcierten Methoden erschweren könne:

„Damit gehen die Kollegen natürlich jetzt seit über 10 Jahren völlig selbstverständlich um, und ich weiß aber, als das KJHG kam und das umgesetzt werden musste, da konnte sich das keiner vorstellen, dass das geht. Da gab es viele Widerstände, und es ist heute eine Selbstverständlichkeit. (...) Viele Sozialarbeiter, die noch aus einem anderen Hintergrund kamen, noch so aus der Fürsorgehaltung – auch ich weiß, was für meinen Klienten gut und richtig ist –, haben sich natürlich besonders schwer getan." (Ebd.)

Das Einbeziehen der NutzerInnen in die Hilfeplanung könne, wie ein weiteres Zitat belegt, in der Praxis manchmal nur eingeschränkt umgesetzt werden:

„Nein, die sind – je nachdem, wie stabil sie sind – mit dabei (...). Oftmals ist es bei uns auch so, dass – oder in dem Arbeitsbereich Psychischkranke –, dass manche auch einen gesetzlichen Betreuer haben. Was nicht selten vorkommt, sodass es auch unter Umständen so sein kann, dass der gesetzliche Betreuer zusammen mit der koordinierenden Bezugsperson den IBRP ausfüllt." (Frau W.)

Im Zuge der Etablierung der Sozialraumorientierung (vgl. Kap. 3.3.2) ergebe sich eine spezifische Situation, die hier vertiefend dargestellt werden soll. Die

Umsetzung des Konzepts nach Schulungen durch die Entwickler wurde wie folgt beschrieben: Zentral sei, dass man nicht mehr allein über Fälle entscheide, sondern dass die Entscheidung im Rahmen von ein Mal wöchentlich tagenden kollegialen Fallberatungs-Teams getroffen werde. Diesen Teams gehören die JugendamtsmitarbeiterInnen sowie die VertreterInnen der *Schwerpunktträger* an.[121] Die Schwerpunktträgerregelung sei, so berichtete ein Behördenmitarbeiter, notwendig, da man sich nicht alle paar Monate auf andere Teammitglieder einstellen könne noch wolle. Hierbei gehe es nicht darum, andere Anbieter herauszuhalten, sondern darum, dass es anders nicht praktikabel sei. In den kollegialen Fallberatungs-Teams würden alle neuen und laufenden Fälle vorgestellt, wobei ein Aufmerksamkeitsschwerpunkt für die Fallbesprechung gesetzt werde.[122] Periodisch würden die Fallverläufe wieder eingebracht.

Auch die sozialraumorientierte Hilfeplanung und -steuerung sei, ähnlich wie oben berichtet, ein aufwendiges Verfahren, das jedoch einen fachlichen Fortschritt mit sich brächte. So würden die NutzerInnen in die Zielformulierung mit einbezogen, und es sei nun klarer, dass es sich um ihre Ziele handle, die mit Unterstützung der Fachkräfte erreicht werden sollen. Diese lasse sich auch als Akzentverschiebung „vom Wunsch zum Willen" (Frau T.) der NutzerInnen charakterisieren (vgl. Kap. 5.1.8).

Interessant ist, dass gerade hier, wo – deutlich wie selten – ein äußerer Druck thematisiert wird, ein großes Spektrum von Gestaltungsmöglichkeiten eingebracht wurde. So werden bei der konkreten Ausgestaltung Spielräume für eine Weiterentwicklung gesehen, die trotz der damit verbundenen Anstrengungen im Ergebnis als faszinierend bewertet werden:

---

[121] Die Auswahlverfahren sind zudem regional sehr unterschiedlich ausgeprägt, wie das Zitat zeigt: „Das ist hier in XY eh ausgezählt worden, als diese Schwerpunktträger – es ist ja kein Interessensbekundungs-Verfahren oder so was gewesen. (…) Die haben sich hingesetzt und haben ausgezählt, welche Träger in welchen Bezirken in den Ortsteilen in den vergangenen Jahren wie viele Fälle abgedeckt haben. Und wer schon in diesen Ortsteil-Gremien und Ortsteil-AGs und so was präsent war. Und danach haben sie gesagt: ,Okay, der Träger ist hier ganz, ganz viel präsent. Die haben offensichtlich am meisten Ortskenntnis, das ist der Schwerpunktträger.' In anderen Bezirken ist das ja anders gelaufen." (Frau T.)

[122] Der neue Ansatz impliziere für die beteiligten Professionellen eine verbindliche neue Sprachregelung: „Wir haben früher immer (…) ,wir arbeiten ressourcenorientiert oder haben den Fokus auf das' [gesagt]. Das geht eben nicht mehr. Wir müssen jetzt so etwas wie eine Aufmerksamkeitsrichtung beschreiben. Die heißt dann jetzt AMR, weil Herr Hinte [geschäftsführender Leiter des Instituts für Stadtteilbezogene Soziale Arbeit und Beratung, das diesen Ansatz entwickelt hat und nun erfolgreich vermarktet] das so möchte. Aber alle müssen genau diesen Sprachgebrauch üben. Und wenn jetzt ein Kollege, der seit 25 Jahren in diesem Bereich arbeitet, plötzlich wie immer ,Der Fokus liegt auf' sagt, dann wird der indigniert angeguckt, bisweilen mal: ,und sie wissen ja immer noch nicht, wo wir sind'." (Frau T.)

„Ja, da sind auch einige Sachen verändert worden an der Methode. Also, das hat stattgefunden. Aber sich selber wieder dahin zubringen, zu sagen, wir kriegen hier jetzt zwar eine
Methode übergeholfen, wir müssen damit arbeiten, blindes gegen an quacken hilft nicht.
Durch aussitzen damit umgehen, also ich mach das einfach nicht, hilft ja auch nicht, versuchen wir es mal anders rum. Dann haben wir lang und breit geschrieben und sind. Also, der
ist auch gekommen, nicht hier ins Team, aber ins Rathaus und hat sich dem persönlich gestellt. Das fand ich schon faszinierend." (Frau T.)

Sowohl Zustimmung als auch Widerstand hinsichtlich der Methode sind verständlich. Diese beziehen sich im Wesentlichen auf die Diskrepanz zwischen der
methodischen Idee und der realen Umsetzung; man müsse eben „Kompromisse"
(Frau A.) schließen. Die inhaltlichen Anknüpfungspunkte der Sozialraumorientierung am Gemeinwesenansatz (vgl. Kap. 3.3.2) wurden als unterstützend für
die eigene Zustimmung genannt:

„Ich habe das schon immer für richtig gehalten, auch möglichst mit seinem Angebot da zu
sein, wo die Bürger sind. Und auch sage ich mal den Satz, Sozialraum tatsächlich auch zu
kennen. Also, auch die Imbissbude hier im XY [Ort anonymisiert] vor Edeka Irene [Name
geändert] zu kennen, weil dort spielen sich die Besäufnisse ab. Ja, also wirklich auch den,
nicht vom Schreibtisch aus, sondern wirklich auch den Kiez zu kennen und auch die Entwicklung. Und auch mitzugestalten. So, das war aber schon immer mein Hintergrund und
immer mein Interesse, von daher ist mir das nicht fremd gewesen. Und da kann ich auch
dahinterstehen." (Frau A.)

Wiederum berichtete ein anderer Interviewpartner von Teams, die sich geschlossen gegen die Einführung der Sozialraumorientierung ausgesprochen hätten. Er
bezeichnete dies als Widerstand, der sich vermutlich auf die damit verbundene
Mehrarbeit beziehe und darauf, dass man den Eindruck habe, auch früher gut
gearbeitet zu haben. Andere meinten, dass die mangelhaften Rahmenbedingungen die Umsetzung für die Beschäftigten zu einer anspruchsvollen bis belastenden Aufgabe werden ließen:

„Es hat eine ganz andere Qualität, ganz andere Anforderungen (...) bei gleichzeitig weitere[m] Personalabbau." (vgl. Frau A.)

„Es ist eigentlich eine sehr gute Entwicklung, aber der ganze Prozess wird von dieser Stadt
leider nicht mit Geld ausgestattet. (...) Selbst Ehrenamtler heranholen – also, die Akquise
kostet Geld." (Frau T.)

„Wir sollen irgendwie, ach auch jetzt mit diese[r] Sozialraumorientierung, flexible Maßan-
züge entwickeln und sind plötzlich wieder auf die Säulen der Jugendhilfe mit auch noch
ganz engem Finanzkorsett zurückgeworfen. Und aus diesem Korset jetzt auszubrechen
und da noch flexible Maßnahmen zu entwickeln, das finde ich extrem schwer. (...) Das, ja,
finde ich problematisch." (Ebd.)

5.1.7.2   Gründe für die Integration aktivierender Ansätze

Es zeigt sich, dass sich ein „neuer Arbeitsstil" (Herr T.), wie Interviewte es nannten, sich zu etablieren scheint. Das ‚sozialarbeiterische Element' wurzle in der Fürsorge, dem gegenüber die Aktivierung bzw. Hilfe zur Selbsthilfe (vgl. Kap. 3.3.2) stehe. In den Interviews sagte zwar keiner: Wir arbeiteten nun mit einem NutzerInnen aktivierenden Ansatz, und das hat die oder jene Bedeutung für mich. Dennoch fand sich Material, anhand dessen klar wurde, dass aktivierende Ansätze Relevanz haben. Betrachtet man die Aspekte, die sich im Zusammenhang aktivierender Ansätze aus der Perspektive der PraktikerInnen verändert haben, sowie ihre Bewertung und Positionierung, wird deutlich, dass durchaus die Bereitschaft zu Übernahme und Mitgestaltung vorhanden ist. Zum einen ist der Aktivierungs-Diskurs fachlich anknüpfungsfähig und zum anderen teilweise zur Existenzsicherung notwendig.

Das folgende Zitat zeigt, wie die Distanzierung von der Fürsorge für die Fachkräfte als aufwertende Aufgabenverschiebung erlebt wird, wenn man zum Beispiel von hauswirtschaftlichen Tätigkeiten befreit werde:

> „Also, dass dieses sozialarbeiterische Element, sag ich jetzt mal, weniger greift, Also, dass man eben die Klienten mehr in die Selbstverantwortung bringt. Also, dieses Aktivieren eben, die Jugendlichen sollen in die Schule gehen usw. (...) Ja, dass man die Ärmel hochkrempelt und was macht für die Klienten. Also, dass so das alte Bild oder mein Bild – Der ist sich zu nichts zu schade, der Sozialarbeiter, der füllt Anträge aus, der putzt auch mal die Küche, wenn es notwendig ist, so [lachen], übertrieben gesagt, dass das weniger werden soll, was auch gar nicht so schlecht ist." (Herr C.)

Aktivierende Ansätze würden in der Praxis gelegentlich aus dem ökonomischen Druck heraus integriert. Die aktive Übernahme könne eine Form der Existenzsicherung angesichts der Kürzungen des Umfangs von Einzelfallhilfen sein, da man sich hierdurch neue Aufgabenfelder erschließen könne:

> „Wir machen reine pädagogische Eltern-aktivierende Arbeit. (...) Ich habe jetzt vor, mit dem Amt zu verhandeln, dass wir uns jetzt aus Freizeitgeschichten künftig komplett rausziehen, dass wir nur noch primäre Eltern-aktivierende Arbeit machen. Dass wir nicht mehr in der Lage sind, Sozialkompetenz-Defizite aufzufangen im Rahmen der Familienhilfe. Dafür ist jetzt in Planung (...) eine Soziale Gruppenarbeit nach § 29 (...). Dass wir dann für die Kinder, die wir wirklich nicht in Kita und, und, und integrieren, soziale Gruppenarbeit auf die Füße stellen. Also, es ist eigentlich eine Idee, damit so umzugehen, dass wir alle noch arbeitsfähig bleiben. (...) Also, gerade durch den Aufbau des Nachbarschaftszentrums, wo wir plötzlich Aufträge haben, auch Notwendigkeiten, in Familienbildung zu gehen zum Beispiel, was wir auch machen. (...) Und deshalb ja diese Idee, sich so andere Felder mitzuerschließen." (Frau T.)

Die Methodik der Aktivierung wurde von den Interviewten teilweise positiv bewertet, da die Förderung der Selbstverantwortung bei ihnen auf Zustimmung stoße und an ihre emanzipatorischen Ansprüche anschlussfähig sei. So meinte eine Interviewte, dass Kolleginnen zum Beispiel die NutzerInnen zu aktivieren versuchten, ihre rechtlichen Ansprüche einzufordern, falls diesen im Rahmen der Hilfebewilligung nicht angemessen stattgegeben werde. Die fachliche Neuausrichtung werde jedoch nicht generell als fachlicher Fortschritt wahrgenommen, denn Aktivierungsstrategien könnten auch zur Überforderung bzw. Ausgrenzung von NutzerInnen führen. So führe es möglicherweise zur Selektion der NutzerInnen, wenn der Fokus zu wenig auf die Befähigung der Leute gelegt würde, derartig angelegte Hilfen in Anspruch nehmen zu können. Dies geschehe vor dem Hintergrund, dass nicht davon ausgegangen werden könne, dass alle NutzerInnen dem gestiegenen Druck und dem damit verbunden Ansatz des Förderns der Selbsthilfe entsprechen könnten oder dies aus subjektiv nachvollziehbaren Gründen nicht wollten:

„Ja, es wird dadurch auch schwerer, Hilfen zu kriegen. (...) der schöne Kreislauf ‚vom Wunsch zum Willen' von Herrn Hinte [vgl. Fußnote 125], dass im Hilfeplanprozess die Familienmitglieder zusammengetrommelt werden – Und die müssen ihren Willen klarmachen. Was will ich? Wollen ist was anders als Wünschen, denn wenn ich etwas will, was bist du bereit dafür einzusetzen. Und darauf verpflichten die sich. Da geht es nicht mehr so, wie es wirklich noch vor einer Reihe von Jahren war, dass eine Mutter dasitzt und: ‚der muss, der ist irgendwie bekloppt, dieser Junge, der haut überall drauf, der soll sich verändern, gut'. Aber heute ist: ‚okay, das interessiert uns aber nicht, was willst du [Pause] an dir verändern, um das Ziel zu erreichen?' Und da werden die schon ziemlich unter Druck gesetzt. Und das wird auch regelmäßig abgefragt. ‚Sie haben hierhin geschrieben, sie sind bereit, Ihren Ton ihrem Sohn gegenüber zu verändern. Wie weit sind wir da jetzt?' Diese Reparaturwerkstatt für Kinder, die gibt es nicht mehr, nein." (Frau T.)

Wirklicher Handlungsbedarf werde, so vermutete ein Interviewter, von seinen Vorgesetzen aufgrund der Haushaltslage bzw. der zur Verfügung stehenden Arbeitskapazitäten jedoch nicht formuliert. Dieser Zusammenhang wird unten (vgl. Kap. 5.1.8) weiter vertieft, da er in dem dortigen Zusammenhang auch geäußert wurde.

Im Kontext des Aktivierungsparadigmas thematisierten Interviewte außerdem, dass Problemursachen/-lösungen verstärkt beim Individuum und weniger in den gesellschaftlichen Verhältnissen gesehen würden:

„Also, (...) man sieht die Probleme immer mehr beim Individuum und immer weniger in gesellschaftlichen Veränderungen. Also, ‚Jeder ist seines Glückes Schmied' hat wahrscheinlich noch nie so gestimmt wie heute. Und es gibt wenig Verständnis dafür, dass Leute scheitern können. Also, man ist immer selbst schuld an seinem Scheitern. Man kriegt ein

Angebot und wenn man es ausschlägt oder nicht nutzen kann, hat man halt verloren, so. So eine gewisse Brutalität." (Herr C.)

Die Anrufung und Stärkung der Eigenverantwortlichkeit bzw. die Betonung des individualisierenden Verursachungskonzepts breche sich jedoch an der Realität. Somit können unterschiedliche Ursachendeutungsmuster zwischen den Beschäftigten und den NutzerInnen, Konfliktpotenzial bergen. Dieser Aspekt ist nicht zu unterschätzen, baut doch die Hilfeplanung auf der Ursachen-/ Problemdeutung auf. Exemplarisch beeindrucken die Ausführungen einer Interviewten, die zeigen, wie hier Widersprüchlichkeiten ausgeblendet werden und hierdurch ein Arrangement mit den problematischen Rahmenbedingungen erleichtert wird. Sie berichtete, dass ihre Geschäftsführung eine enge Zusammenarbeit mit den FallmanagerInnen der Arbeitsagentur anstrebte:

„Und die Fallmanager [haben] quasi per se auch den Auftrag bekommen (...), die Leute nicht nur in Arbeit zu bringen, was ja per se schwierig ist heutzutage [lacht], sondern auch zu gucken, hat der denn Schulden (...). Und eben auch das Thema Suchtberatung. Wo natürlich auch erst mal, vielleicht auch ein Aufschrei durch die Suchthilfe zunächst gegangen ist, sozusagen: ‚Wie geht das denn, wir wollen hier anonym beraten?' Das ist ein sehr persönliches Thema (...) können wir denn einem Jobcenter eine Rückmeldung geben, ob ein Klient aufgrund seines Suchtmittelkonsums nicht beim Termin gewesen ist? Und er damit vielleicht irgendwann mit rechnen muss, dass er dann Leistungen gekürzt bekommt. Heikles Thema." (Frau Q.)

Sie und ihre KollegInnen hätten sich bei der geplanten Einbeziehung in ein Disziplinierungsverfahren wie folgt positioniert:

„Hat der Klient sozusagen eine Wahl? Und das andere ist eben auch, haben wir eine Wahl? (...) inhaltlich erfahren die nichts von uns, was da läuft. Also, es geht nur darum, ob die da waren oder nicht da waren. (...) wo wir gesagt haben, was ist das denn hier? Ja, das können wir sozialpolitisch irgendwie nicht tragen. (...) Wo dann auch klar war, Moment, es kann halt sein, wenn das auch gut läuft und die [Fallmanager der Arbeitsagentur] geschult werden oder wie auch immer, dass der Senat auch irgendwann sagt: ‚Gut der Jobcenter macht das, wir können drei Stellen bei euch kürzen.' Also, es geht im Prinzip immer um die eigene Existenz. So, und da muss man eben auch von Richtlinien oder Gedankengut von vor 20 Jahren [abrücken], wo die Sozialarbeit sicherlich auch revolutionärer war. Ja, dass quasi der arme Junkie – und um den müssen wir uns kümmern: anti, gegen Polizei, gegen Behörden und Schutz. (...) Und dann müssen wir auch gucken, realistisch und fachlich: Wie kann es dann auch gehen?" (Ebd.)

In der Beschreibung ihrer Praxis wird deutlich, dass die scheinbare Freiwilligkeit der NutzerInnen in den Vordergrund der Wahrnehmung gerückt wird und der ebenso weiter bestehende Zwang dahinter verschwindet und unthematisiert bleibt wie die Behandlung derjenigen, die nichts für ihre bessere Einstellungsfähigkeit *(employability)* tun wollen:

„Teilweise (...) werden die geschickt zu uns. Und teilweise kommen die Klienten auch selbst einfach. Also, wenn dann einfach klar ist: Mensch, das wäre doch sinnvoll, wenn da was – wenn du was änderst an deinem Konsum. Und so kann ich dich ja eh nicht in Arbeit vermitteln und das ist ja den Klienten auch klar. (...) und wo wir auch einen klaren Auftrag auch von den Klienten eigentlich kriegen. (...) Man berät die ganz normal, hat ein Ergebnis am Ende, wo dann einfach der Wunsch von dem Klienten auch kommt. Kannst du mir jetzt einen Brief mitgeben, so. (...) Also, das ist sehr überraschend." (Ebd.)

Ich halte das für ein anschauliches Bespiel für die mögliche Verschiebung der Wahrnehmung beruflicher Ansprüche hinsichtlich der Lobbyarbeit für NutzerInnen zugunsten eigner notwendiger Existenzsicherung. Zumal die Entscheidungsverantwortung an die Geschäftsleitung delegiert werden kann:

„So, das waren schon so heiße Themen. Und wo wir dann auch schnell gemerkt haben. Okay, das ist eben eine Entscheidung, die halt von oben kommt, da gibt es einfach auch kein Mitspracherecht in dem Sinne." (Ebd.)

Wollen Beschäftigte ihre Tätigkeit nicht auf ein Mikromanagement zur Veränderung von defizitären Verhaltensweisen und Persönlichkeitsstrukturen reduzieren lassen, das sozialpolitische Zielgruppen zu gewünschten Verhaltensweisen diszipliniert, wäre eine deutlicher ablehnende Positionierung notwendig. Hierzu würde die Thematisierung der eigenen existenziellen Abhängigkeit und das Einbringen fachlicher Kritikpunkte gehören.

In meinen Interviews wurde das Thema Sanktionen[123] gegenüber den NutzerInnen nur in folgendem Abschnitt konkret benannt:

„(...) es gibt halt immer mal wieder Konstellationen, Situationen in Familien, die ich als schwierig erachte oder die ich schwer nur ertragen kann oder die mich hilflos machen. Und das hat auch schon bis zu einer Abmahnung geführt. (...) Also, das Sozialamt kann das Geld kürzen, der Lehrer kann schlechte Noten geben, aber ich habe nichts in der Hand, gar nichts. (...) Ich habe nicht mal das Hausrecht. (...) Und wenn man dann (das sind alles so militärische Bilder, aber wie so ein Zweifrontenkrieg), wenn man mit den Klienten Schwierigkeiten hat, mit den Familien, dann fallen einem die Vorgesetzten auch in den Rücken und dann wird man zerrieben." (Herr C.)

Der Auszug verweist meines Erachtens weniger auf ein sich veränderndes Berufsbild oder Identitätsprobleme angesichts möglicher Sanktionspraxen, sondern

---

[123] Die Aktivierungsbereitschaft inkl. der beeindruckend hohen Zustimmung der Fachkräfte zu den in diesem Kontext verankerten Sanktionen, wurde bereits erwähnt (vgl. Kap. 3.3.2).

vielmehr darauf, dass die Sanktionsbereitschaft bzw. die Akzeptanz der Selektionsmechanismen steigt, wenn es zu spezifischen Belastungsmomenten kommt, die die Beschäftigten überfordern können.

5.1.8 Sichtweisen der Fachkräfte auf die NutzerInnen-Perspektive

Die ambivalente Beziehung von Fachkräften zu den NutzerInnen[124] spitzte sich im Zuge der Veränderungen weiter zu. Obwohl Respekt und Interesse gegenüber den NutzerInnen und deren Bedarf zentral bleibe, sei es schwierig, dem gerecht zu werden. „Die Arbeit mit ihnen an sich" (Frau W.), inklusive der Erfolge sei nach wie vor ein zentraler Motivationsaspekt für die Beschäftigten – allerdings auch immer schwieriger zu realisieren. Maßnahmen, die mit „gutem Gewissen" (Frau M.), das heißt nicht aus ökonomischen Gründen, beendet oder verlängert werden, würden seltener. Dies kann sowohl mit einem schlechten Gewissen, aber auch mit Unzufriedenheit und Frust einhergehen. Die Beziehung zu den NutzerInnen könne zudem belastend werden, wenn diese ihre Unzufriedenheit über mangelnde (Personal-)Kontinuität bzw. Unterstützung äußern und die Schuldfrage zulasten der PraktikerInnen personalisierend deuten.

Dass der Wandel aus der Perspektive der Fachkräfte für die NutzerInnen eine Bedeutung haben kann, ist nicht zu übersehen. Jedoch zeigte sich auch, dass nicht alle Fachkräfte diese Einschätzung teilen. Daher muss auf diesen Aspekt genauer eingegangen werden. Um besser nachvollziehen zu können, vor welchem Hintergrund Fachkräfte ihre jeweilige Einschätzung und Position entwickeln, wird in der Betrachtung zunächst fokussiert, wie die Fachkräfte die Konsequenzen des Wandels für die NutzerInnen wahrnehmen und thematisieren.

Manche Interviewte gehen davon aus, dass NutzerInnen die Veränderungen in Form besser strukturierter, konkreterer und klarerer Leistungen wahrnehmen. Dies manifestiere sich für sie in einem verbindlicheren, oft kürzeren Zeitrahmen und strukturierter Hilfeplanung. Zudem hätte die Bürgernähe bzw. Kundenorientierung zugenommen. Diese beiden Schlagworte wurden zwar benutzt, aber kaum näher ausgeführt und vermitteln daher teils den Eindruck von Sprachhülsen, die mit der sozialpolitischen Stoßrichtung korrespondieren (vgl. Kap. 3.3). Der Nutzen des Wandels stelle sich jedoch sehr unterschiedlich für die einzelnen

---

[124] Der Begriff NutzerInnen (vgl. auch Fußnote 20) steht für alle Zielgruppen der von mir Interviewten. In der Interpretation wurde folglich auch keine Spezifizierung vorgenommen, obwohl die Interviewten sich in ihren Aussagen selbstverständlich jeweils auf ihre Zielgruppe, zum Beispiel Jugendliche, Eltern oder psychisch Kranke beziehen.

Unterstützungssuchenden dar. Entsprechend ernüchternd wird auch die Praxis der vermeintlich größeren Bürgernähe und Kundenorientierung eingestuft:

> „Ja, was am ehesten wahrgenommen wird vom Bürger, ist sicherlich, dass wir eben hier im Ortsteil sind. Und ein sehr offenes Haus haben. (...) Ich glaube, dass ein Bürger merkt, darauf reagiert, wenn er hier freundlich behandelt wird oder nicht (...), ob in irgendeiner Form eine Information gegeben wird, wo er dann also – Weil oft haben wir natürlich hier auch [Pause] Bürger, weil wir so ein offenes Haus sind, die bei uns nicht richtig sind. Also, die woanders hingehen müssten." (Frau A.)

Ein anderer Interviewpartner vermutet, dass manche Eltern aufgrund der neuen, scheinbar stärker bürgernahen Universaldienstorganisation (vgl. Kap. 5.1.1.1) nicht „richtig ankommen" (Herr D.). Das hieße in seinem Fall: Eltern würden unzureichend über Unterstützungsmöglichkeiten informiert, da umfassende Informationen nicht von allen KollegInnen in den jeweiligen Spezialgebieten gegeben werden könnten. Aufgrund des Informationsdefizits würde ihr Zugang zu adäquaten Hilfen behindert. Zugespitzt ließe sich hier noch einmal auf das Schlagwort der Universaldilettanten (vgl. Kap. 5.1.4.2) verweisen, mit denen sich NutzerInnen nun konfrontiert sähen. Außerdem wurde darauf hingewiesen, dass die positiv akzentuierte Bürgernähe bzw. Kundenorientierung teilweise auch eine Hochschwelligkeit für die NutzerInnen bedeuten könne:

> „Diese Kundenorientierung wird zunehmen. Das ist ja erst mal so auch ein ganz positiv besetzter Begriff, aber damit ist auch die höhere Verantwortlichkeit von jedem Einzelnen mit verbunden. Also, als Kunde muss man eine Dienstleistung einfordern, sonst kriegt man keine." (Herr C.)

Auch das stärkere Miteinbezogenwerden aufgrund der forcierten methodischen Ansätze (vgl. Kap. 5.1.7) könne für NutzerInnen ein Mehr an Selbstbestimmung bedeuten, wenn sie die neuen Mitgestaltungsmöglichkeiten ausschöpften:

> „Es gibt einen anderen Klienten, ja, chronische Schizophrenieerkrankung bei dem, der hat selber nach einem anderen Träger geguckt, weil er bei dem, bei dem er das betreute Einzelwohnen hatte, nicht zufrieden war. Und der hat sich einfach einen anderen Träger gesucht. (...) Und ist zu denen hin und hat gesagt: ‚Ich will zu euch, das betreute Einzelwohnen haben.' Und dann ist das halt leider Gottes noch mal ein Mehraufwand an Papierkram, aber grundsätzlich ist das möglich." (Frau W.)

Manche NutzerInnen könnten die erhöhte Pflicht zur Selbstverantwortung bzw. das Recht auf Mitgestaltung in der Hilfeplanung jedoch nicht oder nur eingeschränkt nutzen. Ihnen stünden nicht die hierfür notwendigen Ressourcen, wie zum Beispiel Geduld und Ausdauer, zur Verfügung, oder es sei ihnen krankheitsbedingt kaum oder gar nicht möglich. Das kann sowohl für den Hilfezu-

gangs als auch für den Hilfeprozess selbst Konsequenzen haben, wie die folgenden Zitate zeigen:

„Bei manchen ist es so, wo klar ist, die brauchen Hilfe, weil Räumungsklage ins Haus
steht, Schulden über Schulden anlaufen, aber man an die krankheitsbedingt nicht ran-
kommt, sodass aus dem, was man weiß, ein IBRP gemacht wird. Entsprechend dann auch
vorgestellt wird und dann dort auch gemeinsam beratschlagt wird: Was ist gut? Was können wir tun?" (Frau W.)

„Ich bin mir ganz sicher, dass die Familien viel mehr in die Pflicht genommen werden,
dass man von denen viel mehr fordert als noch vor fünf Jahren. (...) Also, die elterliche
Kompetenz wird viel mehr rausgekitzelt. (...) Ja, es wird dadurch auch schwerer, Hilfen zu
kriegen. (...) Und dadurch, dass dieser Prozess herausgearbeitet wird: Was sind tatsächlich
für Nah-, Fernziele da und was sind die einzelnen Familienmitglieder bereit dafür einzusetzen? Das dauert sehr lange. Das geht nicht mehr: Heute gehe ich zum Jugendamt, und
morgen kommt eine Familienhelferin und hilft mir, da sind vier bis sechs Wochen bestimmt dazwischen. Außer halt in Kindesschutz-Fällen, da wird sofort reagiert, aber so in
diesen ganzen normalen psychosozialen Belastungssituationen, das dauert lange." (Frau T.)

Die Ausschlussgefahr für NutzerInnen wird in der Praxis somit dann deutlich,
wenn NutzerInnen nicht die notwendige Eigeninitiative und Bereitschaft auf-
bringen können oder wollen, dem gestiegenen (Erwartungs-)Druck bzw. der
Pflicht gerecht zu werden:

„Also, jeder, wie ich vorhin schon sagte, ist seines eigenen Glückes Schmied. Und das bedeutet auch: Aha, ich habe mit Erziehung Schwierigkeiten, ich hole mir einen Professionellen, der mir dabei hilft, meine Erziehung zu regeln. Das ist aber sozusagen schon ein
bewusster Akt und impliziert, dass die Erziehungsschwierigkeiten gar nicht so groß sind.
Weil die mit größeren Erziehungsschwierigkeiten würden sich selbst nicht melden. Und
das weiß ich nicht, wie man dann diesen Widerspruch auflösen soll. Das ist ja jetzt auch
schon ein Problem, ich denke, das wird noch mehr." (Herr C.)

Erstaunlich war für mich die Einschätzung von Interviewten, die NutzerInnen
nähmen den Wandel nicht wahr. So erläuterte eine Interviewte, die auf der mitt-
leren Leitungsebene in einer Behörde tätig ist, in detaillierter Weise, wie die
Veränderungen für die Beschäftigten unmittelbar im Alltag sowohl positiv (z.B.
fachliche Weiterentwicklung) als auch negativ (z.B. höhere Arbeitsdichte) bedeutend seien. Anders ist ihre Einschätzung bezüglich der NutzerInnen. Sie berichtet, dass diese den Wandel eher indirekt oder kaum durch „eventuell andere"
(Frau A.) Arbeitsergebnisse und mehr Bürgernähe wahrnehmen könnten, also
insbesondere durch positive Aspekte. Sie argumentiert, dass, wenn es Beschwer-
den von NutzerInnen oder Streits mit ihnen gebe, sich diese unter anderem auf
Antragsentscheidungen beziehen würden. Diese hätten sich vor dem Hintergrund
des Wandels aber nicht verändert (vgl. Kap. 5.1.2.2). Da in anderen Interviews

jedoch deutlich gemacht wurde, dass es Kürzungen bei den Leistungsumfängen gebe, wird diese Argumentation beispielhaft vertieft.

So betonte eine weitere Behördenmitarbeiterin im Kontext der Bewilligungspraxis: Anträge, die fachlich „gut begründet" (Frau W.) seien, würden auch genehmigt. Mit dieser Argumentationspraxis sah sich eine Beschäftigte bei einem freien Träger konfrontiert. Ihre Anträge seien zunächst abgelehnt worden, obwohl die NutzerInnen Bedarf gehabt hätten. In Verhandlungen mit den zuständigen BehördenmitarbeiterInnen habe man jedoch vereinbart, dass in Hilfeplänen kleinteiligere Ziele formuliert werden sollen, damit sie besser überprüf- und bewilligbar werden, wodurch die Antragsqualität verbessert worden sei. Auch wenn ein fachlicher Fortschritt hier nicht bestritten werden soll, kann die ausschließliche Akzentuierung dieses positiven Aspektes vor allem für eine harmonisierende Situationsdeutung stehen, die systematisch Konfliktfelder ausblendet (vgl. Kap. 5.1.2.2). Fachlich problematische Praxen und die eigene Beteiligung daran bleiben unthematisiert, wodurch nicht nur die Ambivalenz des Wandels unterbelichtet bleibt, sondern zusätzlich die aktive Produktions- und Reproduktionsleistung der Fachkräfte in diesem Reformprozess selbst.

Als „Gatekeeper" (Harris 2004: 13) nehmen die Professionellen eine zentrale Machtposition ein, wenn es um die Einschätzung der Bedürfnisse der NutzerInnen und die Entscheidung darüber geht, ob und in welchen Umfang ihnen entsprochen wird. Die oben dargelegte Argumentation kann daher eine Form funktionaler Problemverschiebung sein. Bleibt die eigene Entscheidungsmacht oder zumindest Mitverantwortung hinsichtlich der Spielräume bei der Leistungsbewilligung ebenso unthematisiert wie die Entscheidungsdilemmata, kann von einer *Vereindeutigung* gesprochen werden: *Wenn ein Antrag gut begründet ist, dann wird er immer bewilligt.* Weder rigidere Bewilligungspraxen aufgrund des Sparzwangs noch der hohe Zeitdruck, unter dem Hilfepläne angefertigt werden müssen, erscheinen problematisch. Der Unmut über einen bewilligten Leistungsumfang wird generalisierend auf einen entsprechend geringen Bedarf der AntragstellerInnen oder auf eine fachlich ungenügende Begründung einer Fachkraft zurückgeführt.

Resümierend scheint sich für die Beschäftigten die Frage zu stellen: Wie positioniere ich mich, wenn NutzerInnen drohen, durch die Struktur des Hilfesystems ausgegliedert zu werden? Die genannten Gestaltungsoptionen fächern sich eher in Engagement für einzelne NutzerInnen als auf überindividueller Ebene auf:

„Wir gucken halt eher, wie können wir individuell mit dem Jugendamt in den Hilfeplangesprächen versuchen, ja das [die rigidere Bewilligungspraxis] möglichst abzufedern, so. Also, dass wir soviel wie möglich und nötig rausschlagen, das gerät natürlich immer an

Grenzen. (...) Das ist ja dann immer so die Frage: An welchem Punkt wird man da dann auch beschnitten und, ja, wird einem dann nicht mehr entgegengekommen? Das ist klar, aber sozusagen von unserer Seite aus, das zumindest erst mal engagiert einzufordern, das, würde ich sagen, ist so die konkreteste Handlungsmöglichkeit." (Frau M.)

Ein anderer thematisiere gegenüber den NutzerInnen offen Ungerechtigkeiten im Zuge der Hartz-Reformen (vgl. Kap. 3.3.2), versuche sie aber dennoch zu ermutigen, das Unterstützungsangebot wahrzunehmen:

„Ich muss den Jugendlichen ganz oft recht geben. Also, gerade in so einem Fall, wo es eindeutig offensichtlich ist. Aber wir versuchen ihnen dann halt klar zu machen, dass es trotzdem für sie eine gute Chance ist. (...) Geld ist eine Sache, aber auf der anderen Seite hast du eine Chance, was zu erreichen." (Herr U.)

Eine weitere Interviewte beschrieb, wie sie bei NutzerInnen für die verkürzten Öffnungszeiten ihrer Einrichtung um Verständnis werbe:

„(...) bedeutet aber eben für Spritzentauscher, die anschaffen gehen in der XY [Straßename anonymisiert]-Straße, (...) um zehn vor zehn kann ich noch meine Spritzen tauschen etc. Für die könnte ich mir vorstellen, dass erst mal Enttäuschung da ist. (...) warum machen die zu. Und das vielleicht auch sehr, sehr persönlich nehmen. Dass sie eben einfach neben Enttäuschung eben auch Frust, Ärger sozusagen [Pause] – So, für uns ist kein Geld da, dass das erst mal auf Unverständnis trifft. Wo ich denke, dass es auch eine Aufgabe von Sozialarbeitern eben auch sein kann, genau das, eben auch solche Situationen – eben auch anzusprechen. Das auch noch mal zu erklären, warum das so passiert. Und da, denke ich mir, gibt es dann sicher auch Einverständnis, wenn klar ist, wir sitzen alle im Boot. Überall gibt es weniger Gelder." (Frau Q.)

Das „Wir sitzen alle im Boot" (ebd.) bezieht sich darauf, dass nicht nur die NutzerInnen die Etatkürzungen negativ zu spüren bekommen, sondern auch die Belegschaft sich auf unbezahlte Mehrarbeit eingelassen habe. Problematisch erscheint mir hier, dass die sich unterscheidenden Interessenlagen der NutzerInnen und der Fachkräfte in der allgemeinen ‚Wir-Rhetorik' unterzugehen drohen. Zudem legt dieses Zitat wie auch das vorherige lediglich nahe, sich mit den sich verschlechternden Bedingungen zu arrangieren.

Bei den Beschäftigten sind aber auch emanzipatorische Ansprüche gegenüber den NutzerInnen zu finden. So wird erprobt, mit „offenen Karten zu spielen" (Herr F.), das bedeute die veränderten Rahmenbedingungen ihnen gegenüber zu problematisieren. So versuche eine Interviewte, die NutzerInnen zu politisieren und zur Teilnahme an Demonstrationen zu mobilisieren, wenn die InitiatorInnen NutzerInnen-Themen im Kontext von Lobbyarbeit für diese aufgriffen. Ferner probiere man, sie stärker in die Hilfeplanung einzubeziehen. Oder Interviewte ermutigten NutzerInnen dazu, einzelfallspezifisch ihre Rechte direkt bei den zuständigen Kostenträgern einzufordern, eventuell mit Unterstützung professioneller, teils ehrenamtlicher Hilfe:

> „Es gibt also diesen Rechtshilfefond, der sich gegründet hat. (...) Das ist halt insgesamt von engagierten Leuten in der (...) Jugendhilfe und da sind, glaube ich, Mitglieder freie Träger, Einzelpersonen und Leute von Ämtern auch. Die bieten Beratung an, sozusagen in Fällen, wo Jugendlichen, die oder [deren] Eltern [einen] Antrag auf Hilfen zur Erziehung stellen, das abgelehnt wird. Also, die prüfen dann (...) ist das berechtigt, dass es abgelehnt wurde, oder nicht? Und wenn nicht, dann machen die auch, also bieten die Unterstützung eben bei den Ämtergängen, um zu klären, na ja, also da ist aber der Bedarf (...). Der erste Versuch ist so, und wenn das denn gar nicht geht, eben auch per Klagen, also das einzufordern." (Frau M.)

Die NutzerInnen blieben jedoch trotz emanzipatorischer Bestrebungen vonseiten der Professionellen häufig unzufrieden und quittierten ihre Bemühungen mit Unverständnis oder mäßigem politischen Interesse. Die Interviewten erklären sich dies damit, dass die NutzerInnen zu verunsichert seien oder aber sich in der neuen Situation einrichten würden:

> „Und die Jugendlichen haben dann immer die Möglichkeit – natürlich –, weil es ist ja eine gesetzliche Leistung, die können natürlich Widerspruch einlegen und können auch klagen. Nur, welche Jugendlichen machen das? (...) Insofern denke ich, die leben damit. Also, die nehmen das dann auch, es ist jetzt nicht so, dass die da ja politisch aktiv werden oder so." (Ebd.)

Es bleibt beispielhaft noch auf eine überindividuelle Gestaltungsmöglichkeit der Professionellen hinzuweisen, die auf eine strukturelle Verbesserung zielt:

> „Oder wenn uns Dinge auffallen, die vom Hilfemanagement für die ALG-II-Bezieher einfach schrecklich sind, die auch unterschiedlich gehandhabt werden, dass wir diese Dinge sammeln und die dann bei entsprechenden höheren Chefs vorträgt, damit man weiß: Okay, was ist jetzt Masse? Und: Nö, machen wir nicht so, wir schlagen das und das für unsere Klientel vor. Also, das gefällt mir dann schon wieder. Ja, das ist gut so – langsam, aber gemächlich, anders geht es nicht." (Frau W.)

Bemerkenswert an dieser Variante ist, dass hierdurch die Möglichkeit grundlegender Verbesserungen ins Blickfeld gerät und eventuell auch Professionelle Fallbeispiele einbringen und somit mitwirken können, die ansonsten vielleicht nicht die Ressourcen sehen, sich in ihrem Arbeitsalltag für die Interessen der NutzerInnen zu engagieren.

5.2 Bewältigungsweisen

Aus der Perspektive der PraktikerInnen in der Sozialer Arbeit zeichnet sich die Reorganisation als tief greifender, ebenso ambivalenter wie heterogener Prozess ab. Wie bereits ausgeführt (vgl. Kap. 5.1), geraten fachliche Methoden unter Veränderungsdruck und der Aufgabenzuschnitt bzw. die Arbeitsinhalte sowie das soziale Gefüge in den Arbeitsbeziehungen verschieben sich. Zudem werden die bisherigen Beschäftigungsbedingungen und die Arbeitsorganisation infrage gestellt. Die zentrale Herausforderung im Kontext des Wandels besteht für die Beschäftigten darin, Bewältigungsweisen zu entwickeln, die sowohl dem *Einrichtungserhalt als auch* der *persönlichen Existenzsicherung* dienen sowie der *fachlich-ethischen Verantwortung* Rechnung tragen – drei Bestrebungen, die zunehmend zueinander in Konflikt geraten können.

Dieser Teil der Auswertung illustriert nun die einzelnen Bedeutungskonstellationen übergreifenden Bewältigungsweisen anhand idealtypischer Begründungsmuster (BGM). Die in den Interviews geschilderten Erfahrungen der Einzelfälle bilden die empirischen Angelpunkte, anhand derer die idealtypischen BGM rekonstruiert wurden (vgl. Kap. 4.4). Die Darstellung der fünf ermittelten BGM gliedert sich jeweils in eine Beschreibung, wie der Wandel wahrgenommen und bewertet wird. Im Anschluss wird die potenzielle subjektive Funktionalität der Bewältigungsweise vertieft und mit Zitaten veranschaulicht (vgl. Markard 1985: 109ff.). Abschließend wird jeweils auf erkennbare ‚blinde Flecken' bzw. Risiken im Kontext der einzelnen BGM eingegangen. Allerdings kann nicht angenommen werden, dass alle idealtypischen BGM gefunden wurden.

5.2.1   Offen sein und eine positive Grundhaltung einnehmen

BGM 1: Ich bin offen und nehme eine positive Grundhaltung ein, weil ich in den Neuerungen eine Weiterentwicklung sehe und/oder hierdurch negativen Sanktionen entgehen kann.

Bei diesem idealtypischen BGM wird betont, dass durch den Wandel alte Strukturen hinterfragt und aufgebrochen würden. Hierin werden Möglichkeiten gesehen, zum Beispiel eigene Ideen einzubringen und umzusetzen, die sowohl einer fachlichen als auch einer persönlichen Weiterentwicklung dienen. Es finde sich immer etwas Positives, auf das man aufspringen könne. Flexibilität und Offenheit des Einzelnen seien notwendig für das Fortbestehen der Gestaltungsmöglichkeiten, da hierdurch vermieden werde, dass man von ‚den Umständen' durch

Ausschluss oder Sanktionen bestraft werde. Es folgen Interviewausschnitte, die dieses BGM veranschaulichen:

„Wir gucken (...) nach vorn: Was ist realistisch, was kann sein und was kann klappen? Das denke ich, ist für unsere Arbeit, auch für unser eigenes Befinden sehr gut [lacht]. Deshalb macht die Arbeit auch nach so vielen Jahren noch so richtig Spaß, weil es eben immer wieder in die Richtung geht – nach vorne. (...) Und da sehe ich das schon auch so, dass diese Krise jetzt notwendig ist, um, ich sage es mal vorsichtig, veraltete Denkweisen in der Sozialpädagogik und auch Strukturen zu durchbrechen, damit sich etwas Neues bilden kann (...). Also auch: Wo ist Konkurrenz auch gut? Denn das ist genauso gut eine wichtige Frage, wie wenn es nur einen Anbieter gibt, der es schon immer gut macht. Das muss ich auch sagen, dass ich denke, ohne diese Krise da wäre vieles nicht entstanden. Auch vieles nicht in Bewegung gekommen. Es hätte sich vieles nicht qualitativ verbessert." (Herr S.)

„Und das bedeutet, dass man kreativ sein muss [lacht]. (...) Also, dass man, wenn es Strukturwandel gibt, dass man eben wachsam ist und guckt, was passiert da, und sich nicht einfach zurückzieht und sagt: ‚Früher war alles besser, scheiße hier' [lacht], sondern dass man sagt: ‚Mensch, okay, wir versuchen das. (...) Strukturwandel kann Türen öffnen und Möglichkeiten schaffen.' Das ist das, was ich eigentlich daraus lerne – auch für meinen eigenen Standpunkt – das Vieles, Neuerungen vielleicht, nicht erst mal so kritisch zu sehen. (...) so: ‚Kann das nicht beim alten bleiben?' Nur rummeckern. Sondern (...) ‚Okay, das ist es jetzt so. Aber was kann man denn tun, damit man auch die Sache dann vielleicht auch gut gestalten kann? (...) ‚Ich habe so viel zu tun. Wie kann ich das denn auch noch schaffen?' Ich glaube, wenn man so ein Gedankengut hat, dann kommt man auch nicht weit." (Frau Q.)

„Und dann muss man eben schnell reagieren und das nebenbei machen und flexibel sein. Und bei vielen ist es halt nicht so, dass sie sich darauf einlassen. Und das ist halt so ein Wandel, dass (...) viele halt noch diesen alten Stil haben und wenige den neuen. Und deswegen auch viel betroffener sind, wenn Mittel gekürzt werden. Also wir haben zum Beispiel 10% ungefähr an festen Zuschüssen von unserem Etat. Und wenn die da 10% streichen, kratzt uns das nicht viel. Und weil wir halt Erfahrung damit haben, an Geld ranzukommen oder Mittel, ist das gut, und wir müssen halt nicht so drüber nachdenken: ‚Jetzt wird beim Land gekürzt. Wie kriegen wir das wieder hin?', sondern dann geht's einfach, und das ist halt so ein Unterschied." (Herr T.)

„Also, ich glaube, dass man als Mitarbeiter auch lernt, mit Veränderungen also umzugehen und da Strategien zu entwickeln, und auch die Angst verliert, dass Veränderung immer was Negatives bedeuten muss. (...) ich denke das oder weiß es auch von den Mitarbeitern – also zum einen, dass sie wissen, wir haben die eine Veränderung geschafft, wir schaffen auch die nächste. Das ist eine Erfahrung dann, die sie mitnehmen so für die nächste Situation." (Frau A.)

Dieses BGM impliziert, dass problematische Konsequenzen des Wandels ausgeblendet oder zumindest als relativ unwichtig beurteilt werden müssen. Dies ist vor allem dann funktional, wenn von den neuen Gestaltungsmöglichkeiten be-

reits profitiert wird. Selbst wenn jedoch die Durchsetzung der Neuerungen mit
Zwang und Unannehmlichkeiten verbunden werden, wird das Positive hervorge-
hoben:

„Also, ich würde in meiner Arbeit sagen, dass ich da eine Krise sehe, die ich aber (...) auch
positiv sehe. In den letzten Monaten ist es dadurch auch zu einer besseren Strukturierung
gekommen – erzwungenermaßen – bei den Trägern und in der Arbeit. Und auch in der
Kontrolle des Ganzen. Und das finde ich gut. (...) es wird im Prinzip einfach auch mal der
Träger gezwungen, seine Arbeit zu evaluieren oder nachzuweisen, wie innere Prozesse ab-
laufen, wie Zielerreichung stattfindet. Und das, denke ich, ist auf jeden Fall [Pause] – wäre
eine Möglichkeit, dass eben ein Qualitätssprung in der Fachlichkeit wirklich stattfindet."
(Herr S.)

„Ja, ich glaube, dass das letztendlich ausschlaggebend oft ist. Wie man selber jetzt eben mit
seiner eigenen Person – was Veränderung für einen bedeutet. Und [Pause], also ich habe
sehr häufig Veränderungen, auch die mir aufgezwungen wurden, letztendlich dann auch
mit dem positiven Ausgang erlebt. Also, beruflich auch. Wo ich in der Situation gedacht
habe: ‚Also das ist doch, also das kann doch nicht wahr sein, das ist ungeheuerlich!' Also,
ich zu Schritten gezwungen wurde, wo ich sagen muss im Rückblick, ich wäre zum Beispiel jetzt nicht hier und nicht in dieser Funktion, wenn nicht manchmal auch Situationen
gewesen wären, die für mich relativ angenehm und bequem waren, wo aber andere einfach
eine Entscheidung getroffen haben und ich mich neu orientieren musste. Und das ist für
mich meistens nicht negativ, also [Pause] in einer langen Perspektive bisher immer [lacht]
positiv gewesen. (...) Ich lasse mich dann auch ein, und das ist dann auch – ich identifiziere
mich dann auch damit. Und [Pause] würde ohne Anstöße nicht eben immer unbedingt dann
auch eine Veränderung, zumindest zu dem Zeitpunkt, angestrebt haben." (Frau A.)

Angesicht des latenten Opportunismus können individuelle berufliche Ideale,
soweit sie nicht aufgegeben werden, Reibungspunkte bleiben. Da im Kontext
dieses idealtypischen BGM die eigene Ressourcenbegrenztheit sowie ein möglicher struktureller Ressourcenmangel nicht fokussiert werden, besteht die Gefahr
des Ausbrennens bei einer analogen Handlungspraxis. Die Annahme, dass die
neuen Anforderungen individuell aufgefangen bzw. kompensiert werden können,
kann ein Streben nach kontinuierlicher Selbstoptimierung bis hin zur Selbstausbeutung beinhalten.

Zudem wurde anhand der Interviewdaten deutlich, dass insbesondere dann
eine deutliche Abgrenzung zum Bild eines ‚altbackenen', ‚Birkenstock tragen-
den', ‚Tee trinkenden', ‚fürsorglichen' Professionellen stattfand, wenn die Interviewten sich selbst im Gegenzug als ‚modern', ‚kooperativ', ‚wirtschaftlich
denkend', ‚schnell', ‚flexibel' darstellten. Auffällig ist hier die Haltung, der zufolge es nur ‚modern' oder ‚altbacken' gibt. Es ist zu vermuten, dass es durch die
eindeutige positiv-negativ-Konnotation ‚traditionelle' Denkformen (vgl. Kap.

5.2.2, 5.2.4) und dem aktivierenden Paradigma gegenüber skeptische Haltungen unter Anpassungs- und Rechtfertigungsdruck geraten.

5.2.2 Beharren bzw. Dienst nach Vorschrift

> BGM 2: Ich beharre bzw. leiste Dienst nach Vorschrift, um durch meinen passiven Widerstand Neuerungen verhindern oder deren negative Folgen verzögern zu können.

Diesem BGM liegt eine Situationseinschätzung zugrunde, die Risiken und Nachteile des Wandels hervorhebt. Es besteht keine Bereitschaft, die Neuerungen umzusetzen, weil sie fachlich unangemessen seien und Arbeitsbedingungen verschlechterten (z.B. früher war es bequemer, sicherer, gab es mehr Freiheiten). Selbst wenn teilweise die Bereitschaft bestünde, den neuen Anforderungen gerecht zu werden, fehlten hierfür die notwendigen Ressourcen. Dieses idealtypische BGM, dessen Konsequenzen als passiver Widerstand bezeichnet werden kann, beruht auf der Prämisse, dass sich eine Neuerung aussitzen oder zumindest hinauszögern lässt (z.B. Trends).

> „Es sind immer so ein paar, die das alles mitmachen, die dann auch so – ja, Veränderungen sehen und Chancen drin sehen. Aber es gibt dann immer, aber das ist wahrscheinlich in jedem Team so – es gibt dann immer wieder so welche, die sagen eh: ‚Früher war alles anders und besser.' (...) Ja, war ja auch leichter, weiß ich, ich habe ja selber gearbeitet. Es war ja angenehm im Sommer über, mit drei Kindern im Schwimmbad zu sitzen, braun gebrannt in den Urlaub zu fahren, das ist aber halt nicht mehr. Die Arbeit gibt es so nicht mehr." (Frau T.)

> „Also, die haben zwar manchmal so einen verklärten Blick, wie früher alles und so. Aber ich glaube nicht, jedenfalls meine ich das so aus Gesprächen zu entnehmen, dass sie wirklich wieder zurück wollen. Einzelne vielleicht." (Frau A.)

Auffällig war, dass Interviewte diese Denkweise zwar ansprachen, sich aber gleichzeitig deutlich von ihr abgrenzten. Hintergrund könnte sein, dass die Gefahr, sich offen zu einer derartigen Haltung zu bekennen, als zu groß eingeschätzt wird, da man als ‚altbacken' gelten und sich angreifbar machen könnte. Die Haltung derjenigen, von denen sich die Befragten abgrenzen, erklärten manche Befragten allgemein mit der Angst vor Veränderungen bzw. möglichen negativen Folgen. Da Beständigkeit in Form zyklischer Alltagsroutinen eine beruhigende oder tröstende Funktion haben kann aufgrund der Zuversicht, „so geht es immer weiter" (Holzkamp 1995: 844), nimmt Holzkamp (ebd.: 844f.) an, dass hierdurch die Existenzangst zurückgedrängt werden könne. Außerdem darf vermutet werden, dass das beharrende BGM dann nicht funktional ist, wenn die Einschätzung existiert, dass sich wesentliche Neuerungen nicht aussitzen lassen und daher vor allem negative Sanktionen bei einer derartigen Positionierung zu erwarten sind.

5.2.3   Guerilla-Taktik oder die Strategie des passiven Widerstands

BGM 3: Ich nutze eine Guerilla-Taktik, da ich hierdurch zumindest die negativen Folgen des Wandels mildern kann.

Bei diesem BGM werden insbesondere Druck und Schwierigkeiten im Kontext von Neuerungen betont, ohne dass gleichzeitig Möglichkeiten gesehen werden, grundlegend gegenzusteuern oder diese Veränderungen aussitzen zu können, wodurch Resignation entstehe. Die einzige Möglichkeit liege darin, die Lücken und Spielräume in den Realisierungsbedingungen auszunutzen, um durch Sabotage kurzfristig den Druck neuer Steuerungsinstrumente zu verringern.

„Also klar, ich schreib mir da manchmal auch ein bisschen mehr auf. Mehr Stunden also, mal eine Viertelstunde länger oder so was (...), das ist schon [eine] so quasi nicht ganz legale Ausweichbewegung. Weil das ist ja so streng, das funktioniert quasi wie eine Stechuhr letztendlich (...). Das ist so eine informelle – das kann man natürlich nicht an die große Glocke hängen. Aber das legt das System nahe. Weil ich habe keine andere Möglichkeit. Weil wenn ich Minusstunden habe, dann kriege ich wieder von meinem Vorgesetzten Druck. (...) da habe ich lange dazu gebraucht. Das ist nicht meine Art, das hat was mit meiner Geschichte zu tun. Ich bin eigentlich sehr korrekt. Aber ich habe gemerkt, dass mir diese Korrektheit eher schadet als nützt. Und das war wirklich ein länger währender Prozess, mir das zuzugestehen." (Herr C.)

Die Realisierung dieses BGM birgt potenziell hohe psychische Kosten. Diese können durch die Angst davor, entdeckt zu werden, begründet sein oder dadurch, dass dem eigenem Korrektheitsanspruch zuwidergehandelt wird. Außerdem können die gleichfalls entstehenden Nachteile aufseiten der NutzerInnen oder KollegInnen wie auch die Vereinzelungsgefahr als belastend wahrgenommen werden, da es riskant sein kann, die teilweise im Grenzbereich zur Illegalität angesiedelten Umgangsformen offen zu thematisieren. Falls derartige BGM und entsprechende Praxen sich etablieren, könnte dies die Zurücknahme der Neuerungen begünstigen, da erwartete Steuerungseffekte geschwächt werden oder völlig ausbleiben. Ob derartige passive Widerstandsformen die Einführung noch strengerer oder gänzlich anderer Steuerungsformen zur Folge hätten, ist nicht abzusehen.

5.2.4 Pragmatisch sein und sich für den Einzelnen engagieren

> BGM 4: Ich handle pragmatisch und engagiere mich für den Einzelnen, da ich so etwas sinnstiftendes tun kann, ohne mich großen Risiken auszusetzen.

Mit diesem BGM wird betont, dass es sinnvoll sei für die Interessen einzelner NutzerInnen zu erkämpfen, was nötig (und noch möglich) sei, da es politischen Widerstand gegen repressive Praxen anders als in den 1970er Jahren heute nicht gebe. Die Arbeitsmotivation könne durch dieses Engagement und die kleinen Erfolge in der Einzelfallarbeit erhalten werden. Diese Positionierung äußert sich auch in der Bereitschaft zu Fort- und Weiterbildung im Sinne einer individuellen Qualifikationsanpassung an die neuen Anforderungen. Hierbei müssten keine Anstrengungen und Risiken eingegangen werden, die im Zusammenhang mit der Entwicklung und Praxis politischer Gegenstrategien in Verbindung gebracht werden.

„So, und da muss man eben auch von Richtlinien oder Gedankengut von vor 20 Jahren, wo die Sozialarbeit sicherlich auch revolutionärerer war [weggehen]. Ja, dass quasi der arme Junkie – und um den müssen wir uns kümmern – anti, gegen Polizei, gegen Behörden und Schutz (...) wir haben alle weniger Geld. Und dann müssen wir auch gucken – realistisch und fachlich –, wie kann es dann auch gehen." (Frau Q.)

„(...) nämlich irgendwie mit den Mädchen gemeinsam irgendwie zu gucken und im Gespräch mit dem Jugendamt so viel wie möglich rauszuholen und immer wieder sozusagen dafür dann auch zu kämpfen. Das ist ja dann immer so die Frage: An welchem Punkt wird man da dann auch beschnitten und, ja, wird einem dann nicht mehr entgegengekommen? Das ist klar, aber sozusagen von unserer Seite aus, das zumindest erst mal engagiert einzufordern (...). Ansonsten bin ich jetzt selber im Moment jetzt nicht die, die neben meiner Arbeit und dem, was ich sonst noch so mache, dass ich da halt mich drüber hinaus politisch engagiere. (...) Also, das mache ich gerade nicht, sondern das läuft eher so auf der Alltagspragmatik. (...) Also, irgendwie ich bin halt – ich würde sagen, ich bin halt irgendwie gut ausgelastet in meiner Arbeit an sich und dem, was ich halt eben sonst noch so mache. Ich bin gerade dabei, mich sozusagen persönlich irgendwie weiterzubilden. (...) Und da – ansonsten habe ich halt noch mein Privatleben [lacht]. (...) Also, das eine ist halt das, was ich irgendwie konkret im Alltag mache und darauf reagiere auf das, womit ich konfrontiert bin. Also, vonseiten der Klientinnen, klar. Und auch vonseiten von oben, also das, was an mich herangetragen wird an Veränderungen usw. Darauf reagiere ich halt." (Frau M.)

„Also, eine Strategie war, glaube ich, auch inhaltlich auch, dass ich mich weitergebildet habe, weil es ein hoher Druck war, so für mich in der Hilfe. (...) Das mit der Weiterbildung, das war gut, das hat mich auch entlastet, weil da gab es auch Supervision usw. Das hat mir auch was gebracht, auch inhaltlich, um meine Fälle auch besser zu verstehen. (...) Und sozusagen tätig zu sein. Also, mich zu kümmern. Ich war so in dem ersten Jahr, war ich schon einfach sehr überlastet oder überfordert oder alles zusammen. Und das hat mich wieder mehr in diese aktivere Position gebracht. (...) Eben welche Konfliktkonstellationen sind im Kind, also dieser ganze tiefenpsychologische Ansatz, der würde mich halt mehr interessieren. Also, eine echte Strukturveränderung zu bewirken." (Herr C.)

Dieses BGM beruht auf der Hoffnung bzw. der Erfahrung, mit einer pragmatischen und auf den Einzelfall konzentrierten Herangehensweise nicht nur den eigenen fachlichen Ansprüchen gerecht zu werden, sondern auch den Weiterbestand der jeweiligen Einrichtung sichern zu können. Falls fachliche Ideale jedoch nicht realisiert werden können, droht Frustration. Eine geringe Erfolgsquote beim Engagement für Einzelfälle kann zudem den Ausstieg aus dem Berufsfeld befördern.

5.2.5 Kritisch sein und sich für strukturelle Verbesserungen engagieren

> BGM 5: Ich nehme eine kritische Haltung gegenüber den Neuerungen ein, um negative Entwicklungen erkennen und falls notwendig für strukturelle serungen eintreten zu können.

Dieses BGM beruht auf einer ähnlichen Grundeinschätzung wie BGM 1 und BGM 2 (vgl. Kap. 5.2.1, 5.2.2). In Neuerungen werden Chancen für die Weiterentwicklung gesehen, aber auch erhebliche Probleme wahrgenommen, die die Realisierung beruflicher Ansprüche gefährdeten. Daher wolle man sich in überbetriebliche Zusammenhänge einbringen um – zumindest außerhalb der Arbeit – Kritik zugunsten einer Weiterentwicklung zu üben. Dies helfe, die Arbeitsmotivation aufrechtzuerhalten. Wenn das Engagement vor allem neben der Arbeit stattfindet, kann dies damit zusammenhängen, dass im betrieblichen Alltag keine relevanten Gestaltungsmöglichkeiten gesehen bzw. die damit verbunden Risiken als zu hoch eingeschätzt werden. Dieses BGM beinhaltet Elemente eines Denkens in Alternativen, das an konkreten beruflichen Ansprüchen orientiert ist.

„(...) die liebt diesen Job und die lebt auch dafür. Ist halt auch wirklich Bullterrier, Brunnenputzerin, die macht den Mund auf, ist dafür auch nicht im Amt beliebt, aber das ist der scheißegal, die zieht das durch. (...) aber stößt halt wie – was auch sonst – ja gegen Mauern." (Frau W.)

„(...) eine Arbeitsgruppe, wo sich Leute, die sich dafür interessieren, erst mal unabhängig von ihrer Arbeit als Privatpersonen damit beschäftigen. (...) Es gibt schon beim eigenen Träger starke Auseinandersetzungen in der Fachlichkeit, weil natürlich dort auch, sagen wir mal heilige Kühe, die über 20 Jahre betrieben wurden, ins Wanken geraten oder hinterfragt werden zumindest. (...) wir [haben] eigentlich immer gesagt, wir denken, wir müssen machen, was zu uns passt. Und wir müssen uns auch teilweise Gedanken machen, vor allen

Dingen, ja, was den Betroffenen hilft. Also, mit denen sprechen. Und die standen im Allgemeinen weniger in der Verbindung so zu öffentlichen Trends oder so." (Herr S.)

„Ich bin einer der wenigen Sozialpädagogen, die auch politisch tätig sind [lacht] und versucht, da was zu bewegen. (...) Ich bin Gemeinderatsmitglied, war 12 Jahre lange Kreisju-
gendringvorsitzender, bin noch im Jugendhilfeausschuss des Kreistages. (...) Die
wurschteln alle irgendwo an ihrer Arbeit, doktern an ihren Klienten rum und gehen nicht
an die Öffentlichkeit. [....] mich hat dann zum Beispiel auch interessiert, wieso welche Gelder fließen. (...) Da war also einmal das Kreisjugendamt und der Kreisjugendring usw., die
haben sich um Gelder gestritten. Und haben nie als Idee gesehen, dass sie um mehr Gelder
kämpfen. (...) Die haben sich untereinander gestritten, um den Kuchen, den man ihnen vor-
gesetzt hat. (...) - oder das Kuchenstückchen (...). Und da habe ich gesagt: ‚Mensch, warum
streitet ihr um diese paar Euro fünfzig? Ihr müsst sehen, dass ihr zusammenarbeitet und
mehr kriegt.' (...) Also, ich muss sagen, bei uns im Landkreis XY [Ort anonymisiert] – auf
einmal hat das dann funktioniert. Die haben sich zusammengeschlossen. Da wird zum Beispiel gerade in den öffentlichen Gremien, Kreisjugendring, Kreisjugendamt usw. – die psychosozialen Beratungsstellen, die Familienhilfe usw., die kämpfen jetzt um den großen
Kuchen. Und wir sind in der glücklichen Lage, dass unser Sozialhaushalt immer größer
wird und dafür der Straßenbau immer kleiner wird." (Herr U.)

„Und dann haben wir uns hier hingesetzt und gesagt: ‚So, jetzt haben wir es alle.' Und jetzt
versuchen wir mal, eine echte und fundierte Methodenkritik anzubringen, aus diesem
Team. (...) Weil sich hier abzuarbeiten, bringt es nicht. Uns wird es übergestülpt, wir müssen damit arbeiten. Das hat letztendlich auch funktioniert. (...) da sind auch einige Sachen
verändert worden an der Methode. Also, das hat stattgefunden. Aber sich selber wieder dahin zu bringen, zu sagen, wir kriegen hier jetzt zwar eine Methode übergeholfen, wir müssen damit arbeiten, blindes Gegenanquaken hilft nicht. Durch Aussitzen damit umgehen,
also ich mach das einfach nicht, hilft ja auch nicht, versuchen wir es mal andersrum. (...)
Verbandsarbeit, verbandspolitisch mache ich eine ganze Menge, das macht auch viel Spaß.
(...) es kostet sehr viel Zeit, aber das erlebe ich oft auch in den Jugendhilfeausschüssen,
dass die Bezirksverordneten auch wirklich dankbar dafür sind, wenn die wirklich mal interne Infos kriegen. (...) Und da kann man schon so ein bisschen was bewegen, wenn man
sich nicht nur als so Gegenhalter hin packt, sondern sagt: ‚Ich möchte einfach mal einen
Termin, ich würde ihnen gerne mal erklären, warum wir als freie Träger jetzt tatsächlich da
so ächzen (...)'. So, und das ist mühselig, aber es bringt, glaube ich, schon was." (Frau T.)

Solche nicht nur passiv widerständige Praxen kosten Zeit und Kraft. Daher ist
diese Möglichkeit wohl nur für diejenigen attraktiv, die entsprechende Ressourcen erübrigen können und wollen. Zudem ist das Risiko nicht zu unterschätzen,
seine Stelle dadurch zu verlieren, da man Vorgesetzten bzw. Kostenträgern unbe-
quem ist.

5.2.6   Reflektion der idealtypischen Begründungsmuster

Überblick über die idealtypischen Begründungsmuster (BGM)

BGM 1	BGM 2	BGM 3	BGM 4	BGM 5
Offen sein und positive Grundhaltung – Flucht nach vorne	*Beharren – Dienst nach Vorschrift*	*Die Guerilla-Taktik oder die Strategie des passiven Widerstands*	*Pragmatisch sein und sich engagieren*	*Kritisch sein und sich für strukturelle Verbesserungen engagieren*
• Alte Strukturen werden aufgebrochen, was Möglichkeiten für fachliche und persönliche Weiterentwicklung beinhaltet • Flexibilität und Offenheit ist notwendig für Fortbestehen und Weiterentwicklung	• Nicht bereit sein, die Veränderungen umzusetzen, da vor allem Nachteile gesehen werden • Veränderungen fachlich nicht angemessen, sie bedeuten Verschlechterung der Arbeitsbedingungen	• Durch erfahrene Schwierigkeiten infolge der Neuerungen, ohne Möglichkeiten zu sehen, diese mitgestalten oder aussitzen zu können, entsteht Resignation • Da man keine formalen Gestaltungsmöglichkeiten sieht, werden „Lücken" genutzt, um im Grenzbereich zur Illegalität Folgen abzufedern	• „Wenn es denn mal so ist" – tun, was nötig ist • Für Einzelfälle können teilweise noch Erfolge erkämpft werden • Arbeitsmotivation bleibe erhalten durch Erfolge mit Einzelfällen • Durch Weiterbildung ist neue Sicherheit in eigener Sache möglich	• Es werden Möglichkeiten und auch Nachteile gesehen. • Kritik und Weiterentwicklung werden als möglich und sinnvoll angesehen • Unzufriedenheit mit Status Quo bzw. Realisierungsgrad fachlicher Ansprüche • Wenn auf betrieblicher Ebene nur Mitmachen möglich, ist es umso notwendiger, sich auf politischen Ebenen einzumischen

Bader (2005: 194) nimmt, wie ausgeführt, an (vgl. Kap. 2), dass die Professionellen entweder die neuen gesellschaftlichen Anforderungen schrittweise übernähmen und die strukturellen (Arbeits-)Bedingungen resigniert duldeten (inkl. psychischer Kosten) oder dass ihnen bei nicht normkonformen Verhaltensweisen der Ausschluss durch Kündigung drohe. Zwar werden entsprechende Tendenzen sowohl im BGM 1, 3 sowie BGM 5 erkennbar. Anhand der dargestellten BGM lässt sich jedoch ein breiteres Wahrnehmungs- und Gestaltungsspektrum erkennen. Hierzu gehören sowohl Sabotagestrategien, die Druck mildern sollen, als auch Umgangsweisen, die eine Veränderung problematischer Arbeitssituationen anstreben. Es lassen sich dabei *Begründungszusammenhänge* im restriktiven Modus erkennen, etwa wenn individualisierte, passive Handlungsmöglichkeiten genutzt werden, um Behinderungen und Bedrohungen zu überwinden. Hierbei ist teils eine Realitätsverarbeitung analog den neoliberalen Denkweisen (vgl. Kap. 3.1) erkennbar (vgl. BGM 1 bzw. Kap. 3), denen zufolge die aktuellen institutionellen Bedingungen sachnotwendig und demgemäß nur wider der Vernunft veränderbar wären. Es zeigt sich, dass Fachkräfte selbst aktiv an der Implementierung neoliberal geprägter Praktiken beteiligt sind, wenn sie davon z.b. in Form von Anerkennung profitieren können. Perspektiven *verallgemeinerter Begründungszusammenhänge* sind im BGM 5 zu finden, da hier die Erweiterung von Verfügungsmöglichkeiten angestrebt wird.

Ergänzend möchte ich darauf hinweisen, dass sich in den Interviews neben den dargestellten Bewältigungsweisen immer wieder Andeutungen fanden, die sich wie folgt zuspitzen lassen: ich verlasse das Arbeitsfeld, da die Arbeitsbedingungen es nicht ermöglichen die beruflichen Ansprüche zu realisieren und die eigene Gesundheit zu erhalten (vgl. Kap. 5.3). Erst nach dem Abschluss meiner Arbeit erfuhr ich, dass dieses Szenario einer *Exit-Strategie* zwischenzeitlich zumindest für eine Interviewte zur Realität wurde und somit als BGM für Auswege jenseits der Sozialen Arbeit durchaus Relevanz besitzt.

Die dargestellten idealtypischen Prämissen-Gründe-Zusammenhänge gewähren einen erheblich differenzierteren Überblick über die potenzielle subjektive Sinnhaftigkeit der unterschiedlichen Umgangsformen mit dem Wandel, als er in der Debatte im Bereich der Sozialen Arbeit bisher vorzufinden war. Dies ist meines Erachtens ein aufschlussreicher Beitrag zur *offiziellen Fachdebatte* (vgl. Kap. 3.4). Es wird erkennbar, warum die unterschiedlichen Haltungen der PraktikerInnen angesichts der Ambivalenz des Strukturwandels funktional sein können. Betrachtet man die Ausführungen der Interviewten, wird deutlich, dass sie durchweg auf unterschiedliche BGM zurückgreifen.

Die idealtypischen BGM könnten von PraktikerInnen für die Reflexion der *je eigenen* Wahrnehmung und Akzentuierung von Handlungsmöglichkeiten genutzt werden. Dies ist dann möglich, wenn der sich widersprüchlich konkretisierende Strukturwandel in ähnlicher Art und Weise verarbeitet wird.

> „Trotz der Vielfalt von Verarbeitungsformen kann es aber keine unendlich vielen geben, die alle gleichgewichtig sind. Es kann vielmehr davon ausgegangen werden, dass sich beispielsweise in den Darstellungen von einzelnen Sozialarbeitern andere Kollegen teilweise wieder finden" (Bader 1987: 150)

Die idealtypischen BGM können als Heuristiken für Selbstverständigungsprozesse in der Berufspraxis nutzbar gemacht werden. Sie können hilfreich sein, um mit PraktikerInnen darüber zu reflektieren, aufgrund welcher Praxisbedingungen und -bedeutungen ihre jeweiligen individuellen BGM für sie zu subjektiv sinnvollen, aber problematischen Daseinsbewältigung werden, und worin Perspektiven der Veränderung der sie nahe legenden Machtanordnungen lägen. Wichtig ist dabei die Berücksichtigung des nicht geringen Risikos des Wissens über die

Verflochtenheit eigener Denkweisen, Handlungen und Erfahrungen. Das Bewusstwerden der Grenzen eigener Verantwortlichkeit hat zwar eine entlastende, aber gleichzeitig auch eine verunsichernde Wirkung, da jeweils ich mir auch bewusst werden kann, wo es eine Wahl gibt und somit die Möglichkeit die weitere Entwicklung zu beeinflussen.

5.3 Der Gebrauchswert der Ergebnisse für den betrieblichen Gesundheitsschutz

Die Bandbreite bedeutender Praxiskonstellationen wurde bereits aufgefächert (vgl. Kap. 5.1). An dieser Stelle geht es nun darum, diese Auswertungsergebnisse zuzuspitzen und deren Gebrauchswert herauszuarbeiten. Bereits der Blick in die Berufshistorie zeigte, dass es zwar auch in der Vergangenheit Untersuchungen zu meinem Themenfeld gab (vgl. Kap. 3.5). Es wurden ebenfalls teilweise alarmierende Arbeitsbedingungen benannt, jedoch bildeten sich höchst unterschiedliche Positionen bezüglich der Frage heraus, welche Konsequenzen daraus zu ziehen seien. So plädierten die einen wie Gertrud Bäumer (vgl. Paulini 2001: 338) eher für strukturelle Verbesserungen, zum Beispiel in Form von Eingruppierungsverhandlungen. Andere wiederum sprachen sich vor allem für individuumsorientierte Maßnahmen, wie Turnkurse, aus bzw. betonten, wie 1926 Helene Weber, die individuelle Verantwortung, sich psychisch abzugrenzen:

> „Die schwere und notwendige Aufgabe aller Selbsterziehung in der Frauenberufsarbeit ist die Rettung der Geschlossenheit der eigenen Persönlichkeit inmitten der flutenden Not der Zeit. Sie darf uns nicht so mitreißen, dass wir seelisch selbst darin ertrinken und keine letzten überpersönlichen Werte mehr sehen. Es gibt eine notwendige Abgrenzung der eigenen Arbeit und eine herbe Erkenntnis der Selbstbegrenzung, die vor dem Versinken bewahren kann." (Zit. n. Paulini 2001: 346)

Der Frage nach möglichen Konsequenzen möchte auch ich mich nicht entziehen, da sich eine zunehmende (Mehrfach-)Arbeitsbelastung für die Beschäftigten als ein Kernthema meiner Untersuchung herauskristallisierte. Neben individuellem Leiden können hierdurch auch erhebliche Kosten durch steigende Fehlzeiten, Personalfluktuation oder Minderleistung entstehen. Die Rückmeldungen von Fachkräften im Anschluss an Vorträge, bei denen ich meine Untersuchungsergebnisse in Ausschnitten darlegte, machten deutlich, dass sie sich in meinen Ausführungen „wiedergefunden" und „verstanden gefühlt" hätten. Zudem ließen einzelne Interesse erkennen, mehr über das Instrument der Gefährdungsbeurteilungen (siehe unten) erfahren zu wollen, das ich jeweils nur in einem Nebensatz erwähnt hatte. Die Rückmeldungen der Fachkräfte hatten mich darin bestärkt, den thematischen Schwerpunkt *Gestaltungsmöglichkeiten angesichts steigender Arbeitsbelastung* hier zu vertiefen.

Auf der Basis der Ergebnisse lässt sich nicht nur allgemein ein potenzieller Handlungsbedarf im Bereich des betrieblichen Gesundheitsschutzes erkennen, sondern darüber hinaus können spezifische (Mehrfach-)Anforderungen konkretisiert werden, die belastend werden können. Bevor die einzelnen spezifischen (Mehrfach-)Anforderungen genauer dargelegt und durch die Ergebnisse zur Arbeitszufriedenheit ergänzt werden, wird das arbeitsschutzrechtliche Instrument der Gefährdungsbeurteilung vorgestellt, mit dem die gewonnen Erkenntnisse nutzbar gemacht werden könnten.

5.3.1 Gefährdungsbeurteilungen

Neben Leitungs- bzw. Steuerungsaufgaben hat der Arbeitgeber eine Fürsorgepflicht gegenüber seinen Angestellten. Hierzu gehört die Verbesserung der Sicherheit und des Gesundheitsschutzes. 1996 wurde das Arbeitsschutzgesetz [ArbSchG] in Anlehnung an die EU-Rahmenrichtlinie erlassen. Seither ist das Instrument der Gefährdungsbeurteilungen (vgl. § 5 und 6 ArbSchG) zur Ermittlung körperlicher und psychosozialer Belastungsmomente[125] fest verankert. Vor diesem Hintergrund sind alle Arbeitgeber verpflichtet, regelmäßig mit diesem Instrument Arbeitsbelastungen zu ermitteln, zu beurteilen und bei Bedarf Maßnahmen zur Verbesserung des Gesundheitsschutzes ihrer Angestellten zu installieren. Die Wirksamkeit der Entlastungsmaßnahmen soll nach einer gewissen Zeit überprüft werden. Eine Gefährdungsbeurteilung kann ein zentrales Instrument für den Arbeitgeber, den Betriebsrat und die MitarbeiterInnen sein, Arbeitsbelastungen zu erkennen und zu reduzieren.

Trotz der Existenz dieser gesetzlichen Verpflichtung zeigt eine Untersuchung (vgl. Ahlers & Brussig 2005: 518ff.), dass sich dieses Instrument noch nicht in allen Branchen etabliert hat. Diese Nachlässigkeit sei unter anderem deshalb bemerkenswert, weil Berufsgenossenschaften nur dann verpflichtet seien, für Folgekosten aufzukommen, wenn das ArbSchG eingehalten würde. Im Dienstleistungsbereich sowie allgemein in kleineren Betrieben wurden Defizite festgestellt. Dies betrifft somit häufig auch Einrichtungen, in denen Soziale Arbeit geleistet wird, ein Tätigkeitsfeld, das zusätzlich als überdurchschnittlich belastend gilt (vgl. Kap. 3.5.2). Ergebnis der Untersuchung war auch, dass eine hohe Arbeitsbelastung nicht nachweisbar zu einer stärkeren Verbreitung von Gefähr-

---

[125] Der Begriff *psychische Belastung* umfasst laut DIN EN ISO 10075: „[...] die Gesamtheit aller erfassbarer Einwirkungen, die von außen auf den Menschen zukommen und ihn psychisch (seelisch) auf ihn einwirken." (Holm & Geray 2007: 6)

dungsanalysen führt. Relevant wären das Engagement und die Durchsetzungskraft der „Akteure im Betrieb, die in der Lage wären, die Verhältnisse zu ändern" (Ahlers & Brussig 2005: 523).

Es gibt keine formalen Richtlinien, die vorschreiben, wie eine Gefährdungsbeurteilung zu gestalten ist. Dennoch ist bekannt, dass der Einsatz und Erfolg des
Instruments unter anderem von einer positiven Haltung der Arbeitgeber zum
Gesundheitsschutz und von einer nachhaltigen Personalpolitik begünstigt werden. Außerdem sei ein engagierter Betriebsrat, der durch eine externe Beratung
unterstützt wird, und das konsequente Miteinbeziehen der MitarbeiterInnen wesentliche Voraussetzung für eine erfolgreiche Umsetzung (ebd.: 521f.).

Ich gehe davon aus, dass ein tätigkeitsfeldspezifisches Instrumentarium die
Etablierung von Gefährdungsbeurteilungen unterstützen könnte, da den einzelnen Einrichtungen selten die notwendigen Ressourcen und Kompetenzen zur
Verfügung stehen, ein solches zu entwickeln. Bisher liegen jedoch nur für andere
personennahen Dienstleistungsbereiche, wie zum Beispiel dem Pflege- und Bil-
dungswesen,[126] entsprechende Instrumentarien vor, auf welche zurückgegriffen
werden kann.

Ein spezifisches Wissen über psychosoziale (Mehrfach-)Belastungen findet
sich jedoch in meinen Ergebnissen, die aufbereitet für betriebliche Prozesse
nutzbar gemacht werden könnten (z.B. für Fragebögen und Interviewleitfäden).
Dies scheint zudem vor allem deswegen möglich, weil in der arbeitsmedizini-
schen Fachliteratur betont wird, dass gerade für die psychosozialen Belastungen
die Bedeutung der Beschäftigten-Wahrnehmung zentral sei. Rein quantitativ
könne die Bedeutung für sie nicht angemessen erfasst werden, da die subjektive
Bewertung stets relevant sei (vgl. u.a. Richter et al. 2004: 6).

5.3.2   Spezifische (Mehrfach-)Anforderungen und
Regulationsmöglichkeiten

Im Folgenden werden die bereits dargelegten Ergebnisse pointiert und mit noch
nicht angeführten Daten angereichert, um die spezifische Anforderungssituation
für Beschäftigte in der Sozialen Arbeit im Kontext des Wandels zu konkretisieren und Hinweise auf vorhandene Gestaltungsmöglichkeiten sowie –behinderungen zu nennen.

---

[126]   Vgl. Bundesanstalt für Arbeitsschutz und Arbeitsmedizin: http://www.baua.de/de/ Informa-
tionen-fuer-die-Praxis/Handlungshilfen-und-Praxisbeispiele/Toolbox/Toolbox.html
[14.01.08]. - Von der Berufsgenossenschaft für Gesundheitsdienst und Wohlfahrtspflege
(2007) liegt eine einschlägige Broschüre für Beratungs- und Betreuungseinrichtungen vor.

Ihre Arbeitssituation wurde von den Interviewten teilweise als „schlimm", „krass" (Herr I.,) oder „katastrophal" (Frau W.) bezeichnet. In ihren Darstellungen fanden sich detaillierte Erläuterungen, in denen deutlich (meist) Mehrfach-Anforderungen genannt wurden, die bei ihnen zu Überbelastungen führten. Diese beziehen sich entsprechend der Anlage dieser Untersuchung auf die veränderten Rahmenbedingungen. Eine derartige Schwerpunktsetzung ist im Bereich Gesundheit am Arbeitsplatz durchaus sinnvoll, wie die Ergebnisse anderer Studien beispielhaft zeigen:

> „Wie sich die Veränderungen auf die Beschäftigten auswirken, ob sie überwiegend positiv bzw. negativ erlebt werden, ist nicht allein abhängig von der jeweiligen individuellen, psychischen Struktur. Vielmehr spielen die organisationalen und strukturellen Rahmenbedingungen sowie die sozialen Beziehungen auf der Kolleg/innen- und Vorgesetztenebene hierbei eine entscheidende Rolle." (Meschkutat et al. 2002: 127)

Es wurde deutlich, dass sowohl *Vielfalt* als auch *Komplexität* als grundständige Aspekte der Sozialen Arbeit wahrgenommen werden, die die Tätigkeit attraktiv machen. Die Arbeit mit den NutzerInnen verlange bekanntermaßen die stetige Verausgabung psychischer Energie[127], was zu Ohnmachtsgefühlen[128] führen könne, durch die sich am Feierabend schlecht abschalten lasse.

Diese Spezifik der personennahen Dienstleistungstätigkeit verschärfe sich jedoch durch die *gestiegene Arbeitsdichte bzw. -intensität.* Sie rühre her aus den qualitativ komplexeren Anforderungen (vgl. Kap. 5.1.6) sowie aus Arbeitsmitteln (vgl. Kap. 5.1.7), die sich im Kontext des Wandlungsprozess vor allem stetig veränderten, was teilweise auch als die Spezifik des Wandels bewertet wurde. Für eine Interviewte waren die „Veränderungen so gravierend" (Frau A) gewesen, dass sie „fast wie ein Arbeitsplatzwechsel" (ebd.) gewesen seien. Gebe es keine „Atempausen" (ebd.) zur Verstetigung bzw. Routinisierung von Neuerungen, entstehe Belastung. Zudem sei das Abwägen, welche neuen Informationen wichtig seien, eine Gratwanderung, denn es müsse beurteilt werden, wie hoch die Notwendigkeit sei, sich mit einzelnen Inhalten auseinanderzusetzen. Die Informationsflut, die sich durch den technologischen Forschritt ohnehin verschärft habe, führe zur Überforderung, wenn es zum Beispiel an einem System fehle, Wichtiges von Unwichtigerem zu unterscheiden. Dies sei vor allem deswegen belastend, weil man neben den vielschichtigen und komplexen Aufgaben und dem Informationschaos wieder ganz konkrete, verantwortungsvolle Entscheidungen in der operativen Tätigkeit treffen müsse.

---

[127] Zum Beispiel hohe Verantwortung, Empathie, Misserfolge.
[128] Zum Beispiel, wenn man sich hilflos fühle, wenn Mängel im Versorgungssystem erkannt würden, die individuelles Leid beförderten und man nichts tun könne.

„(...) diese Unsicherheiten, diese ständigen Veränderungen in der Jugendhilfe, die die Arbeitssituation extrem erschweren [Pause]. Auch wenn es um angewendete Methoden geht. Immer wenn man sich gerade eingefusselt hat, gibt es wieder irgendwas Neues, dann muss [man] sich wieder neu fort- und weiterbilden, eine erprobte Berufspraxis aufgeben zugunsten einer, von der man noch nicht so genau weiß, ob es dann mindestens genauso gut funktioniert." (Frau T.)

„Die Mitarbeiter (...) sind halt mit ständigen Veränderungen von Verfahrensweisen und Standards konfrontiert. (...) Und da erleben sie natürlich auch, dass Entscheidungen oder dass Abläufe, die gestern noch galten, heute schon wieder verändert sind. (...) Also, ich finde es durchaus auch spannend so. Meine Sorge ist tatsächlich, so die Kraft aufzubringen, weil wir einfach alle über unsere [Pause] – über unsere Verhältnisse arbeiten. Das ist eher meine Sorge. (...) Das [ist] aber mal eine Grenze, wo man natürlich dann auch merkt, jetzt überfordert man die Mitarbeiter endgültig." (Frau A.)

Die quantitative Arbeitsdichte rühre ebenso her aus der veränderten *Arbeitsorganisation*, die bereits als Effektivierung bis hin zu einer Übersteuerung von Arbeitsabläufen identifiziert wurde (vgl. Kap. 5.1.5):

„Und ich würde sagen, es ist schneller geworden, die Arbeit. Das ist auch ein Wandel. (...) Also, [mit] schneller meine ich jetzt teilweise in den Gesprächen hier, dass sich alle Stunde hier ein Jugendlicher die Klinke in die Hand gibt, was wir früher nicht hatten." (Herr S.)

„Man muss hoch effektiv arbeiten und kann es sich überhaupt nicht leisten, mal links und rechts zu gucken. Also, wir haben hier ein Ziel vor Augen – und da muss man hin. Also, diese Umfeldbetrachtungen: Na gut, dann mache ich halt mal das Gespräch mit der Großmutter, wenn die immer aus dem Hintergrund schießt. Da haben wir oft viel zu wenig Zeit dazu [Pause]. Und was zusätzlich fehlt, weil diese Stunden so reduziert sind – eine Möglichkeit, tatsächlich in so einem Ortsteil, in dem Umfeld, der Schule, der Kita, wo diese Kinder dann sind, auszuloten: Was gibt es da noch an AGs, an Möglichkeiten, an Hausaufgabenbetreuung? Und so, dass man die Sachen ein bisschen entschärfen kann. Da haben wir viel zu wenig Zeit dazu. Und da sind viele, viele, viele, die wirklich ehrenamtlich [Pause] eigentlich – ich sag ja immer, das ist verordnete, freiwillige Zwangsarbeit, zusätzlich Stunden ableisten, die nie bezahlt werden können." (Frau T.)

Die Mehrfachbelastung von höheren qualitativen wie quantitativen Anforderungen spitze sich, wie sich bereits aus dem letzten Satz des eben zitierten Interviews lesen lässt, durch den äußeren ökonomischen Druck zu, der sich in der Entwicklung der Personalstruktur, dem Personalumfang sowie den Beschäftigungsbedingungen zeigt und sich in einer Abstiegsangst konkretisieren kann. Hiervon berichteten nicht nur selbstständig Tätige, sondern gleichermaßen befristet Angestellte sowie Festangestellte:

„Und da ist es eben zu massiven Kürzungen gekommen, heißt, die Arbeit wird nicht weniger. Ich denke, dass soziale Armut auch zunimmt – also, das Problem fällt ja nicht weg –

und eben mit weniger Manpower dieselbe Arbeit oder vielleicht auch ein bisschen mehr gemacht werden muss." (Frau Q.)

„(...) es hat eine ganz andere Qualität, ganz andere Anforderungen, (...) bei gleichzeitig weiterem Personalabbau. (...) Also, das ist die neue Qualität. Das eine geht so und das andere geht so. Und das stimmt nicht mehr. Und (...) es gibt einfach eine Grenze." (Frau M.)

„So, man weiß ja nie. Das finde ich die größte Belastung, dass man irgendwie weiß, wie sich es entwickelt einfach. Ja, dass es natürlich sein kann, dass einfach mal keine Belegung mehr ist. Na klar, dann wird irgendwie dann auch diese Einrichtung geschlossen. (...) oder wenn das jetzt eingehen würde, das Mädchenwohnen [lacht] bei uns. Ja, die Frage dann: Ja, wo würde ich dann landen? Und was könnte ich denn? (...) nun gehen jetzt meine Rahmenbedingungen ja gerade noch. Aber wenn ich – überhaupt hätte ich schon Glück wahrscheinlich, wenn ich in einer viel beschisseneren Situation da arbeitstechnisch landen würde. Das ist natürlich alles doof, ne?" (Frau M.)

„Ich glaube, insgesamt ist darunter [die] Angst: Wo geht es hin mit der Jugendhilfe und haben wir eigentlich in fünf Jahren alle noch unseren Job?" (Frau T.)

Zusätzlich zu dieser spezifischen Mehrfachanforderung, flankiert von einem erheblichen ökonomischen Druck mit gravierenden Konsequenzen, wurde erkennbar, dass es an zentralen Regulationsmöglichkeiten (vgl. Nolting et al. 2001: 9), wie unter anderem Rückhalt im Team und durch die Vorgesetzten, sowie an Zeit für Vor- und Nachbereitung mangelt. Hinzu kommen fehlende oder schwache betriebliche wie überbetriebliche Interessenvertretungen (vgl. Kap. 5.1.3.3). Derartige Tendenzen können zu alarmierenden Belastungen für die Beschäftigten führen – bis hin zum viel diskutierten Burn-Out-Syndrom oder zu hoher Personalfluktuation:

„Die haben so Kurse für – ja ich sag jetzt mal schwierige Jugendliche, die verschiedene Ausbildungen abgebrochen haben, die aus dem Knast kamen, angeboten. Die haben die den ganzen Tag und eine ganze Woche betreut. Und das hat eine Person gemacht. Also, ein Sozialarbeiter ist angestellt worden, oder Sozialarbeiterinnen waren es meistens. Und die sind dann mit fünf Leuten oder noch mehr (...). Da ist regelmäßig dann immer einer ausgestiegen dort. Hat das also ein Jahr (...) ausgehalten dort und dann gemerkt: Das schaffe ich nicht und bin überfordert mit der Situation. Und dann kam der Nächste usw. und sofort." (Herr I.)

Nur wenigen steht vonseiten des Anstellungsträgers oder aufgrund ihrer finanziellen Situation die Möglichkeit eines Sabbatjahrs zur Regeneration offen.

Aufschlussreich sind hier ergänzend die Ausführungen der Interviewten zu ihrer *Arbeitszufriedenheit*, insbesondere der Unteraspekt der beruflichen Entwicklungsmöglichkeiten. Der Begriff Arbeitszufriedenheit bezieht sich auf die Wahrnehmung der Arbeitssituation und ihre Bewertung und gilt als relevant für die Bewältigung der Arbeitsbelastung. Das Ausmaß der Zufriedenheit hängt nicht nur mit der Arbeitssituation, sondern ebenso mit den eigenen Ansprüchen und Erwartungen zusammen (vgl. Bundesanstalt für Arbeitsschutz und Arbeitsmedizin o. J.: 5; Richter et al. 2004: 19). Die Kategorie Arbeitszufriedenheit wird hier zudem aufgegriffen, da sie in einschlägigen Studien zur Sozialen Arbeit Eingang gefunden hat. Dort wird eine relativ bis sehr hohe Arbeitszufriedenheit festgestellt (vgl. Dahme et al. 2005: 240) oder zusammenfassend resümiert, dass es um sie „schlecht bestellt ist" (Karges & Lehner 2003: 361f.).

Trotz der erheblichen potenziellen Arbeitsbelastungen äußerten sich von mir Interviewte über ihre Arbeitssituation zufrieden und wollten daher aus diesem Grund die Arbeitsstelle nicht wechseln. Ihre Zufriedenheit begründeten sie sowohl mit ihrem Aufgabenspektrum als auch mit ihren großen Handlungsspielräumen. Andere wiederum waren mit ihren Rahmenbedingungen überwiegend deshalb einverstanden, weil es an attraktiven Alternativen auf dem Arbeitsmarkt der Sozialen Arbeit fehle. Jedoch wurde auch deutlich Offenheit gezeigt, innerhalb des Bereichs der Sozialen Arbeit die Arbeitsstelle zu wechseln in der Hoffnung auf eine berufliche Weiterentwicklung bzw. eine Verbesserung der jetzigen Arbeitsbedingungen, zum Beispiel durch ein mehr an Sicherheit durch einen festen Arbeitsvertrag. Eine andere Interviewte ging auf ihre Bereitschaft ein, eine Dienstleistung direkt über den Markt für Zahlungsfähige anzubieten, um sich unabhängig zu machen:

> „Es gibt Tendenzen hin zu ‚Jeder braucht einen Coach'. Ja, oder was weiß ich. Also, zunehmend auch Sozialarbeiter, die sich selbstständig machen. Die sagen: ‚Mensch, ich berate Sie in Sachen Schulden', weil man weiß, bei der Schuldnerberatung braucht man drei Monate, um einen Termin zu kriegen, sag ich einfach mal so. Das sind ja alles so Sachen, wo man auf Strukturwandel auch selber reagieren kann. Und sage: Gut, okay, ich habe eine Fachleistungsstunde, rechne mir das selbst aus, nehme hier 60 Euro – vielleicht ein bisschen viel [lacht]. Ich habe keine Ahnung; ja, so wie Rechtsanwälte das auch machen. (...) Also, Manpower, Know-how gibt es ja genug, (...) dass man auch noch mal guckt, was kann man da tun. Dass man sagt, ich mache mich unabhängig." (Frau Q.)

Andere Interviewte thematisierten, dass manche aufgrund der Mehrfachbelastungen aus der Sozialen Arbeit ausstiegen:

> „Also, ich kenne viele, die sich raus orientieren aus diesem Sozialen Bereich. Also, kenn ich echt viele, die auch schon aufgehört haben oder aufhören wollen und auch was ganz anderes machen wollen. Vielleicht auch aufgrund von dem Frust, weil wie so was gewertschätzt wird, wie Soziale Arbeit bezahlt wird und wie man irgendwie überhaupt einen Job kriegen kann. Zum anderen auch vielleicht aus so - ich habe auch keine Lust mehr auf immer schwierigere, immer mehr Krisen und immer mehr, ja, abgestürzte Jugendliche." (Frau M.)

So auch folgende Interviewte, die trotz ihrer Zufriedenheit mir ihrem Aufgabengebiet wegen der Kombination von qualitativer Arbeitsdichte, arbeitsorganisatorischen Defiziten und belastenden sozialen Arbeitsbeziehungen ihren Ausstieg aus dem Tätigkeitsfeld Soziale Arbeit in Betracht zieht:

> „Ja, und für mich, ich weiß nicht, ob ich da noch lange bleiben werde [Pause]. Noch mal, die Arbeit mit den Klienten macht mir Spaß – super, mache ich super gerne! Ich finde es abwechslungsreich. Ich kann mir es nicht mehr vorstellen, den ganzen Tag im Büro zu hängen. Also, ich liebe es, unterwegs zu sein, Wohnung, Psychiatrie, Krankenhaus, egal, finde ich toll, hat was. Aber aufgrund der doch sehr ausführlich geschilderten Situation, wie es mir da einfach geht, sehe ich da langfristig für mich [Pause] ja keine guten Etablierungsmöglichkeiten. Und das Burn-Out gibt mir schon zu denken. Wer weiß, vielleicht ist es in anderen Kreisen oder Trägern auch schlimm. (...) Ja, und im weitesten Sinne dann auch die Frage: Will ich dann wirklich auch in der Sozialen Arbeit bleiben oder ist es mir echt zu viel (...)? Dass ich diesen ganzen Batzen an Verantwortung einfach los bin. Von dem ich mir nach wie vor wünsche, dass wir es wie auch immer noch mal hinkriegen zu sagen: ‚Okay, wir verteilen es auf allen Schultern.'" (Frau W.)[129]

Zwar stellten bereits ältere Studien eine enorm hohe Berufsaussteigerquote im Vergleich zu anderen Berufsgruppen fest.[130] Das Phänomen des frühzeitigen Berufsausstiegs könnte jedoch aufgrund der dargelegten Situation an Relevanz gewinnen, wodurch sich die Frage aufdrängt: Welche Bedeutung kann es für die Entwicklung der Sozialen Arbeit haben, wenn gerade diejenigen, die unzufrieden sind und bereit für Veränderungen, ausscheiden, da gerade sie möglicherweise über Ressourcen für Kritik und Weiterentwicklung verfügen (vgl. Kap. 5.2)?

Resümierend lässt sich festhalten, dass bei gestiegenen Anforderungen gleichzeitig weniger Ressourcen zur Bewältigung psychosozialer Arbeitsbelastungen zu Verfügung stehen (z.B. Besprechungen, Pausen, Beziehungen/Rückendeckung, Erfolge). Hierin besteht meines Erachtens ein zentraler Erkenntnisgewinn dieses Praxis-Porträts, da auf der Basis qualitativer Daten diese Entwicklungstendenzen sichtbar und thematisierbar werden. Das Konstrukt Arbeitszufriedenheit müsste jedoch in weiterführenden Untersuchungen ausführlicher präzisiert und reflektiert werden, um seine Bedeutung als Ausgleich zu Arbeitsbelastungen im Kontext Sozialer Arbeit besser einschätzen zu können. Es wird zwar sowohl in der einschlägigen Forschung als auch in den Interviews als wesentlicher Regulationsfaktor genannt, dennoch ist bisher unklar, vor welchen spezifischen Bezugspunkten (z.B. Werten, biografischen Erfahrungen etc.) die jeweilige Arbeits-

---

[129] Nach Abschluss meiner Untersuchung wurde mir bekannt, dass diese Interviewte mittlerweile tatsächlich in einem anderen Dienstleistungssektor als der Sozialen Arbeit tätig ist.

[130] Laut einer Studie (vgl. Schomburg & Teichler 1998: 145) arbeiten 18% der Berufsgruppe 10 Jahre nach dem Studium nicht mehr in ihrem Beruf.

situation bewertet wird. Zudem müsste die Frage systematischer bearbeitet werden, ob nicht auch eine vermeintlich hohe berufliche Zufriedenheit für ein Arrangieren mit belastenden und prekären Arbeitsbedingungen stehen kann. Zumindest teilweise dürfte bekundete Arbeitszufriedenheit Ausdruck für einen bescheidenen Erwartungshorizont sein - zum Beispiel vor dem Hintergrund des Konstrukts des „weiblichen Arbeitsvermögens" (vgl. Beck-Gernsheim 1976) bzw. „Mütterlichkeit als Beruf" (vgl. Sachße 1986) - oder für eine funktionale Mystifizierung der eigenen Arbeitsbedingungen stehen (vgl. Kap. 5.1.3.3).

Obwohl ein einrichtungsübergreifendes Wissen über psychosoziale Mehrbelastungen am Arbeitsplatz unter den Fachkräften existiert, waren kaum Bestrebungen zur Verbesserung der Arbeitssituation erkennbar. Die Verringerung des diesen Zustand womöglich erklärenden Informationsdefizits hinsichtlich von Instrumenten wie die Gefährdungsbeurteilung, kann meiner Meinung nach ein Weg zur Verbesserung des Gesundheitsschutzes im Bereich der Sozialen Arbeit darstellen.

6 Resümee

Die theoretische Anlage der Untersuchung ermöglichte mir die subjektiven Perspektiven der Beschäftigten systematisch mit den objektiven aktuellen Praxisbedingungen ins Verhältnis zusetzen. Anhand der ausführlichen Analyse des Strukturwandels Sozialer Arbeit konnten daher zunächst, insbesondere durch die Berücksichtigung transnationaler Entwicklungszusammenhänge, zwei zentrale Punkte aufgezeigt werden:

Zum Ersten konkretisiert sich der Transformationsprozess in Form einer *Ökonomisierung* sozialer Dienstleistungen durch die Liberalisierung des sozialen Dienstleistungssektors, die Privatisierung öffentlicher Aufgaben und Einrichtungen, die Einführung betriebswirtschaftlicher Managementinstrumente sowie durch so genannte wirtschaftliches Handeln fördernde Finanzierungsmodelle. Auch wenn die nationalstaatlichen Liberalisierungsimpulse und die europäische Binnenmarktpolitik unabhängig voneinander wirken können, konnte nachgewiesen werden, dass sie sich in der Praxis meist wechselseitig ergänzen und verstärken. Je mehr Teile des sozialen Dienstleistungssektors der nationale Gesetzgeber dem Markt überlässt oder über so genannte vorgelagerte Märkte wettbewerbsähnlich reguliert, desto häufiger müssen Binnenmarkt- und Wettbewerbsregelungen der EU Anwendung finden. Ähnliches gilt im globalen Kontext, wo durch das Prinzip der fortschreitenden Liberalisierung sich die skizzierte Entwicklung verschärft. Die hohe Aktualität dieser Entwicklung zeigt sich darin, dass der Transformationsprozess keineswegs als abgeschlossen zu betrachten ist. Dies lässt sich an rechtlichen Aushandlungsprozessen bezüglich dem wirtschaftlichen Status der sozialen Dienstleistungen auf dem europäischen Binnenmarkt nachvollziehen. Dass dieser Teil des Strukturwandels in der Praxis der Sozialen Arbeit angekommen ist, ließ sich durch die empirische Anlage der Untersuchung unter anderen daran ablesen, dass betriebswirtschaftliche Begriffe ebenso Eingang in die Sprache der interviewten Fachkräfte gefunden haben wie dass das ,Denken in Zahlen' Teil ihres Arbeitsalltags geworden ist.

Zum Zweiten wurde nachvollzogen, wie die Soziale Arbeit als sozialstaatliches Steuerungsinstrument bei der Realisierung der *Programmatik des aktivierenden Staats* fungiert. Es wurde gezeigt, dass bei der Ausgestaltung des Aktivierungsparadigmas auf originär sozialarbeiterische Ansätze zurückgegriffen wurde, die zum Teil eine fachlich-emanzipatorische Orientierung beanspruchen. Durch Anknüpfungspunkte an professionelle Ideale, wie die Stärkung der Selbsthilfe der NutzerInnen, gelang es, dass die Programmatik zwischenzeitlich Einzug in die verschiedensten Arbeitsfelder der Sozialen Arbeit halten konnte. Dies war möglich, obwohl, wie ebenfalls aufgezeigt wurde, sie im bundesdeutschen Kontext paternalistische Tendenzen aufweist und eine entsprechende Sanktionsbereitschaft bei den Fachkräften voraussetzt. Ob die Programmatik des aktivierenden Staats weiterhin ausreichende Kohäsionskraft entfaltet, bleibt abzuwarten. Am 28.10.2007 nahm die SPD, das heißt die Partei, welche die Programmatik des aktivierenden Staats forciert und institutionalisiert hatte, eine zumindest rhetorische Akzentverschiebung vor. So spricht sie in ihrem neuen Grundsatzprogramm von dem Modell des „vorsorgenden Sozialstaats", indem wieder stärker die fördernde Seite sozialstaatlicher Maßnahmen betont wird, wobei die Eigenverantwortung der BürgerInnen nicht zurückgenommen wird:

> „Nur wer sich abgesichert weiß, wird Risiken eingehen. Nur wer Chancen hat, wird sich anstrengen. Um dieses Versprechen von Sicherheit und Aufstieg in unserer Zeit zu erneuern, entwickeln wir den Sozialstaat weiter zum vorsorgenden Sozialstaat. Er bekämpft Armut und befähigt die Menschen, ihr Leben selbstbestimmt zu meistern. Vorsorgende Sozialpolitik fördert existenzsichernde Erwerbsarbeit, hilft bei der Erziehung, setzt auf Gesundheitsprävention. (...) Sie entlässt niemanden aus der Verantwortung für das eigene Leben. (...) Übergeordnete Aufgabe des vorsorgenden Sozialstaates ist die Integration aller Menschen in die Gesellschaft. Deshalb vernetzt vorsorgende Sozialpolitik unterschiedliche Aufgaben wie Wirtschafts-, Finanz- und Arbeitsmarktpolitik, Bildungs- und Gesundheitspolitik, Familien- und Gleichstellungspolitik oder die Integration von Einwanderern. (...) Mehr und bessere soziale Dienstleistungen für Kinder, Jugendliche, Familien, Ältere und Behinderte sind der Schlüssel für eine Gesellschaft, die niemanden ausschließt. In unseren Kindergärten, Schulen und Hochschulen, Krankenhäusern und Pflegestationen wollen wir dafür die Weichen stellen. Wer in sozialen Einrichtungen arbeitet, hat Anspruch auf erstklassige Qualifizierung und Förderung. Wer in sozialen Berufen für andere da ist, verdient Anerkennung, Respekt und faire Bezahlung." (vgl. SPD-Parteivorstand 2007: 56f.)

Der Transformationsprozess bzw. das Ringen um das Ausmaß der betriebswirtschaftlichen Umstrukturierung sowie der sozialstaatlichen Programmatik ist weiterhin hoch aktuell. Insbesondere vor dem Hintergrund der Weltwirtschaftskrise, die sich ihrem Höhepunkt erst noch anzunähern scheint, erhalten die Auseinandersetzungen eine neue Dynamik, die eventuell dazu führt, dass neoliberale Denkweisen an hegemonialer Wirkungskraft verlieren werden. Jedoch schon vor dem Stand der bisherigen Entwicklung konnte aufgezeigt werden, dass die Prozesse auf nationaler wie transnationaler Ebene alleine aus professionspolitischen Interessen heraus weiter intensiv beobachtet und analysiert werden müssen, um sich differenziert positionieren zu können, da es um wesentliche Weichenstellungen für die Zukunft der Sozialen Arbeit geht.

Die Auswertungsergebnisse der empirischen Erhebung – der Kern der vorliegenden Untersuchung – stellen eine Übersetzung der vielfältigen Perspektiven der

Interviewten in *historisch-strukturelle* Aussagen über den Strukturwandel Sozialer Arbeit dar. Der ökonomische wie programmatische Wandel bedeutet für die Beschäftigten in der Sozialen Arbeit einen tief greifenden, ebenso ambivalenten wie heterogenen Prozess, der ihre Arbeitsbedingungen sowie ihren organisationalen Handlungsrahmen grundlegend verändert. Die Fachkräfte sind hierbei mit neoliberal inspirierten Anrufungen und Nahelegungen betriebswirtschaftlicher wie aktivierender Art konfrontiert und müssen dazu Stellung beziehen. Die Ergebnisse zeigen, dass die betriebswirtschaftliche Logik den Fachkräften nicht „eher wenig Probleme" (Dahme, Kühnlein und Wohlfahrt o. J.: 22f.) bereitet, da sie sich auf ihre Tätigkeiten nur schwer übertragen lässt. Trotz der im Gegenteil wesentlichen Schwierigkeiten nehmen die Beschäftigten gleichzeitig Möglichkeiten der fachlichen Weiterentwicklung wahr, wodurch die *Ambivalenz des Strukturwandels* für sie zum Ausdruck kommt. So wird beispielsweise sowohl ein fachlicher Fortschritt als auch eine Tendenz zur Deprofessionalisierung von den Fachkräften wahrgenommen. Folglich kann der Strukturwandel für die Fachkräfte sowohl einen ‚Qualitätssprung' als auch eine ‚Qualitätsabsenkung', wie sie es formulieren, bedeuten. Diese Erkenntnis wäre trivial, wenn es nicht gelungen wäre, die spezifischen Handlungsproblematiken und Konfliktlinien der einzelnen Bedeutungskonstellationen herauszuarbeiten.

Auch die Zukunftsvorstellungen der PraktikerInnen über die Entwicklung der Rahmenbedingungen professioneller Sozialer Arbeit werfen ein Licht auf die Komplexität der Realisierungsbedingungen Sozialer Arbeit. Manche Interviewte gehen aufgrund der bisherigen Tendenzen von einem negativen Entwicklungsszenario aus. Dies werde sich unter anderem trotz sich verschärfender gesellschaftlicher Problemlagen durch höherschwellige Angebote bzw. den Ausschluss von NutzerInnengruppen konkretisieren. Außerdem werde der finanzielle Rahmen der Sozialen Arbeit das Aufgabenprofil der Fachkräfte weiter verändern, womit einhergehe, dass das Ehrenamt zunehmend an Bedeutung gewinne und sich die eigenen Arbeitsbedingungen weiter verschlechterten. Andere Interviewte nehmen wiederum an, dass mehr Veränderungen in die bisherige Richtung, zum Beispiel in Form von noch mehr wirtschaftlichem Denken und weiterer Entbürokratisierung, förderlich seien für die Entwicklung der Profession. Eine dritte Gruppe von Interviewten glaubt, dass eine Talsohle erreicht sei und es nun wieder bergauf gehe mit der Qualität ihrer Rahmenbedingungen bzw. ein Einpendeln in der Mitte stattfinden werde. Werden die Konfliktlinien im Kontext des Strukturwandels genauer betrachtet, wird anhand der vorliegenden Ergebnisse erkennbar, dass die Herausforderungen für die AkteurInnen der Sozialen Arbeit meist bedeutend komplexerer Art sind, als dass es ausreichend wäre, sich über eine mehr oder weniger starke Ausprägung der forcierten Strategien zu verständigen.

Die Interviewten nehmen deutliche Veränderungen im institutionellen Aufbau ihrer Anstellungsträger wahr. Die Unterschiede zwischen öffentlichen und freien Trägern spitzen sich hierbei zu und stellen die Beschäftigten vor erhebliche Herausforderungen bei der trägerübergreifenden Kooperation. Außerdem werden neue bzw. verstärkt forcierte prospektive Finanzierungsmodelle und Einsparmethoden von den Beschäftigten zwar als gezieltere und effektivere Vergabe von Mitteln wahrgenommen, sie können für sie aber auch ein Mehr an Druck und Unsicherheit bedeuten. Sie erfordern von ihnen ein stetiges Abwägen der ökonomischen, ethischen und fachlichen Aspekte. Hierbei zeigte sich unter anderem, dass auch Umgangsweisen im Grenzbereich zur Illegalität gewählt werden. Zudem nehmen Fachkräfte erhebliche Veränderungen in der Personalstruktur wahr, die ihren Ausdruck in einem Mangel an professionellem Personal bei gleichzeitigem Bedeutungszuwachs von Laien oder Semi-Professionellen finden. Hinzu kommen flexibilisierte Beschäftigungsbedingungen, die sowohl als Freiheitsgewinn wie auch als Tendenz zur Prekarisierung erfahren werden. Als eine weitere wesentliche Bedeutungskonstellation kristallisierten sich die Dynamiken in den sozialen Arbeitsbeziehungen heraus. Zwar zielen einige Neuerungen auf die Verbesserung der Zusammenarbeit, jedoch verschieben sich hierdurch bisherige Kompetenzen. Für die Beschäftigten bedeutet dies, dass Machtbeziehungen neu verhandelt werden. Zusätzlich muss trotz inner- wie überbetrieblich zunehmenden Konkurrenzdrucks vermehrt kooperativ gearbeitet werden. Zudem nehmen die Konflikte zwischen den Fachkräften und ihren Anstellungsträgern zu. In Bezug auf die Vertretung ihrer eigenen Interessen als Angestellte wurden Selbstbehinderungen bzw. Selbstentmächtigungen erkennbar, die in Bezug auf ihre subjektive Sinnhaftigkeit vertiefend analysiert werden konnten. Zum Beispiel durch die Bezugnahme auf den unberechenbaren Faktor Glück bei der Bewertung der eigenen Arbeitssituation im Vergleich zu jener in anderen Einrichtungen: Stillschweigend ist darin enthalten, dass andere in der gleichen Region unter schlechteren Bedingungen arbeiten müssen oder arbeitslos sind. Jedoch wird hierdurch eine Entskandalisierung der eigenen belastenden Arbeitssituation begünstigt, aber der notwendige Ressourceneinsatz und die Risiken im Kontext betriebsinterner wie -externer Auseinandersetzungen vermieden. Was die Veränderungen der Organisation der Arbeitsabläufe angeht, ist insbesondere angesichts des gestiegenen Arbeitsvolumens bei teilweise schwindenden Personalressourcen die effektivere Strukturierung für die Beschäftigten wesentlich. Dies wird von ihnen als Übersteuerung wahrgenommen, wenn hierdurch unter anderem die quantitative Arbeitsdichte deutlich zunimmt und zur Belastung wird. Auch nehmen die Fachkräfte eine deutliche Verschiebung ihrer Arbeitsinhalte wahr. Sie betrifft vor allem die Wertigkeit der Inhalte. So sinke der Wert der nutzerInnennahen Arbeit und es komme in diesem Arbeitsbereich zum verstärkten Einsatz von Laien, obwohl die Probleme der NutzerInnen komplexer würden. Gleichzeitig werde die Ressourcen-Beschaffung zur Bereitstellung der Dienstleistungen relevanter und professioneller. Hinzu komme die Aufwertung von Arbeitsschwerpunkten im Kontext der forcierten sozialpolitischen Steuerungsformen, die zum Teil mit der Einführung neuer methodischer Vorgehens- und Verfahrensweisen einhergingen. Die Übernahme des Aktivierungs-Diskurses in Form neuer Arbeitsmethoden kann freiwillig sein, da er emanzipatorisch-fachliche Motive aufgreift. Die Integration der Arbeitsweisen ist aber teils auch schlicht lediglich zur Existenzsicherung notwendig. Zudem konnte festgestellt werden, dass sich die ambivalente Beziehung zwischen Fachkräften und den NutzerInnen zuspitzt. Zwar gehen manche Interviewte einerseits davon aus, dass NutzerInnen die Veränderungen in Form besser strukturierter, konkreterer und eindeutigerer Leistungen wahrnehmen. Andererseits wird jedoch auch die Ausschlussgefahr für NutzerInnengruppen gesehen, falls diese nicht den gestiegenen (Erwartungs-)Druck bzw. ihrer Pflichten gerecht werden. Eine der bedeutenden Herausforderungen an die Fachkräfte besteht darin, in derartigen Situationen, eine Position zu entwickeln und diese intern und öffentlich zu vertreten.

Zusammenfassend betrachtet ist festzuhalten: der Wandel ist für die Beschäftigten *widersprüchlich* und kann daher aus ihrer Perspektive unterschiedliche Bedeutungen haben. Diese sind vermittelt über die spezifischen Handlungsmöglichkeiten im Kontext der jeweiligen Arbeitssituationen. Hierbei wurden insbesondere Unterschiede im Zusammenhang der *Art des Anstellungsträgers*, der *Finanzierungsform der Arbeitsstelle*, des *Beschäftigtenstatus* und der *betrieblichen Funktion* deutlich. Die *zentrale Herausforderung* im Kontext des Wandels besteht für alle Beschäftigten darin, Bewältigungsweisen zu entwickeln, die sowohl dem *Einrichtungserhalt* als auch der *persönlichen Existenzsicherung* dienen sowie der *fachlich-ethischen Verantwortung* Rechnung tragen – drei Bestrebungen, die zunehmend zueinander in Konflikt geraten können.

Zudem konnten spezifische Mehrfachbelastungen benannt werden, da die Interviewten sowohl *höhere qualitative als auch quantitative Arbeitsanforderungen* thematisierten. Daneben wurde deutlich, dass Beschäftigte gleichzeitig wahrnehmen, dass ihnen *weniger Ressourcen zur Bewältigung* ihrer Arbeitsbelastung zu Verfügung stehen und sie Entlastungsvarianten mit teils problematischen Implikationen realisieren. Dieses Wissen kann für die Entwicklung von Instrumenten zur Beurteilung psychosozialer Arbeitsbelastung genutzt werden. Stünden, wie es bisher nicht der Fall ist, arbeitsfeldspezifische Instrumente zur Verfügung, könnte dies die Etablierung der arbeitsrechtlich verpflichtenden Gefährdungsbeurteilungen unterstützen und somit dem betrieblichen Gesundheitsschutz dienen.

Da durch die Untersuchung mehr Gestaltungsoptionen von Fachkräften angesichts der neuen Anforderungen benannt werden können als zuvor, leistet sie zudem einen relevanten Beitrag zur Fachdebatte. Interviewte benannten Handlungsspielräume zwischen einer aktiven oder resignativen Übernahme der neuen gesellschaftlichen Anforderungen und nicht normkonformen Handeln, wodurch ihnen unmittelbar der Ausschluss durch Kündigung droht. Hierzu gehören sowohl Sabotagestrategien, die zum Beispiel Druck mildern sollen, als auch Umgangsweisen, die eine Veränderung der Arbeitssituation dort anstreben, wo sie als problematisch wahrgenommen wird.

Zudem konnten idealtypische Begründungsmuster hinsichtlich der Auswahl der Wahrnehmungs- und Interpretationsweisen des Strukturwandels spezifiziert werden. Die Auswahl von Begründungsmustern kann auf *fachlich motivierte Hintergründe* bzw. auf die *lohnabhängige Beschäftigungsform* zurückgeführt werden. Die Lohnarbeitsbedingungen bleiben somit nicht systematisch unterbelichtet wie häufig seit dem Beginn der professionellen Sozialen Arbeit. Es konnte gezeigt werden, wie restriktive Handlungsmöglichkeiten akzentuiert und realisiert werden, wenn davon ausgegangen wird, hierdurch Einschränkungen und Bedrohungen überwinden zu können. Ebenso zeigte sich, dass Fachkräfte selbst aktiv an der Implementierung neoliberal geprägter Praktiken beteiligt sind, wenn sie davon zum Beispiel in Form von Anerkennung profitieren können. Die idealtypischen Begründungsmuster gewähren somit einen differenzierten Einblick in die Sinnhaftigkeit möglicher Umgangsweisen.

Die Begründungsmuster können als Heuristiken für Selbstverständigungsprozesse in der Berufspraxis nutzbar gemacht werden, um sowohl die Grenzen eigener Verantwortlichkeit als auch Mitgestaltungsmöglichkeiten erkennen zu können. Die Selbstverständigungsprozesse müssten nicht darauf beschränkt bleiben, die Möglichkeiten zu benennen, die unter den bestehenden Voraussetzungen realisierbar sind, sondern es könnte auch nach Ansätzen gesucht werden, die eine Veränderung der Praxen vorstellbar werden lassen. Die mögliche Veränderbarkeit der Realisierungsbedingungen ist dabei der utopische Fluchtpunkt bei der Spurensuche nach dem, *was noch nicht ist* (vgl. Bloch, 1973). Dies ist jedoch nicht als normative Aufforderung an die PraktikerInnen zu verstehen, entsprechende Risiken tatsächlich einzugehen, da es, wie die Untersuchung zeigte, gute Gründe geben kann, dies nicht zu tun.

Unabhängig davon, wie die Rahmenbedingungen Sozialer Arbeit weiter gestaltet werden, gilt es, sie - m.E. - weiter aus der Beschäftigtenperspektive zu untersuchen. Wird in Analysen in diesem Gegenstandsbereich sowohl der gesamtgesellschaftliche Rahmen Sozialer Arbeit mit einbezogen und gleichzeitig an subjektiven Praxisproblemen angesetzt, kann das hierdurch gewonnene Wissen neben anderen Lerninhalten eine zentrale Funktion für eine solide Vorbereitung von Studierenden für dieses Tätigkeitsfeld übernehmen. Indem sie lernen, die sich stetig verändernden gesellschaftlichen Rahmenbedingungen in ihrer Bedeutung für ihr jeweiliges Tätigkeitsfeld wahrzunehmen, eröffnet es ihnen potenziell die Möglichkeit, sich hierzu bewusster (mit-)gestaltend verhalten zu können. Die subjektwissenschaftliche Vermittlung von Individuum und Gesellschaft kann im Kontext der Sozialen Arbeit vielleicht mehr zu einer – so oft in Fachbeiträgen angemahnten – selbst-bewussteren Profession beitragen als eine ebenso in Fachbeiträgen sich wiederholende Suche nach einer spezifischen beruflichen Identität.

Mit einer subjektwissenschaftlich orientierten Praxisforschung blieben die zentrale Analyseebenen - die realen Bedingungen Sozialer Arbeit und die darin enthaltenden Handlungsmöglichkeiten für die Fachkräfte dort wo sie hingehören - im Vordergrund. Die vorliegende Untersuchung versteht sich als Beitrag für eine derartig angelegte Auseinandersetzung mit den Rahmenbedingungen Sozialer Arbeit und hat, wenngleich sicherlich nicht abschließend, einige wesentliche Aspekte des paradigmatischen Wandels Sozialer Arbeit beleuchten und Gestaltungsspielräume aus der Perspektive der Beschäftigten aufzeigen können.

Literatur

Adlung, R. (2005). World Trade Organization. Economic Research and Statistics Division. Public Services and the GATS. Working Paper ERSD-2005-03. http://www.wto.org/ english/res_e/reser_e/wpaps_e.htm [18.01.08].

Adlung, R. (2006). Public Services and the GATS. In: Journal of International Economic Law, 9: 455-485.

Ahlers, E. & Brussing, M. (2005). Gefährdungsbeurteilungen in der betrieblichen Praxis. In: WSI-Mitteilungen. Monatszeitschrift des Wirtschafts- und Sozialwissenschaftlichen Instituts in der Hans-Böckler-Stiftung, Heft 9: 517-523.

Albert, M. (2006). Soziale Arbeit im Wandel. Professionelle Identität zwischen Ökonomisierung und ethischer Verantwortung. Hamburg: VSA.

Altvater, E. & Mahnkopf, B. (1999). Grenzen der Globalisierung. Ökonomie, Ökologie und Politik in der Weltgesellschaft. (4., völlig überarbeitete Aufl.). Münster: Westfälisches Dampfboot.

Ames, A. & Jäger, F. (2006). Die Arbeitsverwaltung als omnipotente Sozialarbeiterin oder der Bock als Gärtner. Zur Korrumpierung sozialarbeiterischer Begriffe und Konzepte durch das Sozialgesetzbuch II. In: Widersprüche. Zeitschrift für sozialistische Politik im Bildungs-, Gesundheits- und Sozialbereich, 26, 100: 75-82.

Arbeitsgemeinschaft für Jugendhilfe (Hrsg.) (1999). Hinweise und Empfehlungen zur Steuerung der Jugendhilfe. Gemeinsame Stellungnahme des Deutschen Städtetages (DST) und der Arbeitsgemeinschaft für Jugendhilfe (AGJ). Bonn. http://www.djht.de/pdf/5/1997-1999/Steuerung%20dt%20Staedtetag%20und%20AGJ%201999.pdf [15.01.08].

Arbeitsschutzgesetz. Gesetz über die Durchführung von Maßnahmen des Arbeitsschutzes zur Verbesserung der Sicherheit und des Gesundheitsschutzes der Beschäftigten bei der Arbeit. http://bundesrecht.juris.de/bundesrecht/arbschg/gesamt.pdf [14.01.08].

Bader, K. (1987). Viel Frust und wenig Hilfe. Band 1. Die Entmystifizierung sozialer Arbeit. (2. Aufl.). Edition Sozial Weinheim, Basel: Beltz.

Bader, K. (2005). Institution: Ver-regelt- Profis: Ver-riegelt. In: Störch, K. (Hrsg.), Soziale Arbeit in der Krise. Perspektiven fortschrittlicher Sozialarbeit. Hamburg: VSA: 191-203.

Bandemer, S. von & Hilbert, J. (2001). Vom expandierenden zum aktivierenden Staat. In: Blanke, B. (Hrsg.), Handbuch zur Verwaltungsreform. Opladen: Leske & Budrich: 17-25.

Baßeler U., Heinrich J. & Utrecht B. (2002). Grundlagen und Probleme der Volkswirtschaft. (17. Aufl.). Stuttgart: Schäffer-Poeschel.

Bauer, R. (1993). Sozialpolitik in deutscher und europäischer Sicht. Rolle und Zukunft der Freien Wohlfahrtspflege zwischen EG-Binnenmarkt und Beitrittsländern. Bremer Beiträge aus Sozialer Praxis und Wissenschaft Weinheim: Deutscher Studien Verlag.

Baureithel, U. (2005). Wer sorgt für die Schwächsten? Die sozialen Dienste zwischen Freiwilligkeit und Kommerzialisierung. In: Das Parlament, Nr. 7./14.2.2005 http://webarchiv.bundestag.de/archive/2006/0908/das parlament/2005/07/Titelseite/002.html [18.01.08].

Becker, M. (2007). Lexikon der Personalentwicklung. Stuttgart: Kohlhammer.

Becker, P. (2005). Europäische Daseinsvorsorge. Die Politik der EU zwischen Wettbewerb und Gemeinwohlverpflichtung. SWP-Studie, Nr. 12 Berlin. http://www.swp-berlin.org/de/ common/get_document.php?asset_id=2194 [18.01.08].

Becker-Schmidt, R. (1980). Widersprüchliche Realität und Ambivalenz. Arbeitserfahrungen von Frauen in Fabrik und Familie. In: Kölner Zeitschrift für Soziologie und Sozialpsychologie Heft 4: 705-725.

Beck-Gernsheim, E. (1976). Der geschlechtsspezifische Arbeitsmarkt. Zur Ideologie und Realität von Frauenberufen. Frankfurt: Aspekte.

Belardi, N. (2004). Sondersituation Ost? In: Forum Sozial, Mitgliederzeitung des Deutschen Berufsverbandes für Soziale Arbeit, 4: 11-13.

Berufsgenossenschaft für Gesundheitsdienst und Wohlfahrtspflege (Hrsg.) (2007). Gefährdungsbeurteilung in Beratungs- und Betreuungsstellen, Fahr- und Rettungsdiensten. http://www.bgw-online.de/internet/generator/Inhalt/OnlineInhalt/Medientypen/bgw_check /TP-7GB__Gefaehrdungsbeurteilung__in__Beratungs-und-Betreuungseinrichtungen.html [20.09.08].

Betriebsverfassungsgesetz.http://www.gesetze-im-nternet.de/bundesrechtbgb/gesamt.pdf [10.01.08].

Bieling, H.-J. & Deckwirth, C. (2007). Die Reorganisation der öffentlichen Infrastruktur in der Europäischen Union. In: Bieling, H.-J., Deckwirth, C. & Schmalz, S. (Hrsg.), Forschungsgruppe Europäische Integration, Institut für Politikwissenschaft des Fachbereichs Gesellschaftswissenschaften und Philosophie der Philips-Universität Marburg. Die Reorganisation der öffentlichen Infrastruktur in der Europäischen Union. Studie Nr. 25. Marburg: 7-33.

Bierfelder, W. (1955). Die Beruflage der Fürsorgefachkräfte in Verwaltung und freier Wohlfahrtspflege. Eine berufskundliche Studie. Frankfurt: Unveröffentlichtes Manuskript des Deutschen Vereins für öffentliche und private Fürsorge.

Bilicz, K. & Grabs, S. (2005). Der Stellenmarkt der Sozialen Arbeit. Arbeitsmarkt. Bildung, Kultur, Sozialwesen, 24: 4-7.

Birgit S. (2006). Sozialraumbudget. Und was haben die Betroffenen davon? In: Sozial Extra. Zeitschrift für Soziale Arbeit und Sozialpolitik, 6: 14-16.

Bloch, E. (1973). Das Prinzip Hoffnung. Bd. 1-3 Frankfurt: Suhrkamp.

Boeßenecker, K.-H., Trube, A. & Wohlfahrt, N. (Hrsg.) (2000). Privatisierung im Sozialsektor. Rahmenbedingungen, Verlaufsformen und Probleme der Ausgliederung sozialer Dienste. Münster: Votum.

Bornhöft, M. (2001). Eine gestörte Beziehung? Soziale Arbeit und ihr Verhältnis zu den sie vertretenden Gewerkschaften. Unveröffentlichte Diplomarbeit an der Katholischen Fachhochschule Berlin.

Bourdieu, P. (1997). Das Elend der Welt. Zeugnisse und Diagnosen alltäglichen Leidens in der Gesellschaft. Konstanz: Universitätsverlag.

Bremische Bürgerschaft (2007). Bericht des Untersuchungsausschusses zur Aufklärung von mutmaßlichen Vernachlässigungen der Amtsvormundschaft und Kindeswohlsicherung durch das Amt für Soziale Dienste. Drucksache 16/1381 vom 18.04.2007. http://www. radiobremen.de/magazin/politik/fall_kevin/abschlussbericht.html [01.08.2008].

Brinkmann, U.; Dörre, K. & Röbenack, S. (2006). Wirtschafts- und sozialpolitischen Forschungs- und Beratungszentrum der Friedrich-Ebert-Stiftung Abteilung Arbeit und Sozialpolitik. Prekäre Arbeit. Ursachen, Ausmaß, soziale Folgen und subjektive Verarbeitungsformen unsicherer Beschäftigungsverhältnisse. Bonn: Ion: http://library.fes.de/pdf-files/asfo/03514.pdf [15.01.08].

Bröckling, U. (2007). Das unternehmerische Selbst. Soziologie einer Subjektivierungsform. Frankfurt: Suhrkamp.

Budde, W. & Früchtel, F. (2006). Chancen und Risiken eines Sozialraumbudgets. Sozial Extra. Zeitschrift für Soziale Arbeit und Sozialpolitik, 30, 6: 6-13.

Budde, W.; Früchtel, F.; Klausner, M. et al. (2006). Sozialraumorientierte Jugendhilfe in Rosenheim. Eine Stadt macht sich auf den Weg. In: Nachrichtendienst des Deutschen Vereins für öffentliche und private Fürsorge, Mai: 273-282.

Buestrich, M. & Wohlfahrt, N. (2005). Case Management in der Beschäftigungsförderung? Zur sozialpolitischen Logik und Modernität einer Methode in der Sozialen Arbeit. In: Neue Praxis. Zeitschrift für Sozialarbeit, Sozialpädagogik und Sozialpolitik, 35, 4: 307-323.

Buestrich, M. (2007). Länger arbeiten für weniger Geld! Organisations- und Managementwandel im Gesundheits- und Bildungssektor. Auswirkungen auf Beschäftigung und Entlohnung. In Dahme, H.-J., Trube A. & Wohlfahrt, N. (Hrsg.), Arbeit in Sozialen Diensten: Flexibel und schlecht bezahlt? Zur aktuellen Entwicklung der Beschäftigungsbedingungen im Sozialsektor. Baltmannsweiler: Schneider: 46-65.

Bullinger, H. & Nowak, J. (1998). Soziale Netzwerkarbeit. Eine Einführung. Freiburg im Breisgau: Lambertus.

Bundesagentur für Arbeit (Hrsg.). (2001). Beruf, Bildung, Zukunft (BBZ). Heft 27, Ausgabe 2001. Nürnberg: Bildung und Wissen.

Bundesanstalt für Arbeitsschutz und Arbeitsmedizin (Hrsg.). (o. J.). Toolbox Version 1.1. Instrumente zur Erfassung und Bewertung psychischer Belastungen. Handbuch. http://www.baua.de/de/Informationen-fuer-die-Praxis/Handlungshilfen-und-Praxisbeispiele/Tool box/Toolbox.html [14.01.08].

Bundesministerium für Arbeit und Soziales (Hrsg.). (2007). Sozialbudget 2006. Tabellenauszug. Bonn. http://www.bmas.de/coremedia/generator/950/property=pdf/sozialbudget_ 2006.pdf [18.01.08].

Bundesrechnungshof (Hrsg.) (2008). Bericht an den Aushaltsausschuss und des Ausschuss für Arbeit und Soziales des Deutschen Bundestags über die Durchführung der Grundsicherung für Arbeitsuchende nach dem Zweiten Buch Sozialgesetzbuch. Gz.: VI/VI2/VI3 – 208004. Bonn, 29.04.08. http://www.dbsh.de/html/hauptteil_hartziv-news.html [10.10.08].

Bundesregierung (1999). Moderner Staat - Moderne Verwaltung. Das Programm der Bundesregierung. http://www.bmi.bund.de/nn_121894/Internet/Content/Broschueren/1999/ Moderner_Staat-ModerneId20284de.html [19.01.08].

Bundesregierung (2003). Agenda 2010. Deutschland bewegt sich. Presse- und Informationsamt der Bundesregierung (Hrsg.), Berlin: http://archiv.bundes-regierung.de/artikel/81/557981/ attachment/557980_0.pdf [19.01.08].

Bundessozialhilfegesetz.http://www.sozialgesetzbuch-bundessozialhilfegesetz.de/_buch/bshg. htm [20.1.08].

Bürgerliches Gesetzbuch. http://www.gesetze-im-internet.de/bundesrecht/bgb/gesamt.pdf [10.01.08].

Butterwegge, C. (2005). Weimar als Menetekel. Wie ein Wohlfahrtsstaat und damit die Demokratie zerstört wurde. In: Soziale Sicherheit, 7-8: 262-267.

Butterwegge, C. (2007). Rückwärts in die Zukunft? Zwischenbilanz der schwarz-roten Sozialpolitik. In: Sozial Extra. Zeitschrift für Soziale Arbeit und Sozialpolitik, 1: 29.

Butterwegge, C. (2007a). Rechtfertigung, Maßnahmen und Folgen neoliberaler (Sozial) Politik. In: Butterwegge, C., Lösch, B. & Ptak, R. (Hrsg.), Kritik des Neoliberalismus. Wiesbaden: VS: 135-219.

Candeias, M. (2004). Neoliberalismus - Hochtechnologie - Hegemonie. Grundrisse einer transnationalen kapitalistischen Produktions- und Lebensweise. Argument Sonderband 299 Hamburg: Argument.

Castel, R. (2000). Die Metamorphosen der sozialen Frage. Eine Chronik der Lohnarbeit. Konstanz: Universitätsverlag.

Dahme, H.-J. & Wohlfahrt, N. (2003). Die Wiederkehr des Leviathan. „Aktivierung" als neues Leitbild für die soziale Arbeit. In: Forum Wissenschaft, 20, 4: 10-13.

Dahme, H.-J. & Wohlfahrt, N. (2004). Budgetierte Sozialraumorientierung. Präventionspolitik oder Sparprogramm? In: Nachrichtendienst des Deutschen Vereins für öffentliche und private Fürsorge, Oktober: 333-338.

Dahme, H.-J. & Wohlfahrt, N. (Hrsg.) (2000). Netzwerkökonomie im Wohlfahrtsstaat. Wettbewerb und Kooperation im Sozial- und Gesundheitssektor. Berlin: edition sigma.

Dahme, H.-J. & Wohlfahrt, N. (Hrsg.) (2005). Aktivierende soziale Arbeit. Theorie - Handlungsfelder - Praxis. Grundlagen der sozialen Arbeit. Bd. 12 Baltmannsweiler: Schneider.

Dahme, H.-J., Kühnlein, G., Buestrich, M. et al. (=Arbeitskreis Arbeitsmarkt Soziale Dienste) (2007a). Der Arbeitsmarkt für Soziale Berufe. Anmerkungen zur aktuellen Beschäftigungsentwicklung im Sozialsektor. In: Sozial Extra. Zeitschrift für Soziale Arbeit und Sozialpolitik, 3/4: 34-37.

Dahme, H.-J., Kühnlein, G. & Wohlfahrt, N. (2005). Zwischen Wettbewerb und Subsidiarität. Wohlfahrtsverbände unterwegs in die Sozialwirtschaft. Forschung aus der Hans-Böckler-Stiftung Berlin: edition sigma.

Dahme, H.-J., Kühnlein, G. & Wohlfahrt, N. (2005a). Modernisierung Sozialer Arbeit. Folgen für die Beschäftigten. In: Forum Sozial, Mitgliederzeitung des Deutschen Berufsverbandes für Soziale Arbeit, 3: 28-30.

Dahme, H.-J., Kühnlein, G. & Wohlfahrt, N. (o. J.). Die sozialwirtschaftliche Modernisierung der bundesdeutschen Wohlfahrtspflege. Ein weiterer Schritt auf dem „Holzweg in die Dienstleistungsgesellschaft". http://www.efh-bochum.de/homepages/wohlfahrt/pdf/neue praxissozialwirtschaft%C3%BCberarbeitet1.pdf [04.01.08].

Dahme, H.-J., Otto, H.-U. & Trube, A. (Hrsg.). (2003). Soziale Arbeit für den aktivierenden Staat. Leverkusen: Leske & Budrich.

Deutsche Gesellschaft für Soziale Arbeit (2005). Professionelles Handeln im Wandel – Muss sich Soziale Arbeit neu verorten? Einladung zur Jahrestagung 2005. http://www.-deutschegesellschaft-fuer-sozialarbeit.de/pdf/Eisenach.pdf [19.01.08].

Deutscher Berufsverband für Soziale Arbeit (Hrsg.). (2004). DBSH-Newsletter. Dezember.

Deutscher Berufsverband für Soziale Arbeit (Hrsg.). (o. J.). Beschäftigungssituation in der Sozialen Arbeit. http://www.dbsh.de/html/hauptteil_aktuelles6.html [20.01.08].

Deutscher Bundestag (2002). Schlussbericht der Enquete-Kommission: Globalisierung der Weltwirtschaft – Herausforderungen und Antworten, BT-Druck-sache 14/9200 vom 14.09.2002. http://www.bundestag.de/gremien/welt/glob_end/glob.pdf [18.01.08].

Deutscher Bundestag (2003). Für ein höheres Liberalisierungsniveau beim Welthandel mit Dienstleistungen – GATS-Verhandlungen zügig voranbringen, BT-Drucksache 15/1008 vom 20.05.2003. http://dip.bundestag.de/btd/15/010/1501008.pdf [18.01.08].

Deutscher Bundestag (2003a). Internationale Rechtssicherheit und transparente Regeln für den Dienstleistungshandel, BT-Drucksache 15/1010 vom 21.05.2003. http://dip.bundestag.de/btd/15/010/1501010.pdf [18.01.08].

Deutscher Verein für öffentliche und private Fürsorge (2003). Stellungnahme zur Mitteilung zur Stärkung der sozialen Dimension der Lissabonner Strategie: Straffung der offenen Koordinierung im Bereich Sozialschutz vom 27. Mai 2003 KOM (2003) 261 endg. vom 16.09.2003. DV 18/03/03. Frankfurt. http://www.deutscherverein.de/05empfehlungen/egen_archiv/2003/pdf/Mitlung_zur_Stakung_der_sozialen_Dimension_der_Lissabonner_Strategie_Straffung_der_offenen_Koordinierung_im_Bereich_Sozialschutz.pdf [18.01.08].

Deutscher Verein für öffentliche und private Fürsorge (2003a). Stellungnahme des Deutschen Vereins zum Grünbuch zu Dienstleistungen von allgemeinem Interesse vom 21. Mai 2003 KOM (2003) 270 endg. vom 9.9.2003. DV 21/05/03. Frankfurt. http://www.eufis.de/fileadmin/Dokumente/APA/Wohlfahrtsverbaende/DV/DV_GruenbuchDV.pdf [18.01.08].

Deutscher Verein für öffentliche und private Fürsorge (2004). Stellungnahme des Deutschen Vereins zum „Weißbuch zu Dienstleistungen von allgemeinem Interesse" KOM(2004) 374 endg. DV 19/03/04. Berlin. http://www.deutscher-verein.de/05-empfehlungen/pdf/20041004.pdf [18.01.08].

Deutscher Verein für öffentliche und private Fürsorge (2005). Stellungnahme des Deutschen Vereins zum Vorschlag für eine Richtlinie des Europäischen Parlaments und des Rates über Dienstleistungen im Binnenmarkt („Dienstleistungsrichtlinie") KOM(2004) 2 endgültig/2endg. Berlin. http://www.deutscher-verein.de/05-empfehlungen/pdf/20041201.pdf [18.01.08].

Deutscher Verein für öffentliche und private Fürsorge (2006). Arbeits- und Orientierungspapier des Deutschen Vereins zum europäischen Beihilferecht. Fokus soziale Dienste vom 25. Oktober 2006. DV 35/01/06. Berlin. http://www.eufis.de/fileadmin/Dokumente/EUDokumente/sonstige/Arbeitspapier_DV_Beihilfenrecht_10_06.pdf [18.01.08].

Deutscher Verein für öffentliche und private Fürsorge (2008). Stellungnahme des Deutschen Vereins zur Mitteilung der Kommission „Dienstleistungen von allgemeinem Interesse unter Einschluss von Sozialdienstleistungen: Europas neues Engagement", KOM(2007) 725 eng. vom 20. November 2007. DV 05/08. Berlin. http://www.deutscher-verein.de/05-empfehlungen [17.08.08].

Döhrn, R., Milton, A. R. & Scheuer, M. (2007). Liberalisierung des internationalen Dienstleistungshandels in der WTO. Chancen und Risiken für Deutschland Forschungsvorhaben im Auftrag des Bundesministeriums für Wirtschaft und Technologie (Hrsg.). Endbericht. Forschungsbericht Nr. 562. Berlin: http://www.bmwi.de/BMWi/Redaktion/PDF/Publikationen/Dokumentationen/forschungsbericht562,property=pdf,bereich=bmwi,sprache=de,rwb=true.pdf [18.01.08].

Dollinger, B. & Raithel, J. (Hrsg.). (2006). Aktivierende Sozialpädagogik. Ein kritisches Glossar. Wiesbaden: VS.

Döring, D. (2003). Überlegungen zur Nachhaltigkeit des deutschen Sozialstaatsmodells. Der brüchig gewordene Sozialstaatskonsens offenbart einen erheblichen Reformbedarf. In: Der Bürger im Staat. Landeszentrale für politische Bildung (Hrsg.). Jg. 53, Heft 4: 215-217.

Döring, D. (2004). Sozialstaat. Frankfurt: Fischer.

Dörre, K. (2006). Prekäre Arbeit und soziale Desintegration. In: Aus Politik und Zeitgeschichte, Heft 40-41: 7-14. http://bpb.de/files/EN13FT.pdf [21.11.06].

Dreier, O. (2006). Wider die Strukturabstraktion. In: Forum Kritische Psychologie, 50: 72-83.

Ebbinghaus, B. (o. J.). Gewerkschaftlicher Organisationsgrad. Sonderauswertung des Max-Planck Instituts für Gesellschaftsforschung Köln. http://gesis.org/Dauerbeobach tung/Sozialindikatoren/Daten/System_Sozialer_Indikatoren/keyindik/Partizipation.pdf [05.11.07].

Eichinger, U. & Kraemer, T. (2008). Prekäre und flexibilisierte Beschäftigungsbedingungen in der Sozialen Arbeit. Auf der Suche nach gewerkschaftlichen Handlungsstrategien. In Haug, C., Maier, R. & Schröder, B. (Hrsg.), Kampf um Teilhabe. Akteure, Orte, Strategien. Hamburg: VSA: 236-248.

Engartner, T. (2007). Privatisierung und Liberalisierung. Strategien zur Selbstentmachtung des öffentlichen Sektors. In Butterwegge, C., Lösch, B. & Ptak, R. (Hrsg.), Kritik des Neoliberalismus. Wiesbaden: VS: 87-133.

Engler, U. (2004). Interessensbekundungsverfahren. In: Forum Erziehungshilfen, 10, 5: 312-315.

Erath, P. (2004). Wissenschafts- und Praxisentwicklung der Sozialen Arbeit/ Sozialarbeit in Deutschland. Situation und Perspektiven. In: Sozialmagazin, 29, 1: 37-43.

Erler, M. (1997). Soziale Arbeit. Ein Lehr- und Arbeitsbuch zu Geschichte, Aufgaben und Theorie. (3., überarbeitete Aufl.). Weinheim, München: Juventa.

Esping-Andersen, G. (1998). Die drei Welten des Wohlfahrtskapitalismus. Zur politischen Ökonomie des Wohlfahrtsstaats. In Lessenich, S. & Ostner, I. (Hrsg.), Welten des Wohlfahrtskapitalismus. Der Sozialstaat in vergleichender Perspektive. Theorie und Gesellschaft. Frankfurt, New York: Campus: 19-56.

Europäische Kommission (1989). Mitteilung der Europäischen Kommission an den Ministerrat über „Die Unternehmen der Economie Sociale und die Schaffung des europäischen Marktes ohne Grenzen". SEK 89/2187 vom 18.12.89 (abgedruckt in Bundesratsdrucksache (BR-Drs.) 33/90 v. 12.01.90).

Europäische Kommission (1991). KOM(91) 273 endg. Amtsblatt C 99 vom 5.3.1992.

Europäische Kommission (1996). Mitteilung der Kommission - Die Leistungen der Daseinsvorsorge in Europa. Amtsblatt C 281/3-12 vom 26.9.1996.

Europäische Kommission (1996a). Stärkung der Politischen Union und Vorbereitung der Erweiterung – Stellungnahme der Kommission zur Einberufung der Regierungskonferenz. KOM (96) 90 endg. vom 28.2.1996.

Europäische Kommission (1996b). XXVI. Bericht über die Wettbewerbspolitik (1996). KOM(96)0126-C4-0240/96.
http://ec.europa.eu/comm/competition/annual_reports/rap96de1_de.pdf [18.01.08].

Europäische Kommission (1997). Generaldirektion Beschäftigung, Arbeitsbeziehungen und soziale Angelegenheiten Referat V/B/4, Eine europäische Informationsgesellschaft für alle, Abschlußbericht der Gruppe hochrangiger Experten, April 1997, CE-V/8-97-001-DE-C. http://ec.europa.eu/employment_social/knowledge_society/docs/buildingde.pdf [18.01.08].

Europäische Kommission (1999). Mitteilung der Europäischen Kommission, Eine konzertierte Strategie zur Modernisierung des Sozialschutzes. KOM (99) 347 endg. vom 14.7.1999.

Europäische Kommission (2000). Mitteilung der Kommission, Leistungen der Daseinsvorsorge in Europa. KOM(2000) 580 endgültig vom 20.09.2000. http://eur-lex.europa.eu/ LexUri-Serv/LexUriServ.do?uri=COM:2000:0580 :FIN:DE:PDF [18.01.08].

Europäische Kommission (2001). Mitteilung der Kommission, Die Leistungen der Daseinsvorsorge in Europa. Amtsblatt C 17/4-23 vom 19.1.2001.

Europäische Kommission (2003). Mitteilung der Kommission an das Europäische Parlament, den Rat, den Europäischen Wirtschafts- und Sozialausschuss und den Ausschuss der Regionen: Stärkung der sozialen Dimension der Lissabonner Strategie: Straffung der offenen Koordinierung im Bereich Sozialschutz. KOM(2003) 261 endg./2 vom 12.6.2003. http://eur-lex.europa.eu /LexUriServ/LexUriServ.do?uri=COM:2003:0261: FIN:DE:PDF [18.01.08].

Europäische Kommission (2003a). Grünbuch zu Dienstleistungen von allgemeinem Interesse. KOM (2003) 270 endg. vom 21. Mai 2003. http://eur-lex.europa.eu/LexUriServ/site/de/ com/2003/com2003_0270de01.pdf [18.01.08].

Europäische Kommission (2003b). Pressemitteilung zur Veröffentlichung des Grünbuchs zu Dienstleistungen von allgemeinem Interesse, Europäische Kommission initiiert umfassende Debatte über die Zukunft der Leistungen der Daseinsfürsorge in Europa, IP/03/714, Brüssel, 21 Mai 2003. http://euro-pa.eu/rapid/pressReleasesAction.do?Reference=IP/03/ 714&format=PDF&aged=1&language=DE&guiLanguage=en. [18.01.08].

Europäische Kommission (2004). Mitteilung der Kommission an das Europäische Parlament, den Rat, den Europäischen Wirtschafts- und Sozialausschuss und den Ausschuss der Regionen: Weißbuch zu Dienstleistungen von allgemeinem Interesse. KOM(2004) 374 endgültig vom 12.5.2004. http://eur-lex.europa.eu/LexUriServ/site/de/com/2004/com 2004 _0374de01.pdf [18.01.08].

Europäische Kommission (2004a). Bericht der Hochrangigen Gruppe über die Zukunft der Sozialpolitik in der erweiterten Europäischen Union, Luxemburg, Amt für amtliche Veröffentlichungen der Europäischen Gemeinschaften, 2004.

Europäische Kommission (2004b). Vorschlag für eine Richtlinie des Europäischen Parlaments und des Rates über Dienstleistungen im Binnenmarkt. KOM(2004) 2 endgültig/2 vom 25.2.2004. http://eur-lex.europa.eu/LexUri-Serv/LexUriServ.do?uri=COM:2004:0002: FIN:DE:PDF [18.01.08].

Europäische Kommission (2005). Sozialpolitische Agenda 2005-2010. Ein soziales Europa in der globalen Wirtschaft. Arbeitsplätze und Chancen für alle. KOM(2005) 33 endgültig vom 9.2.2005. http://eur-lex.europa.eu/LexUri-Serv/LexUriServ.do?uri=COM:2005:00 33:FIN:DE:PDF [18.01.08].

Europäische Kommission (2006). Die Sozialdienstleistungen von allgemeinem Interesse in der Europäischen Union, Luxemburg: Amt für amtliche Veröffentlichungen der Europäischen Gemeinschaften.

Europäische Kommission (2006a). Mitteilung der Kommission. Umsetzung des Gemeinschaftsprogramms von Lissabon. Die Sozialdienstleistungen von allgemeinem Interesse in der Europäischen Union. KOM(2006) 177 endgültig vom 26.4.2006. http://eur-lex. eu-ropa.eu/LexUriServ/site/de/com/2006/com2006_0177de01.pdf [18.01.08].

Europäische Kommission (2006b). Verordnung (EG) Nr. 1998/2006 der Kommission über die Anwendung der Artikel 87 und 88 EG-Vertrag auf „De-minimis"-Beihilfen, L 379/5 vom 15. Dezember 2006. http://eur-lex.europa.eu/LexUriServ/site/de/oj/2006/l_379/l_379200 61228de00050010.pdf [18.01.08].

Europäische Kommission (2007). Mitteilung der Kommission an das Europäische Parlament, den Rat, den Europäischen Wirtschafts- und Sozialausschuss und den Ausschuss der Regionen: Begleitdokument zu der Mitteilung „Ein Binnenmarkt für das Europa des 21. Jahrhunderts" Dienstleistungen von allgemeinem Interesse unter Einschluss von Sozialdienstleistungen: Europas neues Engagement. KOM (2007) 725endg.Vom20.11.2007. http://ec.europa.eu/services_general_interest/docs/com_2007_0725_de. [18.01.08].

Europäische Union (Verträge):
Vertrag von Lissabon zur Änderung des Vertrags über die Europäische Union und des Vertrags zur Gründung der Europäischen Gemeinschaft, unterzeichnet in Lissabon am 13. Dezember 2007.In: Amtsblatt Nr. C 306 vom 17. 12. 2007.

Charta der Grundrechte der Europäischen Union. In: Amtsblatt Nr. C 303 vom 14. 12.2007.

Konsolidierte Fassung des Vertrags über die Europäische Union (EUV) und des Vertrags zur Gründung der Europäischen Gemeinschaften (EGV) (Konsolidierte Fassung). In. Amtsblatt Nr. C 321E vom 29. 12.2006.

Vertrag von Nizza. In: Amtsblatt Nr. C 80 vom 10. 03.2001.

Vertrag von Amsterdam. In: Amtsblatt Nr. C 340 vom 10. 11 1997.

Vertrag über die Europäische Union von Maastricht. In: Amtsblatt Nr. C 191 vom 29. 07.1992.

Europäischer Rat (2000). Schlussfolgerungen des Vorsitzes, Europäischer Rat (Lissabon), 23. UND 24. MÄRZ 2000. http://www.consilium.europa.eu/ueDocs/cms_Data/docs/press Data/de/ec/00100-r1.d0.htm [18.01.08].

Europäisches Parlament und Rat der Europäischen Union (2006). Richtlinie 2006/123/EG vom 12. Dezember 2006 über Dienstleistungen im Binnenmarkt. Amtsblatt Nr. L 376/36 vom 27.12.2006. http://eur-lex.europa.eu/Lex-UriServ/site/de/oj/2006/l_376/l_37620061227 de00360068.pdf [18.01.08].

Evans, M. & Hilbert, J. (2002). Zukunftsbranche Lebensqualität. Für eine Innovationsoffensive in den Lebensqualitätsbranchen spricht, dass sie die Lebensverhältnisse in Deutschland verbessern kann. In: Sozial Extra. Zeitschrift für Soziale Arbeit und Sozialpolitik, 2/3: 21-25.

Fahl, R. & Markard, M. (1993). Das Projekt „Analyse psychologischer Praxis" oder: Der Versuch der Verbindung von Praxisforschung und Psychologiekritik. In: Forum Kritische Psychologie, 32: 4-35.

Festinger, L. (1978). Irle, M. & Möntmann, V. (Hrsg.). Theorie der kognitiven Dissonanz. Bern, Stuttgart, Wien: Huber.

Fischer, G. (2006). Arnold, F.; Klampfl, C.; Lang, H. et al. Studie der Europäischen Kommission zu sozialen Dienstleistungen von allgemeinem Interesse. Österreichisches Bundesministerium für soziale Sicherheit, Generationen und Konsumentenschutz (Hrsg.). Wien: http://www.bmsk.gv.at/cms/site/attachments/3/8/3/CH0727/CMS1158842197457/tagung sband_-_konferenz_soziale_dienst-leistungen_deutsch-i1.pdf [18.01.08].

Flösser, G. & Otto, H.-U. (Hrsg.). (1996). Neue Steuerungsmodelle in der Jugendhilfe. Neuwied, Kriftel, Berlin: Luchterhand.

Flösser, G. (1996). Kontraktmanagement. Das neue Steuerungsmodell für die Jugendhilfe. In Flösser, G. & Otto, H.-U. (Hrsg.), Neue Steuerungsmodelle in der Jugendhilfe. Neuwied, Kriftel, Berlin: Luchterhand: 55-74.

Forsthoff, E. (1938). Die Verwaltung als Leistungsträger. Königsberger Rechtswissenschaftliche Forschungen. Bd. 2 Stuttgart, Berlin: W. Kohlhammer.

Fouarge; D. (2003). Costs of non-social policy towards an economic framework of quality social policies and the costs of not having them, Report for the Employment and Social Affairs DG, Final report, January 3, 2003. http://ec.europa.eu/employment_social/news/2003/jan/costofnonsoc_final_en.pdf [18.01.08].

Frank, T. (2007). Boombereich mit Krisenerscheinungen. Erosion der Arbeitsbedingungen der Sozialen Arbeit. Vortrag im Rahmen des Arbeitskreises kritische Soziale Arbeit am 5.10.07.

Fricke, D. (2003). Neue Ziele - Neue Wege. Ein Jahr Modellprojekt Kontraktmanagement in Hannover. In: Sozial Extra. Zeitschrift für Soziale Arbeit und Sozialpolitik, 11/12: 33-37.

Frieß, S. (2006). Die Soziale Arbeit in der Krise?! Anmerkungen zu aktuellen arbeitsmarktpolitischen Entwicklungen. In: Sozial Extra. Zeitschrift für Soziale Arbeit und Sozialpolitik, 1: 14-16.

Fuchs, K. (2003). Selbstständigkeit. Ein „neuer" Typus von Erwerbsarbeit? In: Sozial Extra. Zeitschrift für Soziale Arbeit und Sozialpolitik, 27, 5: 14-19.

Gaitanides: (2000). Soziale Arbeit im Spagat zwischen Ökonomisierung und Menschenrechtsprofession. In: Elsen, S., Lange, D. & Wallimann, I. (Hrsg.), Soziale Arbeit und Ökonomie. Neuwied, Kriftel: Luchterhand: 125-135.

Galuske, M. (2002). Flexible Sozialpädagogik. Elemente einer Theorie Sozialer Arbeit in der modernen Arbeitsgesellschaft. Weinheim, München: Juventa.

Gapski, J. & Hollmann, R. (2001). Beteiligung verpflichtet. Die Modernisierung der Verwaltung aus Sicht der Beschäftigten. In: Boeßenecker, K.-H., Trube, A. & Wohlfahrt, N. (Hrsg.), Privatisierung im Sozialsektor. Rahmenbedingungen, Verlaufsformen und Probleme der Ausgliederung sozialer Dienste. Münster: Votum: 139-153.

Gehrmann, G. & Müller, K.-D. (2007). Aktivierende soziale Arbeit mit nicht-motivierten Klienten. Mit Arbeitshilfen für Ausbildung und Praxis. Regensburg: Walhalla.

Gewerbeordnung. http://www.gesetze-im-internet.de/bundesrecht/gewo/ge-samt.pdf [10.01.08]

Giddens, A. (1999). Der dritte Weg. Die Erneuerung der sozialen Demokratie. Frankfurt: Suhrkamp.

Göckler, R. (Hrsg.) (2005). Fachkonzept „Beschäftigungsorientiertes Fallmanagement im SGB II". Abschlussfassung des Arbeitskreises. Bundesagentur für Arbeit. http://www.tachelessozialhilfe.de/aktuelles/2005/fachkonzept-abschlussfassung-fallmanagement.pdf [18.01.08].

Goosens, T. (2006). Stellungnahme. In Arnold, F., Klampfl, C., Lang, H. et al (Hrsg.). Europäische Gewerkschaft Öffentlicher Dienst, Österreichisches Bundesministerium für soziale Sicherheit, Generationen und Konsumentenschutz (Hrsg.) (S. 47-49). Wien. http://www.bmsk.gv.at/cms/site/attachments/3/8/3/CH0727/CMS1158842197457/tagungsband_-_konferenz_soziale_dienstleistungen_deutsch-i1.pdf [18.01.08].

Gramsci, A. (1993). Bochmann, K. & Haug, W. F. (Hrsg.). Deutsches Gramsci-Projekt. Gefängnishefte. Kritische Gesamtausgabe. Bd. 5; Hefte 8.-9. Hamburg, Berlin: Argument.

Gramsci, A. (1996). Bochmann, K. & Haug, W. F. Deutsches (Hrsg.). Deutsches Gramsci-Projekt Gefängnishefte. Kritische Gesamtausgabe. Bd. 7, Hefte 12-15 Hamburg, Berlin: Argument.

Griesen, R. (2005). Wettbewerbsrecht, Vergaberecht und soziale Dienste. In: Linzbach, C., Lübking, U. & Scholz, S. et al. (Hrsg.), Die Zukunft der sozialen Dienste vor der Europäischen Herausforderung. Baden-Baden: Nomos: 424-462.

Groeben, N., Scheele, B. (2000). Dialog-Konsens-Methodik im Forschungsprogramm Subjektive Theorien. In: Forum Qualitative Sozialforschung / Forum: Qualitative Social Research 1 (2). http://qualitative-research.net/fqs/fqs-d/2-00inhalt-d.htm [20.01.08].

Grundgesetz der Bundesrepublik Deutschland. http://www.gesetze-im-inter-net.de/gg/index.html [18.01.08].

Hachfeld, A. (2005). Neues vom GATS. Die Daumenschrauben werden angezogen. Eine Analyse der Benchmark-Offensive der EU in den aktuellen GATS-Verhandlungen. http://www.attac.de/gats/neues-vom-gats.pdf [19.01.08].

Haferkamp, R. (o. J.). Ohne Preis kein Fleiß? Die Fachleistungsstunde als Steuerungsinstrument flexibel organisierter Erziehungshilfen im Finanzierungssystem der Jugendhilfe. http://www.diakonie-mecklenburg.de/vsp-mv/ seiten/fls_opkf.htm [3.12.07].

Hans-Böckler-Stiftung (Hrsg.), (2005). Böcklerimpuls, 7. Düsseldorf: http://www.boeckler.de/ pdf/impuls_2005_07_flexicurity.pdf [20.01.08].

Hans-Böckler-Stiftung (Hrsg.), (2006). Böcklerimpuls, 13. Düsseldorf. http://www.boeckler.de/pdf/impuls_2006_13_4-5.pdf [20.01.08].

Hansen, M. (2003). Mythos und Realität sozialstaatlicher Aktivierungsideologien. Entwicklungstendenzen personenbezogener Sozialer Dienstleistungen in England und Deutschland. In Dahme, H.-J., Otto, H.-U. & Trube, A. (Hrsg.), Soziale Arbeit für den aktivierenden Staat. Leverkusen: Leske & Budrich: 393-418.

Harmsen, T. (2001). Die Ökonomisierung zwingt die Soziale Arbeit, sich professionell zu positionieren. Professionelle Identität und Ökonomisierung sozialer Arbeit. In: Sozial Extra. Zeitschrift für Soziale Arbeit und Sozialpolitik, 25, 4: 17-19.

Harris, J. (2004). Konsumerismus und Sozialarbeit. In: Neue Praxis. Zeitschrift für Sozialarbeit, Sozialpädagogik und Sozialpolitik, 1: 6-16.

Hayek, F. A. (1977) Drei Vorlesungen über Demokratie, Gerechtigkeit und Sozialismus. Walter-Eucken-Institut (Hrsg.).Vorträge und Aufsätze. 63. Tübingen: J.C. B. Mohr (Paul Siebeck).

Heite, C. (2006). Professionalisierungsstrategie der Sozialen Arbeit. Der Fall Case Management. In: Neue Praxis. Zeitschrift für Sozialarbeit, Sozialpädagogik und Sozialpolitik, 2: 201-207.

Herrmann, P. (2004). Entweder Wirtschaftsgut oder Handeln im Allgemeininteresse. Welchen Stellenwert die EU-Kommission und das „Grünbuch" den personenbezogenen Dienstleistungen einräumen. In: Sozial Extra. Zeitschrift für Soziale Arbeit und Sozialpolitik, 2/3: 14-16.

Herrmann, P. (2006). Methode der Offenen Koordinierung. Instrument zur Erreichung und Ausdruck des Europäischen Sozialmodells. In: Nachrichtendienst des Deutschen Vereins für öffentliche und private Fürsorge, Mai: 288-291.

Heynacher, M. (1925). Die Berufslage der Fürsorgerinnen. Bearbeitung einer vom Preußischen Ministerium für Volkswohlfahrt vorgenommenen statistischen Erhebung. Vorbericht für den 39. deutschen Fürsorgetag in Dresden. Schriften des Deutschen Vereins für öffentliche und private Fürsorge. Heft 6. Karlsruhe: G. Braun.

Hinte, W. (2001). Wie verhalte ich mich richtig? In: Sozial Extra. Zeitschrift für Soziale Arbeit und Sozialpolitik, 25, 10: 13-18.

Hinte, W. (2003). Senatsverwaltung für Bildung, Jugend und Sport (Hrsg.), Sozialraumorientierte Arbeit. Methodische Grundlagen und organisatorische Konsequenzen. Berlin: 6-19.

http://www.koop-hannover.de/www.koop-hannover.org/cgi-bin/dokumente/Sozialraum-orientierung_2.pdf [19.01.08].

Hinte, W. (2004). Gemeinwesenarbeit. Zur Erinnerung an ein aktuelles Konzept. In: Forum Sozial, Mitgliederzeitung des Deutschen Berufsverbandes für Soziale Arbeit, 1: 7-10.

Hinte, W., Litges, G. & Groppe, J. (2003). Sozialräumliche Finanzierungsmodelle. Qualifizierte Jugendhilfe auch in Zeiten knapper Kassen. Modernisierung des öffentlichen Sektors. Bd. 20 Berlin: edition sigma.

Hinte, W., Litges, G. & Springer, W. (1999). Soziale Dienste. Vom Fall zum Feld. Soziale Räume statt Verwaltungsbezirke. Sonderband 12 Berlin: edition sigma.

Hirschfeld, U. (1999). Soziale Arbeit in hegemonietheoretischer Sicht. In: Forum Kritische Psychologie, 40: 66-91.

Hirschfeld, U. (2005). Politische Bildung in der Sozialen Arbeit. Die Intellektuellen-Theorie Gramscis als Begründung und Orientierung. In: Störch, K. (Hrsg.). Soziale Arbeit in der Krise. Perspektiven fortschrittlicher Sozialarbeit. Hamburg: VSA: 142-155.

Hirschfeld, U. (2006). Vom Nutzen der Hilfe und der Hilfe des Widerstands. Widersprüche Sozialer Arbeit. Vortragsmanuskript. Herbstakademie des BDWI am 04.10.2006.

Hollstein, W. (1973). Hilfe und Kapital. Zur Funktionsbeschreibung der Sozialarbeit. In Hollstein, W. & Meinhold, M. (Hrsg.), Sozialarbeit unter kapitalistischen Produktionsbedingungen. Texte zur politischen Theorie und Praxis. Frankfurt: Fischer: 167-207.

Holm, M. & Geray, M. (2007). Bundesanstalt für Arbeitsschutz und Arbeitsmedizin (Hrsg.) Integration der psychischen Belastungen in die Gefährdungsbeurteilung. Handlungshilfe. (2., durchgesehene und korrig. Aufl.). Dortmund.

Holzkamp, K. (1983). Der Mensch als Subjekt wissenschaftlicher Methodik. In: Braun, K.H., Hollitscher, W., Holzkamp, K. & Wetzel, K. (Hrsg.). Karl Marx und die Wissenschaft vom Individuum. Bericht von der 1. internationalen Ferienuniversität Kritische Psychologie vom 7.12. März 1983 in Graz. Marburg: Verlag Arbeiterbewegung und Gesellschaftswissenschaften: 120-166.

Holzkamp, K. (1984). Kritische Psychologie und phänomenologische Psychologie. Der Weg der Kritischen Psychologie zur Subjektwissenschaft. In: Forum Kritische Psychologie, 14: 5-55.

Holzkamp, K. (1985). Grundlegung der Psychologie. Frankfurt, New York: Campus.

Holzkamp, K. (1990). Über den Widerspruch zwischen Förderung individueller Subjektivität als Forschungsziel und Fremdkontrolle als Forschungsparadigma. In: Forum Kritische Psychologie, 26: 6-12.

Holzkamp, K. (1995). Alltägliche Lebensführung als wissenschaftliches Grundkonzept. In: Das Argument, 212: 817-846.

Holzkamp, K. (1996). Manuskripte zum Projekt „Lebensführung". In: Forum Kritische Psychologie, 36: 7-112.

Holzkamp, K. (1997). Schriften I. Normierung, Ausgrenzung, Widerstand. Hamburg, Berlin: Argument.

Huber, M., Maucher, M.; Sak, Barbara. Study on Social and Health Services of General Interest in the European Union. Final Synthesis Report. http://ec.europa. eu/employment_social/spsi/ssgi_de.htm [03.09.08].

Innenministerkonferenz (2006). Handreichung zum Monti-Paket (Stand: 23.06.2006), erarbeitet von der Ad-hoc-AG des UAK WuF zur Umsetzung des Monti-Paket. http://www.dstgb.

de/homepage/kommunalreport/archiv_2006/download_handreichung_fuer_die_kommun
en_zum_monti_paket/monti_paket_handreichung.pdf [16.10.08].

Kalisch, S. (2004). Willkommen im Kollekteam! In: Forum Sozial, Mitgliederzeitung des
Deutschen Berufsverbandes für Soziale Arbeit, 4: 25-28.

Kalpein, J. (2005). Case Management. Methode zwischen Emanzipation und Affirmation?
Abschlussarbeit zum Weiterbildungsstudium Psychosoziale Arbeit. Studiengang Syste-
misches Casemanagement, Alice-Salomon-Fachhochschule Berlin.

Karges, R. & Lehner, I. M. (2003). Soziale Arbeit zwischen eigenem Anspruch und beruflicher
Realität. Veränderungen der Arbeitsbedingungen und der Arbeitsvollzüge. In: Dahme,
H.-J., Otto, H.-U. & Trube, A. (Hrsg.), Soziale Arbeit für den aktivierenden Staat. Lever-
kusen: Leske & Budrich: 333-368.

Karges, R. & Lehner, I. M. (2005). Zum Berufsbild in der Sozialen Arbeit. Das berufliche
Selbstverständnis und seine Unschärfen. In: Soziale Arbeit. Zeitschrift für soziale und sozialverwandte Gebiete, 12: 449-456.

Karges, R., Lehner, I., M. & Wegmann, H. (2000). Erste Ergebnisse der Befragung: Beruflicher
Alltag der Sozialen Arbeit. Zwischen dem Anspruch von SozialarbeiterInnen und Sozial-
pädagogInnen und gesellschaftlichen Bedingtheiten. Forschungsbericht. Katholische
Fachhochschule Berlin.

Kaufmann, F-X. (1997). Herausforderungen des Sozialstaats. Frankfurt: Suhrkamp.

Kelle, U. & Kluge, S. (1999). Vom Einzelfall zum Typus. Fallvergleich und Fallkontrastierung
in der qualitativen Sozialforschung. In: Bohnsack, R., Lüders, C & Reichertz, J. (Hrsg.),
Qualitative Sozialforschung, Bd. 4. Opladen: Leske & Budrich.

Kerkmann, M. & Young, B. (2007). Eine geschlechtsspezifische Analyse des internationalen
Handels mit Dienstleistungen in der Globalisierung. In: Young, B. (Hrsg.), Die Politische
Ökonomie des Dienstleistungsabkommens (GATS) aus einer Genderperspektive. EU und
China. Baden-Baden: Nomos: 90-130.

Kerkmann, M. (2007). Das „General Agreement on Trade in Services" (GATS) unter Berück-
sichtigung der Genderperspektive. In: Young, B. (Hrsg.), Die Politische Ökonomie des
Dienstleistungsabkommens (GATS) aus einer Genderperspektive. EU und China. Baden-
Baden: Nomos: 73-89.

Kerkmann, M. (2007a). Multilateral Governance of Trade in Services. What Can We Learn
From the Disputes. Paper presented at the 5th GARNET PhD Seminar „Global Governance & Regionalism: The Role of the EU, WTO & International Economic Institutions",
3.12.2007.

Kessl, F. (2005). Der Gebrauch der eigenen Kräfte. Eine Gouvernementalität Sozialer Arbeit.
Weinheim, München: Juventa.

Kettner, A. & Rebien, M. (2007). Soziale Arbeitsgelegenheiten. Einsatz und Wirkungsweise
aus betrieblicher und arbeitsmarktpolitischer Perspektive und arbeitsmarktpolitischer
Perspektive. IAB Forschungsbericht. Institut für Arbeitsmarkt- und Berufsforschung der
Agentur für Arbeit (Hrsg.). Nr. 2. http://doku.iab.de/forschungsbericht/2007/fb0207.pdf
[15.01.08].

Klein, U. & Wulf-Schnabel, J. (2007). Männer auf dem Weg aus der Sozialen Arbeit. WSI-
Mitteilungen. Monatszeitschrift des Wirtschafts- und Sozialwissenschaftlichen Instituts in
der Hans-Böckler-Stiftung, 3: 138-144.

Kleining, G. (1995). Lehrbuch Entdeckende Sozialforschung. Bd. 1. Von der Hermeneutik zur
qualitativen Heuristik. Weinheim: PVU.

Kleining, G. (2003). Umriss zu einer Methodologie qualitativer Sozialforschung. http://www. heureka-hamburg.de/UmrissaufsatzKleining.PDF [20.01.08].

Kleinschmidt, B. (2005). Soziale Betreuung von älteren Menschen in der DDR. Unveröffentlichte Diplomarbeit eingereicht an der katholischen Fachhochschule Berlin für den Studiengang Soziale Arbeit.

Kleve, H. (2000). Die Sozialarbeit ohne Eigenschaften. Fragmente einer postmodernen Professions- und Wissenschaftstheorie Sozialer Arbeit. Freiburg im Breisgau: Lambertus.

Köbberling, G. & Lux, V. (2007). Evaluationsforschung zwischen „Ökonomisierung des Sozialen" und Praxisreflexion. In: Forum Kritische Psychologie, 51: 67- 86.

Kommission Grundwerte beim Parteivorstand der SPD (Hrsg.) (1999). Dritte Wege – Neue Mitte. Sozialdemokratische Markierungen für Reformpolitik im Zeitalter der Globalisierung. Berlin.

Kommunale Gemeinschaftsstelle für Verwaltungsmanagement (1993). Das Neue Steuerungsmodell: Gründe, Konturen, Umsetzung, KGSt-Bericht 5/1993.

Kommunale Gemeinschaftsstelle für Verwaltungsmanagement (1994). Outputorientierte Steuerung der Jugendhilfe, KGSt-Bericht 9/1994.

Kommunale Gemeinschaftsstelle für Verwaltungsmanagement (1996). Integrierte Fach- und Ressourcenplanung in der Jugendhilfe, KGSt-Bericht 3/1996.

Kommunale Gemeinschaftsstelle für Verwaltungsmanagement (1998). KGSt-Bericht 12/1998.

Kraft, A. (2006). Ein Anfang ist gemacht. PolitikerInnen diskutierten mit KollegInnen über einen Branchentarif für den sozialen Bereich. In: blz. Die Mitgliederzeitschrift der GEW Berlin, 10, http://www.gew-berlin.de/blz/6373.htm [20.01.08].

Kraft,. A. (2008). Erster Streik in der Behindertenhilfe. Die Wohnstätte 1 der Lebenshilfe macht den Anfang. In: blz. Die Mitgliederzeitschrift der GEW Berlin, 11, http://www. gew-berlin.de/blz/18003.htm [20.12.08].

Krajewski, M. (2003). Public Services and Trade Liberalization. Mapping the Legal Framework. In: Journal of International Economic Law, Vol. 6 (2): 341-367.

Krajewski, M. (2005). Playing by the Rules of the Game? Specific Commitments after US - Gambling and Betting and the Current GATS Negotiations. In: Legal Issues of Economic Integration, Vol. 32 (4): 417-447.

Krems, B. (2007). Neues Steuerungsmodell. Wirkungsorientierte Verwaltungsführung. New Public Management. In: Online-Verwaltungslexikon. http://www.olev.de/n/nsm.htm [13.12.2007].

Krenn, M.; Papouschek, U.; Flecker, J. & Eichmann, H. (2006). Partizipation in entgrenzten Arbeitsfeldern. IT-Dienstleistungen und Mobile Pflege. In: WSI-Mitteilungen. Monatszeitschrift des Wirtschafts- und Sozialwissenschaftlichen Instituts in der Hans-Böckler-Stiftung, 59, 2: 92-102.

Krölls, A. (1999). Die Ökonomisierung der Sozialarbeit. http://www.lrz-muenchen.de /~goedicke/ressourcen/haushalt/vortrag_krölls_6_5_99.pdf [08.01.2003].

Kruse, J. (2004). Arbeit und Ambivalenz. Die Professionalisierung Sozialer und Informatisierter Arbeit. Bielefeld: Transcript.

Kruse, J. (2006). Gut Vernetzt = Netzwerkarbeit ? Fachvortrag für Workshop „Gut vernetzt – pädagogische Arbeit der BBJH". http://www.ejsa-bayern.de/ fortbild/facht06/Kruse Fach vortrag.pdf [15.01.08].

Kühnlein, G. & Wohlfahrt, N. (2006). Soziale Träger auf Niedriglohnkurs? Zur aktuellen Entwicklung der Arbeits- und Beschäftigungsbedingungen im Sozialsektor. In: WSI-Mitteilungen. Monatszeitschrift des Wirtschafts- und Sozialwissenschaftlichen Instituts in der Hans-Böckler-Stiftung, 7: 389-395.

Kühnlein, G. (2001). Verwaltungsmodernisierung und Nutzerorientierung. Bürgerbüros und gebündelte Verwaltungsleistungen. In: Boeßenecker, K.-H., Trube, A. & Wohlfahrt, N. (Hrsg.), Privatisierung im Sozialsektor. Rahmenbedingungen, Verlaufsformen und Probleme der Ausgliederung sozialer Dienste. Münster: Votum: 128-138.

Kühnlein, G. (2007). Auswirkungen der aktuellen arbeitsmarkt- und tarifpolitischen Entwicklungen auf die Arbeits- und Beschäftigungsverhältnisse von Frauen der Sozialen Arbeit. In: Dahme, H.-J., Trube A. & Wohlfahrt, N. (Hrsg.), Arbeit in Sozialen Diensten: Flexibel und schlecht bezahlt? Zur aktuellen Entwicklung der Beschäftigungsbedingungen im Sozialsektor. Baltmannsweiler: Schneider: 35-45.

Kunstreich, T. (2006). Klientin - Kundin - Nutzerin - Genossin?!. In: Böllert, K.; Hansbauer, P. & Hansjürgen, B. et al. (Hrsg.), Die Produktivität des Sozialen. Den Sozialen Staat aktivieren. Sechster Bundeskongress Soziale Arbeit. Wiesbaden: VS: 241-259.

Kurz-Adam, M. (2004). Fachlichkeit, Recht und Ökonomie. Herausforderungen an modernes fachliches Handeln im Jugendamt. In: Nachrichtendienst des Deutschen Vereins für öffentliche und private Fürsorge, 84, 8: 269-276.

Lamnek, S. (2005). Qualitative Sozialforschung. Lehrbuch. (4., vollständig überarb. Aufl.). Weinheim, Basel: Beltz.

Lamping, W., Schridde, H. & Plaß, S. et al. (2002). Der Aktivierende Staat. Positionen, Begriffe, Strategien. In Koschützke, A. (Hrsg.), Studie für den Arbeitskreis Bürgergesellschaft und Aktivierender Staat der Friedrich-Ebert-Stiftung. Bonn: http://library.fes.de/fulltext/stabsabteilung/01336inf.htm [15.01.08].

Lange, C. (2001). „Europa" und die Freie Wohlfahrtspflege. Ein ambivalentes Verhältnis. In: Neue Praxis. Zeitschrift für Sozialarbeit, Sozialpädagogik und Sozialpolitik, 31, 4: 358-368.

Lange, D. (2000). Wirtschaftlichkeit und Soziale Arbeit. In Elsen, S., Lange, D. & Wallimann, I. (Hrsg.), Soziale Arbeit und Ökonomie. Neuwied, Kriftel: Luchterhand: 74-91.

Leibfried, S. & Pierson, P. (1995). Die soziale Dimension der Europäischen Integration. ZeS-Arbeitspapier Nr. 12/95 Bremen: Zentrum für Sozialpolitik.

Leibfried, S. (2006). Europäische Sozialpolitik - Richtern und Märkten überlassen? WSI-Mitteilungen. Monatszeitschrift des Wirtschafts- und Sozialwissenschaftlichen Instituts in der Hans-Böckler-Stiftung, 59, 10: 523-531.

Leisering, L. (2003). Der deutsche Sozialstaat. Entfaltung und Krise des Sozialstaats. In: Der Bürger im Staat. Jg.53, Heft 4: 172-180.

Lenhardt, G. & Offe, C. (1983). Staatstheorie und Sozialpolitik. Politisch-soziologische Erklärungsansätze für Funktionen und Innovationsprozesse der Sozialpolitik. In: Preußer, N. (Hrsg.), Armut und Sozialstaat. (2. Aufl.). Band 1. Konzepte und Strukturen seit 1945. Materialen der Arbeitsgemeinschaft sozialpolitischer Arbeitskreise. M48 (S. 66-97). München: AG SPAK.

Leymann, H. (1993). Mobbing. Psychoterror am Arbeitsplatz und wie man sich dagegen wehren kann. Reinbek: Rohwolt.

Lingesleben, O. (1968). Brandt, Leo (Hrsg.). Die Berufssituation der Sozialarbeiter. Forschungsberichte des Landes Nordrhein-Westfalen. Nr. 1907 Köln, Opladen: Westdeutscher Verlag.

Lob-Hüdepol, A. (2003). Konturen einer sozialprofessionellen Grundhaltung. In: Soziale Arbeit. Zeitschrift für soziale und sozialverwandte Gebiete, 2: 42-48.

Maaser, W. (2002). Qualität und Ethos. Normative Aspekte der Qualitätssicherung von sozialen Dienstleistungen. In: Theorie und Praxis der Sozialen Arbeit, 2: 135-141.

Maier, H. (2004). Allgemeine Wirtschaftssozialarbeit. Ein neuer Ausbildungsschwerpunkt. In: Soziale Arbeit. Zeitschrift für soziale und sozialverwandte Gebiete, 3: 92-97.

Maier, K. & Spatscheck, C. (2005). Sozialarbeit/Sozialpädagogik am Ende einer langen Wachstumsphase? In: Nachrichtendienst des Deutschen Vereins für öffentliche und private Fürsorge, 5: 165-172.

Maier, K. & Spatscheck, C. (2006). Wider das ritualisierte Klagelied über die schlechten Arbeitsmarktchancen für SozialarbeiterInnen. In: Sozial Extra. Zeitschrift für Soziale Arbeit und Sozialpolitik, 11: 26-33.

Maiers, W. (1996). Der Subjektbegriff der Kritischen Psychologie. In: Heinze, M. & Priebe, S. (Hrsg.), Störenfried Subjektivität. Subjektivität und Objektivität als Begriffe psychiatrischen Denkens. Würzburg: Königshausen & Neumann: 167-221.

Markard, M. (1985). Konzepte der methodischen Entwicklung des Projekts Subjektentwicklung in der frühen Kindheit. In: Forum Kritische Psychologie, 17:101-120.

Markard, M. & Holzkamp, K. (1989). Praxis-Portrait. Ein Leitfaden zur Analyse psychologischer Berufstätigkeit. In: Forum Kritische Psychologie, 23: 5-49.

Markard, M. (1993). Kann es im Rahmen einer Psychologie vom Standpunkt des Subjekts verallgemeinerbare Aussagen geben? In: Forum Kritische Psychologie, 31: 29-51.

Markard, M. (2000). Verbale Daten, Entwicklungsfigur, Begründungsmuster, Theorienprüfung. Methodische Probleme und Entwicklungen in der Projektarbeit. In: Markard, M.; Projekt Subjektwissenschaftliche Berufspraxis (Hrsg.), Kritische Psychologie und studentische Praxisforschung. Wider Mainstream und Psychoboom. Konzepte und Erfahrungen aus dem Projekt Subjektwissenschaftliche Berufspraxis. Hamburg: Argument: 227-250.

Markard, M. (2000a). Kritische Psychologie. Methodik vom Standpunkt des Subjekts. In: Forum Qualitative Sozialforschung/Forum: Qualitative Social Research [Online Journal], 1(2), http://www.qualitative-research.net/fqs-texte/2-00/2-00markard-d.pdf [20.01.08].

Markard, M. (2002). Probleme der Handlungsfähigkeit im Neoliberalismus. Überlegungen zu einer Funktionskritik des Identitätskonzepts. In: Meyer-Siebert, J, Merkens, A., Nowak, I. & Rego Diaz, V. (Hrsg.), Die Unruhe des Denkens nutzen. Emanzipatorische Standpunkte im Neoliberalismus. Festschrift für Frigga Haug. Hamburg: Argument: 125-135.

Markard, M. (2009). Eigenverantwortung und Privatisierung. In: Forum Kritische Psychologie, 53:148-157.

Maser, P. (2000). Die Kirchen in der DDR. Reihe Deutsche Zeitbilder. Bundeszentrale für politische Bildung (Hrsg.). Bonn.

Matzner, M. (2005). Männer in einem Frauenberuf. Zur Geschlechtsordnung des Personals der Sozialen Arbeit am Beispiel der Kinder- und Jugendpflege. In: Sozialmagazin, 1: 14-19.

Mayring, P. (2000). Qualitative Inhaltsanalyse. In: Forum qualitative Sozialforschung, 1, 2, http://www.qualitative-research.net/fqs-texte/2-00/2-00mayring-d.pdf [23.01.08].

Mayring, P. (2005). Neuere Entwicklungen in der qualitativen Forschung und der Qualitativen Inhaltsanalyse. In: Mayring, P. & Gläser-Zikuda, M. (Hrsg.), Die Praxis der Qualitativen Inhaltsanalyse. Weinheim, Basel: Beltz: 7-20.

Mazzucco, C. (2004a). Soziale Arbeit zwischen Staat, Markt und GATS. In: Mazzucco, C. (Hrsg.), GATS und Soziale Arbeit. Globale Welt- die Zukunft des Sozialstaats und des Social-Profit-Sektors. Münster: Lit: 67-143.

Meng, J. (2006). Evidence-Based Social Work Practice. Wissenschaftlich fundierte Versorgungspraxis der Sozialen Arbeit. Dialog und Diskurs. Zur Theorie und Praxis der Sozialen Arbeit. Bd. 10 Oldenburg: Paulo Freire.

Menninger, O. (2002). Ökonomisierung des Sozialen. In: Lange, D. & Fritz, K. (Hrsg.), Soziale Fragen – Soziale Antworten. Die Verantwortung der Sozialen Arbeit für die Gestaltung des Sozialen. Verhandlungen des 3. Bundeskongresses Soziale Arbeit. Neuwied, Kriftel: Luchterhand: 203-207.

Menz, W. (2000). Re-Politisierung der Leistungsfrage? Neue Entgeltsysteme, mehr Aufgaben, weniger Mitbestimmung. In: express. Zeitung für sozialistische Betriebs- und Gewerkschaftsarbeit, 2: 4-5. http://www.labournet.de/ diskussion/gewerkschaft/menz.html [20.01.08].

Menz, W. (2005). Das Subjekt der Leistung und die Legitimität des Marktregimes. In: Arbeitsgruppe SubArO (Hrsg.), Ökonomie der Subjektivität. Subjektivität der Ökonomie. Forschung aus der Hans-Böckler-Stiftung. 60. Berlin: edition sigma: 95-116.

Merchel, J. (2003). Trägerstrukturen in der Sozialen Arbeit. Eine Einführung. Weinheim, München: Juventa.

Merchel, Joachim (2003a). Sachverständigenkommission Elfter Kinder- und Jugendbericht Sachverständigenkommission 11. Kinder- und Jungbericht (Hrsg.), Kinder- und Jugendhilfe im Reformprozess. Materialen zum Elften Kinder- und Jugendbericht München: Deutsches Jugendinstitut.

Meschkutat, B.; Stackelbeck, M. & Langenhoff, G. (2002). Der Mobbing-Report. Eine Repräsentativstudie für die Bundesrepublik Deutschland. Bundesanstalt für Arbeitsschutz und Arbeitsmedizin (Hrsg.). Schriftenreihe. Dortmund, Berlin.

Miles, M. B. & Huberman, A. M. (1984). Qualitative data analysis. A sourcebook of new methods. Beverly Hills: Sage.

Negt, O. (2002). Arbeit und menschliche Würde. Göttingen: Steidl.

Niekant, R. & Rudolph, C. (Hrsg.). (2007). Hartz IV. Zwischenbilanz und Perspektiven. Münster: Westfälisches Dampfboot.

Nolting, H.-D.; Berger, J. & Niemann, D. et al. (2001). Stress-Monitoring. Überblick über die Ergebnisse einer BGW-DAK-Studie zum Zusammenhang von Arbeitsbedingungen und Stressbelastung in ausgewählten Berufen. Berufsgenossenschaft für Gesundheitsdienst und Wohlfahrtspflege und Deutsche Angestellten Krankenkasse. http://www.vkm-baden. de/dateien/stress.pdf [14.01.08].

Nullmeier, F. (2003). Spannungs- und Konfliktlinien im Sozialstaat. Gibt es neue Konfliktkonstellationen in Zeiten des Sozialstaatsumbaus? In: Der Bürger im Staat. Jg. 53, Heft 4: 181-185.

Oberwaltungsgericht Hamburg (2004). Beschluss vom 5.8.2004, OVG: 4 Bs 388/04. http://fhh.hamburg.de/stadt/Aktuell/justiz/gerichte/oberverwaltungsgericht/aktuelles/aktuelle-entscheidungen/entscheidungsarchiv-2004/ [18.01.08].

Oberverwaltungsgericht Lüneburg (2006). Beschluss vom 13.03.2006, Sozialraumbudgetierung im Bereich der Jugendhilfe als Eingriff in die Berufsausübungsfreiheit, 4 ME 1/06. http://www.dbovg.niedersachsen.de/Entscheidung.asp?Ind=0500020060000014+ME [18.01.2008].

Observatorium für die Entwicklung der Sozialen Dienste in Europa (2007). Mitteilung zu Sozialdienstleistungen von allgemeinem Interesse in der Europäischen Union [KOM (2006) 177 endgültig]. Expertentreffen zur Analyse, Bewertung und Diskussion damit zusammenhängender inhaltlicher Fragen sowie weiterer Schritte, Berlin, 20. November 2006, Bundesministerium für Familie, Senioren und Frauen und Jugend, Frankfurt am Main, 14. Dezember 2006/22. Januar 2007. http://soziale-dienste-in-europa.de/Anlage/Et_Mitt _SDAI_2006.pdf [18.01.08].

Oelerich, G. & Schaarschuch, A. (2005). Theoretische Grundlagen und Perspektiven sozialpädagogischer Nutzerforschung. In Oelerich, G. & Schaarschuch, A. (Hrsg.), Soziale Dienstleistungen aus Nutzersicht. Zum Gebrauchswert Sozialer Arbeit. München: E. Reinhardt: 9-25.

Oehlmann, J. H. Gürtler, K.-P. & Delacor M. (2004). Von der barmherzigen Fürsorge zur sozialen Dienstleistung im europäischen Wettbewerb. In: Sozial Extra. Zeitschrift für Soziale Arbeit und Sozialpolitik, November: 18-24.

Oelschlägel, D. (2004). Stand und Trends der GWA in Deutschland. In: Forum Sozial, Mitgliederzeitung des Deutschen Berufsverbandes für Soziale Arbeit, 1: 11-15.

Opitz: (2004). Gouvernementalität im Postfordismus. Macht, Wissen und Techniken des Selbst im Feld unternehmerischer Rationalität. Argument Sonderband. Neue Folge AS 297, Hamburg: Argument.

Osterkamp, U. (1996). Rassismus als Selbstentmächtigung. Texte aus dem Arbeitszusammenhang des Projektes Rassismus/Diskriminierung. Argument-Sonderband. Neue Folge AS 244 Berlin, Hamburg: Argument.

Osterkamp, U. (2001). Lebensführung als Problematik von Subjektwissenschaft. In: Forum Kritische Psychologie, 43: 4-35.

Ottnad, A.; Wahl, S. & Miegel, M. (2003). IWG Bonn Zwischen Markt und Mildtätigkeit. Die Bedeutung der Freien Wohlfahrtspflege für Gesellschaft, Wirtschaft und Beschäftigung. (2., korr. Aufl.). Bonn. http://www.iwg-bonn.de/uploads/tx_smartextendedcontent/Markt _und_Mildt_E4tigkeit_2_Auf_01.pdf [15.108].

Otto, H.-U. & Ziegler, H. (2004). Sozialraum und sozialer Ausschluss (I). Die analytische Ordnung neo-sozialer Integrationsrationalitäten in der Sozialen Arbeit. In: Neue Praxis. Zeitschrift für Sozialarbeit, Sozialpädagogik und Sozialpolitik, 2: 117-135.

Pabst, S. (2000). Rahmenbedingungen und Trends in der Bundesrepublik Deutschland. Die Veränderungen gesetzlicher Grundlagen für die Erbringung sozialer Dienstleistungen. In: Boeßenecker, K.-H., Trube, A. & Wohlfahrt, N. (Hrsg.), Verwaltungsreform von unten? Lokaler Sozialstaat im Umbruch aus verschiedenen Perspektiven. Münster: Votum: 64-79.

Paulini, C. (2001). Der Dienst am Volksganzen ist kein Klassenkampf. Die Berufsverbände der Sozialarbeiterinnen im Wandel der Sozialen Arbeit. Siegener Studien zur Frauenforschung, Opladen: Leske & Budrich.

Pauwelyn, J (2005). Rien ne Va Plus? Distinguishing Domestic Regulation from Market Access. World Trade Review, Vol. 4 (2): 131-170.

Pfeifer-Schaupp, U. (2000). Qualitätsgedusel als Begleitmusik zum Stellenabbau. Kritische Aspekte der Qualitätssicherung. In: Sozialmagazin, 25, 5: 54-59.

Plehwe, D. (2005). Quellen des Neoliberalismus. Die Mont Pèlerin Society und die internationalen Think Tank-Netzwerke. WZB-Mitteilungen, 110: 25-27. http://wzb.eu/publikation/ pdf/wm110/25.pdf [18.01.08].

Pongratz, H.J. & Voß, G. G. (2003). Arbeitskraftunternehmer. Erwerbsorientierungen in entgrenzten Arbeitsformen. Forschung aus der Hans-Böckler-Stiftung. Bd. 47. Berlin: edition sigma.

Popp, R. (2004). Die Zukunft des Sozialstaats und des Social-Profit-Sektors. In: Mazzucco, C. (Hrsg.), GATS und Soziale Arbeit. Globale Welt - die Zukunft des Sozialstaats und des Social-Profit-Sektors. Münster: Lit: 41-66.

Pothmann, J. (2008). Vergessen in der Bildungsdebatte. Dimensionen des Personalabbaus in der Kinder- und Jugendarbeit. Informationsdienst der Dortmunder Arbeitsstelle Kinder- und Jugendhilfestatistik. Kommentierte Daten der Kinder- und Jugendhilfe, 1 u. 2.: 5-6. http://www.akjstat.uni-dortmund.de [11.08.2008].

Prisching, M. (2004). Die globale Welt. In Mazzucco, C. (Hrsg.), GATS und Soziale Arbeit. Globale Welt - die Zukunft des Sozialstaats und des Social-Profit-Sektors. Münster: Lit: 3-39.

Projekt Subjektentwicklung in der frühen Kindheit (SUFKI) (1984). Theoretische Grundlage und methodische Entwicklung der Projektarbeit. Forum Kritische Psychologie, 14: 56-81.

Ptak, R. (2007). Grundlagen des Neoliberalismus. In: Butterwegge, C., Lösch, B. & Ptak, R. (Hrsg.), Kritik des Neoliberalismus. Wiesbaden: VS: 13-86.

Racke, K. (2003). Berufspolitische Interessenorganisationen in der Sozialen Arbeit am Rande der Bedeutungslosigkeit. Dargestellt am Deutschen Berufsverband für Soziale Arbeit e.V. (DBSH). MenschenArbeit. Freiburger Studien, Konstanz: Hartung-Gorre.

Rang, M.; Rühl, O. & Heinz, M. (2007). Bundesagentur für Arbeit (Hrsg.), Arbeitsmarkt kompakt 2007. Informationen für ArbeitgeberInnen. Sozialarbeiter und Sozialpädagogen. Bonn: http://www.arbeitsagentur.de/zentraler-Content/Veroeffentlichungen/AM-Kompakt-Info/AM-Kompakt-Sozialarbeiter-und-paedagogen-AG.pdf [20.01.08].

Redaktion Widersprüche (=Kappeler, M., Beckmann, C., Kessl, F. et al.) (2006a). Aus Anlass des Heftes 100. Ein Blick auf einige methodologische und theoretische Widersprüche in der Redaktion. In: Widersprüche. Zeitschrift für sozialistische Politik im Bildungs-, Gesundheits- und Sozialbereich, 26, 100: 209-222.

Redaktion Widersprüche (=Kappeler, M., Beckmann, C., Kessl, F. et al.) (2006). Zu diesem Heft. Ausführliches Editorial der Redaktion. Widersprüche. Zeitschrift für sozialistische Politik im Bildungs-, Gesundheits- und Sozialbereich, 26, 100: 5-17.

Reimer, K. (2004). Die Bedeutung von Max Webers „Idealtypus" für subjektwissenschaftliche Forschung. Forum Kritische Psychologie, 47: 99-111.

Reis, C. (2006). Wie kann das Fallmanagement in der Arbeitsvermittlung die Eigenverantwortung fördern? In: WSI-Mitteilungen. Monatszeitschrift des Wirtschafts- und Sozialwissenschaftlichen Instituts in der Hans-Böckler-Stiftung, 4: 194-197.

Richter, G., Friesenbichler, H. & Vanis, M. (2004). Bundesverband der Unfallkassen Psychische Belastungen. Checklisten für den Einstieg. Psychische Gesundheit am Arbeitsplatz. Teil 4. Tharant: Info Media.

Riediger, S. & Wohlfahrt, N. (2000). Privatisierung und Ausgliederung bei sozialen Diensten. In: Boeßenecker, K.-H., Trube, A. & Wohlfahrt, N. (Hrsg.), Verwaltungsreform von unten? Lokaler Sozialstaat im Umbruch aus verschiedenen Perspektiven. Münster: Votum: 129-146.

Ritter, G. A. (1991). Der Sozialstaat Entstehung und Entwicklung im internationalen Vergleich. (2., überarbeitete Aufl.). München: R. Oldenbourg.

Roer, D., (2000). Qualität ist Qualität ist Qualität ist...? In: Sozial Extra. Zeitschrift für Soziale Arbeit und Sozialpolitik, 24, 10: 50.

Rögner, R. (2003). Moralische Ansprüche. Anregungen durch eine praxisanalytische Ethik. In: Soziale Arbeit. Zeitschrift für soziale und sozialverwandte Gebiete, 11/12: 433-439.

Roth, R. (2003). Menschenrechte und die „Krise" des Sozialstaats. Vortrag auf einer Tagung des Komitees für Grundrechte und Demokratie am 12.09.2003. http://www.labournet.de/diskussion/arbeit/realpolitik/allg/roth.html [18.01.08].

Roy, K.-B. (2003). Sozialstaat im Wandel. SPD in der Krise? In: Der Bürger im Staat. Jg. 53, Heft 4: 192-197.

Sachße, C. & Tennstedt, F. (1992). Der Wohlfahrtsstaat im Nationalsozialismus. Geschichte der Armenfürsorge in Deutschland. Bd. 3. Stuttgart, Berlin, Köln: Kohlhammer.

Sachße, C. (1986). Mütterlichkeit als Beruf. Sozialreform und Frauenbewegung 1871-1929. Frankfurt: Suhrkamp.

Schaarschuch, A. (1994). Soziale Dienstleistungen im Regulationszusammenhang. In: Widersprüche. Zeitschrift für sozialistische Politik im Bildungs-, Gesundheits- und Sozialbereich, 52: 73-89. http://widerspruechezeitschrift.de/article1153.html [19.01.08].

Schaarschuch, A. (1996). Der Staat, der Markt, der Kunde und das Geld...? Öffnung und Demokratisierung sozialer Dienste. In: Flösser, G. & Otto, H.-U. (Hrsg.), Neue Steuerungsmodelle in der Jugendhilfe. Neuwied, Kriftel, Berlin: Luchterhand: 12-32.

Schaarschuch, A. (1999). Theoretische Grundelemente Sozialer Arbeit als Dienstleistung. Ein analytischer Zugang zur Neuorientierung Sozialer Arbeit. In: Neue Praxis. Zeitschrift für Sozialarbeit, Sozialpädagogik und Sozialpolitik, 6: 543-560.

Schäfer, P. (2000). Europäische Integration und Soziale Arbeit. Zu den Auswirkungen europäischer Sozialpolitik in Deutschland und deutscher Sozialpolitik in Europa auf Soziale Arbeit. Frankfurt: Lang.

Scharpf, F. (2008). „Der einzige Weg ist, dem EuGH nicht zu folgen". In: Mitbestimmung. Das Magazin der Hans-Böckler-Stiftung, 7/8: 19-23.

Scheuer, W. (1982). Die öffentliche Fürsorge. In: Preußer, N. (Hrsg.), Armut und Sozialstaat. Band 3. Die Entwicklungen des Systems der sozialen Sicherung 1870 bis 1945. Materialien der Arbeitsgemeinschaft sozialpolitischer Arbeitskreise. M 50. München: AG SPAK: 283-287.

Schmid, B. (2006). Ein fauler Kompromiss? Telepolis vom 18.2.2006. [Online-Journal]. http://www.heise.de/tp/r4/artikel/22/22070/1.html [18.01.08].

Schmid-Noerr, G.(2001). Ethische Grundlagen der Sozialen Arbeit. In: Sozial Extra. Zeitschrift für Soziale Arbeit und Sozialpolitik, 7/8: 20-25.

Schmidt-Grunert, M. (2000). Ökonomisches Denken und Handeln in der Sozialen Arbeit. Hoffnungen für wen? In: Lindenberg, M. (Hrsg.), Von der Sorge zur Härte. Kritische Beiträge zur Ökonomisierung Sozialer Arbeit. Bielefeld: Kleine: 135-152.

Schomburg, U. & Teichler, H. (1998). Studium, Studienbedingungen und Berufserfolg. In: Teichler, U., Daniel, H. D. & Endres, J. (Hrsg.), Brennpunkt Hochschule. Neuere Analysen zur Hochschule, Beruf und Gesellschaft. Frankfurt, New York: Campus: 141-172.

Schröder, G. (2003). Das Ziel der sozialen Gerechtigkeit und die Herausforderungen moderner sozialer Demokratien. In: Deufel, K. & Wolf, M. (Hrsg.), Deutscher Verein für öffentliche und private Fürsorge Ende der Solidarität? Die Zukunft des Sozialstaats. Freiburg: Herder: 25-30.

Schröder, G. & Blair, T. (1999). Der Weg nach vorne für Europas Sozialdemokraten. Ein Vorschlag. Blätter für deutsche und internationale Politik. Ausgabe 07/1999:887-896. http://www.blaetter.de/artikel.php?pr=452 [12.1.08].

Schui, H. & Blankenburg, S. (2002). Neoliberalismus. Theorie, Gegner, Praxis. Hamburg: VSA.

Schulte, B. (2001). Europarechtliche Rahmenbedingungen für die Tätigkeit sozialer Dienste und Einrichtungen in kommunaler und freigemeinnütziger Trägerschaft. Observatorium für die Entwicklung der sozialen Dienste in Europa. Arbeitspapiere. Nr. 6 http://www. soziale-dienste-in-europa.de/Anlage16940/Arbeitspapier_Nr._6.pdf [18.01.08].

Schulte, B. (2006). Der rechtliche Rahmen des Gemeinschaftsrechts und soziale Dienstleistungen. Österreichisches Bundesministerium für soziale Sicherheit, Generationen und Konsumentenschutz (Hrsg.): 36-42.Wien: http://www.bmsk.gv.at/cms/site/attachments/3/8/3/ CH0727/CMS1158842197457/tagungsband_-_konferenz_soziale_dienstleistungen _deutsch-i1.pdf [18.01.08].

Schulte, B. (2006a). Die Europäische Union als sozialpolitischer Akteur. In Kropp, S. & Gomèz (Hrsg.), Sozialraum Europa. Sozialpolitik in der erweiterten Europäischen Union. Ein Werkstattbericht. Gesellschaft für Programmforschung. Schnittpunkte von Forschung und Politik. Bd. 7. Münster, New York, München, Berlin: Waxmann: 15-64.

Schulz-Nieswandt, F. (2004). Soziale Dienstleistungen von allgemeinem Interesse in der EU. Zwischen Anerkennung nationaler Arrangements und Modernisierungsbedarf aus der Sicht des EU-Rechts. In Institut für Sozialarbeit und Sozialpädagogik (Hrsg.), Dokumentation der Tagung „gemeinwohlbezogene soziale Dienste in der EU – ihre besonderen Charakteristika, ihre Leistungsfähigkeit und Rahmenbedingungen der Dienstleistungserbringung". Frankfurt am Main: 35-44.

Schunter-Kleemann, S. (2004). EU und GATS, das „General Agreement on Trade in Services". Die Privatisierung des Dienstleistungssektors verspricht lukrative Geschäfte. In: Sozial Extra. Zeitschrift für Soziale Arbeit und Sozialpolitik, 2/3: 17-19.

Seeleib-Kaiser, M. (2001). Globalisierung und Sozialpolitik. Ein Vergleich der Diskurse und Wohlfahrtssysteme in Deutschland, Japan und den USA. Schriften des Zentrums für Sozialpolitik, Bremen. Bd.12. Frankfurt, New York: Campus.

Seidenstücker, B. (2001). DDR. Gesundheitswesen, Sozialwesen, Jugendhilfe. In: Otto, H.-U. & Thiersch, H. (Hrsg.), Handbuch Sozialarbeit/ Sozialpädagogik. Neuwied, Kriftel Luchterhand: 232-242.

Sesselmeier, W. (2003). Zur Reform des Sozialstaats. Mögliche Entwicklungstrends und Konsequenzen für die soziale Sicherung. In: Der Bürger im Staat. Jg. 53, Heft 4: 218-223.

Simon, T. (2004). Fragmentarische Betrachtungen zur Entwicklung Sozialer Arbeit in Ostdeutschland. In: Forum Sozial, Mitgliederzeitung des Deutschen Berufsverbandes für Soziale Arbeit, 2: 7-11.

Simon, T. (2006). „Man kommt nie zur Ruhe". Die Dauerkrise Sozialer Arbeit in Ostdeutschland. In: Sozial Extra. Zeitschrift für Soziale Arbeit und Sozialpolitik, 1: 18-21.

Simon, T. (2007). Zur Situation Sozialer Arbeit in den neuen Bundesländern. In: Dahme, H.-J., Trube A. &Wohlfahrt, N. (Hrsg.), Arbeit in Sozialen Diensten: Flexibel und schlecht bezahlt? Zur aktuellen Entwicklung der Beschäftigungsbedingungen im Sozialsektor. Baltmannsweiler: Schneider: 66-88.

Sozialgesetzbuch I-XI. http://www.sozialgesetzbuch-bundessozialhilfegesetz.de/ [18.01.08].

SPD-Parteivorstand (Hrsg.) (2007). Hamburger Programm. Grundsatzprogramm der Sozialdemokratischen Partei Deutschlands. Berlin: http://parteitag.spd.de/servlet/PB/show/17315 23/Hamburger%20Programm_final.pdf [15.01.08].

Spindler, H. (2003). Überfordern und überwachen. Der restriktive Paradigmenwechsel in der Sozialpolitik. In: Sozial Extra. Zeitschrift für Soziale Arbeit und Sozialpolitik, 27, 8/9: 11-14.

Staub-Bernasconi, S. (2000). Sozialrechte. Restgröße der Menschenrechte? In: Wilken, U. (Hrsg.), Soziale Arbeit zwischen Ethik und Ökonomie. Freiburg im Breisgau: Lambertus: 151-174.

Staub-Bernasconi, S. (2003). Soziale Arbeit als (eine) Menschenrechtsprofession. Ein Interview mit Staub-Bernasconi geführt von Dieter Kreft. In: Sozial Extra. Zeitschrift für Soziale Arbeit und Sozialpolitik, 5: 65-69.

Steidle, H. & Markowski, C. (2006). Die Modernisierung des Sozialschutzes in der Europäischen Union. Begriffsklärung und Handlungsoptionen für die Träger sozialer Arbeit. Observatoriums für die Entwicklung der sozialen Dienste in Europa. Arbeitspapiere Nr. 15. http://www.soziale-dienste-in-europa.de/frame/liste/Veroeffentlichungen/ Arbeitspapiere [11.11.07].

Stoll, P.-T. & Schorkopf, F. (2002). WTO. Welthandelsordnung - Welthandelsrecht. Köln: Heymanns.

Störch, K. (Hrsg.). (2005). Soziale Arbeit in der Krise. Perspektiven fortschrittlicher Sozialarbeit. Hamburg: VSA.

Strauss, A. L. & Corbin, J. (1996). Grounded Theory. Grundlagen qualitativer Sozialforschung. Weinheim: Beltz.

Sünker, H. (2000). Gesellschaftliche Perspektiven Sozialer Arbeit heute. In. Müller S. (Hrsg.), Soziale Arbeit. Gesellschaftliche Bedingungen und professionelle Perspektiven. Neuwied: Luchterhand: 209-255.

Tarifvertrag für den öffentlichen Dienst. http://oeffentlicher-dienst.info/tvoed/ [18.01.08].

Trube, A. & Wohlfahrt, N. (2000). Zur theoretischen Einordnung: Von der Bürokratie zur Merkatokratie? System- und Steuerungsprobleme eines ökonomisierten Sozialsektors. In: Boeßenecker, K.-H. Trube, A. & Wohlfahrt, N. (Hrsg.), Verwaltungsreform von unten? Lokaler Sozialstaat im Umbruch aus verschiedenen Perspektiven. Münster: Votum: 18-38.

Trube, A. (2005). Sozialräumliche Arbeit und betriebswirtschaftliche Orientierung im Sozialwesen. In: Nachrichtendienst des Deutschen Vereins für öffentliche und private Fürsorge, 1: 25-32.

Trube, A. (2005a). Vom Wandel des Sozialstaats und den absehbaren Auswirkungen eines Paradigmenwechsels für die Soziale Arbeit und die Wohlfahrtspflege. In: Gesundheits- und Sozialpolitik, 59, 3-4: 11-19.

Ulmann, G. & Markard, M. (2000). Praktikumsportrait. In: Markard, M. & Projekt Subjektwissenschaftliche Berufspraxis. Kritische Psychologie und studentische Praxisforschung. Wider Mainstream und Psychoboom. Konzepte und Erfahrungen aus dem Projekt Subjektwissenschaftliche Berufspraxis. Hamburg: Argument: 217-224.

Ver.di (o. J.). Informationen und Positionen. Hartz IV Dossier. http://www.verdi.de/erwerbslose/informationen_positionen/hartz-iv-dossier [19.01.08].

Vermeulen, P. (2005). Ausgliederung sozialer und kultureller kommunaler Einrichtungen aus Sicht der Unternehmensberatung. Vortrag beim sechsten Bundeskongress Soziale Arbeit am 23.September 2005. Münster.

Volz, F.-R. (2003). Gelingen und Gerechtigkeit. Bausteine zu einer Ethik professioneller Sozialer Arbeit. In: Zeitschrift für Sozialpädagogik, 1, 1: 45-59.

Voß, G. G. (1997). Beruf und alltägliche Lebensführung. Zwei subjektnahe Instanzen der Vermittlung von Individuum und Gesellschaft. In: Voß, G. G. & Pongratz, H., J. (Hrsg.), Subjektorientierte Soziologie. Karl Bolte zum siebzigsten Geburtstag. Opladen: Leske & Budrich: 201-222.

Voß, G. G. & Pongratz, H., J. (1998). Der Arbeitskraftunternehmer. Eine neue Grundform der Ware Arbeit? In: Kölner Zeitschrift für Soziologie und Sozialpsychologie, 5: 131-158.

Waldner, W. & Schweyer, G. (2006). Der eingetragene Verein. gemeinverständliche Erläuterung des Vereinsrechts unter Berücksichtigung neuester Rechtsprechung mit Formularteil. (18., neubearbeitete Aufl.). München: Beck.

Walpen, B. (2004). Die offenen Feinde und ihre Gesellschaft. Eine hegemonietheoretische Studie zur Mont Pèlerin Society. Hamburg: VSA.

Walther, A. (2003). Aktivierung. Varianten des Diskurses zum aktivierenden Staat im internationalen Vergleich. In: Neue Praxis. Zeitschrift für Sozialarbeit, Sozialpädagogik und Sozialpolitik, 3/4: 288-305.

Weber, M. (1991). Schriften zur Wissenschaftslehre. Stuttgart: Reclam.

Wendt, W. R. (2000). Bewirtschaftung des Sozialen in Humandiensten. In: Elsen, S., Lange, D. & Wallimann, I. (Hrsg.), Soziale Arbeit und Ökonomie. Neuwied, Kriftel: Luchterhand: 59-72.

Wendt, W. R. (2003). Sozialwirtschaft. Eine Systematik. Studienkurs Management in der Sozialwirtschaft. Baden-Baden: Nomos.

Wilken, U. (2003). Zum Basisethos offensiver Behindertenpädagogik und seinen rehabilitativen Konsequenzen. In: Soziale Arbeit. Zeitschrift für soziale und sozialverwandte Gebiete, 11/12: 423-432.

Witzel, A. (1982). Verfahren der qualitativen Forschung. Überblick und Alternativen. Frankfurt, New York: Campus.

Wohlfahrt, N. (o. J.). Ökonomisierung der sozialen Arbeit als Auslöser von QM-Strategien. http://www.efh-bochum.de/homepages/wohlfahrt/index.html#aktuell [19.01.08].

Wolf, M. (2005). Aktivierende Hilfe. Zu Ideologie und Realität eines sozialpolitischen Stereotyps. In: Utopie kreativ, 179: 796-808.

Wörgötter, I. (2004). GATS und die Zukunft des Social-Profit-Sektors. In: Mazzucco, C. (Hrsg.), GATS und Soziale Arbeit. Globale Welt- die Zukunft des Sozialstaats und des Social-Profit-Sektors. Münster: Lit: 165-189.

World Trade Organisation (1994). Allgemeines Zoll- und Handelsabkommen (engl. General Agreement on Tariffs and Trades (GATT) 1994. http://www.takuzinis.lv/xhtml1.1/2004 1219.html [18.01.08].

World Trade Organisation (1994a). Allgemeines Abkommen über den Handel mit Dienstleistungen (engl. General Agreement on Trade in Services; GATS), abgedruckt im Amtsblatt der Europäischen Gemeinschaften: Die multilaterale Verhandlungen der Uruguay-Runde (1986- 1994) - Anhang 1 - Anhang 1B - Allgemeines Übereinkommen über den Handel mit Dienstleistungen (WTO). Amtsblatt Nr. L 336 vom 23/12/199: 0191–0212. http://eur-lex.europa.eu/ LexUriServ/LexUriServ.do?uri=CELEX:21994A1223(16):DE:HTML

[18.01.08]

Zapf, D. (1999). Mobbing in Organisationen. Überblick zum Stand der Forschung. In: Zeitschrift für Arbeits- und Organisationspsychologie, 43: 1-25.

Zapf, D. (2007). Mobbing - eine extreme Form sozialer Belastungen in Organisationen. http://web.uni-frankfurt.de/fb05/psychologie/Abteil/ABO/forschung/mobbing_lit7.pdf [13.12.07].

Zeller, S. (1994). Geschichte der Sozialarbeit als Beruf. Bilder und Dokumente (1893-1939). Pfaffenweiler: Centaurus.

Anhang: Interviewleitfaden

1.Frage (Erzählaufforderung):
Wie Sie wissen, beschäftige ich mich mit dem Strukturwandel im Bereich der Sozialen Arbeit. Besonders interessiert mich allerdings, wie sich dieser Wandel für die Beschäftigten darstellt. Daher möchte ich Sie nun bitten mir zu schildern, ob bzw. wodurch Sie den Wandel in ihrer konkreten Berufspraxis wahrnehmen.

2. Frage:
Könnten Sie mir zu einem der eben von Ihnen genannten Punkte ein konkretes Erlebnis, den Verlauf einer Situation erzählen?

3. Frage:
Wie, glauben Sie, stellt sich dieser Wandel aus der Sicht Ihrer NutzerInnen dar? Wie bewerten Sie die Entwicklung?

4. Frage:
Wird in Ihrer Berufspraxis darüber diskutiert, was angesichts der Veränderungen getan werden kann? Falls dies so ist, welche (Gestaltungs-)Möglichkeiten werden diskutiert?

5. Frage:
Sie haben mir verschiedene (Gestaltungs-)Möglichkeiten genannt, die diskutiert werden. Welche Umgangsformen kommen denn für Sie selbst in Betracht, um die Anforderungen des Strukturwandels bewältigen zu können?

Evtl. Nachfrage:
Welche haben Sie denn schon mal ausprobiert und welche Erfahrungen haben Sie damit gemacht?

6. Frage
Gibt es Rahmenbedingungen, die Sie als besonders unterstützend oder hemmend erlebt haben beim Ausprobieren einer der genannten Gestaltungsmöglichkeiten?

7. Frage:
Welche besonders ermutigenden oder problematischen Umgangsformen konnten Sie z.B. bei KollegInnen/Vorgesetzten/MitarbeiterInnen/Auftraggebern/MitbewerberInnen beobachten?

8. Frage (ergänzt nach viertem Interview):
Gibt es Momente in Ihrer Praxis, die Sie als belastend erleben, wenn ja, welche sind das?

9. Frage:
Glauben sie, dass die Veränderungen bzw. Ihre aktuelle Arbeitssituation die Verwirklichungschancen Ihrer beruflichen Ansprüche beeinflusst? Wenn ja, wie glauben Sie, ist dies möglich?

10. Frage:
Welche Bedeutung hat für Sie im Zusammenhang mit dem Strukturwandel die Fachdebatte (z.b. in Fachzeitschriften)?

11. Frage:
Gibt es (formelle oder informelle) Veränderungen, die Ihre Möglichkeiten beeinflussen, Ihre ArbeitnehmerInneninteressen gegenüber ihrem ArbeitgeberIn/ AuftraggeberIn wahrzunehmen?

Evtl. Nachfrage:
Gibt es Aspekte, die es Ihnen besonders erleichtern oder erschweren, Ihre ArbeitnehmerInneninteressen wahrzunehmen?

12. Frage:
Welche Bedeutung haben für Sie in diesem Zusammenhang z.B. die betriebliche Interessenvertretung, informelle Netzwerke, Gewerkschaften oder Berufsverbände?

13. Frage:
Zum Abschluss würde ich gerne noch erfahren, welches Zukunftsszenario Sie für die Soziale Arbeit und für sich selbst in der Sozialen Arbeit sehen?

14. Frage (ergänzt nach erstem Interview):
Habe ich einen Aspekt vergessen, den Sie noch gerne ergänzen möchten?

Handbücher Soziale Arbeit

Thomas Coelen / Hans-Uwe Otto (Hrsg.)
Grundbegriffe Ganztagsbildung
Das Handbuch.
2008. ca. 1.000 S. Geb. ca. EUR 59,90
ISBN 978-3-531-15367-4

Ganztagsbildung ist zu einem Schlüssel-
begriff in der gegenwärtigen Bildungsdebatte geworden, der neue Perspektiven auf ein Bildungsverständnis in der
Wissensgesellschaft eröffnet. Das Handbuch bietet pädagogischen Leitungs- und
Fachkräften sowie WissenschaftlerInnen
und Studierenden erstmalig einen umfassenden Überblick, in dem das Handlungs-
feld terminologisch systematisiert wird.

Barbara Kavemann /
Ulrike Kreyssig (Hrsg.)
**Handbuch Kinder und
häusliche Gewalt**
2., überarb. Aufl. 2007. 475 S.
Br. EUR 39,90
ISBN 978-3-531-15377-3

*„Dieses Buch war überfällig, seitdem in
breiteren Kreisen bewusst geworden ist,
dass Gewalt gegen Frauen auch die Kinder belastet und schädigt. Hier wird der
gegenwärtige Erkenntnisstand aus Forschung und Praxis auf international höch-
stem Niveau verfügbar gemacht. Versam-
melt in diesem Band sind die herausra-
genden ExpertInnen aus allen relevanten
Fachgebieten. Dies wird ein unentbehrli-
ches Handbuch für Ausbildung, Praxis,*

*Politik und weitere Forschung in den
kommenden Jahren."*
Prof. Dr. Carol Hagemann-White,
Universität Osnabrück

Werner Thole (Hrsg.)
Grundriss Soziale Arbeit
2., überarb. und akt. Aufl. 2005. 983 S.
Br. EUR 44,90
ISBN 978-3-531-14832-8

Der „Grundriss Soziale Arbeit" ist ein
sozialpädagogisches Lehrbuch mit der
Funktionalität eines Nachschlagewerks
und das sozialpädagogisches Nachschla-
gewerk mit ausgesprochenem Lehrbuch-
charakter.

Ulrich Deinet /
Benedikt Sturzenhecker (Hrsg.)
**Handbuch Offene
Kinder- und Jugendarbeit**
3., völlig überarb. Aufl. 2005. 662 S.
Geb. EUR 59,90
ISBN 978-3-8100-4077-0

*„Den Herausgebern, beide ausgewiesene
Kenner der Materie, ist es gelungen, fast
eine Enzyklopädie, jedenfalls ein Produkt
vorzulegen, welches den Charakter eines
Standardwerks der Offenen Kinder- und
Jugendarbeit (OKJA) für sich beanspruchen
darf, das die ganze Breite des Arbeitsfel-
des repräsentiert."*
Forum für Kinder- und Jugendarbeit,
03/2005

Erhältlich im Buchhandel oder beim Verlag.
Änderungen vorbehalten. Stand: Juli 2008.

www.vs-verlag.de

VS VERLAG FÜR SOZIALWISSENSCHAFTEN

Abraham-Lincoln-Straße 46
65189 Wiesbaden
Tel. 0611.7878-722
Fax 0611.7878-400

If you have any concerns about our products,
you can contact us on
ProductSafety@springernature.com

In case Publisher is established outside the EU,
the EU authorized representative is:
Springer Nature Customer Service Center GmbH
Europaplatz 3, 69115 Heidelberg, Germany

Printed by Libri Plureos GmbH
in Hamburg, Germany